My Dear Son Garabed

# I READ YOUR LETTER. I CRIED, I LAUGHED

Kojaian Family Letters from Efkere/Kayseri to America (1912-1919)

Sevgülü Oğlum Garabed

# MEKDUBUN OKUDUM. AĞLADIM, GÜLDÜM

Kayseri Efkere'den Amerika'ya Kocayan Ailesi Mektupları (1912-1919)

For further information, please contact
Gomidas Institute, 42 Blythe Rd., London W14 0HA, England.
Email: info@gomidas.org
Web: www.gomidas.org

Editor for the English sections/İngilizce bölümlerin editörü:
Ayla Jean Yackley
Editor for the Turkish sections/Türkçe bölümlerin editörü:
Gürçim Yılmaz

Book design/Kitap tasarımı:
Olga Antonea

ISBN ISBN 978-1-909382-65-7

H. Şükrü Ilıcak

Jonathan Varjabedian

My Dear Son Garabed

# I READ YOUR LETTER. I CRIED, I LAUGHED

Kojaian Family Letters from Efkere/Kayseri to America (1912-1919)

Sevgülü Oğlum Garabed

# MEKDUBUN OKUDUM. AĞLADIM, GÜLDÜM

Kayseri Efkere'den Amerika'ya Kocayan Ailesi Mektupları (1912-1919)

Gomidas Institute

London

# INTRODUCTION

When my grandfather, Garabed "Charles" Kojaian, died in 1976 in suburban Detroit, it felt as though much of the family history died with him.

We knew that he was born in the mid-1890s in Efkere, Turkey, a village about 20 km northeast of Kayseri. We knew that he immigrated to Detroit in 1912, and that his father, Harutiun, followed in 1913. He named his eldest daughter Hyganush, in memory of his mother, and his only son Misak, in memory of his brother.

Other than that, very little was known. He never spoke to his children of the family that remained behind, and who died during the tragic events of 1915.

Garabed carried out his life in the United States with a quiet dignity. He assimilated into American culture, and yet remained fiercely proud to be an Efkeretzi—a descendant of Efkere. When time allowed, he would go to the coffee shop, and socialize with Armenians from Turkey who had immigrated to Detroit before the First World War, and who found that they had no reason to return to their native land by the time the war had ended. For hours at a time, they would play cards while speaking in Armenian, Turkish, or a combination of both.

In his solitude, he would read voraciously and keep up with world affairs. The English that he had learned as a child in Turkey served him well in his adopted county.

And yet he never—not once—discussed with his children the life that he had left behind in Turkey. Following his death, any attempt to dig into the family history seemed futile. My mother, Sara, only knew that when she was a little girl, Garabed and Harutiun would occasionally go into a locked room late at night, re-read a packet of letters that they received from loved ones in "the old country" prior to 1915, and cry. In the morning, Harutiun would carefully gather up the letters, lovingly tie a ribbon around them and gently return them to the top shelf of a closet.

When Harutiun died in 1942, Garabed placed the letters in a small tin box, and never read them again. Nobody knew who the letters were from, or what was written in them.

Perhaps 25 years had passed since Garabed's death when the letters were found, safe and sound, in the same small tin box that they had been placed in so many years before.

While it seemed almost miraculous that the letters had survived, the task of having them translated proved difficult. The letters appeared to be written in Armenian, yet nobody in the family could read or write that language, and the Armenian speakers that I showed the letters to were puzzled. While the Armenian alphabet was used, the language was not Armenian, but Turkish.

Finding translators who were fluent in Armenian as well as Turkish proved extremely difficult. When such translators were located, they too were puzzled, and were able to only hesitatingly translate small portions of the letters. Translator after translator would simply note, "It must be the dialect," and hand the letters back to me with an apologetic look.

It was with an amazing sense of relief and gratitude that I came into contact with Şükrü Ilıcak, who, at the time, was studying at Harvard University. He approached the letters with care and respect. He spent hours on the letters—sometimes hours just on the smallest details of the letters.

And slowly, an entire world was opened up to us. There was page after page written to Garabed, in Detroit, from his mother, Hyganush, in Efkere. Letters from his brother, Misag. Family and friends discussing his baby sister, Verkine, whom we never even knew existed. There were letters from his father, Harutiun, expressing his desire to join Garabed in America. By 1913, with both Garabed and his father Harutiun together in Detroit, the letters came addressed to each of them. Letters came from family, from friends and from fellow villagers.

In this pivotal time in the history of both the Turkish and Armenian peoples, the letters provided an amazing glimpse into pre-World War I village life in Turkey. They contained few references to the global events that were taking place and that would soon change the world forever. The letters were astonishing for describing a life that was, for all intents and purposes, "normal." Weddings, births and deaths. Illness. The price of groceries and yard goods. Gossip.

On page after page, village life in Efkere came into focus. Efkere—a village that no longer officially exists, and that was so poorly documented that few people even know of its existence. Here it was, perfectly preserved, with its residents seemingly talking to us a century later.

**The Armenian Community of Efkere**

By the time these letters were written, the village of Efkere contained approximately 500 Armenian and 50 Turkish households. It was well-known to Armenians throughout Anatolia as the home of the St. John the Baptist Monastery (Sourp Garabed Vank in Armenian, Efkere Büyük Manastırı in Turkish), a sacred site which was believed to contain a portion of the relics of St. John the Baptist. On holy days, its population could swell by the thousands, as Armenians from throughout central Turkey gathered on the monastery grounds.

The monastery gave the village a certain degree of relative affluence, owing to the steady stream of pilgrims who came to Efkere. The villagers were able to construct churches (including the impressive domed Sourp Stepanos), as well as separate schools for boys and girls in which both Turkish and Armenian students received their education.

Efkere, however, was not immune to the economic woes that plagued Turkey in the years leading up to the First World War. Most of its males worked as tradesmen, particularly as blacksmiths. Increasingly, they found themselves traveling outside of their village to earn a living, then returning to the village, often in the winter, only to repeat the process the following year. Some traveled to other cities in Anatolia, and others traveled abroad. The United States was a particularly popular destination, especially the cities of Detroit and New York.

Once abroad, these men would not only send money back to their families in Efkere, but they also formed compatriotic organizations in America to raise funds for more ambitious endeavors back in their village—particularly raising funds for the schools in Efkere. Thousands of miles from home, they remained dedicated to their families and to their ancestral home.

It would have been impossible for Garabed and Harutiun to envision, when they left Efkere in 1912 and 1913, what would become of their beloved village in just a few short years. The events of 1915 would deprive the village of almost its entire Armenian population—dropping from a few thousand before the war to just 60 in 1924. Most of their own family did not survive 1915 and those who did were often haunted by a survivor's guilt that would never leave them.

To a large extent, in the decades following the war, Armenian Efkere existed only in the memories of the Turkish people remaining in the village and in the memories of the Armenian Efkeretzis living in the diaspora. Sadly, these Armenians were often too shell-shocked by their loss to discuss what they left behind and what was lost.

By the 1960s, even the name Efkere had officially disappeared, with Efkere being incorporated into the nearby village of Gesi. An empty Sourp Stepanos still stands today, without its dome and slowly deteriorating. A small fraction of the buildings that once comprised the monastery endure, giving no sign of the impressive, sprawling complex that it once was. The school buildings, and most of the homes, are gone.

It is for these reasons that the letters that Garabed placed in that small box more than seven decades ago take on an added poignancy. As the years have passed, all those who knew of the Efkere that is described here have left us. Yet these letters allow the villagers to tell us of their lives in their own words. It feels as though they are with us, speaking to us as a friend or loved one.

The emotions expressed are universal and timeless. When Hyganush writes to her son Garabed and tells him that she "kisses [his] eyes with longing," it is difficult not appreciate her love for her son. It is difficult not to envision a homesick Garabed, reading those same words and wishing he could do the same.

And on some level, the reader may sense that same wistful longing for what is no more.

***

I am greatly indebted to Şükrü Ilıcak, who tirelessly devoted himself to this project. It was he who first envisioned these letters as something more than a family heirloom, despite my initial objections.

The project itself would have been impossible had my beloved late aunt, Marjorie Kojaian Ossian, not entrusted these letters to me. For that, I will always be grateful.

I would also like to thank my late father, Steve Varjabedian, who sadly did not get to see this book come to fruition. His brilliance and perseverance throughout his life have always been a source of inspiration.

Most importantly, I would like to thank my mother, Sara Kojaian Varjabedian. While I may have initially had reservations about the publication of these letters, she never did, and immediately recognized that they should be read by a larger audience. We have spent countless hours discussing the letters, and I can't wait to hand her a copy of the book. Her fortitude has always strengthened me, her intelligence has always inspired me, and her love has always comforted me. Thanks, Mom.

Dr. Jonathan Varjabedian

*Dr. Jonathan Varjabedian is the creator of www.efkere.com, a website which documents the history of Efkere. He can be reached through his website.*

# GİRİŞ

Dedem Garabed "Charles" Kocayan 1976'da, Detroit'in bir banliyösünde öldüğünde, aile tarihimizin büyük bir bölümü de onunla birlikte ölmüştü sanki.

Dedemin, 1890'ların ortasında, Kayseri'nin 20 kilometre kadar kuzeydoğusunda bulunan Efkere köyünde doğduğunu biliyorduk. 1912'de Detroit'e göç ettiğini ve 1913'te babası Harutyun'un da onun ardından gittiğini biliyorduk. Annesinin hatırasını yaşatmak için büyük kızına Hayganuş adını; tek oğluna da, küçük kardeşinin anısına, Misak adını vermişti.

Bunların haricinde çok az şey biliyorduk. Geride bıraktığı ve 1915'te yaşanan trajik olaylar sırasında ölen ailesi hakkında çocuklarına hiçbir şey anlatmamıştı.

Garabed, hayatını Amerika Birleşik Devletleri'nde sessiz bir onurla sürdürdü. Amerikan kültürüne asimile olmasına rağmen, hayatının sonuna kadar Efkereli olmakla müthiş gurur duydu. Zaman elverdiğinde kahveye gidip, Birinci Dünya Savaşı öncesinde Detroit'e göç etmiş olan ve savaş bittiğinde de anavatanlarına dönmek için hiçbir nedeni kalmamış diğer Türkiyeli Ermenilerle sosyalleşirdi. Türkçe, Ermenice ya da iki dili birden kullanarak, bazen saatlerce, kâğıt ya da tavla oynarlardı.

Yalnız olduğunda, büyük bir hevesle okur ve dünyada olup biteni yakından takip ederdi. Çocukken Türkiye'de öğrendiği İngilizce yeni vatanında çok işine yaramıştı.

Ve fakat asla, bir kere bile olsun, Türkiye'de bıraktığı yaşamı hakkında çocuklarıyla konuşmadı.

Ölümünden sonra aile tarihini araştırmak için yapılan çabalar nafile kaldı. Annem Sara'nın bildiği tek şey, küçük bir kızken, Garabed ve Harutyun'un bazen gece geç vakitte, kilitli bir odaya girip, "eski vatan"daki sevdiklerinden 1915 öncesinde gelmiş olan bir deste mektubu tekrar tekrar okuyup ağladıklarıydı. Gündüz olunca, Harutyun mektupları dikkatlice toplar, sevgiyle bir kurdeleyle bağlayıp, bir dolabın en üst rafına usulca koyardı.

Harutyun 1942'de öldüğünde, Garabed mektupları bir teneke kutuya koymuş ve bir daha da okumamıştı. Kimse mektupların kimden geldiğini ve içinde ne yazdığını bilmiyordu.

Mektuplar, Garabed'in ölümünden belki otuz sene sonra, seneler önce koyuldukları aynı teneke kutunun içinde sapasağlam bulundu.

Mektupların mucizevi bir şekilde sağlam kalmış olmasının yanı sıra, tercüme edilmeleri işi de başlı başına mesele oldu. Mektuplar Ermenice yazılmış gibi görünüyordu ancak ailede bu dili okuyup yazabilen kimse yoktu. Mektupları gösterdiğim Ermenice bilen kişilerin de kafası karışıyordu. Zira mektuplar Ermeni harfleriyle yazılmış olmasına rağmen, kullanılan dil Türkçe idi.

Ermenice ve Türkçeyi akıcı olarak bilen çevirmenler bulmak son derece zor bir meseleydi. Bulunsa bile, çevirmenler bir muammayla karşı karşıya kalıyorlardı ve tereddütle sadece kısa bölümler tercüme edebiliyorlardı. Birçok çevirmen mektupların yerel diyalektte olduğunu söyleyip, özür dileyen bakışlarla mektupları bana iade ediyorlardı.

O sırada Harvard Üniversitesi'nde okuyan Şükrü Ilıcak ile temas kurmam beni inanılmaz derecede rahatlattı ve müteşekkir kıldı. Şükrü mektupları dikkatle ve saygıyla ele aldı. Mektuplarla saatlerce uğraştı. Bazen en küçük bir ayrıntı için saatlerini verdi.

Ve yavaş yavaş koca bir dünya açıldı önümüze. Efkere'deki annesi Hayganuş'tan Detroit'teki oğlu Garabed'e yazılmış sayfalarca mektup vardı. Kardeşi Misag'dan mektuplar... Varlığından daha önce hiç haberdar olmadığımız küçük kız kardeşi Verkine hakkında yazan akrabalar ve dostlar...

Amerika'ya yanına gelmek istediğini yazan babası Harutyun'un mektupları vardı. 1913'e gelindiğinde Detroit'te birlikte olan Garabed ve Harutyun'a ayrı ayrı yazılmış mektuplar geliyordu artık. Akrabalardan, arkadaşlardan ve hemşerilerden...

Mektuplar, Türk ve Ermeni halklarının tarihi için çok önemli olan bu dönemde, Birinci Dünya Savaşı öncesi Türkiye'sindeki köy yaşamına inanılmaz bir ışık tuttu. Cereyan eden ve yakında dünyayı sonsuza dek değiştirecek olan siyasi olaylara mektuplarda çok az göndermede bulunuluyordu. Mektuplar, her açıdan "normal" bir hayatı tasvir ettikleri için şaşırtıcıydı. Düğünler, doğumlar, ölümler. Hastalıklar. Gıda ve kumaş fiyatları. Dedikodular...

Mektuplar tercüme edildikçe, artık resmi olarak var olmayan ve iyi belgelenmediği için çok az kişinin varlığından haberdar olduğu bir köy olan Efkere'deki hayat ete kemiğe büründü. Ve işte Efkere mükemmel bir şekilde muhafaza edilmiş olarak karşımızdaydı ve sanki köyün sakinleri bir asır sonra bizlerle konuşuyordu.

**Efkere Ermeni Cemaati**

Mektupların yazıldığı tarihlerde Efkere'de yaklaşık 500 Ermeni ve 50 Türk hanesi mevcuttu. Anadolu Ermenileri tarafından, Vaftizci Yahya Manastırı'nın (Ermenicede, Surp Garabed Vank; Türkçede, Efkere Büyük Manastırı) bulunduğu yer olarak biliniyordu. Manastır, Vaftizci Yahya Peygamber'in kemiklerinin bir kısmının burada olduğuna inanılan kutsal bir ziyaret yeriydi. Dini günlerde, Orta Anadolu'nun dört bir tarafından gelen Ermeni ziyaretçilerin sayısı binleri bulabiliyordu.

Manastır, sürekli ziyarete gelen Ermeni hacıların sayesinde, Efkere'ye göreli bir zenginlik kazandırmıştı. Böylece köylüler, etkileyici kubbesiyle Surp Stepanos Kilisesi dahil olmak üzere, kiliseler inşa ettirebilmiş, içinde Türk ve Ermeni öğrencilerin birlikte okuduğu kızlar ve oğlanlar için ayrı ayrı okullar yaptırabilmişlerdi.

Ancak Efkere, Birinci Dünya Savaşı'na gelinen yıllarda Anadolu'yu bezdirmekte olan ekonomik sorunlardan muaf değildi. Erkek nüfusun çoğu zanaatkâr, özellikle de demirciydi. Giderek artan sayıda erkek, ekmek parası kazanmak için köy dışında çalışmaya gidiyor; genellikle kışın köye dönüyor; bir sonraki sene yine aynı döngü devam ediyordu. Bazıları Anadolu'nun farklı şehirlerine gidiyor; bazıları da yurtdışına çıkıyordu. Bilhassa Amerika Birleşik Devletleri, özellikle de Detroit ve New York, gözde istikametlerdi.

Yurtdışındaki gurbetçiler sadece Efkere'de bıraktıkları ailelerine değil, köylerinde okul yaptırılması gibi iddialı girişimler için Amerika'da kurdukları dernekler aracılığıyla da para gönderiyorlardı. Binlerce kilometre uzakta olsalar bile, ailelerine ve vatanlarına bağlı kalmışlardı.

1912 ve 1913'te Efkere'den ayrıldıklarında, Garabed ve Harutyun'un birkaç sene sonra çok sevdikleri köylerinin başına gelecekleri tasavvur etmeleri mümkün değildi. 1915 olayları nedeniyle, köydeki Ermeni nüfusu hemen hemen yok olmuş, 1924'e gelindiğinde birkaç binden 60'a kadar düşmüştü. Kendi aile üyelerinin çoğu 1915'ten sağ kurtulamadı. Kurtulanların da çoğunun yakasını "sağ kalma suçluluğu" hiç bırakmadı.

Savaş sonrası yıllarda, Efkere Ermenileri büyük ölçüde köyde kalmaya devam eden Türklerin ve diasporada yaşayan Efkereli Ermenilerin hatıralarında yaşadı. Ne yazık ki, bu Ermeniler savaştaki kayıplarından dolayı yaşadıkları travma nedeniyle geride bıraktıkları ve kaybettikleri hakkında çoğu zaman konuşmak istemediler.

1960'lara gelindiğinde Efkere adı bile resmi olarak ortadan kalkmış, Efkere komşu Gesi köyüne dahil edilmişti. Surp Stepanos Kilisesi, kubbesi çökmüş ve yavaş yavaş yok olmasına rağmen, bugün hâlâ ayakta. Eskiden Manastırın içinde olan binaların bir kısmı hala ayakta. Ancak bir zamanki ihtişamlı binadan hiçbir eser kalmamış. Okul binaları ve evlerin çoğu yok olmuş halde.

Bütün bu nedenlerden dolayı, Garabed'in 70 yıldan fazla bir süre önce bir teneke kutuya koyduğu mektuplar, oradaki hayatı çok daha keskin bir şekilde gözler önüne seriyor. Yıllar geçtikçe, mektuplarda bahsedilen Efkere'yi tanımış olanlar aramızdan ayrıldı. Ama bu mektuplar sayesinde köylüler hayatlarını bize kendi sözcükleriyle anlatmış oldular. Sanki hâlâ bizimle birlikteler; bizimle bir arkadaş ya da sevdikleri biri gibi konuşuyorlar.

Mektuplarda ifade edilen duygular evrensel ve ebedi. Oğlu Garabed'e "arzu ile gözlerinden öptüğünü" yazdığında, Hayganuş'un oğluna olan sevgisini takdir etmemek güç. Gurbet acısı çeken ve bu sözleri okuyan Garabed'in de aynı şekilde davranmak isteyeceğini gözümüzde canlandırabiliyoruz.

Ve bir bakımdan, bu kitabın okuyucuları da, artık var olmayan bir şeye duyulan bu hasreti hissedeceklerdir.

***

Bu projeye yorulmak bilmeden kendini adayan Şükrü Ilıcak'a şükran borçluyum. İlk baştaki itirazlarıma rağmen, bu mektupları bir aile yadigârından öte bir şey olarak gören oydu.

Sevgili rahmetli halam Marjorie Kojaian Ossian bana bu mektupları vermemiş olsaydı, bu proje hiç gerçekleşmeyecekti. Bu yüzden kendisine hep minnettar olacağım.

Rahmetli babam Steve Varjabedian'a da teşekkür etmek isterim. Kendisi maalesef bu kitabı göremedi. Parlak zekâsı ve hayat boyu gösterdiği azmi benim için her zaman bir esin kaynağı oldu.

En önemlisi, annem Sara Kojaian Varjabedian'a teşekkür etmek istiyorum. İlk başta bu mektupların yayınlanması konusunda çekincelerim olmasına rağmen, onun hiç olmadı ve mektupların daha geniş bir kitle tarafından okunması gerektiğini anladı. Mektuplar hakkında tartışarak saatler geçirdik. Bu kitabın bir nüshasını ona vermek için sabırsızlanıyorum. Metaneti bana her zaman güç, aklı bana sürekli ilham verdi; ve sevgisi beni hep rahatlattı. Teşekkürler anne.

Dr. Jonathan Varjabedian

*Dr. Jonathan Varjabedian, Efkere'nin tarihini belgeleyen www.efkere.com adlı sitenin kurucusudur. Kendisine sitesi üzerinden ulaşılabilirsiniz.*

# GİRİŞ

*Kocayan Mektupları*'nı yayına hazırlamak benim için son derece kişisel ve duygu-yoğun bir tecrübe oldu. Ancak asıl önemlisi, 2001 yılında bu mektuplarla karşılaşmamın, Ermeniler ve "Ermeni meselesi" hakkındaki idrakimi berraklaştırıp, kafamda kalan son takıntıları ortadan kaldırmasıydı. Bu süreci anlatarak Ermeni meselesinin Türkiye'de algılanışı hakkında tarihe kişisel bir not düşmek istiyorum.

Eğitimli ancak apolitik, üst-orta sınıf bir Türk ailesinin çocuğu olarak 1971'de Ankara'da doğdum ve bu şehirde büyüdüm. Çocukluk yıllarımda evde ya da akraba ve aile dostları çevrelerinde bir kere olsun Ermenilerden bahsedildiğini hatırlamıyorum. Bunun en önemli nedenleri, ailemin tarihe ve siyasete özel bir ilgisinin olmamasının yanı sıra, 1970'lere gelindiğinde Ermenilerin ve diğer gayrimüslimlerin büyüdüğüm coğrafyada neredeyse tamamen görünmez hale gelmiş olmasıydı.

Bugün 4,5 milyon nüfusu olan Ankara'da yaklaşık 300 Ermeni'nin yaşadığı tahmin ediliyor. Herhalde çocukluk yıllarımda bu sayı biraz daha fazlaydı. Rum nüfusu ise, İstanbul'dan çalışmaya gelmiş beş on kişiden ibaret olsa gerektir. İstanbullu yaşıtlarımın aksine, çocukken Ankara sokaklarında görebileceğim ne bir kilise ne bir gayrimüslim mezarlığı ya da okulu, ne de dolayısıyla buralara girip çıkan insanlar, yaşanılan farklı hayatlar ve kültürler vardı. 1914'e kadar şehir nüfusunun yaklaşık dörtte birini oluşturan Ermeni ve Rumların fiziksel ve kültürel varlıkları 70'lere gelinceye kadar şehirden ve şehrin hafızasından öylesine silinmişti ki, bizim sokakta oturan ve beraber oynadığımız Viktor ve Anjelik adındaki yaşıtım iki kardeşin yerli gayrimüslimler olduklarını çağrıştıracak en ufak bilgi kırıntısına ne ben ne de mahalledeki diğer çocuklar sahip idik. Semtimizde çok sayıda büyükelçilik olduğu için, bu değişik isimli çocukların mükemmel Türkçe öğrenmiş yabancılar olduğu, ya da anne babalarının yabancı filmlere özenerek çocuklarına bu isimleri koydukları gibi çeşitli teoriler geliştirmiştik.

Ortaokuldayken, Ermeniler diye bir halk, Hıristiyanlık diye bir din olduğunu öğrenmiş olmama ve Ermenilerle bir kan davamız olduğu fikri beynime işlenmiş olmasına rağmen, teneffüslerde basketbol oynadığım bir alt sınıftaki Raymond adlı öğrencinin Ermeni olabileceği senelerce hiç aklıma gelmedi. Zira ders kitapları Osmanlı İmparatorluğu'nu çok-milletli, çok-dinli ve çok-dilli bir uygarlık olarak tasvir etmiyordu. Tarih, sultanlar ve yaptıkları savaşlardan ibaretti ve sonunda Atatürk'ün bizi düşmanlardan kurtardığı bir teleolojiye odaklıydı. Ermeniler, okul kitaplarında ilk olarak, 19. yüzyılın sonuna doğru çıkan sorunlar nedeniyle geçen bir iki satırla, daha sonra Birinci Dünya Savaşı sırasında Hınçak ve Taşnak partilerinin ihanetleriyle yer alıyordu. Rumlar ise ilk olarak 1071'de Türklerin Anadolu'ya girmesi ve sonra 1453'te İstanbul'un fethinde Bizanslılar olarak; son olarak da Kurtuluş Savaşı sırasında Yunanlar olarak anılıyordu. Süryanilerden, Kürtlerden, Bulgarlardan, Lazlardan ve diğer milletlerden en ufak bir bahis bile yoktu. Böylece, dünyadan bihaber çocukların kafasında oluşturulan zihinsel resimde, Ermeniler ve Rumlar, Türklerle yüzyıllarca birlikte yaşamış halklar olarak değil de, sanki birdenbire tarih sahnesine çıkmış ve ülkemizi elimizden almak için yurtdışından gelmiş işgal güçleri olarak yerlerini alıyordu. Dolayısıyla Raymond, belki de asırlardır Ankaralı olan ve her şeye rağmen hâlâ Ankara'da kalmış bir Ermeni ailesinin çocuğu değil, ancak bir yabancı olabilirdi.

1989'da üniversiteye başlayana kadar bu konuda devletin resmi anlatısının ötesinde bir şey bildiğimi söyleyemem. Üniversite yıllarında öğrenci hareketi ve sonucunda da devletle tanışmam; Kürt hareketinin gündemi belirlemeye başlamasıyla "milli mesele" üzerine yoğunlaşan okumalar ve tefekkürler; ikinci sınıftayken dedemden çok sayıda Osmanlıca belge ve kitap miras kalması ve bunları okumak için kütüphane müdiremizden Osmanlıca öğrenmem; fakültedeki eksantrik tarih hocalarım; en yakın sınıf arkadaşlarımdan birinin Ermeni olması ve bana ilk Ermenice bilgilerimi öğretmesi; rebetikoyu keşfetmem gibi çeşitli unsurlar tarihe olan ilgimi artırdı. En merakla okuduğum konu da 'milel-i selâse' (üç millet) denilen, Türklerle birlikte Osmanlı İmparatorluğu'nun dört bir yanına yayılmış olan Rumlar, Ermeniler ve Yahudilerdi.

90'ların başından itibaren yayınevlerinin ardı ardına bu toplumlarla ilgili kitaplar yayımlaması, ilerleyen yıllarda iyice alevlenecek olan ve etliye sütlüye bulaşmayan bir çeşit "zimmi nostaljisini" tetiklemişti. Bir zamanlar yukarı mahallede ya da yandaki apartmanda yaşayan gayrimüslimlerin "gitmelerine" ancak 90'larda üzülebilmiştik. Ya da üzüntümüzü bu senelerde dile getirmeye başlayabilmiştik. Ancak, daha çok bu komşularımızın gitmesiyle kaliteli meyhane kalmadığına yeriniyorduk. Kasabadaki tek güzel binanın eskiden Ermeni okulu olduğunu keşfettik. Sirtaki dersleri aldık. Türk müziğinin en güzel eserlerinden biri olan 'Kimseye Etmem Şikâyet' adlı şarkının bir İstanbullu Ermeni olan Serkis Suciyan'ın bestesi olduğunu öğrendik. Elbette, bu yayın faaliyeti, 2000'lerin ortasında Soykırım'ın ciddi olarak ve akademik boyutta tartışılmasının temellerini de atmıştı. Ancak 90'larda Soykırım, Türk halkı ve akademik dünyası için hâlâ "sözdeydi" ve sadece bir Ermeni iddiasıydı.

Ufkumun açılmaya başlamış olmasına ve Türk resmi tezinde ciddi gedikler olduğunu fark etmeme rağmen, ben de bu pozisyondan uzak değildim. "Osmanlı" olan her şeye neredeyse metafizik manalar atfettiğim bu dönemde, özlemini hissettiğim bu heyecan verici çoğulcu yapının yıkılmasında suçlu aramaya başta Rumlar ve Ermenilerden başlamıştım: Emperyalist devletler Osmanlı İmparatorluğu'nu adım adım parçalamışlar ve nihayetinde de, Birinci Dünya Savaşı'nda Türklere yaşam alanı bırakmamak üzere harekete geçmişlerdi. Gayrimüslimleri piyon olarak kullanmışlar ve senelerce uğraşarak bizi birbirimize düşürmüşlerdi. En yoğun olarak yaşadıkları yerlerde bile azınlıkta olmalarına rağmen, parçalanmakta olan bir imparatorluktan pay kapmaya çalışan, siyasi amaçları için ayaklanmış bir halk olarak tasavvur ediyordum Ermenileri. Savaş sırasında daha fazla Ermeni ölmüştü; ancak, katliamlar karşılıklıydı. Ve maalesef mesele Ermenilerin anavatanlarından çıkartılmasıyla son bulmuştu. Bütün bunlar çok acıydı. Ancak, eğer Türkler yapmasaydı, aynı şeyi Ermenilerin yapma ihtimali vardı.

Kafamdaki bu anlatı 90'ların ikinci yarısından itibaren köklü bir şekilde değişmeye başladı. Bunda da en önemli rolü sanırım Kürt meselesinin seyrine şahit olmam oynadı. Resmi söylem ve ideolojinin düşünsel dayatmalarına değil, gözümle gördüklerime inanmayı tercih ederek ve vicdanımın sesini dinleyerek kendimi devletin karşısında yeniden tarif etmeye ve konumlandırmaya başlamıştım. Yine bu yıllarda, eğitimime devam etmek için yurtdışına çıktım. Çeşitli ülkelerde uzun yıllar yaşayarak, dünyanın Osmanlı coğrafyasından ve tarihin de Osmanlı tarihinden ibaret olmadığını idrak edip içime sindirebildiğim için şanslı sayılırım. Ermeni meselesi hakkında peş peşe çok kaliteli araştırmaların yayınlanması, Türk tarihçilerin de müdahil olmasıyla Soykırım'ın Türkiye'de bir Ermeni iddiası olmaktan çıkması da yine bu dönemde oldu.

Birinci Dünya Savaşı sırasında Ermenilere reva görülenin bir zorunluluk değil, bir tercih; dahası stratejik bir tercih bile değil, ahlaki bir tercih olduğu bu araştırmalarla gözlerimizin önüne serildi. Olayların resmi versiyonundan öğrenip, veri olarak kabul ettiğimiz birçok şeyin – mesela, Van İsyanı'nın; Rumlarla ilgili olarak da İzmir Yangını'nın – düpedüz yalan olduğunu ancak bu senelerde öğrendik.

Tam da bu dönüşüm döneminde, 2001'de, karşıma çıkan *Kocayan Mektupları*, inkârın ötesine son ahlaki adımı atmamı sağladı. Mektuplarda, teröristler ya da herhangi bir şekilde güvenliği tehdit eden insanlar değil, oğluna muhteşem bir Türkçeyle "iki gözüm, gözümün nuru" diye sevgiyle seslenen bir anne, hayat mücadelesinden başka bir gailesi olmayan, son ana kadar başlarına geleceklerden habersiz, gayet sıradan insanlar vardı. Siyasetle ilgileri söylenti düzeyinde olan, acı çeken, mutluluk duyan, aileleri için kaygılanan, komşularını kıskanan, çocuklarını okutmaya çabalayan, kendi işinde gücünde, tarıma dayalı bir yaşantıda yağmuru bekleyen insanlar. Sadece ve sadece Ermeni oldukları için Kayseri'den Urfa'ya kadar yürütülen ve sonraki akıbetini düşünmek bile istemediğim savunmasız insanlar.

Deşifre ettiğim her mektupta, neden bunca zaman Ermenileri gerçek hayatlar yaşayan gerçek bireyler olarak değil de, yekpare hareket eden, silahlanıp ayaklanmış, kurgusal "siyasal hayvanlar" olarak tasavvur ettim diye çok hayıflandım. Solcusundan sağcısına, eğitimlisinden cahiline Türklerin çoğunluğunun sahip olduğu bu algının oluşumunda Ermeni meselesinin varlığından ancak 1970'lerin ortasında ASALA terörü üzerinden haberdar olmamızın yarattığı tepkisellik ve senelerce resmî anlatıya maruz kalmanın dimağları nasırlaştıran etkisi yadsınamaz.

Peki ama yüz yıl önce meydana gelmiş olaylarda, o yıllarda küçük birer çocuk olan dedelerimin bile hiçbir kişisel sorumluluğu yokken, dönemin iktidarının işlediği suçu üzerime alınmaktan vazgeçmem neden bu kadar büyük düşünsel çaba gerektirmişti? Bir Türk, özellikle yurtdışındayken, Ermeni Soykırımı'ndan bahsedildiğinde nasıl oluyor da mevzuyu sanki en kutsal değerine küfredilmiş gibi kişisel olarak algılayıp, son derece hiddetle tepki gösterebiliyor? Bazı aşırı milliyetçi yazarlar bile 'katliam' sözcüğünü kabullenebiliyorken, 'soykırım' sözcüğü neden Türk toplumunda bu kadar otomatik bir tepki doğuruyor? 2017 senesinde bazı Türkler, "Evet, soykırım yaptık. Bugün olsa yine yaparız" diye sosyal medyada nasıl bu kadar fütursuzca sözler sarf edebiliyorlar? Nasıl oldu da 'Ermeni' sözcüğü bir küfür olarak algılanır hale geldi? Ermeniler ötekileştirilirken nasıl oluyor da sanki kuyruklu yaratıklarmış gibi bu kadar insandışılaştırılabiliyorlar? Üzerinden yüz küsur yıl geçmiş olmasına rağmen neden oturup sakin kafayla Birinci Dünya Savaşı sırasında ve sonrasında Ermenilere ne olduğunu konuşamıyor Türkler? Konuşmaya cesaret edenler neden bedel ödeme tehdidi altında yaşamak zorunda kalıyor?

Galiba bu soruların yanıtını tarih, siyaset, sosyoloji, antropoloji ilimlerinden ziyade, klinik psikolojide aramak gerekiyor. Zira iş tarihe ve özellikle de Ermenilere geldiğinde, bir dizi kişilik bozukluğu sendromundan birden muzdarip bir insanın gösterebileceği bütün arazları neredeyse tüm toplum olarak gösteriyoruz ("İstisnalar kaideyi bozmaz" dersem herhalde büyük bir ilmi gaf yapmış olmam). Ciddi biçimde örselenmiş bir kolektif izzetinefisle dünyayı algılıyor, hissediyor, düşünüyor ve yorumluyoruz. Ulusal benliğimize dair yetersizlik, aşağılık ve utanç hislerini, maddi temelleri olmayan ham bir kibir ile perdelemeye çalışıyoruz ve bu kibri tarihe yapılan sürekli göndermeler ile besliyoruz. Bir yandan ecdadımızın yüzyıllarca yedi düvele boyun eğdirmiş olmasıyla ölçüsüz bir gurur duyarken, yaklaşık bir 200 yıldır kendimize hedef koyduğumuz muasır medeniyetler tarafından isterik bir şekilde beğenilmek ve onaylanmak istiyoruz. Lakin aksine, 200 yıldır ne şanlı geçmişimize ne de mevcut halimize dünya âlem hayran olmuyor, üstünlüğümüzü kabul etmiyor, yüceliğimize boyun eğmiyor. Sürekli reddediliyor, eleştiriliyor, beğenilmiyor, aralarına alınmıyor ve kaderimize terk ediliyoruz. Dahası, sık sık tarihimiz sorgulanıyor ve soykırım, katliam, pogrom gibi cürümlerle suçlanıyoruz.

Bu suçlamalar yüzünden mükemmel, hoşgörülü, alicenap, adil ve diğer milletlerden üstün olduğumuz fikrini devam ettirmekte zorlanıyoruz. Bulunduğumuz noktada zaten hiç de muhteşem olmadığımızı iliklerimizde hissediyoruz ve bunun yüzümüze vurulması bizi dehşete düşürüyor. Dolayısıyla eleştirilere ve suçlamalara son derece hassas ve kırılganız ve bu yüzden sürekli tetikte ve savunmadayız. On yıllarca ilmek ilmek yaratmaya çalıştığımız imajı en çok zedeleyen soykırım suçlamasının maskemizi düşürüp gerçek özümüzü ortaya çıkaracağından endişe duyduğumuz zamanlarda öfke krizlerine giriyoruz ve suçlayanı en ağır şekilde cezalandırma hayalleri kuruyoruz. En ufak bir eleştiriyi özbenliğimize bir saldırı ve küçük düşürme çabası olarak algılıyoruz. İçimizdeki acılarla baş edemediğimiz için her türlü "öteki"den nefret ediyoruz. Herkesi düşman görüyor, sürekli içeriden ve dışarıdan tehdit algılıyoruz.

Şiddete ve suç işlemeye meyyaliz. Suç işlediğimizde pişmanlık duymuyoruz ve suçun sorumluluğunu üstlenmiyoruz. Şiddeti hak görüyoruz ve özellikle de diş geçirebildiğimiz etnik ve dini azınlıklara dilediğimizi yapmaya hakkımız ve yetkimiz olduğunu düşünüyoruz. Ve başlarına gelenlerden de kurbanlarımızı sorumlu tutuyoruz. Anlaşılmamaktan şikâyet ediyoruz ama başkalarının dediklerine sağırız. Duraklama Devri'nden beri tarihin mefulüyüz; her zaman haklı, her zaman mağduruz. Başka memleketleri kıskanıyoruz ve maruz kaldıkları olumsuzluklardan mutluluk duyuyoruz. Sevilmediğimiz için hırçınlaşıyor ve daha da yalnızlaşıyoruz. Acımasız ve nobranız. Asla affetmiyoruz. Bu kemikleşmiş dünya ile baş etme tarzında hiçbir sorun görmediğimiz için de tecrübelerimizden ders almıyor ve daha iyi bir yere evrilemiyoruz. Sürekli kendimize ve etrafımızdakilere hayatı zehir ediyoruz ama bunun farkında bile değiliz.

Tarihin bir vaktinde hasbelkader "büyük" olmuş pek çok millet benzer bir ruh haliyle hayata tutunuyor. Günümüzde Türkiye'deki versiyonu ise iyice habisleşmiş ve absürtleşmiş patolojik bir durum. Ama belki de en acısı, bu psikolojik karabasanda Ermenilerin tam anlamıyla bir "etkisiz eleman" olması. Çünkü Türklerin "soykırım meselesi" Batı ile, Ermenilerle değil. Birinci Dünya Savaşı sırasında ve sonrasında Ermenilere ne olduğunun, sağ kalanların torunlarının bugün neler hissettiklerinin ve taleplerinin Türkler için hiçbir önemi yok. Zira onlar "kıytırık bir devlet" ve "dağınık bir diaspora"dan ibaretler. Güçlü olmadıkları için de hiçbir değerleri yok. Öte yandan, Batı'ya gücümüz yetmediği için kendimizi ve fikirlerimizi onlara kabul ettirmeye çalışmaktan başka çaremiz yok. Bütün çabalara rağmen bu gerçekleşmediğinde de izzetinefis döngüsü tekrar başa dönüyor.

İktidara geldikten sonra Avrupa Birliği'ne girme söylemiyle AKP yönetiminin başlattığı demokratikleşme hamlesiyle Ermeni sorunu yaklaşık on sene hiçbir zaman olmadığı kadar özgürce konuşulmuştu. Bu satırları yazdığım günlerde ise Türkiye'de bir rejim değişikliği yaşanıyor ve aynı iktidarın elinde ülke süratle distopik bir geleceğe doğru ilerliyor. Son on yılda bu konuda kaydedilen bütün ilerlemeler kaybedilmiş gibi gözükse de aslında artık durum çok farklı. Çünkü bir kere cin şişeden çıktı. Bu mesele 70'lerin, 80'lerin inkârcılığından kurtuldu.

Önemli sayıda Türkiyeli aydın, akademisyen ve siyasetçi, idrak, ahlak ve korku bariyerlerini aşarak, son elli senedir kendimize anlattığımız hikâyenin artık içinin boşaldığını ve 1915'te Ermenilere yapılanın bir soykırım olduğunu geçen on yılda çeşitli minvallerde yüksek sesle dile getirdi. Devlet kamusal alanın ve akademik tartışmaların tek belirleyicisi olma özelliğini yitirdi ve devlet söylemi artık köhneleşti. Ancak yine de devlet ve genel olarak toplum, bu değişikliğin henüz oldukça uzağında olduğu için bu suçla bir gün yüzleşecek miyiz bilinmez. Zira yukarıda anlattığım ruh halinin doğası gereği, kuşandığımız zırhın aşılarak, akıllara ve vicdanlara ulaşılıp, bir suçlamanın kabullenilmesi çok güç. Ve meselenin ne kadar üzerine gidilse, o kadar kuvvetli olarak geri tepmeye mahkûm. Kesin olan bir şey var: Bu suçla yüzleşmekten kaçtıkça iyileşmiyor, hastalıklı bir toplum olarak yeni tehlikeli mecralara yöneliyoruz.

Mevcut durum hakkında belki de en manidar sözü Adana kırsalının bilinen son Ermenisi daha yeni söyledi: "Biz Türkleri bağışlıyoruz ama Türkler bizi bağışlamıyor." Papa Franciscus'un 2015'te Ermeni Soykırımı kurbanları için Vatikan'da ayin düzenlemesi üzerine aldığı sosyal yardım kesilen ve komşu köylülerin biçerdöverini kiralamayı bıraktığı Ermeni çiftçinin bu sözleri içimizdeki nefreti yakıcı bir şekilde özetliyor. Günümüzde Ermeniler, pek çok Türk için soyut bir ihanetin sonucu oluşmuş soyut bir nefretin nesnesinden başka bir şey değil. Tanımadığımız, bilmediğimiz, İstanbul'daki folklorik olarak nitelendirilebilecek sayıdaki bir azınlığın haricinde artık görünür olmayan bir halka karşı duyulan köklü nefret, her şeyden önce kendi ruhumuzu zehirliyor.

*Kocayan Mektupları*'nın önemi tam da burada. Dönemin bazı mürekkep yalamış insanlarının yazışmaları yayımlandı, ancak bu tür bir kaynak, yani sıradan insanların hayat hikâyeleri, bildiğim kadarıyla ilk kez okuyucuyla buluşuyor. Anlatılan mahrem hikâyeler, günlük hayata dair ayrıntılar, aile ve cemiyet ilişkileri, 1910'larda Anadolu'daki köy hayatını heyecan verici bir biçimde gözler önüne seriyor. Yüz yıl önce yazılmış bu mektuplar, bu kitabı okuyacak bir avuç insana Ermenilerin "gerçek insanlar" olduğunu gösteriyor; hem de şaşırtıcı güzellikte bir Türkçeyle. Bir gün içimizdeki nefreti yok edip, vicdanını kaybetmiş bir toplum olmaktan kurtulacaksak, bu "ötekileri" yeniden insanlaştırarak olacak. Her ne kadar günümüzde yazılı kelamın pek bir ağırlığı kalmamış olsa da, umarım buna *Kocayan Mektupları*'nın katkısı olur

***

Kitaba, Jonathan Varjabedian'ın koleksiyonundaki aile mektuplarından 1912 ile 1919 arasında Garabed ve Artin Kocayan'a gönderilmiş 88 adet mektup dahil ettik. Bunlardan 86'sı, Haziran 1912 ile Mayıs 1915 arasında yazılmış. 1919 yılında yazılmış iki mektubu, Efkere'deki aile bireylerinin akıbetini takip edebildiğimiz için kitaba ekledik. Bu tarihler arasında yazılmış olup da kitaba almadığımız mektuplar, evin küçük oğlu Misag Kocayan'ın Ermenice yazmış olduğu ve sadece hal hatır sorup, selam gönderdiği birkaç karalamadan ibaret.

Mektupların büyük çoğunluğunun yazarı Kocayan ailesinin annesi, Hayganuş Kocayan. Evin büyük oğlu Garabed'in çok muhtemelen askere gitmemek için 17-18 yaşında kalkıp Amerika'ya göçmesinden sonra düzenli olarak oğluna yazmaya başlıyor. Baba, Harutyun ya da kısa adıyla Artin Kocayan, pek çok Efkereli gibi demirci ustası. Artin Ağa'nın bir sene sonra Amerika'ya yanına gidene kadar Garabed'e gönderdiği mektuplar, bu dönemde çok yoğunlaşmış olan Osmanlı İmparatorluğu'ndan Amerika'ya göçün en canlı tanıklıklarından birini oluşturuyor. Evin ortanca çocuğu Misag, okul çağında. Küçük Verkine ise, Garabed Amerika'ya vardığında yeni emeklemeye başlayan bir bebek.

Mektuplarda en sık bahsi geçen kişiler, Hayganuş Kocayan'ın kız kardeşi Maritsa Uzunyan ve çocukları Hacı Mari, Ohannes ve Yeğisapet Uzunyan, eniştesi Kirkor Uzunyan; diğer kız kardeşi Akabi Şahbazyan ve çocukları Annitsa, Evagül, Sahag ve Yeğiya Misag Şahbazyan; erkek kardeşi Hacı Garabed Deveciyan; annesi (Dudu) ve Kocayanların yakın aile dostu Garabed Kinayan. Maalesef hısım akraba ve mektuplarda adı geçen diğer kişiler hakkındaki bilgilerimiz hemen hemen bu kitapta okuyacaklarınızla sınırlı. Kocayanlarla geçmiş ilişkilerini bilmediğimiz için kişi referanslarının çoğu havada kalıyor. Ancak mektuplar ilerledikçe bazı referanslar daha fazla netlik kazanıyor.

Mektupların hemen hepsi konuşma dilinde, yani 1910'lu yılların Kayseri Türkçesinde yazılmış. Mektupların bir Ermeni ailesinin yazışmaları olmasına ve Ermeni alfabesiyle yazılmasına rağmen Türkçe olması günümüz okuyucusunun garibine gidebilir. Ne var ki, 15. yüzyılın başından itibaren yazılı kaynaklardan takip edebildiğimiz üzere, Alaşehir ve Sivas arasındaki bölgede Ermeni ve Rumların ana dili Türkçe olmuştur. Coğrafi olarak sınırlı alanlarda, cepler halinde Ermenice ve Rumcanın arkaik versiyonlarının konuşulduğu köyler bu kuralın istisnasını oluşturur. Efkere, Talas Vadisi'nin kuzey ucundaki diğer üç komşu köyle birlikte, yerel Ermenice diyalektin korunmuş olduğu bu ceplerden biridir. Ancak, Anadolu'nun pek çok yerinde 15. yüzyıla gelene kadar çoktan gerçekleşmiş olan ve dilbilimcilerin "dil aşınması" ve "dil ölümü" dedikleri olguların (yani bir insan topluluğunun başka bir dili anadiline tercih ederek zamanla anadilini unutması), 19. yüzyılın ikinci yarısından itibaren bu ceplerde de gerçekleşmeye başladığını biliyoruz ve bunu *Kocayan Mektupları*'nda gözlemliyoruz.

Nitekim, Hayganuş Kocayan'ın kendini ifade etmek için kullandığı başlıca dil yerel Ermenice diyalekt değil, Türkçe. Sadece Verkine ile konuştuklarını aktarırken ve hassas addettiği konularda (belki de mektuplarının okunduğundan şüphe ettiğinden) "kod değişimi" yaparak Ermenice diyalektte yazmaya başlıyor. Ve çok da iyi yapıyor! Zira Hayganuş Kocayan'ın bu paragrafları, artık yok olmuş olan Efkere Ermenice diyalektinin bilinen tek yazılı örneklerini oluşturuyor. Artin Kocayan, akrabalar ve aile dostları ise mektuplarını sadece Türkçe yazıyorlar.

*Kocayan Mektupları* tarihsel dilbilim açısından bir garipliği belgelediği için de ayrıca önemli. Bir yandan, Efkere'de yerel Ermenice diyalekt yerini giderek Türkçeye bırakarak "dil ölümü" gerçekleşirken, diğer yandan modern Ermeni okullarının açılmasıyla edebi/klasik Ermenice (Krapar) gençlerin arasında iletişim dili olmaya başlıyor. Misag, ağabeyi ve babasına Türkçe'nin yanı sıra, okulda öğrendiği edebi Ermenice ile yazıyor. Garabed'in "güzel Krapar dilleşmesi" annesi için büyük övünç kaynağı oluyor ve Amerika'dan döndüğünde kuzeni Yeğiya ile bu "nazik lisanda" konuşmalarını dinlemek için sabırsızlanıyor.

Turkofon (anadili Türkçe olan) Rumlara 'Karamanlı Rum/Karamanlides', konuştukları dile ve ürettikleri edebiyata 'Karamanlıca/Karamanlidika' deniyor. Ancak turkofon Ermeniler için literatürde kullanılan benzeri bir terim yok. Karamanlı Rumlar için 19. yüzyılın sonlarından itibaren turkofon olmak düzeltilmesi gereken bir utanç vesilesi haline gelmişken, bir Orta Anadolu Ermenisi için bu durum sanki maddenin tabiatında vardır. Hatta Türkçe okuma yazmayı Ermeni harfleriyle öğreten kitaplar yayımlamışlardır. Saptanabildiği kadarıyla, 1727 ile 1968 yılları arasında basılmış 1696 adet Ermeni harfli Türkçe kitap vardır. Ancak *Kocayan Mektupları*'nda, bir çeşit linguistik milliyetçiliğin turkofon/turkofonlaşan Ermeniler arasında da gelişmeye başladığını hissediyoruz.

***

Çevriyazı sırasında sadece mektup yazarlarının dikkatinden kaçmış olabileceğini düşündüğüm yerlerde müdahalede bulundum. Mektuplarda hiçbir noktalama işareti kullanılmamış. Ne nokta ne virgül ne de soru işareti var. Bu nedenle cümlelerin nerede bittiğini kestirmek bazen güç oldu. Aynı şekilde, yarım bırakılmış cümleler de var. Bazen okuyabilmeme rağmen anlamını bulamadığım sözcükler, ya da anlam çıkaramadığım cümleler oldu. Böyle sözcük ve cümleleri [?] işareti ile gösterdim.

Bugünkü Türkçede kullanılmayan sözcükleri sadece ilk geçtikleri yerde dipnotta gösterdim. Kitabın sonundaki lügatçede bu sözcükleri alfabetik olarak listelenmiş bir şekilde bulabilirsiniz. Ermenice sözcükleri italikle gösterdim. Tamamı Ermenice olan mektuplarda geçen Türkçe sözcükleri aynen muhafaza ettim.

Mektup yazarları hiçbir imla kuralına bağlı olmadan, konuştukları gibi yazıyorlar. Böylece 'asker' sözcüğünü farklı kişiler esker, esgar, eskar ve asger olarak yazabiliyorlar. Aynı şekilde, 'itibar' ve 'ihtiyat' sözcükleri için üçer farklı yazım var.

Efkere Ermeni diyalektini deşifre etmek bulmaca çözmek gibiydi. Ermeniceye vâkıf birçok kişiyle yaptığım bütün beyin fırtınalarına rağmen pek çok sözcük ve cümle çözülemedi. Çeviriden ya da çevriyazıdan emin olmadığım yerleri [?] işareti ile gösterdim. Bazı yerlerde sadece tahmin belirtmek zorunda kaldım.

***

Her şeyden önce, Jonathan Varjabedian'a ve ailesine mektupların yayımlanmasına izin verdikleri için şükran borçluyum. Ailelerinin mahrem hayatlarını okuyucularla paylaşmak istemeyebilirlerdi.

Kitabın hazırlanma aşamasında en büyük teşekkürü ise sevgili Püzant Akbaş'a borçluyum. Efkere Ermeni diyalektini çözmek için işini gücünü bırakıp, günlerce büyük bir sabırla bana yardım etti. Aynı şekilde, Kevork Bardakjian ve Aram Kevorpyan ile saatlerce Skype üzerinden beyin fırtınası yaparak bu diyalekti çözmeye çalıştık. Kendilerine sonsuz teşekkür ediyorum.

İngilizce çevirilerin editörlüğünü yapan Ayla Jean Yackley'e ve Türkçe bölümlerin editörlüğünü yapan Gürçim Yılmaz'a titiz çalışmaları için çok teşekkür ediyorum.

Kitabın tasarımını yapan sevgili eşim Olga Antonea'ya desteği ve sabrı için çok teşekkür ediyorum.

Kitabın çeşitli aşamalarında yardımlarını esirgemeyen Nazan Maksudyan, Erdem Çipa, Hamit Çalışkan, Rachel Goshgarian, Fikret Yılmaz, Cengiz Aktar, Arsen Arşın, Anush Pilafian, Quinn Minasyan, Sezar Avedikyan, Alkmini Kovani, Stefanie Kennell, Buket Coşkuner, Nur Başnur ve Boğos Levon Zekiyan'a çok teşekkür ediyorum.

Son olarak, Ara Sarafian ve Gomidas Enstitüsü'ne kitabımızı yayımladıkları için sonsuz teşekkür ediyorum.

Çok dikkat etmiş olmama rağmen mutlaka hatalar çıkacaktır. Efkere Ermenice diyalektini deşifre etmeyi henüz tam beceremedik. İlerideki baskılarda kullanmak üzere bu hususta okuyuculardan gelecek katkıları büyük bir heyecanla bekliyorum.

H. Şükrü Ilıcak

# INTRODUCTION

Preparing *The Kojaian Letters* for publication was an extremely personal and moving experience for me. These letters, which I first came across in 2001, clarified my understanding of the Armenians and the "Armenian issue," removing my last misgivings about it. In describing this process, I would like to share my personal experience to add to the historiography of the perception of the Armenian question in Turkey.

I was born in 1971 in the Turkish capital of Ankara, the son of an upper-middle class Turkish family that was well-educated yet apolitical. During my childhood, I do not recall ever talking about Armenians at home, with relatives or among friends of the family. This was due not only to my family's lack of interest in history and politics, but also to the fact that, by the 1970s, Armenians and other non-Muslims had all but disappeared from the landscape in which I grew up.

Today, an estimated 300 Armenians are believed to live in Ankara, out of a population of 4.5 million people. This figure was likely a bit higher when I was a child. As for the Greek population, it is probably comprised of a few dozen or fewer people who have come for work reasons. Unlike Istanbul, Ankara had no churches, non-Muslim cemeteries or schools, so it was impossible to observe people from different cultures going about their lives. The physical and cultural existence of Armenians and Greeks, who made up nearly a quarter of the population of Ankara in 1914, had been virtually wiped from the city and its memory by the 1970s – so much so that, when I played with Viktor and Anjelik, siblings who lived on my street, neither my friends nor I had the faintest inkling that they were native non-Muslims. We theorized that they were either foreigners with perfect Turkish whose parents worked at one of the embassies dotting our neighborhood, or that their parents must have been great fans of foreign films to give their kids such exotic names.

By middle school, I had learned that there were Armenian people and a Christian religion, and the fact that we Turks had a vendetta against them had been imprinted in my mind. Even so, it did not occur to me until years later that a younger boy named Raymond with whom I played basketball during recess may have been Armenian. In our textbooks, the Ottoman Empire was not depicted as a multinational, multireligious and multilingual civilization. History consisted of sultans and the wars they waged, and it focused on the teleology of the republic's founder Mustafa Kemal Atatürk's liberation of Turkey from its enemies. As for the Armenians, they appeared in our textbooks for the first time in a couple of sentences about the problems that emerged at the end of the 19th century, and then again for the "treason" committed by the Hnchak and Tashnak parties during World War I. As for the Greeks, they were called Byzantines when the Turks invaded Anatolia in 1071 and at the conquest of Constantinople in 1453 – until they became *Yunan*, the Turkish word for the Greeks of Greece, during the Turkish War of Liberation of 1919-1923. There was no mention at all of Assyrians, Kurds, Bulgarians, Laz or any others. The image of Armenians and Greeks thus created in the minds of us oblivious children was not that they were peoples who had lived side by side with Turks for hundreds of years, but rather, that they were actors who suddenly stormed onto the historical stage as occupying foreign forces bent on taking our country away from us. So Raymond could only be a foreigner, never the child of an Armenian family who, despite everything, had continued to live in Ankara for generations.

Until I entered university in 1989, all I knew about these matters derived from the state's official account. Various factors stimulated my interest in history during these years: I was involved with student movements and as a result became acquainted with another side of the state. As the Kurdish issue began to set the country's agenda, my readings and reflections focused on this "national question." In the summer of my second year, I inherited many Ottoman documents and books from my grandfather, and the head librarian of our faculty taught me the Ottoman script so that I could read them. The history classes I took from eccentric professors, being close friends with an Armenian classmate who taught me my first words of Armenian, and discovering Greek *rebetiko* music were among other factors that furthered my interest in history. The subject that most captured my attention was the *milel-i selâse*, or "the three nations," namely the Greeks, Armenians, and Jews who spread to all corners of the Ottoman Empire along with the Turks.

Beginning in the early 1990s, publishing houses in Turkey began to produce volume after volume on these communities, triggering a wave of superficial "dhimmi nostalgia" that would be thoroughly stoked in the coming years. Not until then did we began to mourn the departure of the non-Muslims we remembered from the neighborhood up the street or from the apartment next door. Only now were we able to express our grief at all we had lost. What we actually regretted was the lack of a decent taverna. We realized that the only attractive building in town was once the Armenian school. We took *sirtaki* lessons. We found out that *Kimseye Etmem Şikâyet* ("I Won't Complain to Anyone"), one of the most beautiful pieces of Turkish music, was in fact written by Serkis Suciyan, an Istanbul Armenian. This publishing activity also laid the groundwork for serious discussion of the genocide in scholarly circles a decade later. At that time, however, the genocide was labeled "so-called" and relegated to the status of an Armenian allegation.

Although I had begun to realize that there were serious lacunae in the official Turkish thesis, my own views were not far from this widely held position. I still attributed almost metaphysical significance to anything Ottoman and began to search for the culprit responsible for the collapse of this exciting pluralistic structure that I yearned for among the Greeks and Armenians. The imperialist states had destroyed the Ottoman Empire little by little and eventually took decisive action during World War I to deprive the Turks of their *Lebensraum*. They deliberately used non-Muslim citizens as pawns and played us off against one other. I saw the Armenians as a group that revolted to achieve their political aim of carving their share out of a disintegrating empire, despite constituting a minority even where they were most numerous. I conceded that more Armenians died during the war but that the massacres were reciprocal and, unfortunately, the problem ended with the removal of the Armenians from their homeland. All this was very painful. But had the Turks not acted as they did, the Armenians would have done the same.

My own narrative underwent a profound shift in the latter half of the 1990s. The biggest factor in this change was personally witnessing developments in the Kurdish issue. Rather than the imposed official discourse and ideology, I preferred to believe what I saw with my own eyes and began to listen to my conscience, redefining and repositioning myself in the face of state-dictated doctrine. During these years, I went abroad to continue my studies. I was fortunate to live for an extended period in other countries, where I saw that the world was not limited simply to Ottoman geography and history. This was also the period when top-notch research on the Armenian issue was published. Once Turkish historians became involved in the question, the genocide ceased to be merely a one-sided claim against Turkey.

We now saw that the fate that was determined for Armenians in World War I was not an imperative, but a choice—and not even a strategic choice, but a moral one. Only in these years did we learn that many elements of what the official version of history had imposed upon us as facts—events such as the Van Rebellion, and, concerning the Greeks, the Izmir Fire—were barefaced lies.

During this time of transformation, I encountered *The Kojaian Letters* in 2001, which pushed me to take the last moral step beyond denial. These letters were not written by terrorists or elements who posed a threat to security, but by a loving mother who, in lilting Turkish, called her son, "my two eyes, the light of my eyes," and other perfectly ordinary people with no concerns other than life's usual tribulations who, until the last moment, knew nothing of what was to befall them. These were people whose interest in politics was confined to idle chit-chat. They felt pain and happiness, and worried about their families. They toiled to educate their children, felt jealousy toward their neighbors, and awaited the rains in a life centered on agriculture. They were defenseless people who, simply because they were Armenian, were marched from Kayseri to Urfa then to face a destiny that I can hardly bear to contemplate.

With each letter I deciphered, I felt deep self-reproach that I had ever perceived Armenians as a monolithic bloc, as fictitious political animals who took up arms, rather as than the real individuals leading real lives who revealed themselves on the pages before me. Most Turks, whether they are leftist or right-wing, educated or illiterate, share this view, shaped both by the intellectual callousness born of official state discourse and the reaction to the terrorist tactics of the Armenian Secret Army for the Liberation of Armenia, or ASALA, which emerged in the mid-1970s and was many Turks' first introduction to the Armenian issue.

Why, then, did it require such great intellectual effort for me to avoid taking personally the crimes that were committed by another regime a century ago, when my grandparents were just small children with no direct role in the atrocities? How is it that a Turk, especially when he is abroad, can perceive any mention of the Armenian genocide as an affront to his most cherished values and respond with fury? When even far-right nationalist writers have accepted the term "massacres," why does Turkish society reflexively lash out when the word is replaced with "genocide"? How is it that in the year 2017 people can take to social media and write "Yes, we committed genocide. And we would do it again today" with impunity? How has the word "Armenian" become an expletive? Why are Armenians dehumanized to the point that they are practically viewed as tailed creatures? Why, after more than 100 years have passed, are Turks still unable to sit down and calmly discuss what happened to Armenians during World War I and its aftermath? Why are those who are brave enough to discuss it forced to live under the threat of retribution?

Instead of searching for the answers to these questions in the fields of history, politics, sociology, or anthropology, we should look to clinical psychology. When it comes to history, especially involving Armenians, we Turks as a society display all the symptoms of someone who suffers from a cluster of personality disorders. (I hope it is not a scholarly gaffe to say an exception does not change the rule.) We perceive, feel, think, and interpret the world with a deeply traumatized sense of collective self-esteem. We attempt to cloak our national feelings of inadequacy, inferiority, and shame in a crude hubris that has no material basis, and we feed this hubris with constant references to history. On the one hand, we feel inordinate pride that our forebears subjugated all and sundry for hundreds of years, and on the other we desperately seek the approval of contemporary civilizations that we have aspired to emulate for nearly two centuries. And yet for 200 years, all the world has admired neither our glorious past nor our current condition. We are constantly rejected, criticized, little liked or accepted, and abandoned to our own fate. Moreover, our history is frequently questioned, and we are accused of offenses like genocide, massacres, and pogroms.

These denunciations make us struggle to maintain our sense of perfection, tolerance, high-mindedness, fairness, and superiority over other nations. Given where we are at the moment, we sense deep in our bones that we are not so magnificent, and to be slapped in the face with this appalls us. Therefore, we are extremely fragile in the face of criticism and consequently always vigilant and on the defensive. Allegations of genocide most damage the image we have for decades taken great pains to create. When we fear that our mask will fall to reveal our true selves, we suffer fits of anger and fantasize about punishing our accusers in the most severe way. Because we cannot suppress our inner anguish, we hate every kind of "others." Seeing everyone as an enemy, we perceive endless threats from within and without.

We are apt to commit violence and crimes, and when we do, feel no regret and accept no responsibility. We view violence as a right, and believe we have the authority to do as we please, especially with the ethnic and religious minorities we can dominate. We blame our victims for their suffering. We complain that we are misunderstood, yet are deaf to what others say. Since the so-called period of stagnation of the Ottoman Empire, we are history's passive actors: We are always right, and always wronged. We envy other countries and are pleased when misfortune befalls them. We are combative because we are unloved, and become even more isolated. We are cruel and noble. We never forgive. Because we see no problem with this ossified way of dealing with the world, we learn nothing from our experiences and progress to no better place. We are oblivious of the fact that we are constantly making life unbearable for ourselves and those around us.

Many nations that have chanced to become great at some point in history cling to a similar state of mind. But the version practiced in today's Turkey has become a malignant, absurd pathology. Perhaps the most painful aspect of this psychological nightmare is that Armenians are literally a non-factor. That is because the Turks' problem with the genocide is part of their battle with the West, not with Armenians. What happened to Armenians during World War I and its aftermath, and what survivors' grandchildren now feel and desire holds no weight for Turks. They are considered merely a "worthless state" or a "scattered diaspora." Because they are not powerful, they have no value. Meanwhile, we have no choice but to try to make ourselves and our ideas accepted by the West, against whom our power pales by comparison. When this fails, despite all of these efforts, the vicious cycle continues.

After coming to power in 2002, Justice and Development Party (AKP) government initiated a democratization process with the stated aim of entering the European Union, and for close to a decade, the Armenian question was discussed with an unprecedented degree of freedom. As I write these words, the Turkish regime is undergoing a total transformation in which the same party is quickly taking the country toward a dystopian future. Even if the progress made on the topic of the genocide over the last decade appears to be lost, the situation is very different. The genie is out of the bottle. The matter has been liberated from the policy of denial of the 1970s and 1980s.

A significant number of Turkish intellectuals, academics, and politicians have surmounted the cognitive and moral barriers of denial to unburden themselves of the story that we have told ourselves for the past half-century, voicing aloud over the last decade that what was done to the Armenians beginning in 1915 was genocide. The state has lost its capacity to be the sole determinant in the debate in the public sphere and academe, and the official narrative has stagnated. However, because the state and society in general are still a long way from undergoing change of this nature, whether we Turks as a people will one day confront this crime is uncertain. The natural outcome of the frame of mind that I have described above means that unbuckling the weapons with which we have girded ourselves and reaching people's minds will be very difficult. The further the issue is pushed, the stronger the reaction it elicits. One thing is certain: as long as we do not reach a reconciliation about this crime, we will not heal and will be drawn into dangerous currents as an afflicted society.

Perhaps the most meaningful words about the current situation came from the last known Armenian living in the Adana countryside: "We forgive the Turks, but the Turks do not forgive us." The Armenian farmer was cut off from social benefits, and shunned by his neighbors in the village, who refused to rent his thresher, after Pope Francis held a memorial service at the Vatican for the victims of the Armenian Genocide in 2015. His words are a searing indictment of the hate within us. For many Turks, Armenians today are nothing more than the object of an abstract hatred stemming from a hypothetical act of treason. The deep loathing we feel towards a people we neither know nor recognize, who are no longer to be seen in these lands, except for a tiny community in Istanbul, first and foremost taints our own souls.

This is why *The Kojaian Letters* are so important. Although the correspondence of several learned people of the period has previously been published, this is the first time a source of this sort—ordinary people's life stories—will be brought to a wider audience, as far as I am aware. The private stories, the details of daily life and relations within the family and the community movingly portray the life of a village in Anatolia in the 1910s. Penned a century ago, the letters will show those who do read this book that Armenians were real people, in surprisingly beautiful Turkish. If we are one day to dispel our inner hatred and unshackle ourselves from a society that has lost its conscience, it will be by re-humanizing the "others." Despite the fact that we live in a time where the power of the written word has ebbed, my hope is that *The Kojaian Letters* will contribute to this healing process.

***

In this book, we have included 88 letters from Jonathan Varjabedian's collection that were sent to Garabed and Harutiun Kojaian between 1912 and 1919. Of these, 86 were written between June 1912 and May 1915. We added two more letters written in 1919 because they enable us to learn the fate of members of the family from Efkere. The only letters in the collection that were not included were by the household's young son, Misag Kojaian, written in Armenian and consisting of a few lines asking after his father and brother.

Most of the letters were penned by Hyganush Kojaian, the matriarch of the family. She begins writing regularly when her oldest son Garabed leaves for America at age 17 or 18, most likely to avoid military service. The father, Harutiun Kojaian, sometimes called Artin for short, is a blacksmith, like many in Efkere. The letters Artin Agha sent to Garabed for a year before he joins him constitute one of the most vivid testimonies of immigration to the United States from the Ottoman Empire, which peaked in this period. The middle child is Misag, who is school-age. Little Verkine is a baby who is just beginning to crawl when Garabed leaves for America.

Those people most often mentioned in the letters are Hyganush Kojaian's younger sister Maritsa Uzunian, her children Haji Mari, Ohannes, and Yeghisapet Uzunian, and her husband Kirkor Uzunian. Hyganush's other sister, Akabi Shahbazian, and her children Annitsa, Evagül, Sahag, and Yeghia Misag Shahbazian; her brother Haji Garabed Devejian; her mother, called Dudu; and the Kojaians' close family friend Garabed Kinaian are also recurring characters. Sadly, our knowledge of other kinfolk whose names are mentioned are limited to what you will read in this book. Since we do not know the family's past connections, references to some people hang in the air, though as the letters continue, the picture becomes clearer.

The letters are almost entirely written in a conversational manner in the Turkish of Kayseri of the 1910s. It may surprise today's readers that an Armenian family's correspondence is in Turkish, despite using the Armenian alphabet. From written sources beginning in the early 15th century, we see that Turkish was the mother tongue for Armenians and Greeks living in a region spanning from Alaşehir to Sivas. The exceptions to this are the pockets of villages in remote areas that retained archaic versions of Armenian and Greek. Efkere, along with three neighboring villages in the northern corner of the Talas Valley, is one of those pockets where the local Armenian dialect survived. However, we know that "language erosion" and "language death," as linguists term the phenomenon in which a community favors another language over its mother tongue, began to occur in these pockets in the second half of the 19th century, and we witness this in *The Kojaian Letters*.

The language that Hyganush Kojaian uses to express herself is not the local Armenian dialect, but Turkish. Only when she is conveying Verkine's chatter or delving into sensitive subjects – perhaps because she suspects her letters are being read by a third party – does she code-switch and write in the Armenian dialect. And how marvelous that she has! These paragraphs constitute the only known surviving written examples of the now-extinct Efkere Armenian dialect. Artin Kojaian, their relatives and family friends all write exclusively in Turkish.

*The Kojaian Letters* are significant for historical linguistics because they document another paradox. At a time when language death was underway in Efkere, as the local Armenian dialect was being abandoned for Turkish, modern Armenian schools were opening in which literary or classical Armenian (called *krapar*) becomes the language of communication among young men. When writing to his brother and father, Misag uses the Armenian he has learned in school, in addition to Turkish. Garabed's "beautiful *krapar* language" is a great source of pride for his mother, who impatiently awaits his return from America so she can listen to this "genteel language" in conversations between Garabed and his cousin Yeghia.

Turkophone Greeks are called Karamanli Greeks or Karamanlides, and their language and literature is called Karamanli Turkish or Karamanlidika, but the scholarly literature has no equivalent terms for Turkophone Armenians. Toward the end of the 19th century, being Turkophone became a source of shame for the Karamanlides that needed correcting. For central Anatolian Armenians, however, it was viewed as perfectly natural. In fact, books providing instruction on how to read Turkish with the Armenian alphabet were published. From the period between 1727 and 1968, 1,696 books are recorded as having been published in Turkish printed with Armenian letters. *The Kojaian Letters* gives us the sense, however, that a certain linguistic nationalism was beginning to appear among Turkophone Armenians.

***

During the process of transcription, I intervened in areas where I thought the writers of the letters may have missed something inadvertently. No punctuation marks were used in the letters, so that it was sometimes difficult to determine where one sentence began and ended. Likewise, some sentences just trail off. There are words and sentences that I was able to read but could not understand, and I have noted such words and sentences with a question mark in brackets.

Words that are no longer used in present-day Turkish I have annotated with a footnote at their first occurrence. You can find these words listed in alphabetical order in the glossary at the end of the book. I indicated Armenian words in italics, and left the Turkish words as they appeared in those letters written primarily in Armenian.

The authors of these letters were unfettered by the rules of spelling and wrote just as they spoke. For example, the word *asker*, "soldier," can appear as *esker, esgar, eskar* or *asger*. Likewise, there are three different versions of the words *itibar*, "reputation," and *ihtiyat*, meaning "caution."

All Turkish proper names and place-names are rendered in their modern Turkish forms.

Deciphering the Armenian dialect of Efkere was like solving a puzzle. Despite conferring with many people with a perfect grasp of Armenian, several words and sentences could not be interpreted. Areas whose translation I could not be certain of I note with a question mark in brackets. At times, I was only able to hazard a guess.

Lastly, I must note that the English translations lack the beauty of the original language of the letters. The translations are in modern standard English, whereas the Turkish used in the letters is archaic and provincial and may often bring a smile to the reader's face.

***

Above all else, I owe a debt of gratitude to Jonathan Varjabedian and his family for giving me permission to publish these letters. After all, they could have chosen to keep their family's correspondence private.

For the preparation of this book, the biggest thanks go to dear Püzant Akbaş, who set aside his work to spend days with me patiently deciphering the Armenian dialect of Efkere. Likewise, Kevork Bardakjian and Aram Kevorpyan brainstormed with me for hours on Skype to untangle this dialect. My eternal appreciation to both of them.

For their meticulous work, I thank Ayla Jean Yackley, who edited the English translation, and Gürçim Yılmaz, who edited the Turkish portion.

I would like to thank my wife, Olga Antonea, for her invaluable support and for undertaking the designing of the book.

I thank the following people for their assistance during various periods of this book: Nazan Maksudyan, Erdem Çipa, Hamit Çalışkan, Rachel Goshgarian, Fikret Yılmaz, Cengiz Aktar, Arsen Arşın, Anush Pilafian, Quinn Minasyan, Sezar Avedikyan, Alkmini Kovani, Stefanie Kennell, Buket Coşkuner, Nur Başnur and Boğos Levon Zekiyan.

Last but not least, I am indepted to Ara Sarafian and the Gomidas Institute for publishing our book.

Mistakes will most certainly remain despite the extreme care I took. We have not yet been able to fully decipher the Armenian dialect of Efkere. I eagerly await readers' contributions for use in future editions.

H. Şükrü Ilıcak

Garabed Kojaian - Garabed Kocayan
(c. 1893-1976)

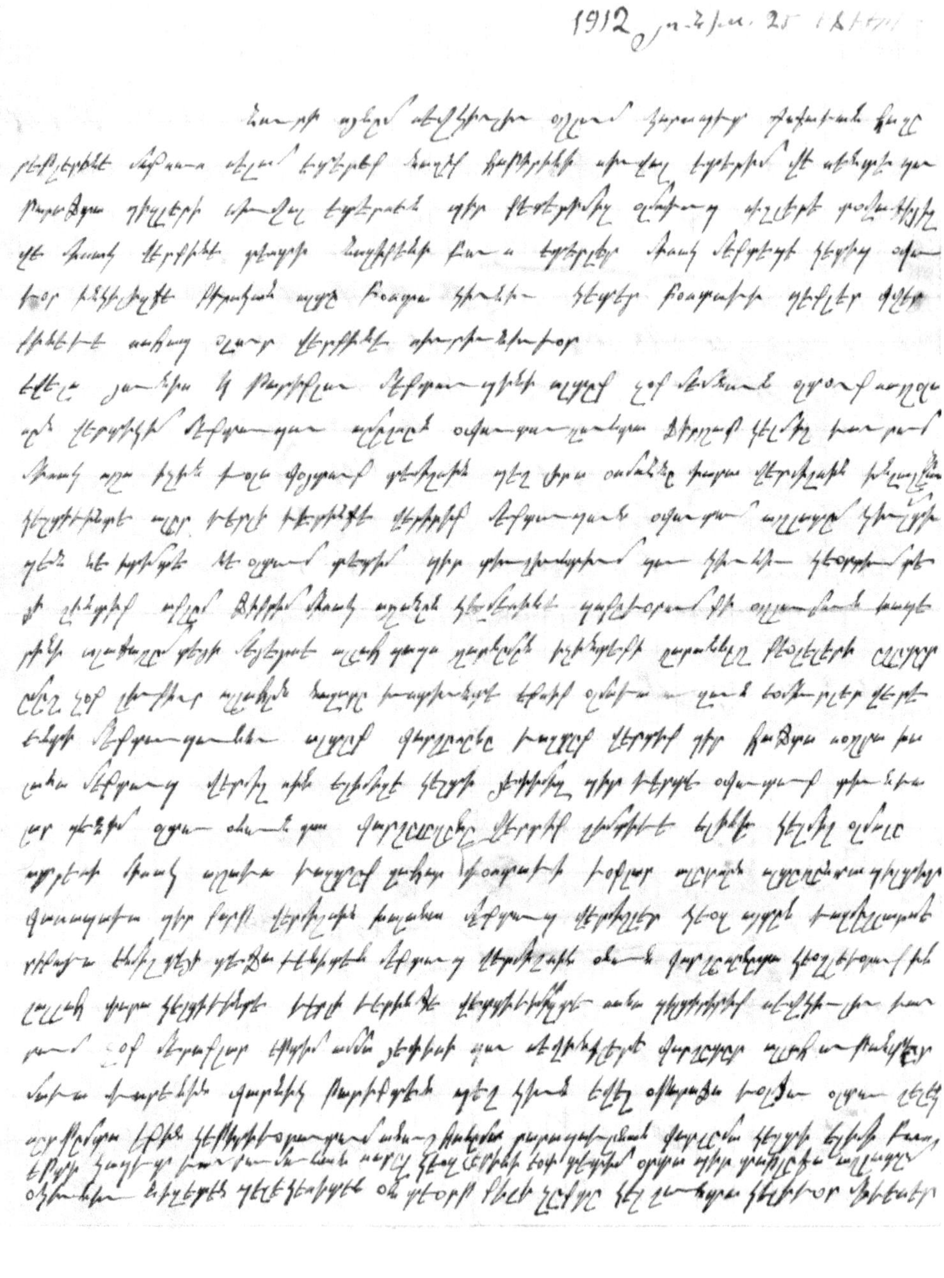
1912

1912 *Hunis*[1] 25
Efkere

Nur-i Aynım[2], Sevgülü Oğlum Garabed Kocayan Hazıretleri'ne,

Maksus[3] selam ederek nazig hatirini süval[4] ederim. Ve sen de bu tarafda bizleri süval edersen, bir kederimiz olmayub, sizlere dovaciyiz. Ve Misag, Verkine desd-i[5] nazikeni pus[6] ederler. Misag mekdebe gedib okuyor. İngilizce *keragan*[7] aldı. Posda günü geder, posdayı bekler. Verkine'ye sahab[8] olur. Verkine sürünüyor[9].

Evela, *Hunis* 4 tariklu[10] mekdubini aldık, çok memnun olduk. Sağ olasın. Verdiğim mekdubu almışsın. Okuduğunda firğat[11] gelmiş yavrum. Misag Ağa için yola koyduk demişsin. Beş lira Osmannı para vermişsin. İnşallah geldiğinde alır, yerli yerince veririk.

Mekdubun okudum; ağladım, güldüm. Ben ne idim de, ne oldum dedim. Bir düşündüm bu günü gördüm deyi. Şindik aklım fikrim Misag Ağa'nın gelmesine bakıyorum ki, oğlumun haberini alacağım deyi. Meyerse Allah Baba ğarnımın içindeki ğarannığ[12] köşeleri ışıdırımış. Çok şükür. Allah'ın nazarı üsdünde eksik olmaya, uzun ömürler vere.

Endi[13] mekdubunu aldık. Karşısını yazdık, verdik bir hafta soğra[14]. Halana[15] mekdup vermişsin, elimize geldi. Hepimiz bir yerde okuduk. Dünyalar benim oldu. Onun da karşılığını verdik. Şimdiye eline gelmiş olmalı. Adresi Misag Ağa'ya yazdık zahar[16]; posdayi yoklar alırsın. Aldığında bildir. Kasabaya bir kart vermişsin. Halana mekdub vermişler. Göz aydın yazmışlar, Amerika'ya enmiş deyi. Defa[17] yeni mekdub vermişsin. Onun karşısını da gözlüyok. İnşallah para geldiğinde, yerli yerince verdiğimizde sana bildiririk. Sevgülü yavrum, çok meraklar etdim. Amma hepisi bu sevinçlere karşıdır. Allah utandırmaya.

Yarenin[18] Karnig tarikden[19] beş gün evel o tarafa yolcu oldu. Şeleg[20] sırtımda ekin getiriyorudum, Anuş Hanım arabayınan karşıma geldi. Elimi pus etdi. "Gabid[21] yavrumunan sarıl, gözlerini öp" dedim. Orda bir datlıca ağladım. O günü Nize'den[22], Belegesi'den[23] on dört kişi çıkdı. Gelşun da geliyor. Müyesergil'in Hagop, hepisi bir geliyorlar. Marta Şeke'nin Hagop da hazırlanıyor.

[1] Hunis: Haziran (Ermenice)
[2] nur-i aynım: gözümün nuru
[3] maksus: özellikle (< mahsus)
[4] süval: soru, sual (< sual)
[5] desd: el (< dest)
[6] pus etmek: öpmek (< bus). Desd-i nazikeni pus eder: Nazik elini öper.
[7] keragan: dilbilgisi kitabı (Ermenice)
[8] sahab: sahip
[9] sürünüyor: emekliyor
[10] tariklu: tarihli
[11] firğat: ayrılık, sevdiklerinden ayrılma (< firkat)
[12] ğarannığ: karanlık
[13] endi: önceki
[14] soğra: sonra
[15] Mektuplarda annenin kız kardeşi için 'hala' sözcüğü kullanılmaktadır.
[16] zahar: her halde, evet öyle (< zahir)
[17] defa: yine, tekrar
[18] yaren: yakın arkadaş, ahbap
[19] tarik: bugün, bugünün tarihi (< tarih)
[20] şeleg: sırtta taşınan ot ya da odun yükü
[21] Gabid: Garabed'in küçültülmüş hali
[22] Nize: Efkere'nin 1 kilometre güneyinde, Kayseri'nin 20 kilometre kuzeydoğusunda köy. Bugünkü adı Güzelköy.
[23] Belegesi: < Bâlâgesi. Efkere'nin 1 kilometre batısında, Kayseri'nin 19 kilometre kuzeydoğusunda köy. Şu anda metruk.

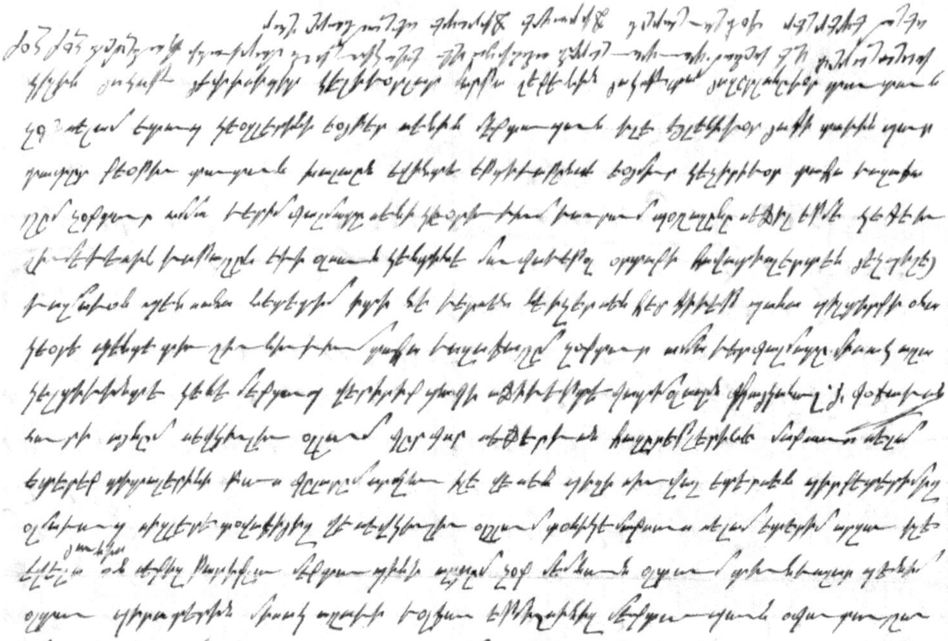

Dudun[24] çok selam edüp gözlerini öper. Senin mekdubun ile eyleniyor. Haci dayin[25] burdadır. Kötü[26] dudun, halayın evinde etdiyatınan[27] ömür geçiriyor.

Daha yazacağım çokdur amma yerim kalmadı. Seni görüyüm yavrum. Boğazını sefil etme. Gece üşümeyesin. Yatağın eyi olsun. Gendine mukayet ol. Ordaki havadislerden heç bişey yazmayon. Ben sana ne dedim idi; ne yersen, ne içersen, her ciyet[28] bana bildir ki, ona göre ben de düşünüyüm. Daha yazacağım çokdur amma yerim kalmadı. Misag Ağa geldiyinde gene mekdub veririk. Baki[29] afiyetde kadim[30] olasın.

Hayganuş H. Kocayan

Halaların ve hanım duduların, Annitsa ve Evagül'ün[31], Maryani Hanım'ın çok çok selam ederler. Konşuların firade firade[32] selamnarı var.

[24] dudu: yaşlı kadın. Burada bahsi geçen dudu, mektup yazarının annesidir.
[25] Yazar, erkek kardeşi Hacı Garabed Deveciyan'dan bahsediyor.
[26] kötü: zayıf, yaşlı
[27] etdiyatınan: ölçülü, mütevazı bir şekilde (< ihtiyat)
[28] ciyet: yön, taraf (< cihet)
[29] baki: sürekli
[30] kadim: sürekli
[31] Annitsa ve Evagül Şahbazyan. Yazarın kızkardeşi Akabi'nin kızları.
[32] firade firade: ayrı ayrı

June 25, 1912
Efkere

The light of my eye, my dear son, Mr. Garabed Kojaian,

I extend my special greetings and inquire after your well-being. If you were to ask about us here, we have no worries, and we pray for you. Misag and Verkine kiss your gentle hands. Misag goes to school. He got an English grammar book. He goes and waits for the mail and takes care of Verkine. Verkine is crawling now.

Foremost, we were very pleased to receive your letter, dated June 4. Thank you. You say that you have received my letter and that you felt nostalgia when you read it, my child. You say that you saw off Misag Agha[1] back to Efkere and sent 5 Ottoman liras with him. God willing, when the money arrives, we will convey it to the proper places.

I read your letter; I cried, I laughed. What I was and what I have become, I said. I thought to myself, I have seen such days. Now all I think about is Misag Agha's return to hear the news of you, my son. It seems God was illuminating the dark corners within me. Thank God. May God's protection be always upon you; may He give you a long life.

We received your previous letter. We responded and sent it the following week. We also received the letter you sent to your aunt. We read it all together. I felt on top of the world. We also responded to it, you should have received it by now. We sent it to Misag Agha's address, so you should check the mail. Do tell us when you receive it. You sent a postcard to the town, and they gave a letter to your aunt, congratulating her because you made it to America. In the letter you wrote that you sent a new letter; we are looking forward to receiving it. We will let you know when the money arrives, and God willing, we will dispense it to the proper places. My dear child, I was very worried; however, it was all met with happiness. May God not disgrace us.

Your friend Karnig left for America five days ago. I was carrying crops on my back when I ran into Mrs. Anush, who was driving a cart. She kissed my hand. I said, "Hug my son Gabid[2], and kiss him upon his eyes for me," and I started crying right there. That day, 14 people from Nize[3] and Belegesi[4] left for America. Gelshun is also coming. Müyeser's son Hagop — they are all coming. Marta Sheke's Hagop is also getting ready to leave for America.

Your *dudu*[5] sends her greetings and kisses you upon your eyes. She entertains herself with your letters. Your haji[6] uncle[7] is here. Your feeble *dudu* is living a modest life at your aunt's house.

[1] agha: title of distinction, formerly applied to influential men in the countryside.
[2] Gabid: diminutive form of Garabed.
[3] Nize: village 0.6 miles south of Efkere and 12.5 miles northeast of Kayseri. Today, Güzelköy.
[4] Belegesi: village 0.6 miles west of Efkere and 12 miles northeast of Kayseri. Now uninhabited.
[5] dudu: older female acquaintance. The dudu mentioned in this letter is the writer's mother.
[6] haji: pilgrim
[7] The writer is referring to her brother, Haji Garabed Devejian.

I have much more to write, but I do not have space. Let me see you at your best, my child. Eat well. Don't get cold at night. Sleep on a good bed. Take good care of yourself. You do not write to me with news of what you do there. What did I tell you? To tell me everything, including what you eat, what you drink, so that I can think accordingly. I have much more to write, but have run out of space. We will send another letter when Misag Agha arrives. May you be always in good health.

Hyganush H. Kojaian

P.S. You have many greetings from your aunts, your *dudus*, Mrs. Annitsa and Evagül, Mariani and from our neighbors.

[8] The writer is referring to her nieces Annitsa and Evagül Shahbazian, the daughters of her sister Akabi Shahbazian.

*Back row, from left to right:*
Misag, Verkine and Hyganush Kojaian along with other members of Hyganush Kojaian's extended family

*Front row, from left to right:*
[Possibly] Ohannes Uzunian, [possibly] Dudu with other members of Hyganush Kojaian's extended family

*Arka sıra, soldan sağa:*
Misag, Verkine ve Hayganuş Kocayan, Hayganuş Kocayan'ın akrabaları

*Ön sıra, soldan sağa:*
[Muhtemelen] Ohannes Uzunyan, [muhtemelen] Dudu ve Hayganuş Kocayan'ın akrabaları

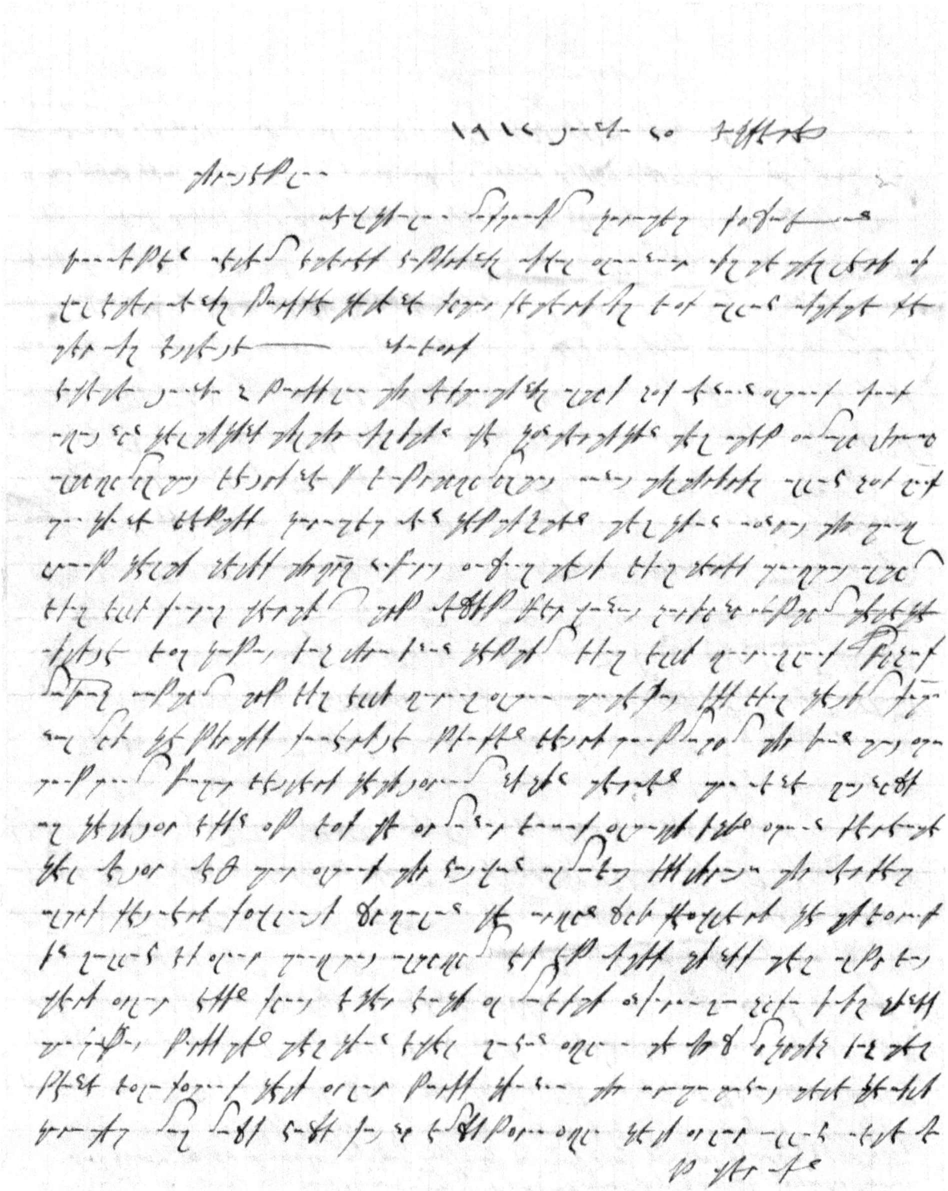

1912 *Hunis* 25
Efkere

Dirayetlu[1], Sevgülu Mahdumim[2] Garabed Kocayan,

Hasseten[3] selem ederek hatiriniz sival[4] olunur. Siz de bizleri sival ederseniz, tarike gelene kıdar kederimiz yok. Allah sizi de kedersiz eyleye.

Niv York

Evele[5], *Hunis* 4 tariklu bir mekdubiniz aldık. Çok mēnun[6] olduk. Misak Ağa'nın geldiğini bildirmiş idin. Ve gönderdigin beş adet Osmālı lirası aldığımızda, yerine yatırdığımızda sana bildiririz. Allah çok şükür bu güne yetdik Garabed.

Sen getdikden beş gün sonra bir buz ırast geldi.[7] Çelik[8] bir ğrş[9] 20 para ucuz deyi, yüz çerik buğday aldım. Yüz elli kuruş verdim. Dört mecit[iyeye][10] pervana çarhını satdım Belegesili'ye. Yozgat'a üç lira[y]inan getdim. Yüz elli ğuruşluk pıçak, mahas satdım. Dört yüz elli ğuruş oldu. Bu defa iki yüz geyim[11], kodo[?], nal, mıh getirdik Kāseri'ye. Tüken[12] yeri dutmadım, bir handa oda dutdum. Pazar yēleri geziyorum. Niçin dersen, bu sene ğānıci[13] az geliyor. Ekin, ot yok. Ve ormana yasak olduğu için odun, keresde gelmiyor. Mecbur olduk bir hayvan almaya. İki liraya bir merkeb[14] aldık. Keyseri, Kovluyi[?], Cırğalan[15] ve Arğıncıh[16] kövleri[17] geziyoruk. İnşallah ei[18] olur. Buğday aldığım ei etmişik. Çinik[19] beş altıya veriyorlar. Ekin kısa. Eğer esgi[20] olmayidi, on kuruşa çıka imiş çinik.

Bu dafa, tarikden beş gün evel, Şahanoğlu Demirc[i] Mıgırdiç, üç beş tene yola koduk; geliyorlar. Tarik günü bir araba daha, Belegesili Garabed, Mazmacı[21] Haçik, kaynı Emci[22] Torosoğlu geliyorlar. Allah selemet versin. Garabed, beyle[23] kalırsa Evkere'den güçecek Amerika'ya yüz tena[?] adam gelir. Esker[24] isdeyorlar. Çokları kaçdı; bilmeyik, belki o tarafa gelirler. Şimdilik ortalık ei, bakalım ne olur.

1 dirayetlu: akıllı, becerikli
2 mahdum: oğul, erkek evlat
3 hasseten: özel olarak, ayrıca (< hassaten)
4 sival: soru (< sual)
5 evele: ilkin, önce (< evvela)
6 mēnun: memnun
7 buz ırast geldi: don oldu (hava sıcaklığının sıfır derece altına düşmesi üzerine suyun, toprağın ve ürünlerin donması)
8 çelik: yaklaşık 6 kiloluk tahıl ölçü birimi (< çerik)
9 ğrş: kuruş için yazarın kullandığı kısaltma
10 mecit: Mecidiye. Sultan Abdülmecid zamanında basılmaya başlanan gümüş para.
11 geyim: bir çift öküz nalı
12 tüken: dükkân
13 ğanıci: kağnıcı
14 merkeb: eşek
15 Cırgalan: Efkere'nin 8 kilometre batısında, Kayseri şehir merkezinin 9 kilometre kuzeydoğusunda köy.
16 Argıncık: Efkere'nin 12 kilometre güneybatısında, Kayseri şehir merkezinin 5 kilometre kuzeydoğusunda köy.
17 köv: köy
18 ei: iyi
19 çinik: 8 kilo civarında tahıl ölçü birimi
20 esgi: eski
21 mazmacı: çuval, keçe, kilim yapan kimse (< mazmancı)
22 emci: eczacı, em (ilaç) yapan
23 beyle: böyle
24 esker: asker

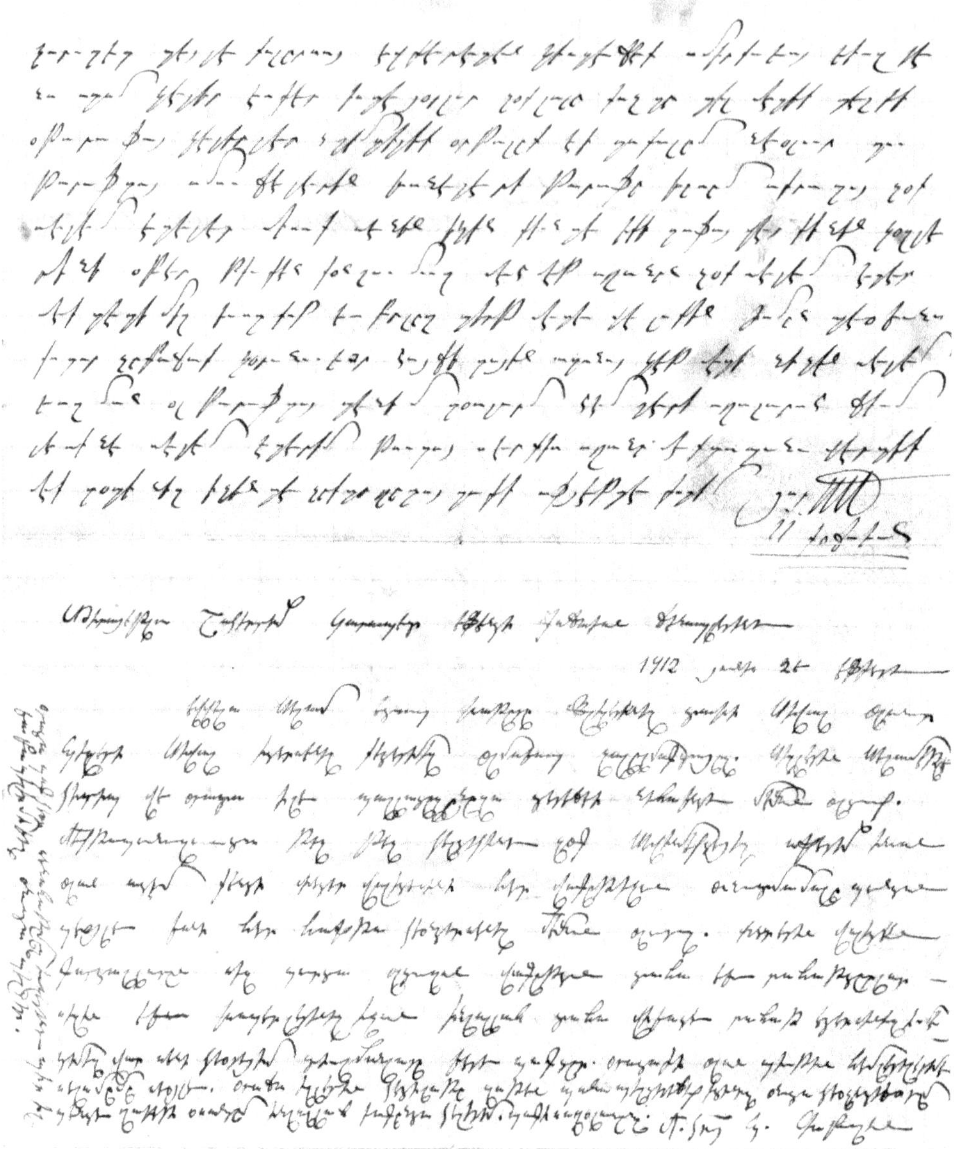

Bu tarafda amucelerin[25] haneleri tarafı, hısım akraba çok selem ederler. Misak senin için günde iki dafa Verkin'in gözlerini öper. Tüken konşumuz Mehmet Ağa'nın çok selem eder.

Mekdebimiz üsd kat yapılıb bitmede[?]. Velakin *jamın*[26] boyuna kadar çıkacak gorunüyor. Hacı dayin[27] Adana[ya] getmedi. Niçin selem yazman? Ol tarafda benim doslarım hemşeri ağalara, cümlesine selem ederim. Tosba[?] Serkis Ağa'nı[n] mekdubunu verdik. Mekdubuniz içinde çıkdığı da.

Baki afiyetde kadim.

Harutyun Kocayan

[25] amuce: amca
[26] jam: kilise (Ermenice)
[27] Yazar, kayın biraderi Hacı Garabed Deveciyan'dan bahsediyor.

June 25, 1912
Efkere

My wise, dear son, Garabed Kojaian,

New York

I send my special greetings and inquire after your well-being. If you were to ask about us, we have had no worries until now. May God keep you far from worries too.

Firstly, we were very pleased to receive your letter, dated June 4, in which you told us about Misag Agha's arrival. We will let you know when we receive and deliver to the proper place the 5 Ottoman liras you sent. Thank God, we have reached this day, Garabed.

A frost set in five days after you left. I bought 100 *cheriks*[1] of wheat because it is 1 kurush[2] 20 para[3] cheaper. I paid 150 kurush. I sold valve wheels at Belegesi for 4 *mejidiyes*[4]. I went to Yozgat[5] with 3 liras, where I sold knives and scissors worth 150 kurush. The sum is 450 kurush. This time we brought 200 pairs of ox shoes, horseshoes and nails to Kayseri. I did not rent a shop, but I got a room at an inn. I go to marketplaces. If you wonder why, this year oxcart-men do not come often. There is no harvest or hay. Since access to the forest is forbidden, there is no wood or lumber. We were obliged to buy an animal and purchased a donkey for 2 liras. We go to Kayseri, [...], Cırgalan[6] and Argıncık[7]. God willing, everything will be fine. It was a good decision to buy wheat. Now they sell a *chinik*[8] for 5 to 6 kurush. There is a shortage of crops. Had we not had old stocks, a *chinik* would cost 10 kurush.

This time, five days ago, we saw off Mgrdich Shahanoglu, the blacksmith, and several others; they are leaving for there. Today, a cart full of men — Garabed of Belegesi, Hachig the felt-maker, and his father-in-law, Torosoglu the druggist — are leaving. May God keep them safe. If it goes on like this, Garabed, a hundred men will leave Efkere for America. They[9] want soldiers. Many of them have run away. We do not know, maybe they will go there. For the time being, things are fine; let's see what happens.

The households of your uncles and our kith and kin send their greetings. Misag kisses Verkine upon her eyes twice a day on your behalf. You also have many greetings from our neighbor in the store next door, Mehmet Agha.

[1] cherik: weight unit, approximately 13 pounds.
[2] kurush: piaster, one-hundredth of a lira.
[3] para: one-fortieth of a kurush.
[4] mejidiye: silver money minted first during the reign of Sultan Abdulmejid (r. 1839-61).
[5] Yozgat: town 110 miles northeast of Efkere.
[6] Cırgalan: village 5 miles west of Efkere and 5.5 miles northeast of Kayseri.
[7] Argıncık: village 7.4 miles southwest of Efkere and 3.1 miles northeast of Kayseri.
[8] chinik: weight unit, approximately 17.6 pounds.
[9] i.e. the state.

The upper floor of our school is about to be completed. It looks like it is going to be as high as the church. Your haji uncle[10] did not go to Adana. Why don't you write to him? I send my greetings to all my fellow countrymen there. We conveyed the letter of Sarkis Tosbaian Agha, which came along with your letter. May you always live in good health.

Harutiun Kojaian

Harutiun Kojaian - Harutyun Kocayan (c. 1863-1942)

[10] The writer is referring to his brother-in-law, Haji Garabed Devejian.

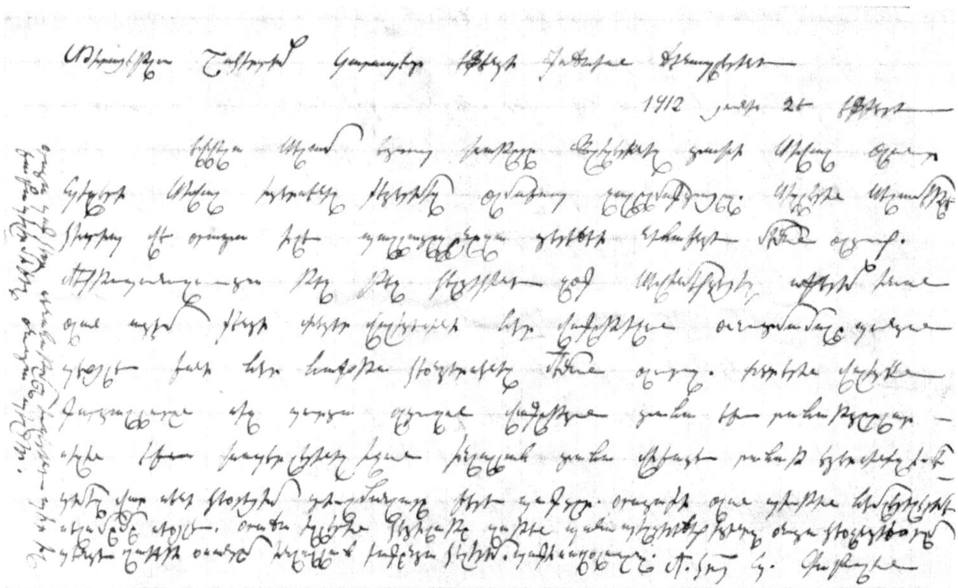

Dirayetlu Şagirdim[1] Garabed Efendi Kocayan Cenableri'ne[2],

1912 *Hunis* 25
Efkere

Evvela, selam edüb, hatır-ı celiliniz[3] dahi süval olunur. Bizleri süval ederseniz, kederimiz olmayub, çalışmakdayız. Sizlerin selametle gidib ve orada işe başladığınıza derece-i nihayede[4] memnun olduk.

Mektubunuzun da tez tez geldiğine çok sevinmekdeyiz. Aferim! İnsan olan âdem[5], kendi peder, validesini her vakıtında unudmamalı. Bundan böyle, yani her hafta gönderseniz memnun oluruz.

Pederin, validen, kardaşların siz burda olduğun vakıtdan daha eyü[6], rahatdırlar. Sizin eyü haberleriniz ilan inşallah daha ziyade rahat edersiniz. Ümidimiz var. Seni göreyim; düşmanları yere bakdır.

Oradaki olan bütün hemşerilerime selamımı söyle. Oraca işlerin gidişatı zaten bana bildirecek idiniz. Onu da gözediyorum. Ben de gayet osandım. İnşallah yakında gelirim. Baki sağ olasınız.

Garabed Kapusuzyan

Orada bak, gör; senaatımız[7] üzerine bir iş yapabilir miyiz, onu da bildir.

[1] şagird: öğrenci, çırak
[2] cenab: hazret
[3] celil: ulu, yüce
[4] derece-i nihaye: son derece
[5] âdem: kişi, insan
[6] eyü: iyi
[7] senaat: beceri ve ustalık gerektiren iş (< zanaat). Kapusuzyanlar makasçılıkla uğraşıyorlardı. Garabed Kapusuzyan hiçbir zaman Amerika'ya varamadı.

June 25, 1912
Efkere

My wise apprentice, Garabed Effendi[1] Kojaian,

Firstly, I send my greetings and ask after your well-being. If you were to ask about us, we have no worries and are busy with our work. We are extremely glad that you made it there safe and sound and started working.

We are also happy that you send letters very often. Bravo! A decent man should never forget about his parents. From now on, if you send a letter every week, we will be happy.

Your father, your mother and your siblings are doing better and more comfortable than when you were here. God willing, they will be more at ease with your good news. We are hopeful. Let me see you at your best; embarrass your enemies.

Pass on my greetings to all of my fellow countrymen who reside there. You were going to tell me about the state of affairs there. I am looking forward to hearing that too. I also have had enough of it here. God willing, I will get there soon. Be always well.

Garabed Kapusuzian

P.S. Investigate and let me know if we can perform our craft[2] there.

[1] effendi: title of respect, formerly given to government officials and to members of the learned professions.
[2] The Kapusuzians were scissor-makers. Garabed Kapusuzian never made it to America.

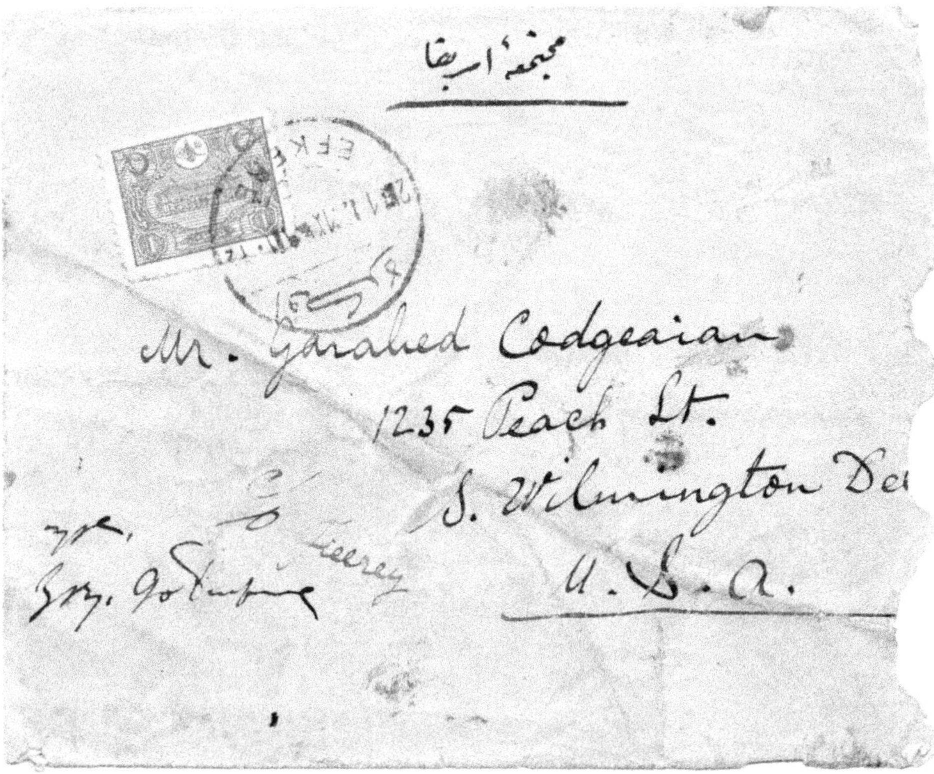
Mr. Garabed Codgeaian
1235 Peach St.
S. Wilmington Del
U.S.A.

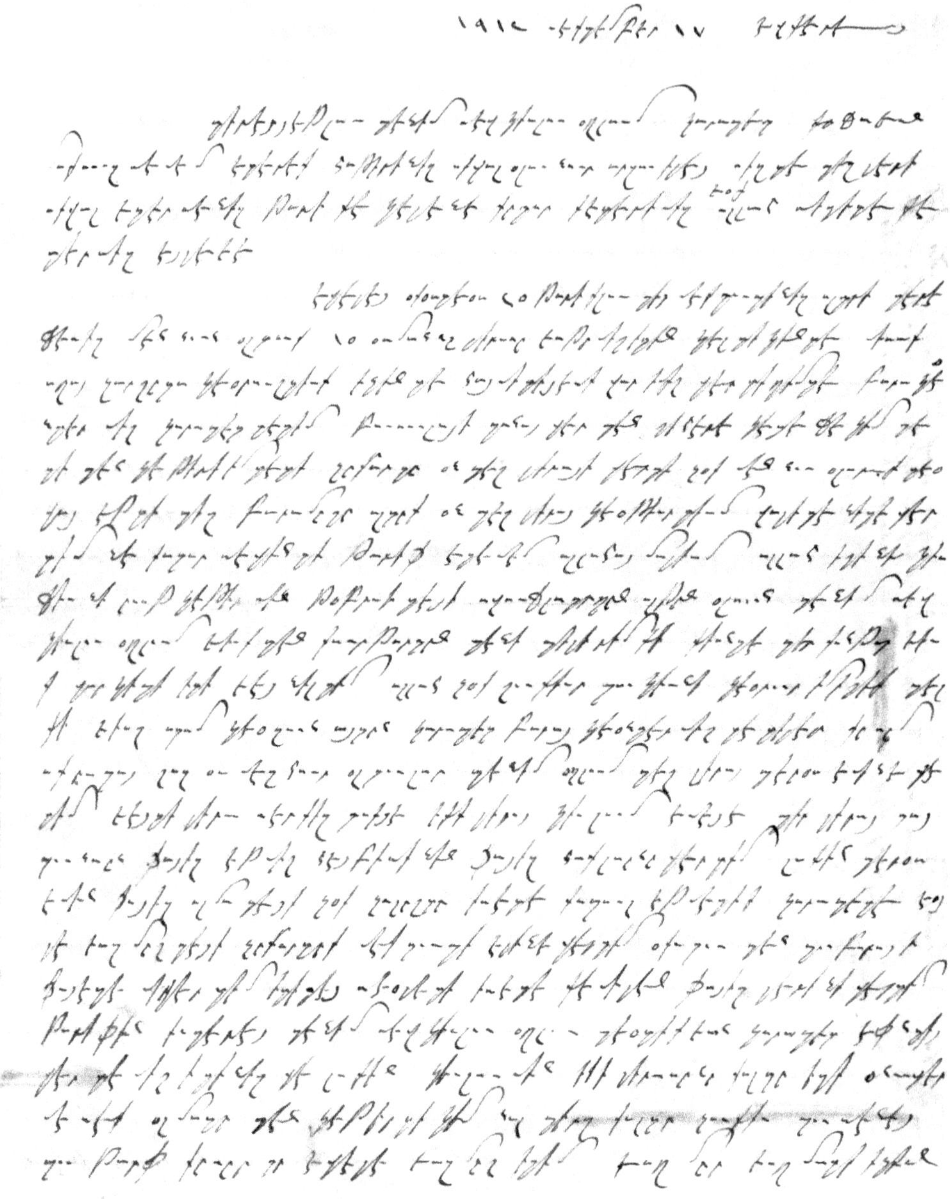

1912 *Sekdemper*[1] 17
Evkere

Direyetlu, Benim Sevgülu Oğlum Garabed Kocayan,

Maksuz selem ederek hatiriniz sival olunur, arzu ile. Siz de bizleri sival ederseniz, tarike gelene kıdar kederimiz yok. Allah sizi de kedersiz eyleye.

Evele, *Okosdös*[2] 25 tariklu bir mekdubiniz aldık, derecesiz mennun olduk. 15 Osmannı lirası yatırmiş idin. Geldiginde Misak Ağa çarşıda göruşdük. İçinde hamidiyesi[3] var imiş. Verdigimde "Para göndermiş Garabed" dedim. "Pusulayı bana ver, ben şehere gedeceyim" dedi. "Ben getiriyim" dedi. Çıkardı, on beş lirayi verdi. Çok mennun olarak döva[4] etdi. Biz paramızı aldık. On beş lira götürdüm validenize verdim. Ne kadar sevindi tarif edemem, Allah'a malüm. Allah işini gücüni rast getirsin. Toprah deyi avucladığın altın olsun, benim sevgülu oğlum. Yükden kurtardın beni. Bilirim ki künde[5] bir kantar yük var gibi idi; yenildim[6].

Allah çok şükür, bu günü görür imişik. Belki yüz adam "Gözün aydın, Garabed para göndermiş" dediler. Kısım[7] akraba şaz u mezhur[8] oldular, benim oğlum. Beş lira Beros em[m]ine vēdim; yedi lira Serkiz dayiye, iki lira Gülüm emeye. Bir lira da bun[n]arın fayiz etmiş; hepisinin fayiz haklarnı verdim. Lakin Beros em[m]in fayiz alma[m] deyi çok çalışdı ise de kabul etmedik. Garabed öyle yazmış deyi çıkardık; mekdubu eline verdim, okudu. "Ben bu parayi fayize mi verdim idi" dey[i] söledi ise de, kesilen fayizlerini verdim tarifin üzere, benim sevgülü oğlu[m]. "Bödikyan Garabed Efendiy[e] ver" demiş idiniz. Velakin Gülüm'ün iki lirasını kaldı idi. Onu vermesek olmadı.

Ben getirdigim nal biraz kaldı. Çünkü bu sene bu taraf kısırdı. Evele yazmış idim, yağmır yağmadı içün.

[1] Sekdemper: Eylül (< Sebdemper, Ermenice)
[2] Okosdös: Ağustos (< Okosdos, Ermenice)
[3] hamidiye: 2. Abdülhamid zamanında basılan altın para.
[4] döva: dua
[5] künde: her gün, sürekli
[6] yenilmek: ağırlığı azalmak, hafiflemek
[7] kısım: akraba (< hısım)
[8] şaz u mezhur: mutlu (< şad u mesrur)

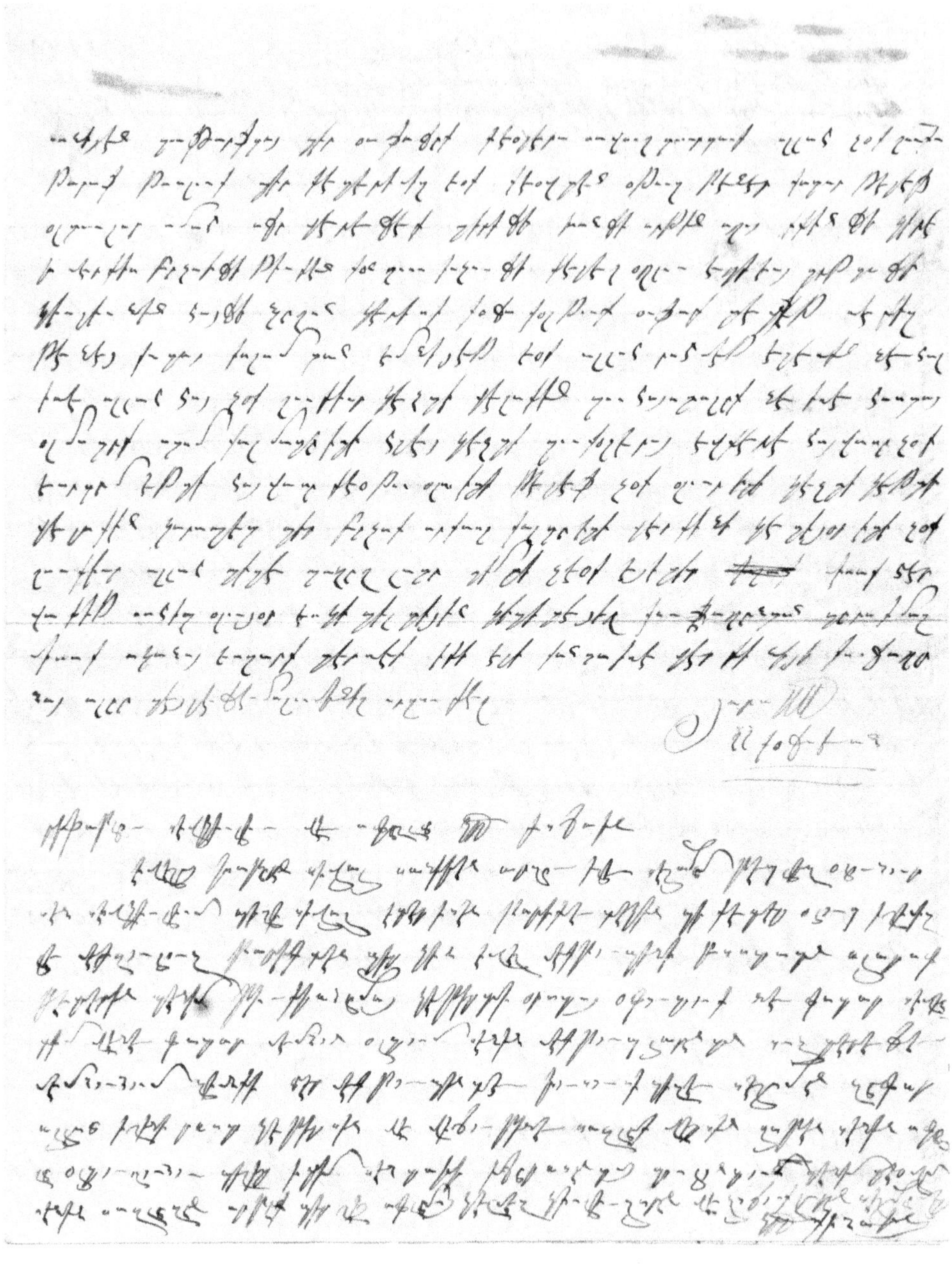

Saniyen[9], bu tarafda bir ufacık kölera savuşturduk. Allah[a] çok şukür, taraf taaluk[10] bir kederimiz yok. Kövden otuz tene kadar telef oldular. Ama acı verecek, birīci[11], Hancı Artin Ağa; ikinci, Gireh Serkis pıçakci tüken konşusu; üçücü[12], Keleşoğlu Yeğiya; dördücü[13], Gülü'nün Hacı Nişan. Gerisi koca koltuk[?], ufak defek sekiz tene kadar İslam'dan. Emniyet yok.[14] Allah rahmet ēlesin. Ne hal ise, Allah'a çok şukür geçdi. Velakin bu hasdalık ne ise, hasda olmadık adam kalmadı idi. Ēle[15] geçdi bu kolera. Evkere havası çok yardım etdi. Havası kötü ola idi, telef çok olur idi. Geçdi getdi. Velakin Garabed, bir pıçak arkası kaldı idi Verkine; gediyor idi. Çok şükür, Allah bize bağışladı. Şimdi çök eyidir. Misak her vakit sahib oluyor. Esgi bildiyin gibi deyil. Kucağından bırakmaz. "Misak, agana[16] yazarık" dersek, iki eli kanda ise Verkine'yi kucağına alır. Beylece maluminiz.

Arzukeş[17],
Harutyun Kocayan

[9] saniyen: ikinci olarak
[10] taraf taaluk: tanıdıklar, yakınlar, akrabalar (< taalluk: ilgi, ilinti)
[11] birīci: birinci
[12] üçücü: üçüncü
[13] dördücü: dördüncü
[14] Metinde noktalama işaretleri olmadığı için, bu cümle "İslam'dan emniyet yok" olarak da okunabilir.
[15] ēle: öyle
[16] aga: ağabey
[17] arzukeş: arzulayan, özleyen

September 17, 1912
Efkere

My dear, intelligent son, Garabed Kojaian,

I send you my special greetings and inquire after your well-being. If you were to ask about us, we have had no worries so far. May God keep you free from worries too.

Foremost, we were extremely happy to receive your letter, dated August 25. You had written that you sent 15 Ottoman liras. When Misag Agha arrived, I met him at the bazaar. He had *hamidiyes*[1] on him. When I told him that you sent money, he said, "Give me the payment order. I am going to the town; I will cash it and bring it." So he took out and gave us 15 liras. He was very pleased, and he prayed. We got our money. I gave the 15 liras to your mother. I cannot describe how happy she was, God knows. May God allow you to succeed. May the earth you hold in your hand turn into gold, my dear son. You saved me from an enormous burden, which I carried every day. Now I am relieved.

Thank God, we have reached this day. Perhaps a hundred people said, "Congratulations, Garabed sent you money." Our kith and kin were delighted, my son. I gave 5 liras to Uncle Beros; 7 liras to Uncle Sarkis and 2 liras to Aunt Gülüm. There was also an accrued interest of 1 lira. I paid all due interest. However, Uncle Beros did not want to take the interest at all, but we did not accept. We told him that these were your instructions. We gave him your letter, and he read it. Although he said, "I did not lend you money to charge interest," I paid the interest in accordance with your instructions, my dear son. You told me to pay Garabed Effendi Bodikian. However, Gülüm was to take 2 liras, we could not avoid that.

Some of the horseshoes I brought remain unsold, because it was not a fruitful year here. As I have written before, it did not rain.

Secondly, we suffered from a minor cholera epidemic. Thank God, we did not experience the grief of losing any of our kith and kin. Approximately 30 people died in the village. Nevertheless, the most sorrowful deaths according to us were those of, firstly, the innkeeper Artin Agha; secondly, our next-door neighbor, the knife-maker Sarkis; thirdly, Yeghia Keleshoglu; fourthly, Nshan, the brother-in-law of Güllü. The rest is about eight people from among the Muslims. There is no security.[2] May they rest in peace. In any event, it passed. Whatever this disease was, no one was left uninfected. So passed this cholera! The climate of Efkere helped a great deal. If the weather was bad, there would have been more casualties. Anyway, it went away. However, Garabed, Verkine became as thin as the back of a knife. She was about to depart us; God spared her for us. Now, she is very well. Misag takes care of her all the time. He is not the same Misag you knew before. He never puts her down from his lap. If we tell him that we will write to you to complain, he puts Verkine back on his lap, no matter how tied up he is. This is the news.

Longingly,
Harutiun Kojaian

[1] hamidiye: coin minted during the reign of Abdulhamid II (r. 1876-1909).

[2] Since there is no punctuation in the letter, this sentence may also be read as: "There is no security from the Muslims."

Efkere
before 1915
öncesi

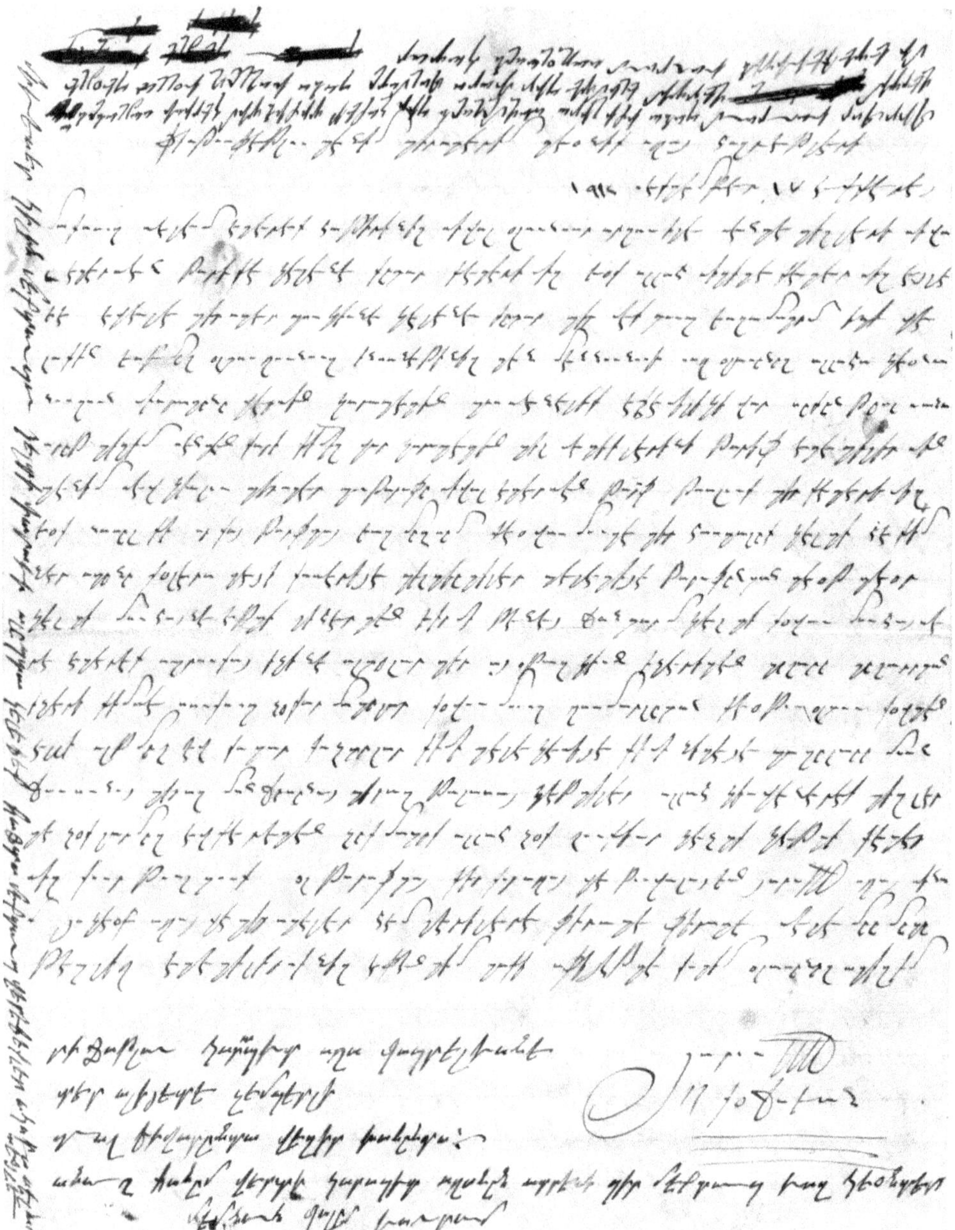

Fütufetlu[1] Benim Biraderim Dönik Ağa Hazretleri,

1912 *Sekdemper* 17
Efkere

Maksuz selem ederek hatiriniz sival olunır arzu ile. Sen de bizleri sival edersen, tarike gelene kıdar kederimiz yok. Allah sizi de kedersiz eyleye.

Evele birader, bu güne gelene kıdar bir mekdub yazamadım idi. Velakin, yapmış olduğunuz insānetinizden[2] mennunuk. Sağ olasınız. Allah gönunuzun müradını versin. Garabed'in bu senelik ecemiligi var. Sıkıntılar[?] sana ayıt[?]. Bizim senden kāri[3] kimiz[4] var? Garabed'in bilmediklerini tarif edebilirsen, benim sevgülü birader.

Bu tarafı sival edersen, taraf taaluk bir kederimiz yok. Nasıl ki arka tarafda yazmışsım, kövumuze bir hasdalık geldi. Hekimner[5] adını kolera deyi. Kāseri'ye bildirdiler. Belediye tarafından dötdör[6] geldi, muhane[7] etdi. Şeherden yirmi tene candarm[8] geldi. Kovu[9] muhasere[10] ederek abruka[11] içine aldılar. Bir ay, otuz gün, içeriden dışarı, dışarıdan içeri kimse sokub çıkarmadılar. Kovumuz Ğumarlı'dan[12] kötü oldu. Kovden elli altmış ev kadar kaçdılar. Kimi Belegesi'ye, kimi Nize'ye, bazıları Muncusun'a[13], biraz Mancısın'a[14], biraz Talas'a[15] getdiler. Allah[a] güvenerek bizler de, çoklarımız Evkere'den çıkmadık. Allah çok şükür, geçdi getdi; kedersiz kurtulduk.

Ol tarafda Kirkor Ağa ve Tuvalayan Harutyun Ağa[ya] selam. Hagop Ağa ve biraderler, hemşerilere firade firade selamımızı tebliğ edebilirsiniz efendim. Baki afiyetde kadim olasınız azizim.

Harutyun Kocayan

[1] fütufetlu: şefkatli (< utufetli)
[2] insānet: insaniyet
[3] kāri: gayrı, başka
[4] kimiz: kimimiz, kimsemiz
[5] hekimner: hekimler, doktorlar
[6] dötdör: doktor
[7] muhane: muayene
[8] candarm: jandarma
[9] kov: köy
[10] muhasere: muhasara, kuşatma
[11] abruka: abluka
[12] Ğumarlı: Kumarlı köyü. Kayseri şehir merkezinin 8 kilometre doğusunda, Efkere'nin 9 kilometre güneybatısında köy.
[13] Muncusun: Efkere'nin 6 kilometre batısında, Kayseri şehir merkezinin 12 kilometre kuzeydoğusunda, 20. yüzyılın başında çoğunluğu Ermenilerden oluşan köy. Bugünkü adı Güneşli.
[14] Mancısın: Efkere'nin 3 kilometre kuzeybatısında, Kayseri'nin 16 kilometre kuzeydoğusunda, 20. yüzyılın başında çoğunluğu Ermenilerden oluşan köy. Bugünkü adı Yeşilyurt.
[15] Talas: Efkere'nin 13 kilometre güneybatısında, Kayseri'nin 8 kilometre güneydoğusunda kasaba.

September 17, 1912
Efkere

My compassionate brother, Donig Agha,

I send you my special greetings and inquire after your well-being. If you were to ask about us, we have had no worries so far. May God keep you free from worries too.

Firstly, my brother, I could not write to you until today. However, we are pleased with your benevolence. Thank you. May God reward you with whatever you wish. Garabed is a novice this year; you may be bothered [?]. But who else do we have there? I would be grateful if you could explain to him the things he does not know, my dear brother.

If you wonder about here, we and our kith and kin have no worries. As I have written [to Garabed] on the back of the sheet, a disease swept through our village. The doctors call it cholera. They informed the authorities in Kayseri, and the municipality sent a doctor. They examined the people. Twenty gendarmes came from the city and blockaded the village. For a month, 30 days, they did not allow anyone to enter nor leave the village. Our village became worse off than Kumarlı[1]. Fifty to 60 households deserted the village. Some of them went to Belegesi, some to Nize, several to Muncusun[2], a few to Mancısın[3] and a few to Talas[4]. Trusting in God, we and many others did not leave Efkere. Thank God, it passed. We were redeemed without any loss to cause us grief.

Please pass on my greetings to Kirkor Agha and to Harutiun Tuvalaian Agha and to my fellow countrymen and brothers. May you always be in good health.

Harutiun Kojaian

[1] Kumarlı: village 5.5 miles southwest of Efkere and 4.9 miles east of Kayseri.
[2] Muncusun: village 3.7 miles west of Efkere and 7.4 miles northeast of Kayseri, where Armenians constituted the majority in the beginning of the 20th century. Today, Güneşli.
[3] Mancısın: village 1.9 miles northwest of Efkere and 9.9 miles northeast of Kayseri, where Armenians constituted the majority in the beginning of the 20th century. Today, Yeşilyurt.
[4] Talas: town 8 miles southwest of Efkere and 4.9 miles southeast of Kayseri.

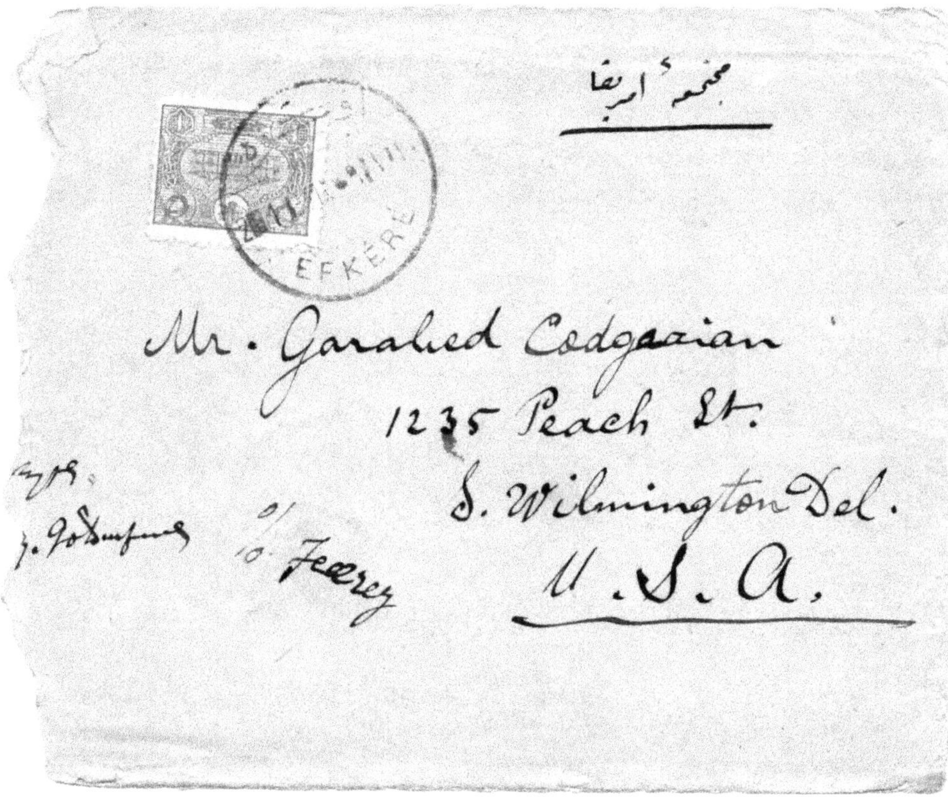
EFKERE
1235 Peach St.
S. Wilmington Del.
U.S.A.

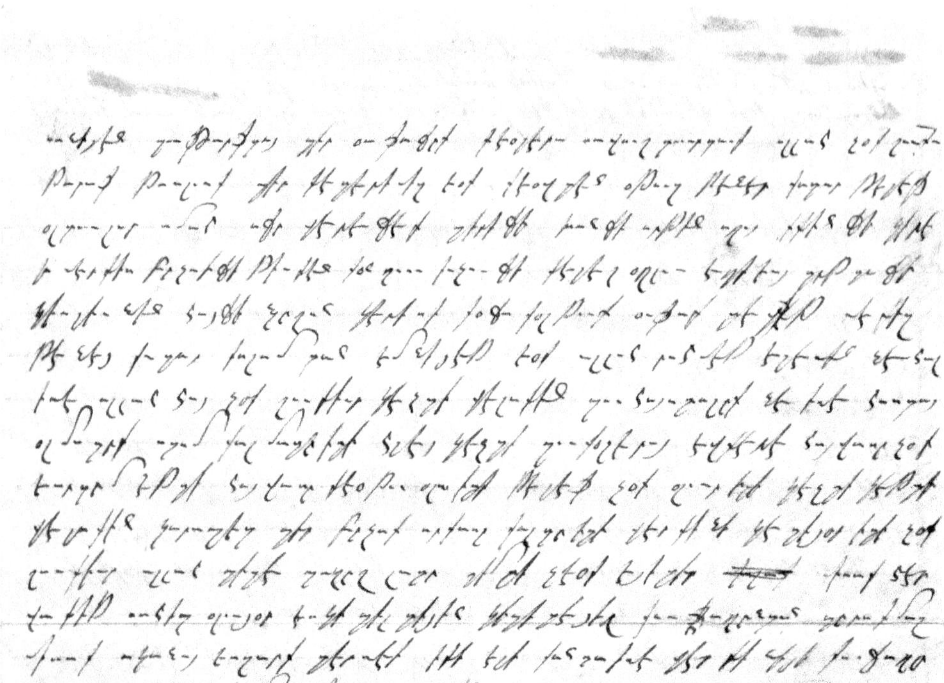

1912 *Sekdemper* 17

Rifatlu[1], Sevgülü ve Akıllu Garabed Kocayan,

Evela, hatırın sival; saniyen, arzu ile selamım tebliğ olunur. Sen sevgülüm, bizi sival eder isen, tarike değin bî-keder[2] olub, işimizle meşguluz.

Tarikden bir gün evel mektubini posdadan alarak pederin benim tükkanıma getirdi. Orada okuduk. Ne kadar sevindim ve ne kadar memnun oldum. Senin mektublarından son derece memnunum. Çünki her mektubinde hususi bize selamın çıkar. Allah işini rast getirsin ve vücutine sağlık versin. Zaten senin akıllı olduğunu bilir idim. Sen dahi icırasında bulundun. Benim dövam senin sağlığın. Artık bir şey aklıma gelmez. Gülizar'ın ve çocukların selamı var.

Garabed Kinayan

September 17, 1912

Eminent, dear and intelligent Garabed Kojaian,

Firstly, I inquire after your well-being, and secondly, I extend my greetings. And if you, my dear, were to ask about us, we have had no worries until now, and we are busy with our business.

Yesterday, your father received your letter and brought it to my shop. We read it there and were extremely delighted. I am very pleased with your letters, because in each letter you send me special greetings. May God give you success and health. I already knew that you are intelligent, and now you have proven it. My prayers are for your health. Nothing else comes to my mind. Gülizar and the children send you their greetings.

Garabed Kinaian

[1] rifatlu: yüce, şanlı (< rif'at).
[2] bî-keder: kedersiz, sıkıntısız

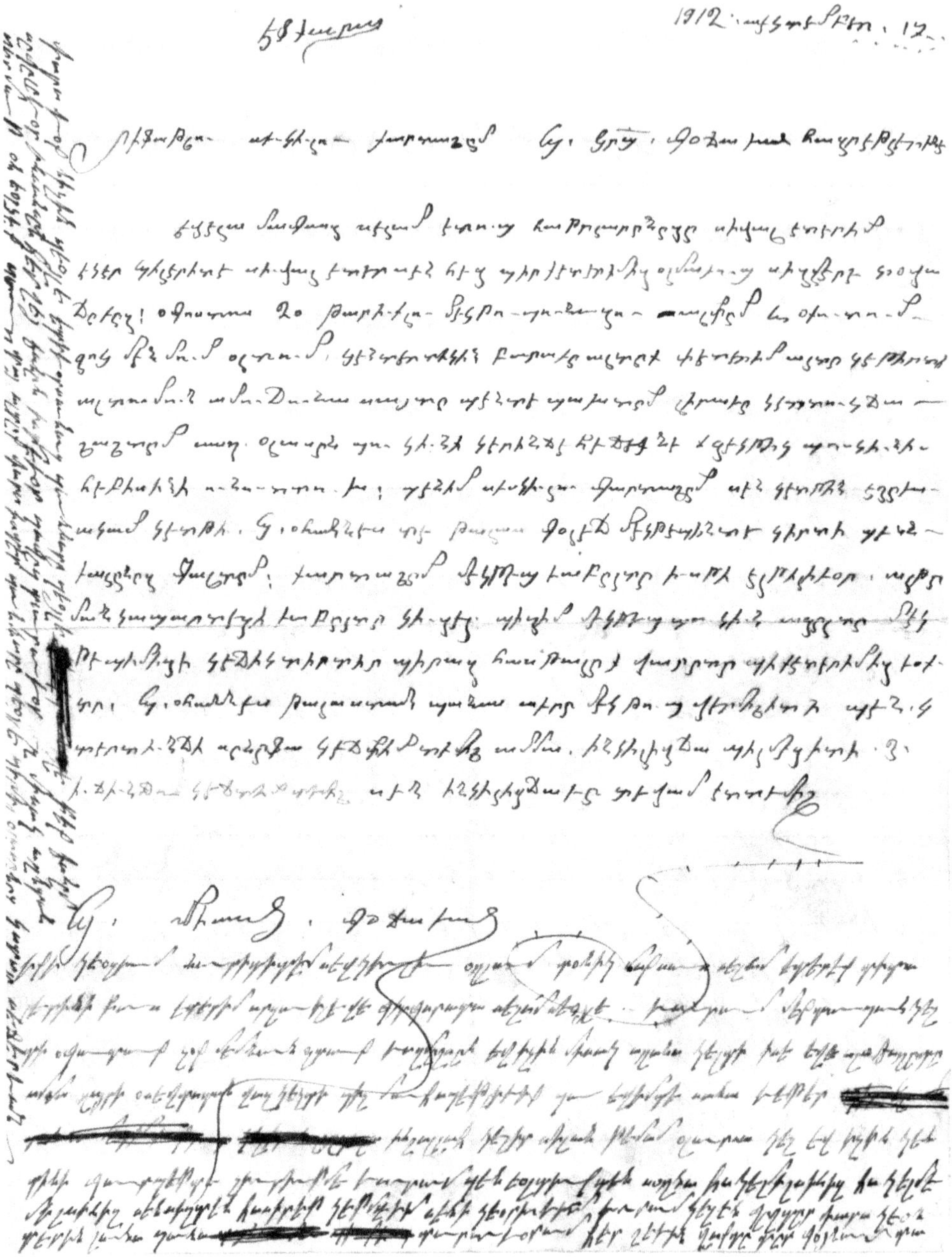

1912 *Segdemper* 17
Efkere

Rifatlu, Sevgülu Kardaşım *B[aron]*[1] Garabed Kocayan Hazretleri'ne,

Evela, maksuz selam edüb, hatırlarınızı sival ederim. Eger bizleri de süval edersen, heç bir kederimiz olmayub, sizlere dovacıyız.

*Okosdos* 20 tarüklu megtubunuzu aldım ve okudum. Çok menmum oldum. Gönderdigin parayı aldık. Pederim aldı, getirdi. *Aldu*m'un[2] amucuna[3] saydı. Ben de bahdım, lirayı gördügca şaşdım. Sağ olasın. Bu günü görünce [...] çektük bu günü, hepisini unudduh.

Benim sevgülü kardaşım, sen gedtin, Yeğiya agam gedti. *B[aron]* Ohannes[4] de Talas Kolec[5] megtebinde girdi. Ben yalınız kaldım.

Kardaşım, megteb yapıldı. Üstü eltiliyor[6]. Altı *mangabardezi*[7] yapıldı, güzel. Bizim megteb bugün açıldı. Megtebimizi gecikdirdi, biraz hastalık varıdı. Bi kederimiz yokdur.

*B[aron]* Ohannes Talas'dan bana ayrı megtub vermiş idi. "Ben dördüncü sınıfa geçdim" demiş. Amma İngilizca bilmez idi. "Üçüncü geçdim" demiş. "Sen İngilizcayı devam et" demiş.

Misag Kocayan

[1] baron: bey, bay (Ermenice)
[2] Aldu: Misag ve Garabed Kocayan'ın annelerine hitap sözcüğü.
[3] amucuna: avucuna
[4] Ohannes Uzunyan: Misag'ın yaşıtı, teyzesinin oğlu. Bazı mektuplarda, adının tam şekli olan Hovannes ya da Hovhannes olarak da geçiyor.
[5] Talas Amerikan Koleji. ABCFM misyonerleri tarafından 1871'de kurulan ve 1968'de kapatılan yatılı ortaöğretim okulu.
[6] eltilmek: örtülmek
[7] mangabardez: anaokulu (Ermenice)

September 17, 1912
Efkere

My eminent, dear brother, Mr. Garabed Kojaian,

Firstly, I extend my special greetings and inquire after your well-being. If you were to ask about us, we have no worries and we pray for you.

I was very happy to receive your letter, dated August 20. We received the money you sent. My father went and retrieved the money. He counted it out in my *Aldu*'s[1] hand. I stared, and I was amazed by the amount of money. Thank you. We have suffered a lot, but now that we have seen this day, we have forgotten it all.

My dear brother, after you left, Yeghia left too. Also, Mr. Ohannes[2] was admitted to Talas College.[3] I am all alone now.

My brother, construction of the school is complete. Now they are putting together the roof. They also laid out a beautiful kindergarten. Instruction has begun today. It had been delayed because of the disease. We do not suffer any grief of lost ones.

Mr. Ohannes sent me a letter from Talas. He says that he is now in Grade 4. But he did not know any English. He says he was the third-best student in his class. He says that I should continue to study English.

Misag Kojaian

[1] Aldu: word of endearment Garabed and Misag used for their mother, Hyganush Kojaian.
[2] Ohannes Uzunian: Misag's maternal cousin, son of Maritsa Uzunian, in his early teens. He is also referred as Hovannes or Hovhannes in other letters.
[3] Talas College: middle school established in Talas by American Board of Commissionaires for Foreign Missions (ABCFM) missionaries in 1871 and closed down in 1968.

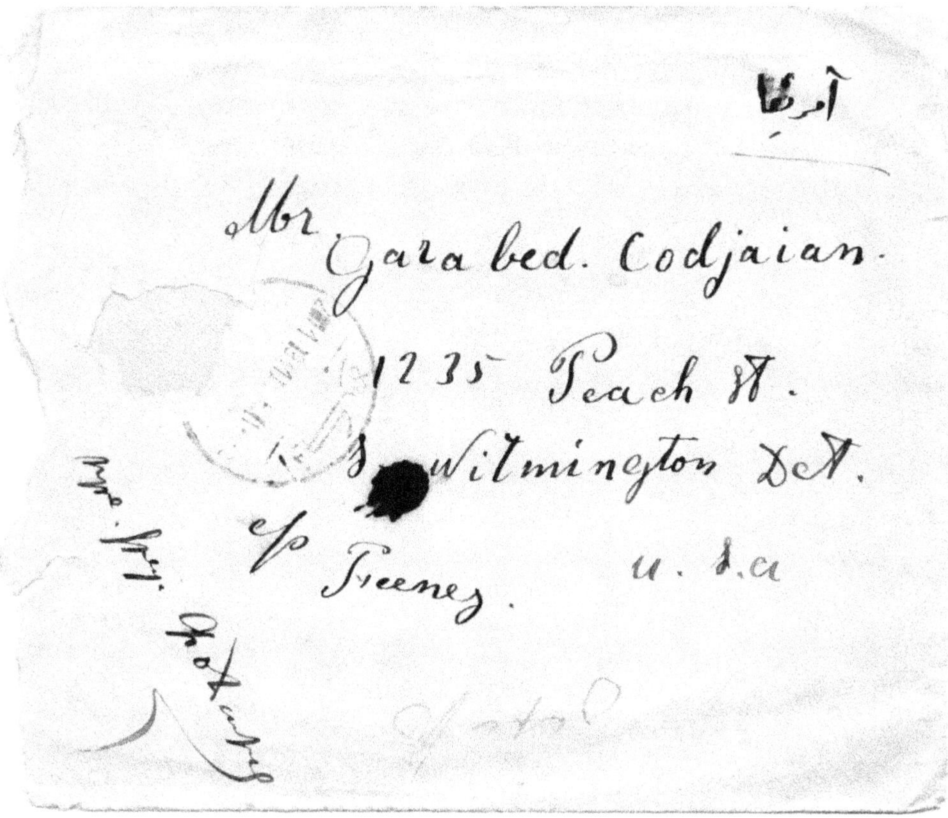

آمریقا
Mr Garabed. Codjaian.
1235 Peach St.
Wilmington Del.
c/o Treenes.
U. S. A

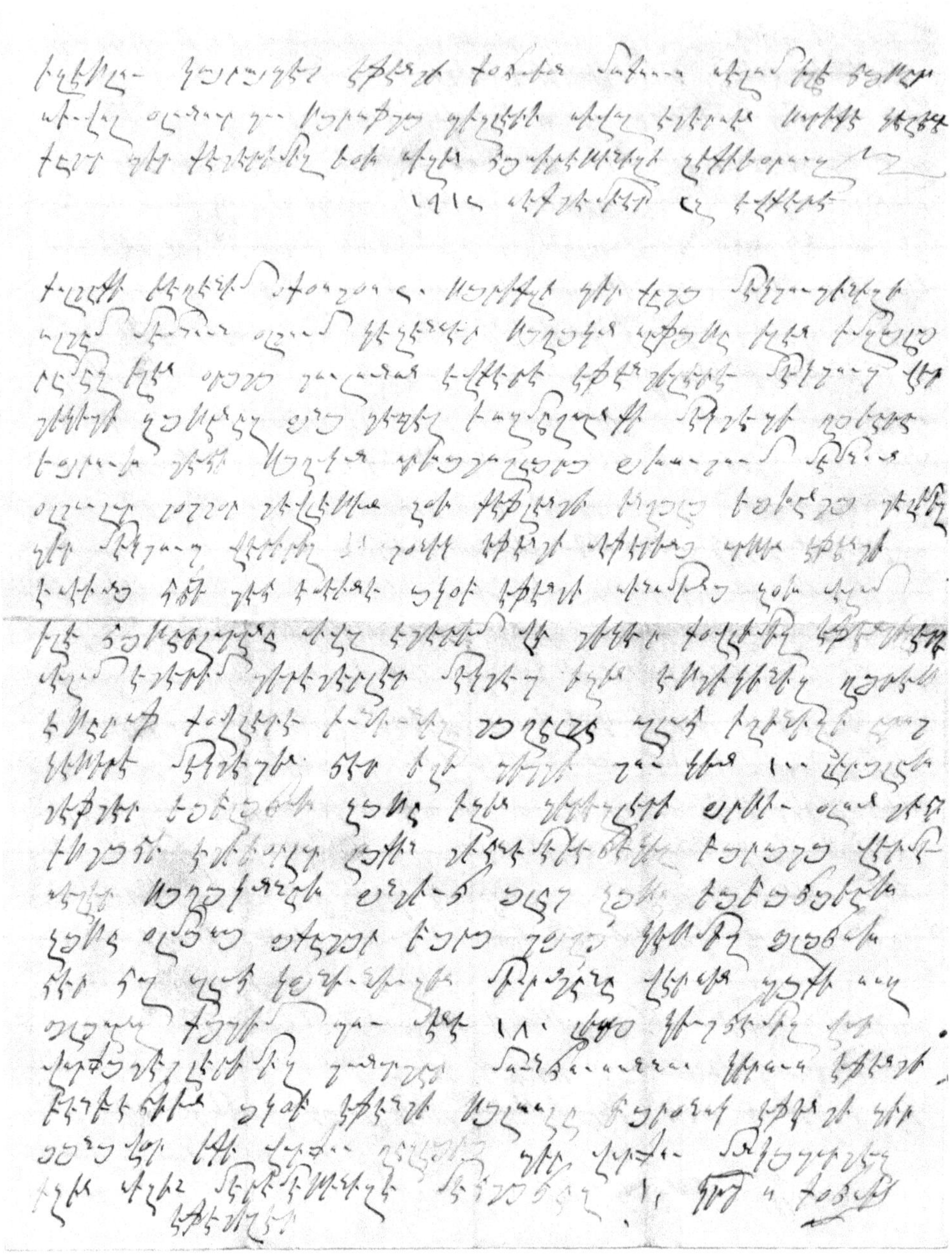

İzetlu[1] Garabed Efendi Kocayan,

Maksus selam ile hatır süval olunur. Bu tarafda bizleri süval edersen, tarike gelene kıdar bir kederimiz yoh. Sizin hasiretinizi çekiyoruz.

1912 *Sekdemper* 24
Evkere

Kaldı ki yeğenim, *Okosdos* 20 tarikli bir kısa megdubinizi aldım, memnun oldum. Geçenner *tağagan*[2] sıfatı ilen, imzalarımız ilen, orada bulunan Evkere[li] efendilere megdub verdig idi. Zatınız ona bedel[?][3] yazmışsın ki, megdebi ğayırıyoruh[4] deyi. *Tağagan* arhadaşlara okudum, memnun oldular. Doddor[5] Devletyan çoh keflendi. İnşala yahında beşimiz bir megdub veririz.

Donig Efendi Seferyan'a, Artin Efendi Eseyan'a, Hacı Bey Eseyan'e, Agop Efendi Sinamyan'a çok selam ile hatırlarını sival ederim. Ve diger kövlimiz efendilere selam ederim. Birederler, mekdeb için etdiğiniz gayret, etıraf kövlüye ününüz dağıldı. Allah işinizi ırast getire.

Mekdebin her işi biddi. Bugün 100 liralıh defder yaplacah[6] çatı için. Birezleri[7] ortü olsun deyi itdaye[8] ediyorlar. Lakin dinemeyeceğiz. Para da vermeseler *tağagan*nıh, öndüç[9] alıb çatı yapacayıh. Çatı olmasa o kıdar para boşa getmiş olacah. Her hal, Allah goynünüzün mıradını versin. Baki sağ olasınız kadim.

Bu sene 180 lira büdcemiz var. *Varjabed*lerimiz[10] bunlardır: Muncusunnu Giragos Efendi, Yemeniciyan Agop Efendi, Talaslı Parunag Efendi.

Bir *tsaynavor*[11], iki *varju*[12] ğızlara, bir *varju mangabardez* için sizin meremetinize[13] mühdacız efendiler.

Garabed Kocayan[14]

[1] izetlu: yüce, ulu (< izzet)
[2] tağagan: yönetim kurulu üyesi (Ermenice)
[3] bedel: yanıt, karşılık
[4] ğayırıyoruh: kayırıyoruz, gözetiyoruz
[5] doddor: doktor
[6] defder yapmak: deftere bağış kaydetmek, bağış toplamak
[7] birezleri: bazıları
[8] itdaye: iddia
[9] öndüç: ödünç
[10] varjabed: erkek öğretmen (Ermenice)
[11] tsaynavor: muganni (Ermenice). Metindeki anlamı din dersi ya da müzik öğretmeni olabilir.
[12] varju: kadın öğretmen (< varjuhi, Ermenice)
[13] meremet: merhamet
[14] Garabed Kocayan: Harutyun Kocayan'ın erkek kardeşi.

September 24, 1912
Efkere

Honorable Garabed Effendi Kojaian,

I extend my special greetings and inquire after your well-being. If you were to ask about us here, we do not have any worries until this date. We are longing for you.

Nephew, I was very pleased to receive your letter, dated August 20. Recently, signed by the members of the school board, we sent a letter to the gentlemen of Efkere who reside there. Now, you replied to that letter saying that you will support the school. I read your letter to the friends at the board; they were very pleased. Doctor Devletian was really delighted. God willing, the five of us together will write you a letter soon.

Please pass on my greetings to Donig Effendi Seferian, Artin Effendi Yessaian, Haji Bey Yessaian, Agop Effendi Sinamian and to all other fellow villagers. Brothers, your fame has spread because of your efforts for the school. May God allow you to succeed.

All of the construction work at the school has finished. Today we are going to raise 100 liras for the roof. Some people insist on covering it with temporary material. However, we are not going to listen to them. Even if they do not give any money, we are going to get a loan on behalf of the board and we will build the roof. Without the roof, all that money will be wasted for nothing. In any event, may God bestow upon you whatever you wish. May you always be well.

This year, we have a budget of 180 liras. Our teachers are as follows: Giragos Effendi of Muncusun, Agop Effendi Yemenijian, Parunag Effendi of Talas.

Dear sirs, we are at your mercy for hiring a *tsainavor*[1], two female teachers for girls and one female teacher for the kindergarten.

Garabed Kojaian[2]

[1] tsainavor: Armenian word for chanter. In the letter it either means music teacher or religion teacher.

[2] Garabed Kojaian: brother of Harutiun Kojaian. Referred to as Uncle in some letters.

Sourp Stepanos Church - Surp Stepanos Kilisesi
Efkere

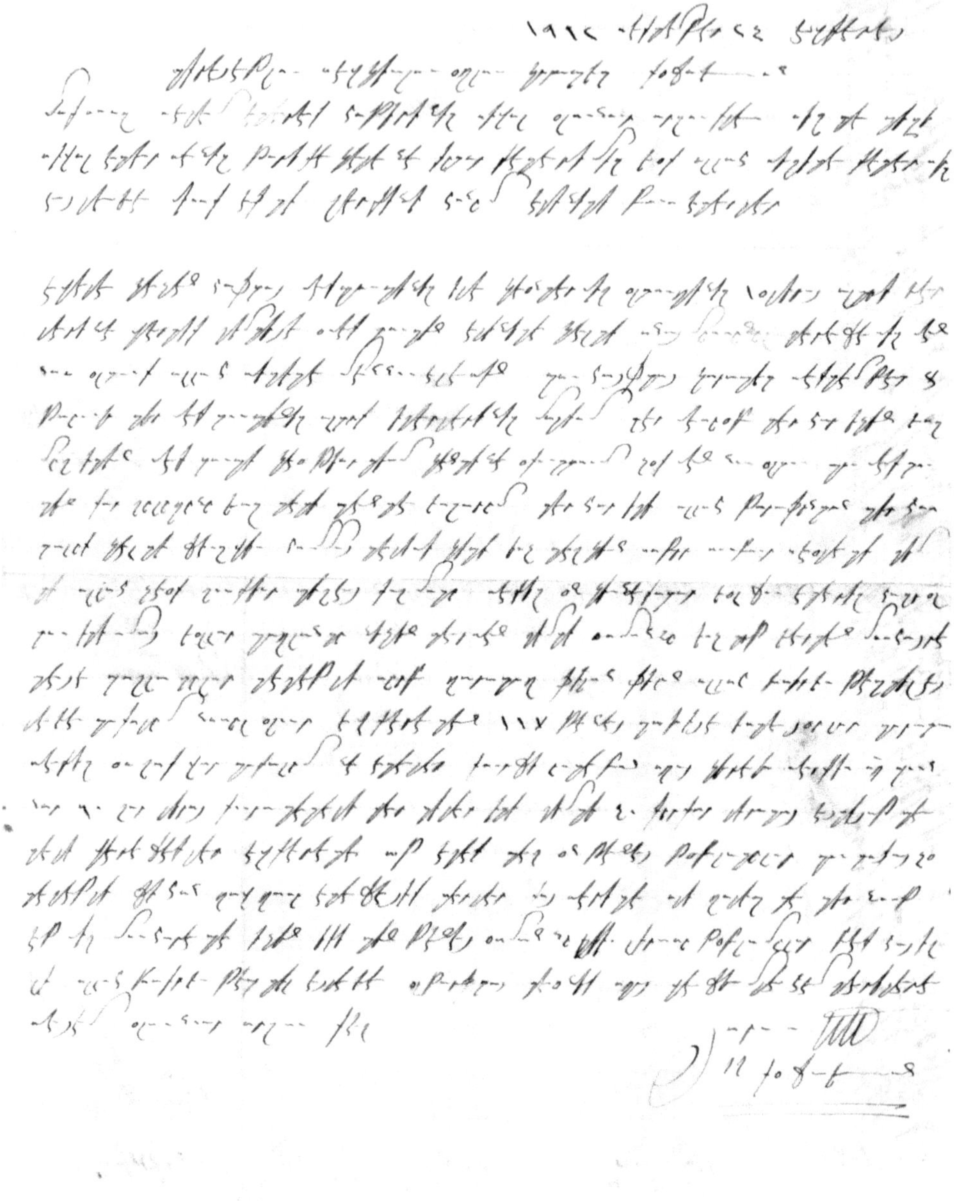

1912 *Sekdember* 24
Evkere

Direyetlu, Sevgülu Oğlum Garabed Kocayan,

Maksuz selem ederek hatiriniz sival olunur, arzu ile. Siz de bizi sival ederseniz, tarike gelene kıdar kederimiz yok. Allah sizi de kedersiz eyleye. Misak Efendi, Verkine Hanım elinizi pus ederler.

Evele, geçen hafda mekdubiniz ile göndermiş olduğiniz 15 lira aldık, yerlerine verdik. Şimdiye o mekdubin elinize geldi anamıssınız [?]. Derecesiz mennu olduk. Allah sizi de mennu ēlesin.

Bu hafda Garabed, *Sekdember* 9 tarih[li] bir mekdubiniz aldık. İşerleriniz[1] malüm. Der Mesrop Der Ha[y]r[2] için yazmış idin. Mekdubi götürdüm, gendine okuddum. Çok mennu oldu. "Bu mekdubin karşılığını yaz" dedi, ben de yazarım.

Der Ha[y]ri'ye Allah tarafından bir hasdalık geldi. Cüzvü[3] humma delisi gibi, üç beş gün sapır supur söledi. Şimdi Allah çok şükür bişey kalmadı. Sekiz on güne kadar yolcu ederiz. Hazır oldu idi ama yollar bağlandı. Niçin dersen, şimdi Osmannı üç dört yerden muharebeye başladılar, dēşetli. Sırp, Garadağ, felan filan.[4] Allah hayre tebdil[5] eyleye, bakalım nasıl olur. Evkere'den 117 tene bakiye isdeyorlar. Burada sekiz uşak[6] var. Bakalım ne edeler. Kurci Isdepan Ağa, Gireh Serkis Ağa, bunnar 60'şar lira kura bedeli verdiler idi, şimdi 40 kırkar lira da ēdiyat[7] bedeli verecekler. Evkere'de at, eşek, beş on tene topladılar. "Bu dafa ço[k] deşetli cihan gavgası edeceyik" derler. Kayseri'de Ali Galip[8] de bir nut[k] etmiş. Muharebe için iki bin tene Osmannı lirası toplamışlar. Pek hayişli[?][9]. Allah hayre tebdil eyleye.

Ol tarafda Dönik Ağa ve cümle hemşerilere selem olunur.

Arzukeş,
Harutyun Kocayan

[1] işerleriniz: bildirdikleriniz (< iş'ar: yazı ile bildirme)
[2] Der Hayr: evli papazlara verilen unvan (Ermenice)
[3] cüzvü: ateşli (< cüzve: ateş közü)
[4] Yazar Balkan Savaşları'nın başlamasından bahsediyor.
[5] tebdil etmek: değiştirmek
[6] uşak: erkek çocuk
[7] ēdiyat: bir askerin muvazzaflık görevinin bilfiil silah altında olduğu dönem harici süre (< ihtiyat)
[8] Feyzizade Ali Galip. 1912 seçimlerinde Hıristiyanların da oylarını alarak Meclis-i Mebusan'a girmiş, Ağustos'a kadar dört ay Kayseri mebusluğu yapmıştır.
[9] hayişli[?]: ? fazla arzulu (< hahiş)

September 24, 1912
Efkere

My intelligent, dear son, Garabed Kojaian,

I send my special greetings and inquire after your wellbeing. If you were to ask about us, we have had no worries until now. May God keep you far from worries too. Mr. Misag and Miss Verkine kiss your hands.

Foremost, last week we received the 15 liras you sent with your letter and conveyed it to the proper places. As you understand, we received your letter [?]. We were immeasurably pleased. May God make you happy too.

This week, Garabed, we received your letter, dated September 9 and became acquainted with what you wrote. You have asked about Father Mesrob. I gave your letter to him, and he read it. He was very pleased. He told me to respond to your letter, so I do.

Father Mesrob was afflicted by a disease which came down from God. He was delirious due to fever and talked nonsensically for a few days. Now, thank God, he is well. We should see him off in eight to 10 days. Actually, he was ready to leave, but the roads are tied up. If you wonder why, now the Ottoman state is fighting a tremendous war on three or four fronts.[1] In Serbia, Montenegro, etcetera. May God turn the situation into the best. Let's see what happens. They want 117 reserve soldiers from Efkere. There are eight youngsters here. Let's see what they will do. Sdepan Agha Kurjian and Sarkis Agha Girehian had paid 60 liras each to be exempted from military service. Now they will pay another 40 liras each for the reserve fund. They seized five to 10 horses and donkeys in Efkere. They say, "This time we will fight a dreadful world war." In Kayseri, Ali Galip[2] orated at a rally. They raised 2,000 Ottoman liras for the war. How grim! [?]. May God turn the situation into the best.

Pass on my greetings to Donig Agha and all other fellow countrymen.

Longingly,
Harutiun Kojaian

[1] The writer is referring to the eruption of the Balkan Wars of 1912-1913.
[2] Feyzizade Ali Galip: member of Ottoman Parliament from Kayseri between April-August 1912, who also received non-Muslim votes.

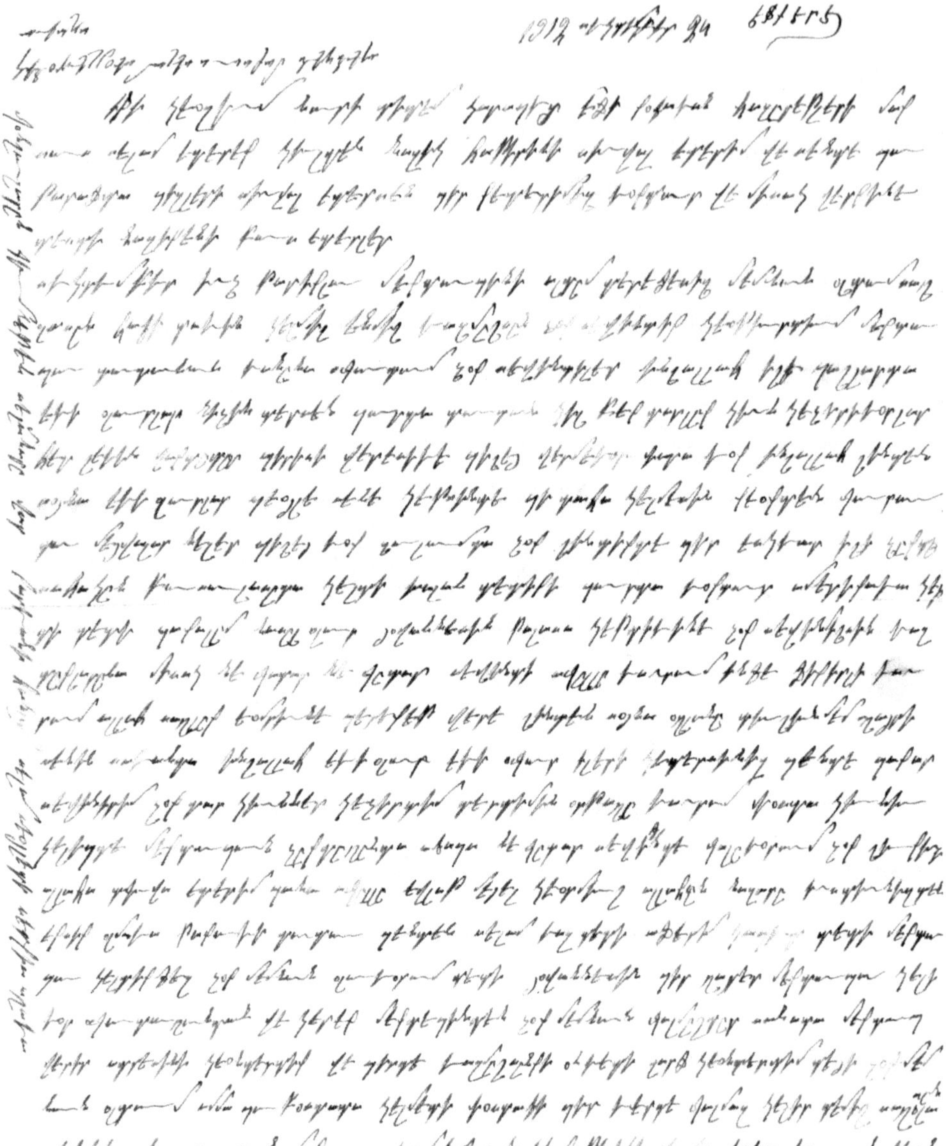

1912 *Segdemper* 24
Efkere

İki Gözüm, Nur-i Didem Garabed Ef[end]i Kocayan Hazıretleri,

Maksus selam ederek, gülden nazig hatirini süval ederim. Ve sen de bu tarafda bizleri süval edersen, bir kederimiz yokdur. Ve Misag, Verkine desd-i nazikeni pus ederler.

*Segdemper* üç tariklu mekdubini aldım, derecesiz memnun oldum. Sağ olasın. Haci dayin[1] gelmiş, enmiş. Yazmışsın, çok sevindik. Götürdüm mekdubu dudunun yanına. Okudum, çok sevindiler. İnşallah işe başlar da, eyi olurlar. Niçin dersen, burda dudungil pek darlık gün geçiriyorlar. Her şeyin vakdıdır, birisi veresiye bi şey vermeyor. Para yok. İnşallah şinden[2] sōna eyi olurlar. Böyle sene getsin de, bi daha gelmesin. Kökden kurudu meyvalar, neler. Bi şey yok. Zulum da çok. Şindik de bir esgâr[3] işi çıkdı. Sahag'ın pusulası da geldi. Halan[4] dedi ki "Burda yokdur, Amerika'ya getdi" dedi. Bakalım nasıl olur.

Hovannes'in Talas'a getdiyine çok sevinmişsin. Yazdıklarına Misag ne kadar, ne kıdar sevindi. Akıllı yavrum, ince fikirli yavrum. Allah sağlık, ömrüne bereket vere. Şinden sōna oğlanı düşünmem gayri. Senin sayanda inşallah eyi olur, eyi okur, ileri gedersiniz. Ben de bakar, sevinirim.

Çok dar günler geçirdim, derdimin ortağı yavrum. Posda günü gelib de mekdubun çıkdığında acaba ne kadar sevincde kalıyorum. Çok şükür. Allah'a düva ederim; bana akıllı evlat mehel görmüş[5]. Allah'ın nazarı üsdünüzden eksik olmaya.

Takuhi dudu, "Benden selam yaz" dedi. "Aferim Gabid" dedi. "Mekdubu geldikcez çok memnun oluyorum" dedi. Hovannes'in bir ğarer[6] mekdubu geliyor. Okuduğundan ve gerek mekdebinden çok memnun kalmışdır. Sana da mekdub verir. Adresini gönderdik.

Ve bir de yazmışsın ki on yedi zarf gönderdim deyi. Çok memnun oldum. Amma bu posdada gelmedi. Posdaci, "Bir yerde kalmaz, gelir" demiş. Sağ olasın.

Sevgülü dudun maksus selam edib, nazig hatirini süval eder. Halaların ve Annitsa, Evagül ve gelin hanımnar, cümneten[7] firade firade selam ederler. Benden maksus selam söyle Donik Ağa'ya. Komşuların cümneten selamnarı var. Karyani Hanım selam söyledi Serkis Ağa'ya.

Hayganuş H. Kocayan

[1] Yazar, erkek kardeşi Hacı Garabed Deveciyan'dan bahsediyor.
[2] şinden: şimdiden
[3] esgâr: asker
[4] Yazar, kız kardeşi Akabi Şahbazyan'dan bahsediyor.
[5] mehel görmek: uygun görmek
[6] ğarer: gereği kadar, kısa (< karar)
[7] cümneten: hepsi birden (< cümleten)

September 24, 1912
Efkere

My two eyes, the light of my eye, Mr. Garabed Kojaian,

I extend my special greetings and inquire after your well-being. If you were to ask about us here, we have no worries. Misag and Verkine kiss your gentle hands.

I was immeasurably pleased to receive your letter, dated September 3. Thank you. You wrote that your haji uncle[1] arrived. We were very happy to receive the news. I took the letter to your *dudu*'s and read it to them; they were very glad. God willing, may your uncle get a job, so that they may be at ease back here. If you ask why, your *dudu*'s household is facing dire straits here. These are difficult times. Nobody sells on credit. There is no money. God willing, things will improve for them in the future. May a year like this pass and never return. The fruit trees are all dead at the root. There is nothing. There is also a lot of oppression. Moreover, now we have this draft issue. Sahag's draft letter has arrived. Your aunt[2] said to them: "He is not here, he left for America." Let's see what happens.

You said you are very pleased that Hovannes went to Talas College. Misag was overjoyed about what you wrote. My intelligent, thoughtful son; may God give you good health and a long life. I will no longer worry about Misag. God willing, thanks to you, he will be well, he will study well, and you will all advance. And I will be glad to see your achievements.

I have been through very difficult days, my dear confidant. You cannot imagine how I rejoice when your letter arrives on the days the post is delivered. Praise the Lord! I pray to God that he saw me worthy of an intelligent son. May God's protection be always upon you.

You have greetings from Takuhi *Dudu*. She said, "Well done Gabid; I become very happy when his letters arrive." Hovannes sends short letters. He is very content that he is receiving an education, and he likes his school. We gave him your address, and he will send you a letter.

Also, you wrote that you sent 17 envelopes. I am really pleased, but they did not come with the last mail. The postman said that the mail would not be lost and that it will arrive. Thank you.

You have special greetings from your beloved *dudu*. She asks after your well-being. You also have greetings from your aunts, Mrs. Annitsa, Evagül and the daughters-in-law. Give my regards to Donig Agha. You have greetings from all of our neighbors. Mrs. Kariani sends her greetings to Sarkis Agha.

Hyganush H. Kojaian

---

[1] The writer is referring to her brother, Haji Garabed Devejian.
[2] The writer is referring to her sister, Akabi Shahbazian.

Garabed Kojaian - Garabed Kocayan
Detroit

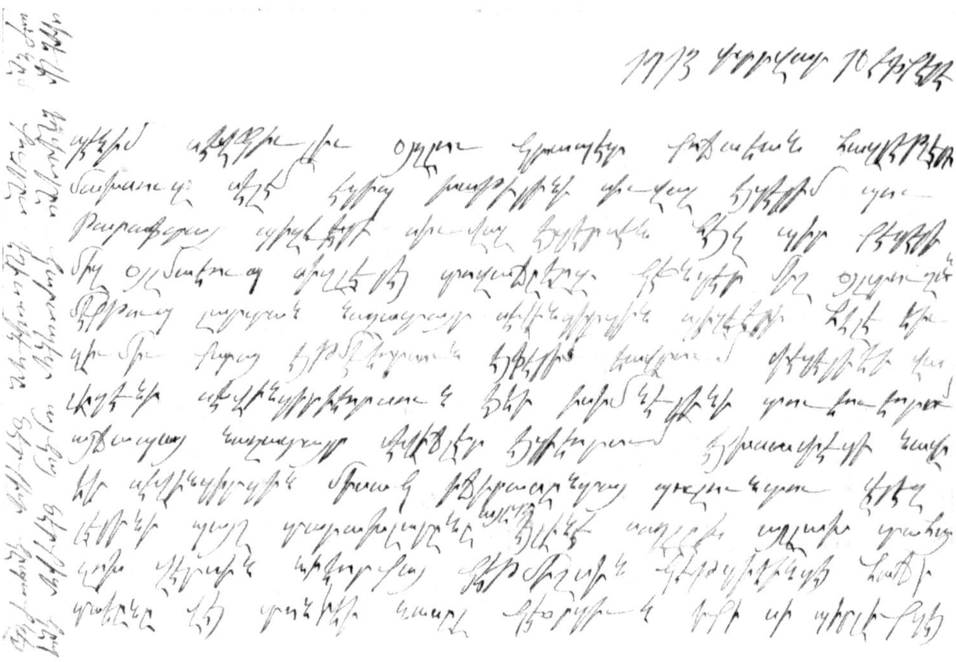

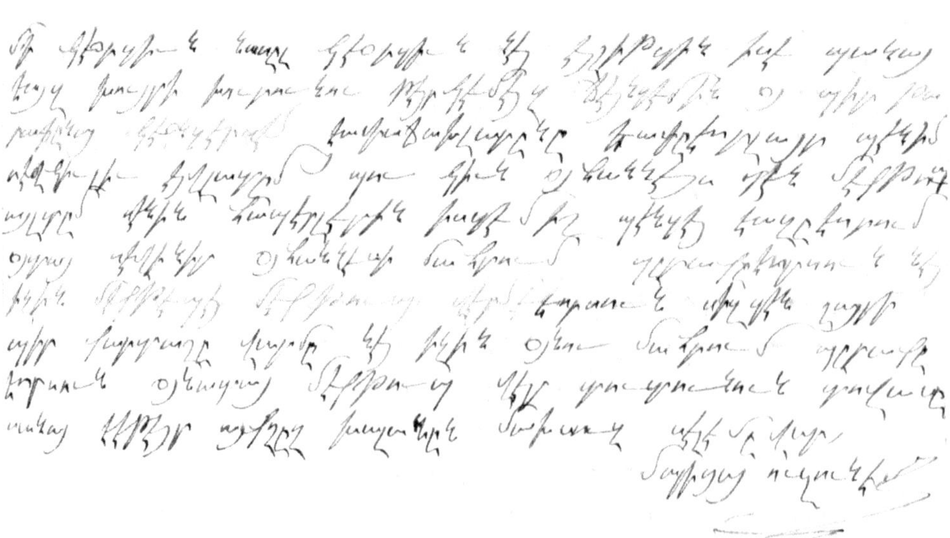

1913 *P[e]drvar* [1] 10

Benim Sevgülü Oğlum Garabed Kocayan Hazretleri,

Maksuz selem edib, hatirini sival ederim. Bu tarafda bizleri sival edersen, heç bir kederimiz olmayub, sizlere dovacıyız.

Göndermiş olduğun mekdublardan nağadar[2] sevindirdin bizleri. Hele yüzümü kara etmeyorsun. Eferim yavrum. Pederini, valideni sevindiriyorsun. Eyi isimnerini duyuyorum, acaba nağadar sevi[n]cler ediyorum. Yehsaped'i nasıl eyi sevindirdin. Misag icirasında bulundu; çeyezlerini[3], baş darahlarını[4] aldı. Eline sağlıh, Allah daha çoh versin.

Niyork'a getmişsin. Getdiyinde Haci dayını ve Donig'i nasıl gördün? İkisi birlikde mi gördün? Nasıl gördün, ne işitdin ise bana yaz. Huylu huyunu tergemez[5]. Cendemin[6] obir tarafına göndersem yapacahlarını yapıyorlar.

Benim sevgülü evladım, bugün Ohannes'den mekdub aldım. Senin haberlerin isdemiş; ben de yazıyorum, o da sevinir. Ohannes'i mahrum bırakıyorsun. Ne için mektebe mektub vermeyorsun? Sizden ğayri bir kardaşı var mı? Ne için onu mahrum bırakıyorsun? Ona da mektub ver. Dudunun dovası sana yeter. Akğız halanın maksuz selemı var.

Maritsa Uzunyan[7]

[1] Pedrvar: Şubat (< Ermenice)
[2] nağadar: ne kadar
[3] çeyez: çeyiz
[4] darah: tarak
[5] tergemek: bırakmak, terk etmek
[6] cendemin: cehennemin
[7] Maritsa Uzunyan: Garabed Kocayan'ın teyzesi, Ohannes Uzunyan'ın annesi, Kirkor Uzunyan'ın eşi.

February 10, 1913

My dear son, Garabed Kojaian,

I extend my special greetings and inquire after your well-being. If you were to ask about us here, we have no worries and we pray for you.

You made all of us very happy with your letters. You do not let me down. Bravo, my son! You make your father and mother glad. I rejoice when I hear others praise you. You thrilled Yeghisapet [by sending money]. And Misag acted on it. He bought dowries and combs for her. Thank you. May God give you even more.

You wrote that you went to New York. How are your haji uncle and Donig? Have you seen them together? Do write to me about whatever you have seen and heard. What can you expect from a hog but a grunt? Even if you send them to the other side of hell, they do whatever strikes their fancy.

My dear son, today I received a letter from Ohannes. He asks about you. I will write to him about your news, so he will be pleased too. You deprive Ohannes; why don't you send letters to the school? Does he have any brothers other than you? Why do you deprive him of your letters? Write to him. Your *dudu*'s prayers will be enough for you. You have greetings from your Aunt Akkız.

Maritsa Uzunian[1]

[1] Maritsa Uzunian: Hyganush Kojaian's sister, Ohannes Uzunian's mother and Kirkor Uzunian's wife.

بالاده اسم و شهرت و حل وصفی محرر اولان ——— دولت علیه‌نك تابعیتی حائز اولوب
اول صورتله جریدهٔ نفوسده مقید اولدیغی مشعر اشبو تذکره اعطا قلندی

Harutiun Kojaian's birth certificate - Harutyun Kocayan'ın nüfus tezkeresi

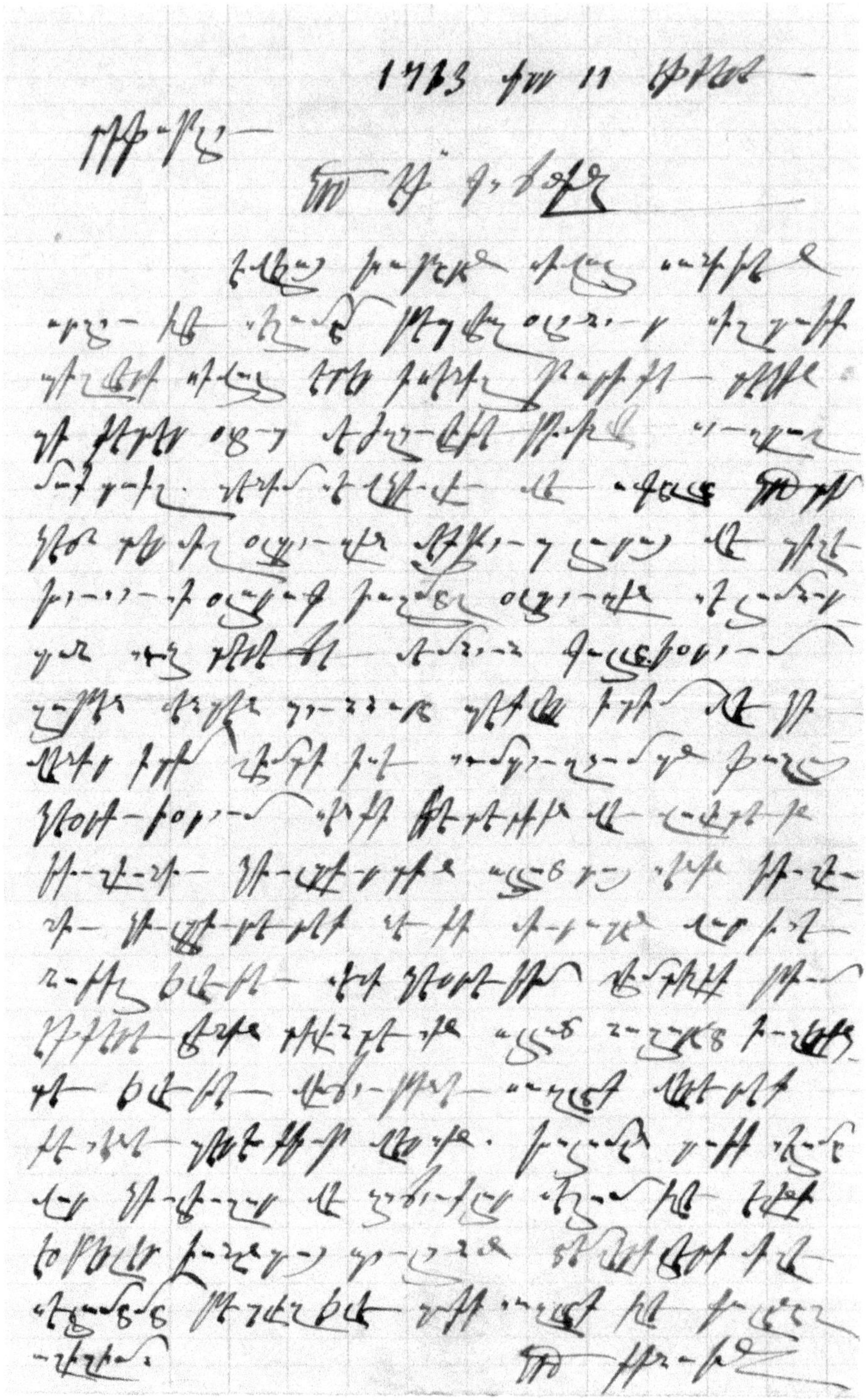

1913 *P*[e]*dr*[*var*] 11
Efkere

Rifatlu Garabed Efendi Kocayan,

Evela, hatırın sival; saniyen, arzu ile selamım tebliğ olunur. Siz dahi bizleri sival eder iseniz, tarike deyin bî-keder, meşğuliyetimizle uğraşmakdayız.

Benim sevgülü ve akıllı yavrım, göndermiş oldığın mekdublara ve bize hususi olarak yazmış oldığın selamnardan son derece memnun kalıyorum. Zaten senden bunnarı bekler idim; güvenir idim. Şimdi ise umduğumdan fazla görüyorum. Sen ki pederiyin ve valideyin yüzünü güldürdün, Allah da senin yüzünü güldürerek ne ki muradın var ise nayil[1] eleye. Seni göreyim. Şimdi ki tüm Efkereli'nin dilindesin. Allah nazarı üzerinde eyleye. Vücutine sağlık virerek, kesene bereket versin.

Halamın dahi selamı var. Gülizar ve çocuklar selam ile elini öperler. Yanında bulunan hemşerilerimize selamımı tebliğ ile bâki sağlık ile kalınız azizim.

Garabed Kinayan

February 11, 1913
Efkere

Eminent Garabed Effendi Kojaian,

Firstly, I inquire after your well-being, and secondly, I extend my greetings. If you were to ask about us, we have no worries and are busy with our work.

My dear and intelligent child, I am very pleased with your letters and your special greetings for me. This is what I would have expected from you; I had trust in you. And now, I witness even more than I had hoped. You brought smiles to the faces of your father and mother. May God make you happy too and bestow upon you whatever you wish. Let me see you at your best. Now, you are the talk of Efkere. May God protect you, may He give health to your body and put money in your purse.

You have greetings also from my aunt. Gülizar and the children send their regards. Please extend my greetings to our fellow countrymen there. May you always be in good health, my dear.

Garabed Kinaian

[1] nayil eylemek: arzusuna kavuşturmak (< nail)

1913 *Mart* 25
Evkere'de

Direyetlu, Sevgülu Oğlum Garabed Kocayan,

Maksuz selem. Hatrınız sival olunur arzu ile. Siz de bizleri sival eder isen, tarike gelene kıdar kederimiz yok. Allah sizi de kedersiz eyleye. Umarız ki siz[in] de bir kederiniz yok. Verkine Hanım elinizi pus eder.

Evele Mart iki tariklu bir mekdubiniz aldık, çok memnu olduk. Yalınız bundan evel iki mekdub verdim idi; elinize geçmemiş. Şimdiye gelmiş olmalıdır. Yazmış idim; göndermiş olduğunuz beş buçuk Osmanlı lira aldık, yerine yatırdık. Bu sıralarda mekdublar posdasında gelemeyor, ne hal ise. Sizin de göndermiş oldığiniz mekdublar da gününde gelmeyor. Vakit olur ki düzelir.

Garabed, yazmış idiniz ki "dökmecilik ediyoruk" deyi. Allah hakler[?] ilen sağlığ versin. Mekdubun gelib de okurken Vartıvar Ağa'nın anası ve kardaşı Misak geldi. "Oku bakalım" deyi, gelen mekdubı okudu. Yazmış oldığınız *Paregentan*'da[1] *jamgöts*[2] Sıtırag Ağa ilen Vartıvar Ağa'yilen kef ettiğiniz duyarak çok mennu oldular.

Bu tarafta olan muharabeleri gazetalardan öğreniyorsunuz. Avel[...] inşallah çok ei olur. "Mekdubinizi çapuk her on beşte verin. Hepiniz de yazabilirsiniz" demiş idiniz. Mekdub gelmeli ki, yamacı yazmalıyız biz de.

Bu tarafda emmilerin ve halaların, dudun, hısım ahraba ve konu komşular, dosdlarımız ve Misak Ağa, cümlesi de firade firade selem ile hatirinizi sival ederler.

*Mez Bak*[3] birici hafdası sana bir mekdub verdim idi. Elinize geçmese, biz çok şey yazmış idim, onun cavabı nerede kalacak? Benim Ameraka geme[?] için cavaz[4] bekleyorum bakalım.

Neden gene yaz[ı] geldi. Evkere'den, esgerlıkdan kaçmak için iki üç tene Amerka'ya geliyorlar. Sinam Agop'un oğlu, bir kaç tene. Bakalım geç[e]bilirlē mi. Şimdi esgi bildiyiniz deyil. Yol kapalı. Dikkat ile geçirmeyorlar.

[1] Paregentan: Hıristiyan inancında, İsa Peygamber'in çarmıhtan gökyüzüne yükselmesinin kutlandığı Zadig'den (Paskalya) önceki kırk günlük Büyük Oruç başlamadan yapılan eğlence, karnaval (Ermenice)

[2] jamgöts: zangoç, kiliseyi bekleyen ve çan çalan görevli (< jamgoç, Ermenice)

[3] Mez Bak: Zadig'den önceki kırk günlük Büyük Oruç dönemi (< Medz Bak, Ermenice)

[4] cavaz: izin (< cevaz)

Bu mekdubu yazdik, hesap ile *Zadik*'de[5] elinize geçer. *Kırisdös haryav i merolots.*[6] Allah çok seneler yetiştirsin. Yanındaki cümle arkadaşlarına tebliğ edebilirsin. Firade firade selem ederek, hatırlarını sival ederim. Baki afiyetde.

Arzukeş,
Harutyun Kocayan

[5] Zadik: İsa Peygamber'in çarmıhta öldükten sonra dirilmesinin kutlandığı, Hıristiyanlıktaki en önemli bayram, Paskalya (< Zadig, Ermenice)

[6] Kırisdös haryav i merolots: "Mesih dirildi!" Zadig bayramı tebriki için söylenen deyim (< Krisdos haryav i merelots: Ermenice)

March 25, 1913
Efkere

My intelligent and dear son, Garabed Kojaian,

Special greetings. I would like to inquire after your well-being. If you were to ask about us, we have had no worries so far. May God keep you free from worries too; we hope you do not have any worries. Miss Verkine kisses your hands.

Firstly, I was very pleased to receive your letter, dated March 2. However, I had sent two letters previously, you had not received them. They should have arrived by now. I had written that we received the 5.5 Ottoman liras you had sent and that we dispensed with it in the proper place. We do not get the mail regularly these days, I do not know why. Also, your letters do not arrive promptly. It should improve in time.

Garabed, you write that you work at a foundry. May God give you good profits [?] and health. While I was reading your letter, Vartavar Agha's mother and his brother Misag showed up. They said, "Why don't you read the letter to us?" and so I did. They were very pleased to learn that you had a good time at the *Paregentan*[1] with Setrag Agha the sexton and Vartavar Agha.

You must be reading in the newspapers about the battles taking place here. God willing, everything will be fine [...]. You say that we all can send letters every fortnight. First we should receive letters so that we may respond.

Your uncles and aunts, your grandmother, our relatives, neighbors and friends and Misag Agha all send their greetings and ask after your well-being.

I sent you a letter the first week of *Medz Bak*.[2] I wrote a lot of things; what will happen to its response if you do not receive the letter? I am waiting for authorization to leave for America; we shall see.

Yet another conscription order came here. Two or three lads from Efkere — Agop Sinamian's son and several others — are leaving for America in order to desert. Let's see if they can pass. It is not like before; the road is closed. They do not let people pass.

I wrote this letter calculating that you will receive it around Easter. *Krisdos haryav i merelots*![3] May God allow us to celebrate for many years. Please extend my congratulations to your friends there. I send them my greetings and inquire after their well-being. May you be in good health.

Longingly,
Harutiun Kojaian

[1] Paregentan: Carnival. Day of festivity, which takes place on the last Sunday before the Great Lent.

[2] Medz Bak: The Great Lent.

[3] Krisdos haryav i merelots: Christ is risen.

Mr.
Garabed Kojaian
142 victor ave
Highland park
Detroit Mich
U. S. A
EFKERE

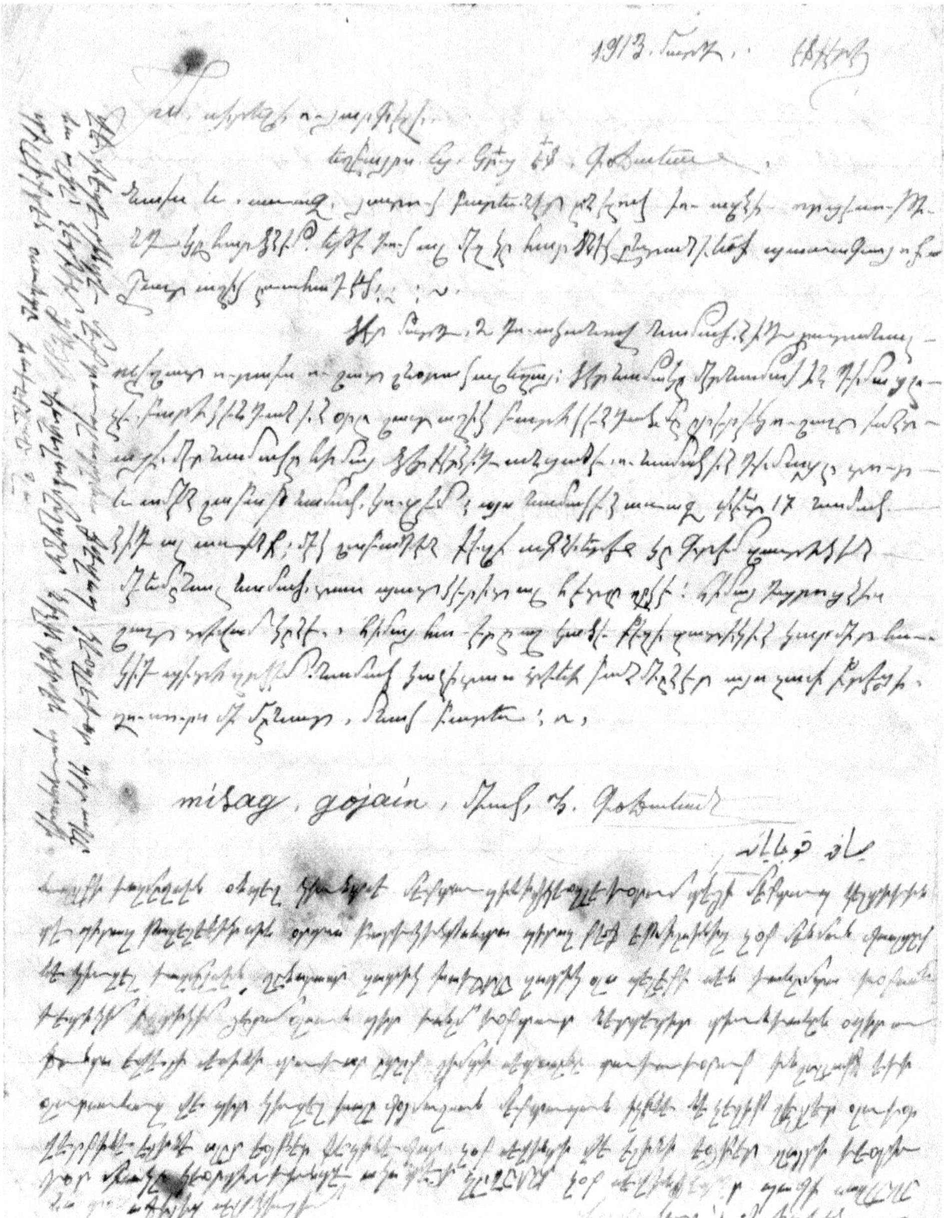

[1913 Mart 25]

İki Gözüm, Nur-i Didem, Sevgülü Oğlum *Baron* Garabed,

Maksus selam ederek, didalerini[1] pus ederim ve nazig hatirini süval ederim. Ve sen dahi bu tarafda bizleri süval edersen, bir kederimiz olmayarak sağlığına dovacıyız yavrum.

Evela, Mart iki tariklü mekdubini aldık. Menmun meskür[2] olduk, sağ olasın. Nasıl ki yazmışsın, "yüz parçayı yapıyorum" deyi, menmun kaldım. Allah sağlığını vere de, çalışmandan geri kalmayasın. Akıl, fikir, fireset[3] vere; ömrüne bereket vere. Allah'tan bunnarı isterim. Her vakıt için dova etmekteyim. İnşallah eyi olursun. Benzer, Misag sabağdan kaharsa[4] der ki "*Aldu*, bugün *hamar*ım[5] pek zordur, dovayı bol yap" deyi söyler, geder. Sōna geldiyinde sevinir ki, "çok faydası oldu ana" deyi bir güler. Şimdik hepimiz de bir tek Misag'a kaldık. Yazsın yalasın. Hızmetini görüp, çarşıdan ne lazımısa birer birer gönderdik ki, bakalım ne vakıt cem olacak.

Sevgülü oğlum *Baron* Garabed, ben burada düşünüyorudum, sen de oradan nasıl yazmışsın Mard'ın yirmi dokuzu, bugünner halana dedim ki, "ben sığır evlerine[6] enib Gabid'i göndüreceyim" dedim. Orda bir eyice ağladım. Bu hafdalar höküyat[7] etmişim; oğlum yanımdadı, gedecek. Hangı gün yola çıkacak, üsdü başı dikilecek, bunnarınan zehnimi eyleyorum. Bu sene nasıl çıktığını bil[...]ik amma bakalım bu [...] nasıl çıkacak.

Kapuda oturuyorumdum ise [...]ayan Hagop, "Gabid'den mekdub çıktı, alasın[?] hanım" dedi. Bana bir figan[8] geldi, Gabid geldi deyi. Bi de bakan Misag mekdubu aldı geldi. Pederin de Gesi'den[9] geldi. Okuduk, çok sevindik. Bazar ıdı. Misag henmen kalemi aldı, oturdu. Çok şükür Allah'a. İnşallah sağ selamet birbirimize kavuşuruz. Allah mekdubundan geri komaya bizi. Bundan evel iki mekdub daha verdi idik, şimdiye eline gelmiş olmalı. Cevaplarını gözlüyoruz. Yazdıklarıma kusura kalmayasın rica ederim.

Ve bu tarik İzmir'den mekdub varıdı. Hacı dayın borcunu göndermiş, on lira enişteye. Ve pederin de mekdublarına cevap gözlüyor. Bir aklına aldı gediyim deyi. Havalanmışdır. Niçin dersen, burdaki dillikden[10] osandı. Hayırlısı ola.

[1] dida: göz (< dide)
[2] meskür: mutlu (< ? mesrur)
[3] fireset: sezgi, çabuk anlama yeteneği (< feraset)
[4] kaharsa: kalktığında
[5] hamar: hesaplama (Ermenice). Yazar muhtemelen matematik dersinden ya da sınavından bahsediyor.
[6] sığır evi: ? dikiş atölyesi (< sığırt: dikiş) ya da, sığır evi: ahır. Muhtemelen yazar, zor koşullarda da olsa para kazanıp, oğlunu Amerika'dan geri getirmek istediğinden bahsediyor.
[7] höküyat: ? hikâye etmek, anlatmak
[8] figan: bağırarak ağlama, inleme (< figan)
[9] Gesi: Kayseri şehir merkezinin 18 kilometre kuzeydoğusunda, Efkere'nin 1,5 kilometre kuzeyinde köy.
[10] dillik: dirlik, düzen, geçim, huzur

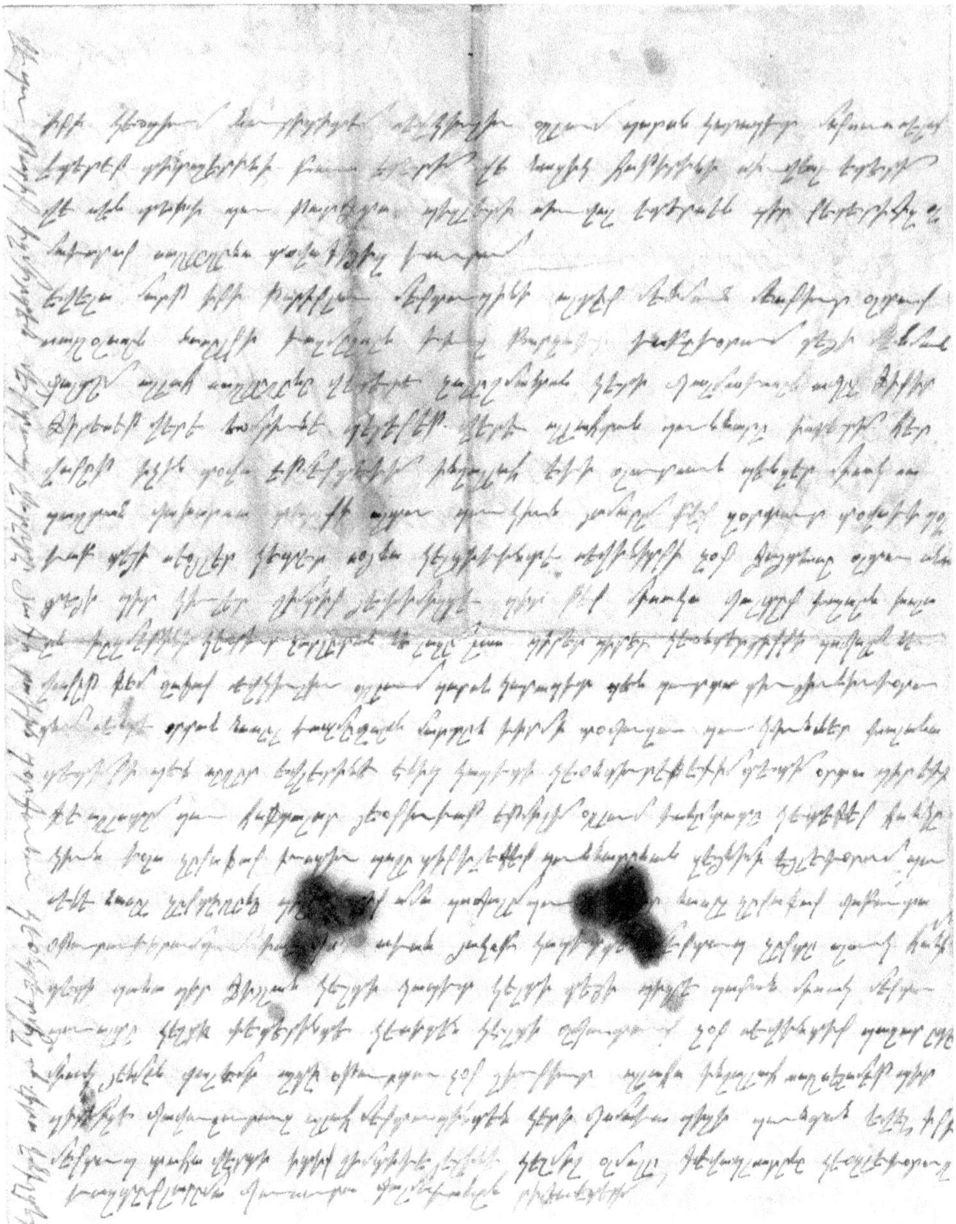

Dudunun maksus selamı var, dova ediyor senin için. Akkız hala getdi. Ve halalarının maksus selamnarı var. Ve Annitsa'nın, Evagül'ün, Mariani'nin firade firade selam ederler. Hacı Mari'nin selamı var. Hovannes de *Zadig*'de gelecek. Sahag'dan[11] mekdub geldi, ğayri tükâna gelmiş. Çok gendinin çekdiyi havadislerini yazmış dibinde. "Hemisini yazsam kalem, mürekkeb yetişmez" demiş. Ve "Garabed'den iki üç mekdub aldım, karşısını veremedim" demiş. "İnşallah şimden sōna veririk" demiş.

Hayganuş

Nasıl ki yazmışsın, "on beş günde mekdubunuzu gözleyorum" deyi, mekdub geldiyinde biraz tazelenirsin. Orda *Paregentan*'da biraz kef etmişsiniz, çok menmun kaldık. Ne güzel yazmışsın, *şınoravor*[12] *Zadig*, hayırlı *Zadig* ola. Bel[l]e ki sen yanımda yoksun, yedigim içtigim heram olsun. Bir yanım yoktur. Nerdedir? Dünyanın öbür ucunda. Eveli sesini duyarıdık, şimdi sedasını duyuyoruk. İnşallah eyi olursunuz. Ve bir güzel halı koymuşsun mekdubun içine.[13] Ne çeşit şeyler oluyor! Verkine eline alır, öper, cebine kor. Çok sevindi. Ve elini öper. Ğayri yörüyor. Misag'ı gördüğünde aga deyi çığırır, çok sevinc eder. Baki sağlığına dovaciyiz sevgülüm.

Hayganuş H. Kocayan

[11] Sahag Şahbazyan. Mektup yazarının kız kardeşi Akabi'nin oğlu.

[12] şınoravor: kutlu (< şınorhavor, Ermenice)

[13] Yazar muhtemelen minyatür bir süs halısından bahsediyor

[March 25, 1913]

My two eyes, the light of my eye, my dear son, Mr. Garabed,

I extend my special greetings, kiss you upon your eyes and inquire after your well-being. And if you were to ask how we are here, we have no worries and we pray for your health, my child.

Foremost, we were very pleased to receive your letter, dated March 2. Thank you. You write that you are manufacturing the hundredth piece [at the foundry] [?]. I was happy to hear that. May God give you health so that you will not fall behind in your work. May God give you wisdom, good sense and a long life. This is what I ask of God. I pray for you all the time. God willing, you will be fine. Likewise, when Misag wakes up in the morning he says, "*Aldu*, today I have a very difficult math class, pray profusely," and leaves. When he comes back, he cheerfully says, "Your prayers helped a great deal," and laughs. Now Misag is our only concern. He should pursue his studies. We bought and ordered whatever he needs from the market. We shall see when he will collect them.

My dear son, Mr. Garabed, I was thinking here — as you had written on March 29 [?] — and I said to your aunt, "I will work hard, make money and bring Gabid back" [?]. And I had a good cry. In the last weeks, I have been spinning a tale that my son [Misag] is with me but will leave. "Which day will he set off? I have to patch up his clothes." I keep my mind busy with these. [...].

As I sat at the door, Hagop [...]aian said, "A letter from Gabid has arrived for you to pick it up, Miss." I was overcome that Gabid had arrived [?]. Then I saw that Misag had gone and fetched the letter. Your father returned from Gesi[1], and we read your letter and became very happy. It was a Sunday. Misag straight away took a pen and sat down [to write a response]. Thank God. God willing, we will reunite happy and healthy. May God not deprive us of your letters. We had sent two letters previously; you should have received them by now. We look forward to your response. Please forgive my rambling.

Also, we received a letter from Izmir today. Your haji uncle paid off his debt of 10 liras to your aunt's husband. Also, your father is looking forward to your response. He is fixated on the idea of departing. If you ask why, he is fed up with the circumstances here. Let us hope for the best.

You have greetings from your *dudu*. She prays for you. Aunt Akkız left. You have special greetings from your aunts. Also, Annitsa, Evagül, Marianni and Haji Mari send their greetings. Hovannes will be here for Easter. We received a letter from Sahag.[2] He works at the store now. He wrote about his ordeals. He said, "If I were to write down all of my problems, the pen and ink would not suffice. He also said he received two or three letters from you, but he could not write back. God willing, he will respond in the coming days, he said.

Hyganush

[1] Gesi: village 1 mile north of Efkere and 11 miles northeast of Kayseri.

[2] Sahag Shahbazian: Hyganush Kojaian's nephew, son of Akabi Shahbazian.

P.S. Since you said that you look forward to receiving our letters every 15 days, you will be refreshed when this letter reaches you. We were very pleased to hear that you had a good time at the *Paregentan*. As you have written beautifully [in high Armenian], happy Easter! Since you are not here with me, may I not enjoy what I eat. A part of me is missing. And where is it? On the other side of the world. I used to hear your voice, now I hear your voice through your letters. God willing, you will be fine.

You sent a beautiful carpet with your letter.[3] How strange! Verkine grabbed it; kissed it, and put it in her pocket. She was overjoyed. She kisses your hand. She is walking now. When she sees Misag, she calls to him, "Brother!" and cheers up. We pray for your good health, my dear.

Hyganush H. Kojaian

[3] The writer is probably talking about a miniature ornamental piece.

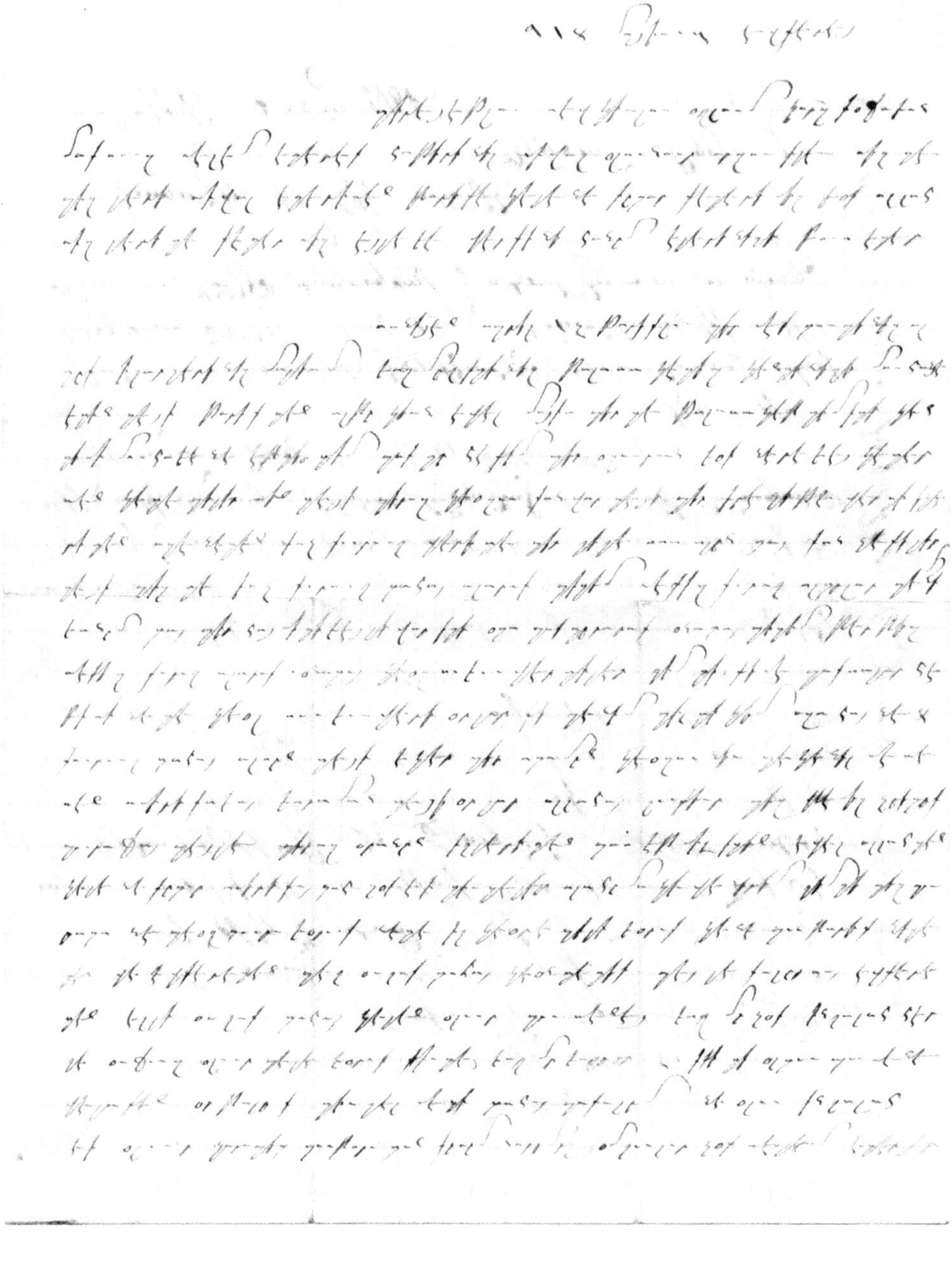

[1]913 *Mayis* 6
Evkere

Direyetlu, Sevgülu Oğlum Garabed Kocayan,

Maksuz selem ederek, hatiriniz sival olunur arzu ile. Siz de bizleri sival eder isen, tarike gelene kıdar kederimiz yok. Allah sizleri de kedersiz eyleye. Verkine Hanım ellerinizi pus eder.

Saniyen, *Abril*[1] 14 tariklu bir mekdubiniz aldık. İşarleriniz malüm. Yazmış idiniz, "Talas'a gedib gendinizi muhanye[2] edin" deyi. Tarikden altı gün evel, Mayis birde, Talas'a getdim idi. Gendimi muhayene etdirdim. Bakdı hekim, "Bir ozurun[3] yok. Nereye gedersen gedebilirsin" deyi. "Biraz gözu kan var" deyi bir ireçite[4] verdi. "İçeriden, azeneden[5] üç kuruş veri[n] de, bir şişe su alın da, kan çekilir" deyi. Bizde[n] üç koruş daha alarak, bizim sekiz koruş aldılar. Benim yanımda bir Hamidiyeli var idi. O da bakdırarak, ona da bizim tertib sekiz koruş alarak, ona da göz suyu verdiler. Şimdi kime baksalar hepisine de göz suyu veriorlar ki, benim bildigim, azahane[6] 3 kuruş daha alsın deyi. Eger bir adamın gözünü begenilmese, "sen Amerika'ya yaraman" deyiorlar. Allah'a şukür biz temiz çıkdık. Buraca beyle.

Biraz oranın işleriden bāsetmiş[7] idin. Evelallah ben gelene kıdar Amerika da çok ei düzelir. Alahım'a güvenirim. Şimdi biz burada ne boş durayoruk, ne de iş görebiliyoruk. Gene bu tarik Nize'den ve Evkere'den beş uşak daha göndēdik. Beyle kalırsa Evkere'den elli uşak daha gelen olur.

Bu sene yağmır çok. İnşalah her şē ucuz olur beleyoruk[8]. Kü[n]de yağmır yağıor. 40 iki di[?] oldu bu sene. Velakin ortalık düzelmedi daha. Bakalım ne olū; inşalah ei olur. Garabed, bu tara[f]dan kısımnarımız, komşular çok selem ederler.

İkīci[9], benim sevgülü oğlum, benim gelmem, Misag'ın Talas'a mekdebe getmesi, hepisini bir araya getiriyon. Buna epeyi para isder. Burak[10] düşünerek, beni Surp Garabed'[d]en[11] sonra bırakma. Sen bilin. Ben bu sene uzak yere getdiğim yok, seni bekleorum. Dilerim Allah'dan hayırlısı[nı] ileri getirsin.

Talas'a getdiğimde mekdebi gezdim. Ohannes'i begendim. Ei okuyorlar. Velakin biraz adamlar, bele ki "*vank*a[12] koyu[n]" deyi. Dah[a] düşünürük. *Sekde[m]per*'e çok vakit var.

[1] Abril: Nisan (Ermenice)
[2] muhanye: muayene
[3] ozur: özür
[4] ireçite: reçete
[5] azene: eczane
[6] azahane: eczane
[7] bāsetmiş: bahsetmiş
[8] belemek: sanmak, zannetmek (< bellemek)
[9] ikici: ikinci
[10] burak: berrak
[11] Surp Garabed (Vaftizci Yahya) Yortusu. Ermeni Kilisesi, Aziz Garabed'in kesik başının bulunmasını 7 Haziran'da, idamını ise 29 Ağustos'da anar.
[12] vank: manastır (Ermenice)

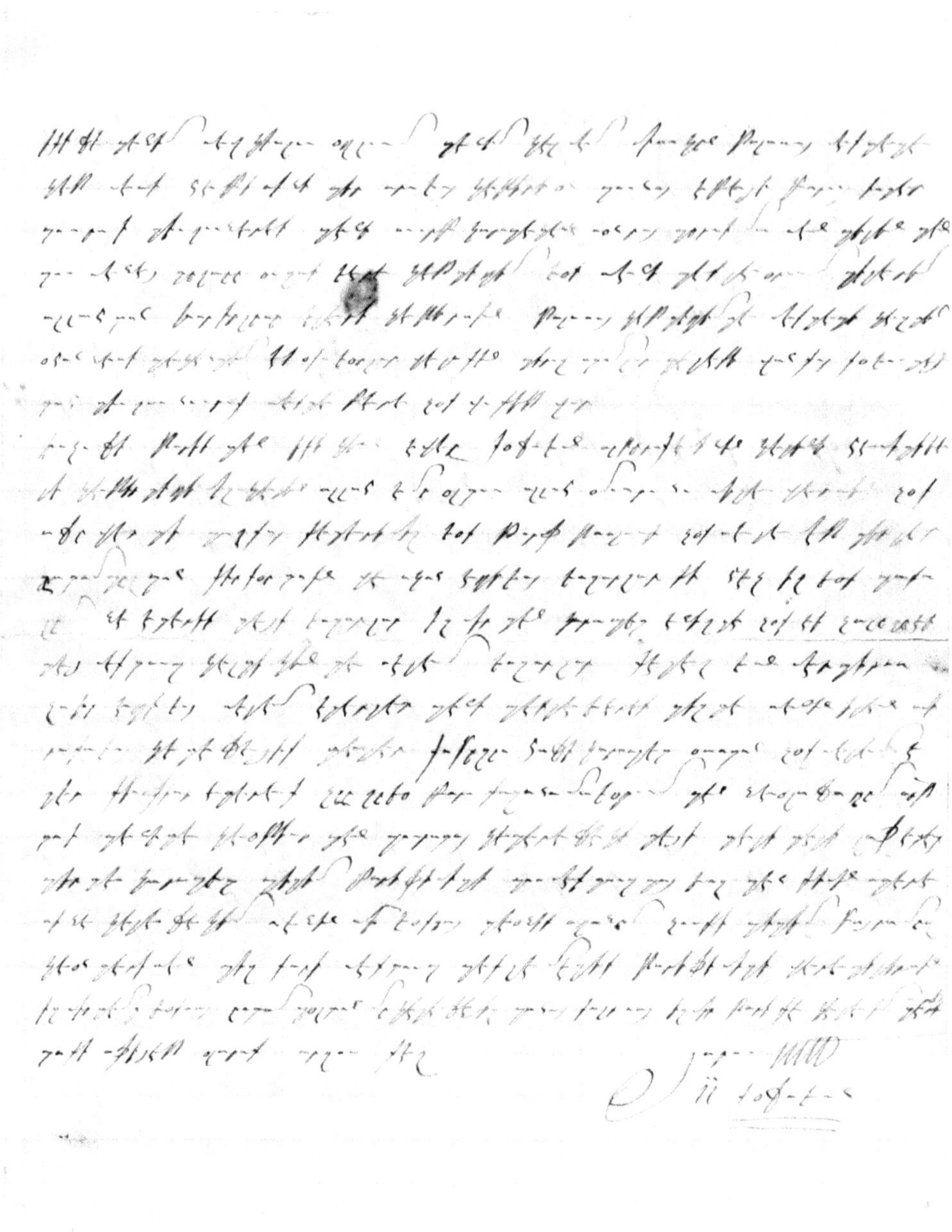

Isdambıl'dan Kirkor dayin[13] ve agan Yeğiya[14] yazarlar ki, "Heç iş yok, bakalım ne ederik" deyi yazarlar. İzmir'den Garabed enişde çok ei çalışı. Ei dey[i]. Mekdub geldiginde selem yazarlar. Keleşyan Merdiros, Çakır Yeğiya selem ederler. Beni bekleyerek, "Biz de senin ilen Ameraka'ya gedeceyik" dēler. Kapızlu[15] Haci Garabed usdan çok selem eder. Küfür ederek çalışıyo. "Para kazanamayorum, ben ne olacağım. Artin da[y]i beni de götür. Ben burada geberecegi[m]" deyi deli deli laf eder.

Bir de Garabed, bizim tarifimizi bu mekdubda yaz. Ben kimin aderesine gelecegim? Senin mi, yoksa Dönik Aga'nım? Çu[n]ki[?] bizim paramız[ı] gönderi[r]sen, biz kari mekdub beklemezik. Tarifimizi verebilirsin. İzmir'de[n] mi, yoksa Isdambol'dan mı geleceyiz? Bana kalırsa İzmir tarike geleyim derim. Baki afiyet olarak.

Arzukeş,
Harutyun Kocayan

[13] Kirkor Uzunyan: Hayganuş Kocayan'ın kız kardeşi Maritsa'nın eşi.
[14] Yeğiya Misag Şahbazyan: Hayganuş Kocayan'ın kız kardeşi Akabi'nin oğlu.
[15] Kapız: derin vadi, kanyon. Bahsedilen yer muhtemelen Adana Kapız'dır.

May 6, 1913
Efkere

My intelligent, dear son, Garabed Kojaian,

I send you my special greetings and inquire after your well-being. If you were to ask about us, we have had no worries so far. May God also keep you free from worries. Miss Verkine kisses your hands.

Secondly, we received your letter, dated April 14, and became acquainted with what you have written. You had already written that I should go to Talas for a physical examination. Six days ago, on May 1, I went to Talas and was examined. The doctor told me that I have no problems and I may go wherever I want. He said I have a little blood in my eye and gave me a prescription. He said, "Pay 3 kurush and buy a bottle of solution from the pharmacy inside, so that the blood may recede." They got 3 more kurush out of me, and I paid 8 kurush in total. There was a man from Hamidiye next to me, he also had an examination. He also paid 8 kurush and was given eye drops. These days they prescribe eye drops to everyone they examine, so that the pharmacy can make an extra 3 kurush, I reckon. If they do not like the condition of a man's eye, they say "He is not good for America." Thank God, I checked out clean. That is how things are here.

You mentioned the conditions there. With the help of God, things will improve by the time I arrive. I trust in God. Presently, we can neither stand idle nor work here. Today we saw off five lads from Nize and Efkere. If it goes on like this, 50 more youngsters will depart.

This year it has rained a great deal. God willing, we expect prices to be low. It rains every day. It rained for 42 days this year [?] but still, things have not improved. Let's see what happens. God willing, it will be fine. Garabed, our relatives and neighbors send their greetings.

Secondly, my dear son, my trip and Misag's admission to school in Talas will both take place at the same time. These will necessitate a lot of money. Let us think clearly. Do not put off my trip until [the Commemoration Day of] Sourp Garabed.[1] It is up to you. I will not travel to distant places this year; I am waiting for your call. Let us hope for the best.

I visited the school when I went to Talas. I liked Ohannes's efforts. They study well. However, some say that I should send Misag to the school at the monastery in Efkere. Let us see; there is plenty of time until September.

Thirdly, the bride of uncle Setrag Kojaian, the one we brought from Hamidiye, passed away two days ago. May God bestow her remaining lifespan upon you. Her death caused us great grief. We do not have any other sorrow; our kith and kin are well.

[1] The Armenian Apostolic Church commemorates the "Third Finding of the Precious Head of Sourp Garabed (St. John the Baptist)" on June 7, and his beheading on August 29.

Your uncle Kirkor[2] and your brother Yeghia[3] wrote that there are no jobs in Istanbul and they are wondering what to do. Your aunt's husband Garabed has a fine job in Izmir. He sends you his greetings whenever he writes a letter. Mardiros Keleshian and Yeghia Chakirian send their greetings too. They are waiting for me. They say that they will travel to America with me. Your master Haji Garabed of Kapiz[4] sends his greetings. He works as he curses. He says crazy things such as, "I cannot make money, what is to become of me? Uncle Artin[5], take me with you. Otherwise I will kick the bucket here."

Also, Garabed, you should write to which address I am supposed to come. To yours or to Donig Agha's? Because, if you send me the money, I will not wait for a further letter. Also, tell me whether I should come via Izmir or Istanbul. I prefer Izmir. May you be always well.

Longingly,
Harutiun Kojaian

Au Nom de Sa Majesté Impériale le Sultan.

Signalement
Age
Taille
Yeux
Nez
Bouche
Moustaches
Barbe
Menton
Visage
Teint
Religion
Signes particuliers

Le présent passeport est valable pour un an
Droit perçu piastres cinquante

Harutiun Kojaian's travel document - Harutyun Kocayan'ın seyahat tezkeresi

[2] Kirkor Uzunian. husband of Hyganush Kojaian's sister, Maritsa.
[3] Yeghia Misag Shahbazian. Son of Hyganush Kojaian's sister, Akabi.
[4] Kapiz: village in Adana.
[5] Artin: diminutive form of Harutiun.

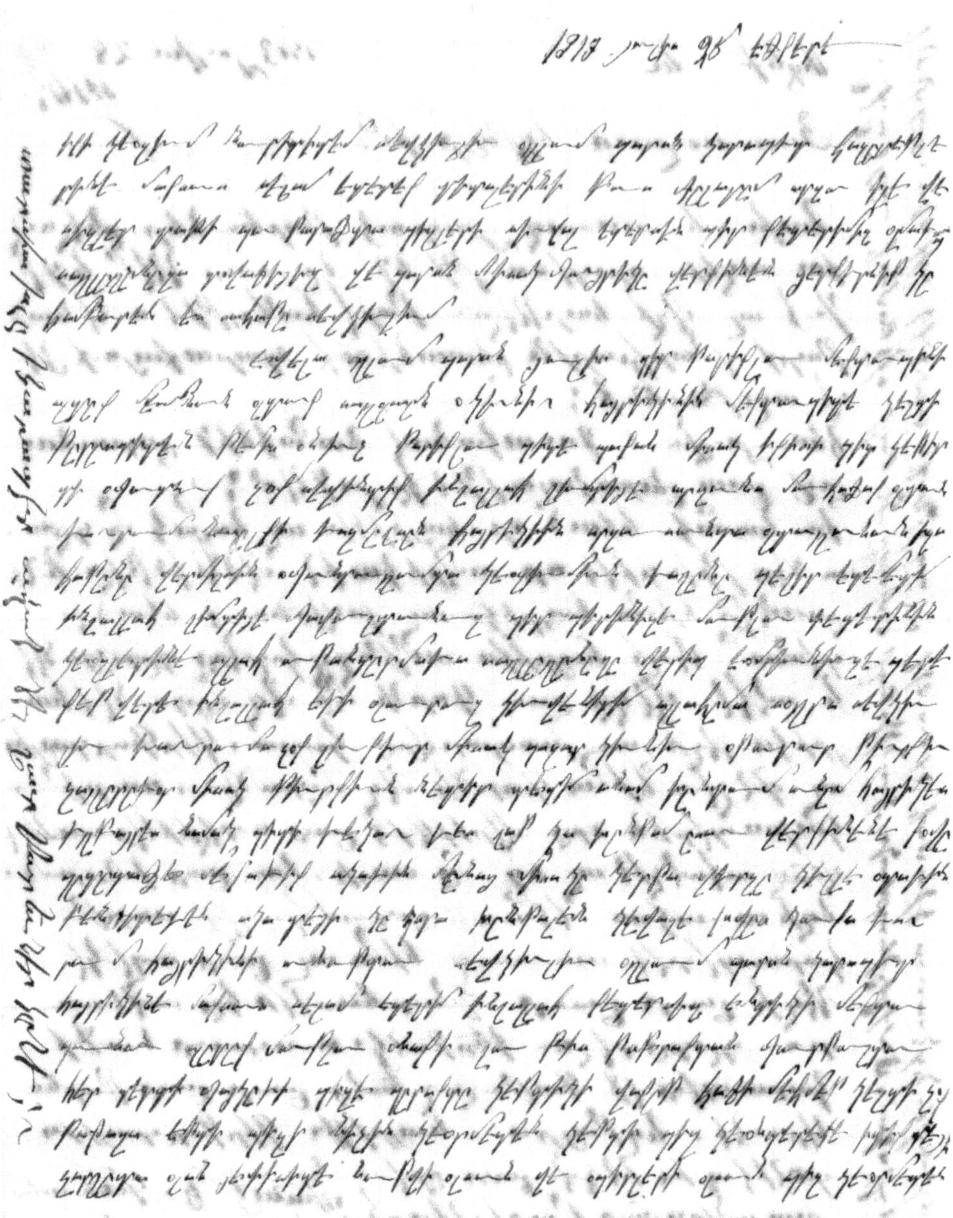

1913 *Hulis*[1] 28
Efkere

İki Gözüm, Nur-i Didem, Sevgülü Oğlum *Baron* Garabed Hazıretleri'ne,

Maksus selam ederek, didalerini pus kılarım arzu ile. Ve sizler dahi bu tarafda bizleri süval edersen, bir kederimiz olmayub, sağlığınıza dovaciyiz. Ve *Baron Misag, kuyrigı Verkinen tserkernit gı hampuren es sahatı*[2] sevgülüm.

Evela, oğlum *Baron*, *Hulis* bir tariklu mekdubini aldık, memnun olduk. Sağ olasın. O günü *hayriginin*[3] mekdubi de geldi Tırısdi'den[4] Temis[5] on üç tariklu. Bi de bakan, Misag ikisi bir getirdi. Okuduk, çok sevindik. İnşallah şimdiye arzuna muhafak[6] oldun yavrum. Nasıl ki yazmışsın, *hayrigiin* arzusunda olduğunun izahatını vermişsin. Okunduğumda gözümün yaşını beşir[7] edemedim. İnşallah şimdiye kavuşdunuz birbirinize. Mutlu pederinin gözlerine! Allah utandırmaya; sağlığınızı verib, ömrünüze bereket vere. İnşallah eyi oluruz. Güvenirim Allah'ıma, soğra sevgülü yavruma. Çok şükür.

Misag Bazar günü oturur, türkü çağırıyor. "Misag, türkün nedir?" dedim. "Anam, *khındum unım. Hayriges, yeğpayres namag bidi yegav. Yes şat ga khıntam" ısav. Verkinene kovı bıdıdatse. Mekayik agayin mınats. Misagı gerta verçı gelle* od*ayin* pencir*eyen* aga deyi *gı gora. Khıntalen gı vaze, kovıs gu ka* yavrum.[8] *Hayrig*ini unutdu.

Sevgülü oğlum *Baron* Garabed, *hayrig*ine maksuz selam ederim. İnşallah kedersiz endigi mekdubunu alırık. Mutlu ona ki, şu pis topraktan kurtuldu. Her derdi, kaygıyı bize bırakdı getdigi vakıt.

Hacı Mehmet geldi çok takaza[9] etdi, "Bizi niçin görmeden getdi; biz gönderece idik" deyi. Çarşıda olan hepisi de, Nutvi olsun ve obirleri olsun, biz görmeden. Ne kıdar taltifler[10] etdiler. Bir kövlü[11] söylediler ki, "Çok yolcu geden var amma bunun gibi ulu yolunda oturub konuşan heç yokdur" deyi. Herkes tacüb[12] ettiler.

Bizim tükâna oturan Mehmet Ağa'yı da esgâr aldılar. Müyümnü müyümsüz[13] bir kaç tane getdiler. *Himmayige "Hayeren daneliyen" ga gısvı. Dehunk inç gılla.*[14]

[1] Hulis: Temmuz
[2] "Misag Bey ve kız kardeşi Verkine ellerinden öperler bu saat."
[3] hayrig: baba (Ermenice)
[4] Tırısdi: Trieste (Kuzeydoğu İtalya'da liman kenti)
[5] Temis: Temmuz
[6] muhafak: amacına ulaşmış (< muvaffak)
[7] beşir etmek: üstesinden gelmek
[8] "'Anam, sevincim var. Pederimden, agamdan mektup gelecek. Çok seviniyorum' dedi. Verkine'yi de yanında gezdirir. Bir tek agasıyla kaldı. Misag getdikden soğra çıkar, odanın penceresinden aga deyi bağırır. Gülerek koşar, yanıma gelir, yavrum."
[9] takaza etmek: söylenmek, başa kakmak
[10] taltif: iltifat
[11] kövlü: köylü
[12] tacüb: hayret (< taaccüb)
[13] müyümnü müyümsüz: (< muinli muinsiz: yardımcılı yardımcısız) Askerliği süresince aile ve mallarına bakacak kimsesi olanlar ve olmayanlar.
[14] "Şimdiden 'Ermenilerden götürecekler' diyorlar. Bakalım ne olur."

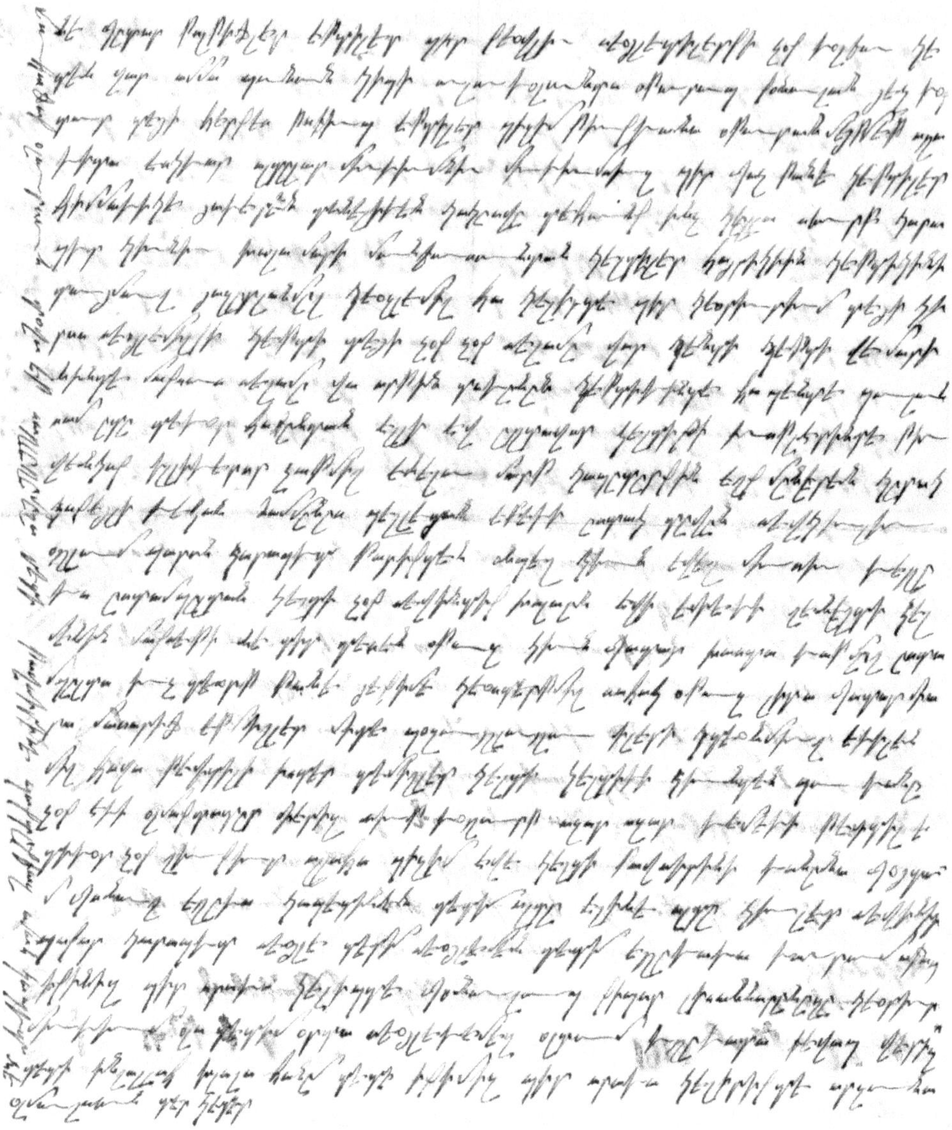

*Surp Garabed* günü Hala Mari Muncusun'dan geldiler. *Hayrig*iin getdigini duymuş. Hazırlanmış, gözlemiş, "Ha gelir de, bir görürüm" deyi. Giros söylemiş ki getdi deyi. Çok çok selamı var. Gendi getdi. Ve Mari'nin de maksus selamı vā. "Artin dayının getdiyinde ha ben de bulunsam ıdı" deyor.

Hacın'dan[15] elli ev *ığdavor*[16] geldi ki, üstlerinde *tüvengok illiyer vor* çatmiş *enelu mart ga bıdırkin. Eşkmıneren gırag gakeyli. Yegan, jammınıs belletsan.* Epeyi *ısdag dıvın.*[17]

Sevgülü oğlum *Baron* Garabed, tarikden on beş gün evel Müsyü[18] Yeğiya[19] Isdambıl'dan geldi. Çok sevindik. Halaın evi epeyi şeneldi. Gelmenin makseti nedir desen, otuz gün kadar hasda yatmış Isdambıl'da. Üç dört tane hekime gösdertmiş Sahag. Otuz lira kadar para masarif[20] etmişler. Mide bozuğluğu ileri dönmüş, eyilenmiş. Hava tepdili isder demişler, geldi. Geldiyi günden bu yanı çok eyi olmakdadır. Periz[21] süt, yoğurt. Azar azar yemeyi tepdil ediyor. Çok şükür Allah'a. Bizim eve geldi. Tavsirini[22] yanına koydum. "Konuş Yeğiya, Gabid inen" dedim. Aldı eline. Aldı, güler, sevinir, bakar. "Garabed söyle" dedim, "söylemen" dedim Yeğıya'ya, yavrum. "Acab ikiniz bir araya gelib de konuşub kibar lisannarınızı görür müyüm ola" dedim. Orda söyleyemez oldum. Yeğıya da cevab verib dedi, "İnşallah hala hanım" dedi. "İkimiz bir araya gelirik de, arzuna muhafak olursun. Dova et sağlığımıza" dedi. Tavsirine bakdıkcaz, "Aman Gabid ne olmuşsun" der, geder. Heç burdaki Yeğıya değil. Söylemesi, lisanı, üsdü başı tebdil olmuş, yavrum. Yoksa hasdalık çok çekmiş. Bunun ile üç olmuş. İnşallah kayri geçmiş olur. Ukubet[23] başlarından heç eksik olmamış.

Bu tarik Sahag'dan da mekdub varıdı. Kardaşının derdindedir, "nasıl oldun" deyi. Çok şükür, ileride eyi olmakdadır yavrum. Allah sağlığınızı vere. Acılarınızı görmeyek.

Bir de, Kirkor Ağa'nın[24] geldiyini yazmışsın. Gün doğmadan neler doğar. Gedeceyim deyi bu da yazdıysa, biz de tacüb etdik, niçin gediyor bu deyi. İnşallah eyi olursunuz Allah'ın sayasında. Baki yazacak olmayub, sağlığına dovacıyım sevgülüm.

Bir [de] dudunun maksus selamı var. Gece gündüz dovanıza mukayetdir. Ve halaların maksus selam edib nazig hatırını süval ederler. Ve gelin hanımların maksus selamnarı var. Annitsa ve Evagül maksus firade firade selam ederler yavrum.

Hayganuş H. Kocayan

[15] Hacın: < Haçin. Kayseri'nin 150 kilometre güneydoğusunda, Adana vilayetinde, nüfusunun tamamına yakını Ermenilerden oluşan kasaba. Şimdiki adı Saimbeyli.

[16] ığdavor: hacı (< ukhdavor, Ermenice). Efkere'deki Surp Garabed Manastırı, Anadolu Ermenilerinin önemli hac yerlerinden biridir.

[17] "Hacın'dan elli ev hacı geldi ki, üstlerinde tüfekle idi, çatmak için adam arıyorlardı [?]. Gözlerinden ateş çıkıyordu [?]. Geldiler, kilisemizi kuşattılar [?]. Epeyi para verdiler."

[18] müsyü: bay, mösyö (< monsieur; Fransızca)

[19] Yeğiya Misag Şahbazyan: Hayganuş Kocayan'ın kız kardeşi Akabi'nin oğlu.

[20] masarif: masraflar

[21] periz: perhiz

[22] tavsir: fotoğraf, resim (< tasvir)

[23] ukubet: eziyet, ceza

[24] Kirkor Uzunyan. Hayganuş Kocayan'ın kız kardeşi Maritsa Uzunyan'ın eşi.

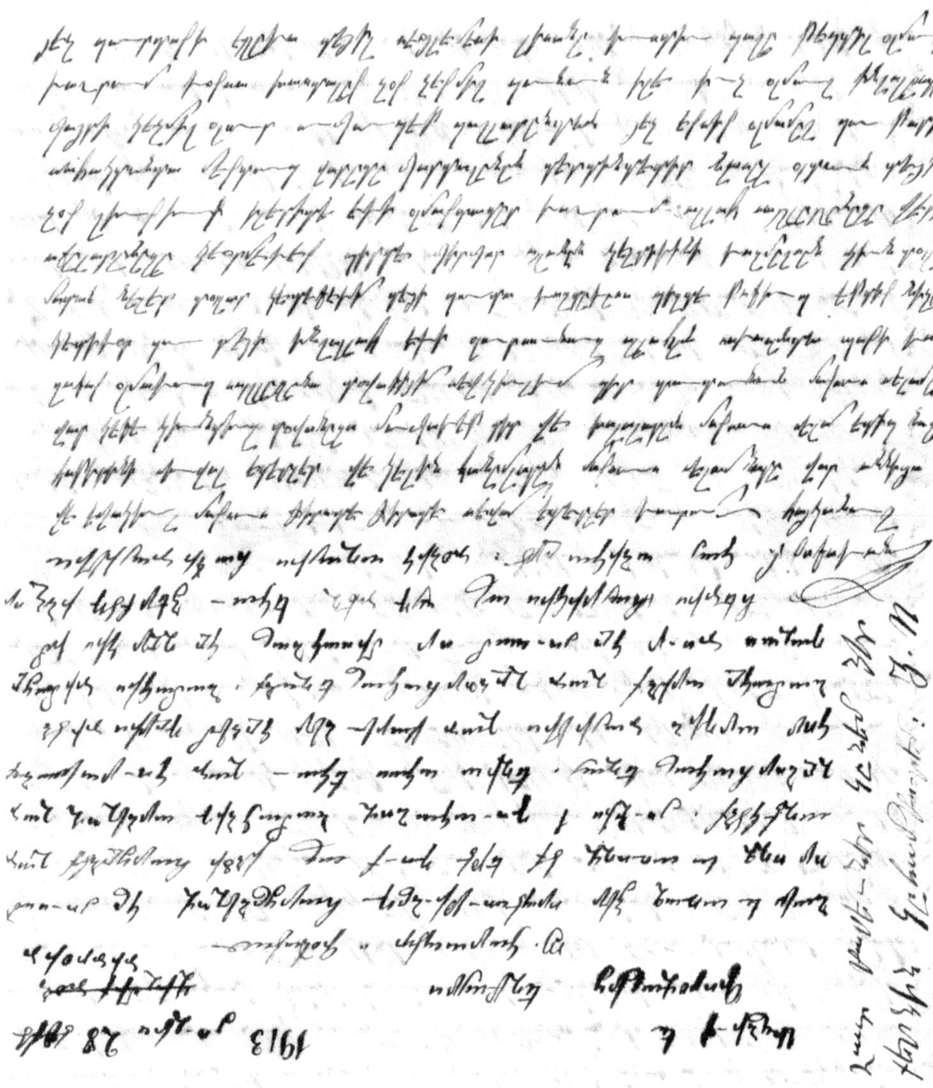

July 28, 1913
Efkere

My two eyes, the light of my eye, my dear son Mr. Garabed,

I extend my special greetings and longingly kiss you upon your eyes. If you were to ask about us here, we have no worries and we pray for your health. Also, Mr. Misag and his sister Verkine kiss your hands, my dear.

Firstly, my son, we were very happy to receive your letter, dated July 1. Thank you. That day, your father's letter, dated July 13, from Trieste arrived too. Misag fetched both of them. We read them and were overjoyed. God willing, you must have been reunited with your father by now. You wrote that you miss your father. When I read this, I could not hold back my tears. God willing, you are together now. How happy will your father be to set sight on you! May God not disgrace us. May He give you a healthy and long life. God willing, we will be fine. I trust in my God, and then in my son. Thank God!

On Sunday, Misag was singing a song. I said, "Misag, what is your song about?" He said, "Mother, I am happy. We will receive letters from my father and brother. I am very happy." He takes Verkine out and about. She is left with only her brother now. When Misag leaves, she shouts to him from the window, then runs to my side laughing. She has forgotten her father.

My beloved son, Mr. Garabed, give my special greetings to your father. God willing, we will receive a letter saying he made it there safely. How happy is he who is free of this foul land. He abandoned us to all the troubles and worries when he left.

Haji Mehmet stopped by and complained a great deal. He said, "Why did he leave without bidding farewell? We were supposed to see him off." Everyone in the bazaar, including Nutvi and others, paid compliments about him. One villager said, "A great many people are leaving, but not one among them is as wise as he." They were all astonished.

They drafted Mehmet Agha, the one who rents our store. Several others — both those who have someone to support their families in their absence on military service and those who do not — were also drafted. It is already being said that they will conscribe Armenians. Let's see what happens.

The Day of Sourp Garabed, Aunt Mari came from Muncusun. She had heard that your father departed. She was expecting him to visit her and bid farewell. It was Giros who told her that he had left. She sends her greetings. She has already returned. Mari also sends her greetings. "I wish I were present to see off Uncle Artin," she says.

Fifty households of pilgrims came from Hajin[1] armed with rifles. They were looking for men to spoil for a fight [?]. Fire was coming out of their eyes [?]. They came and surrounded our church [?]. They gave out a lot of money.[2]

My dear son, Mr. Garabed, 15 days ago Monsieur Yeghia[3] came from Istanbul, which made us very happy. Your aunt's household was quite cheered. If you ask why he came, he was sick in bed in Istanbul for 30 days. Sahag[4] took him to three or four doctors. They spent nearly 30 liras. He had trouble with his stomach but recovered. The doctors said that a change of air might help, so he came. He has greatly improved since he came. He is on a diet; he drinks milk and eats yoghurt in small morsels. Thank God! He came to our house. I placed your picture next to him and said, "Yeghia, talk to Gabid." He held the picture, laughed, rejoiced and kept looking at it. "Say something, Garabed," I said, "You are not talking to Yeghia." Then I said, "I wonder if I will ever see the day you and Garabed meet and talk so that I may listen to your elegant conversation." Then I could speak no more. He said, "God willing, Aunt; we two shall meet and you will listen to us. Pray for our health." Whenever he looked at your picture, he said, "What has happened to you, Gabid?" He is not the Yeghia you knew. His pronunciation, language, clothes have all changed. He has suffered a great deal; this was the third bout. May it be the last time. He has never been free from trouble.

Today there was a letter from Sahag too. He is worried about his brother Yeghia and wondering whether he is recovering. Thank God, he will heal. May God give you all good health, may we never see you suffer.

Also, you wrote that Kirkor Agha[5] has arrived. Every cloud has a silver lining! When he wrote that he is leaving, we were astonished and wondered why he wanted to leave. God willing, you all will be fine. There is nothing more to write, my dear. I pray for your good health.

Also, your *dudu* sends her greetings. She prays for you day and night. Your aunts and the daughters-in-law send their greetings and inquire after your well-being. Annitsa and Evagül also send their greetings, my dear.

Hyganush H. Kojaian

[1] Hajin: Armenian town in the *vilayet* of Adana, 93 miles southeast of Kayseri. Today, Saimbeyli.
[2] This paragraph is written in the Armenian dialect of Efkere; the rest of the letter is in Turkish. The translation is based on my best guess [HŞI].
[3] Yeghia Shahbazian. Son of Hyganush Kojaian's sister, Akabi Shahbazian.
[4] Sahag Shahbazian. Yeghia Shahbazian's brother.
[5] Kirkor Uzunian. Husband of Hyganush Kojaian's sister, Maritsa Uzunian.

Sahag and Yeghia Shahbazian
Sahag ve Yeğiya Şahbazyan

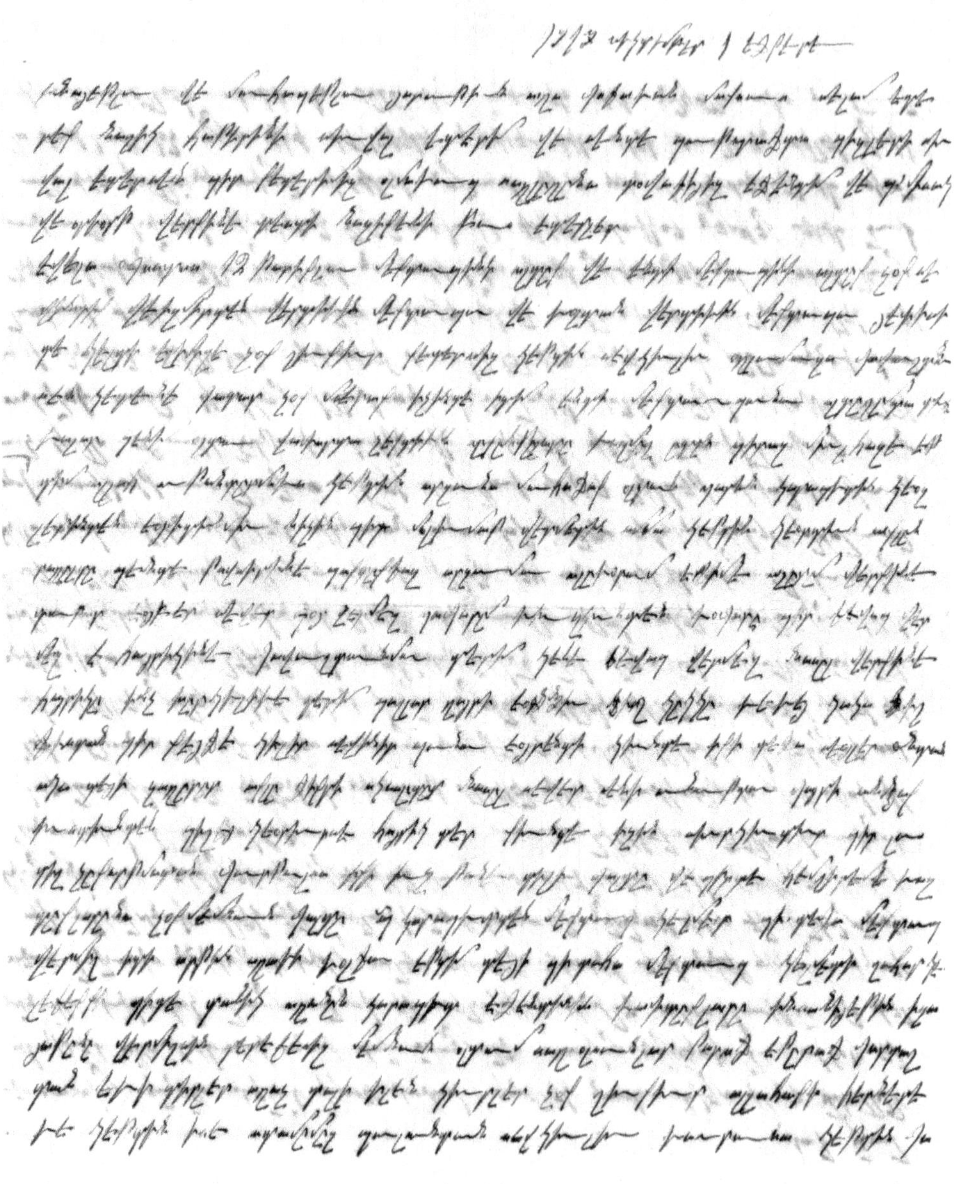

1913 *Segdemper* 1
Efkere

İnayetlu[1] ve Muhabetlu[2] Harutyun Ağa Kocayan,

Maksus selam ederek, nazik hatirini süval ederim. Ve sen de bu tarafda bizleri süval edersen, bir kederimiz olmayub, sağlığına dovacıyız efendim. Ve *B[aron]* Misag ve *Oriort* Verkine desd-i nazikeni pus ederler.

Evela, *Okosdos* 12 tariklu mekdubini aldık ve endi mekdubini aldık, çok sevindik. Ve İzmir'den verdiyin mekdubu ve yoldan verdiğin mekdubu, hepsi de geldi elimize. Çok şükür kedersiz getdin, sevgülü oğlumuza kavuşdun. Sen gedene kadar çok merak içinde idim. Endi mekdubunu aldığımda dünyalar benim oldu.

Vaporda çekdiyin sıkıntıları yazmış ıdın. Biraz mülhaze[3] etdim. Allah utandırmaya. Getdin, arzuna muhafak oldun. *Baron* Garabed'in gözlerinden öpdün mü? Niçin bir malümat vermedin? Amma getdin, gördün, aklın dağıldı. Ben de tavsirine bakdıkcaz, arzumu alıyorum. Elime alırım; Verkine bakar, öper, sever, koy vermez. Bakarım yüzünden yokarı, bir cevab vermez. "E, *hayrig*ine kavuşdun mu" derim, gene cevab vermez.

"Nasıl Verkine, *hayrigı inç hırgiliye*"[4] derim, başlar ğayri, "[...] giş gıg gı, ye ye, ga ga, fiş fisdan," bir keyfe gelir, sevinir. Bunu öyrendi, günde iki defa söyler. Ondan aga deyi çağırır. Aklı fikri agasıdır. Nasıl sever! Seni unutdu kayri. Ancak üsdünden bir şey görürse *"hayrig"* der. Künde için sürgüdür[5]. Bir şu diş çıkartmadan kurtulsa! İki üç tane dişi kaldı.

Ve bir de hemşireme[6] yazdıklarına çok memnun kaldı. *Baron* Garabed'den[7] mekdub gelmeor. Bi defa mekdub vermiş idi, "Artin Ağa'yı yolcu etdim" deyi, bi daha mekdub gelmedi. Zahar gelecek ki...

Bi de, Donig Ağa'nın, Garabed Efendi'nin yapdıkları insaniyetin izayatını[8] vermişsin. Derecesiz memnun oldum. Sağ olsunlar. Taraf etıraf kardaşdan eyidirler. Ağaç dalı ilen gürler.

Çok şükür Allah'a ki, her nereye getdin ise adamımız bulundun. Sevgülü yavruna getdin, kavuşdun. O da Allah'ın bir böyük miradıdır[9]. Burda da gözlediler ki, geri mi gelir, ne olur deyi. Bir seyirini edecekler idi. Amma çok şükür Allah'a, bi kedersiz getdin, endin. Düşman dediyi olmaya. İnşallah eyi oluruz.

[1] inayetlu: yardım ve iyilik eden
[2] muhabetlu: Osmanlıca hitap kurallarına göre, bu sözcüğün 'şanlı, yüce, saygı uyandıran' anlamına gelen mehâbetlu olması gerekiyor. Ancak yazarın bu sözcüğü sürekli 'muhabetlu' şeklinde yazması, eğitim durumu ve genel olarak kullandığı Türkçe göz önünde bulundurulduğunda, aslında bu sözcüğü 'muhabbetli' olarak anlayıp kullandığını düşündürtüyor. Bu yüzden İngilizce çeviride bu sözcüğü 'affectionate' sözcüğüyle karşıladık.
[3] mülhaze: düşünme (< mülahaza)
[4] "Baba nasıl horluyor?"
[5] içini sürgütmek: ? çok ağlamak
[6] hemşire: kız kardeş
[7] Garabed Deveciyan: Hayganuş Kocayan'ın erkek kardeşi.
[8] izayat: izahat, açıklamalar
[9] mirad: murad, arzu, dilek

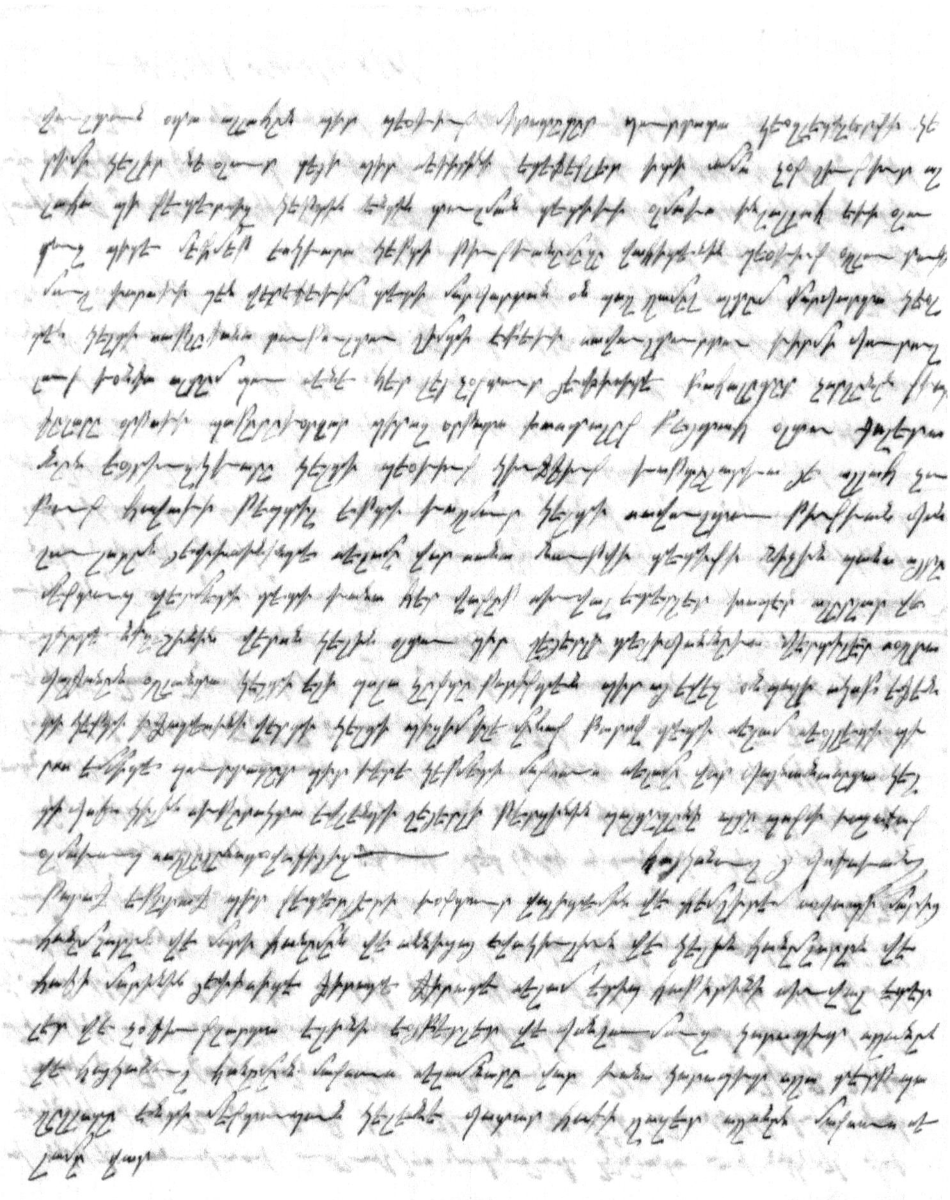

Bi de Mehmet esgâra getdi. Tükânımızı Vahide'nin böyük oğlu dutmuş; "Parayı ben vereceyim" dedi.

Markar'dan on bağ gamış aldım. Markar da gölden geldi. Satlıcana[10] dutuldu. Şimdi epeyi savuşdurdu. Yirmi kuruşluk yonca aldım. Bu sene her şey çokdur. Hepisi de pahalıdır. Çarşının kârcıları ortayı batırıyorlar.

Biraz ortada hasdalık peydah oldu. Koleranın örüzgarı[11] geldi, böyük güccük yatdılar ya, he[?] Allah çapuk havayi tebdil etdi. Yağmur geldi, savuşdu.

Tükân konşuların hepisinin de selamı var sana. Nutvi dedi ki, "Niçin bana ayrı mekdub vermedi?" dedi. Yana[12] her vakıt süval ederler, haber alırlar. Ve bir de Nizeli'nin Veran gelin oldu. Bir şeherli delikannıya verdiler. Soğra kalfanın oğlan da geldi, eli boşa çıkdı. Tarikden bir ay evel, Onbaşı Agop Efendi getdi ifadesini verdi. Geldi, bizim ile *mınag parov*[13] dedi. Selam söyledi. Beros emmi de burdadır. Bir yere getmedi. Maksus selamı var. Kaynanası da geldi. Hocagil'in Setırag da evlendi. Şeherli terzinin baldızını aldı. Baki yazacak olmayub sağlığına dovacıyız.

Hayganuş H. Kocayan

Taraf etıraf bir kederleri yokdur. Validemin ve hemşirem Akabi, Marits[a] hanımların ve Mari Hanım'ın ve Annitsa, Evagül'ün ve gelin hanımların ve Hacı Mari'nin hepisi de firade firade selam edib, hatirini süval ederler. Ve çocuklar da elini öperler. Ve konşumuz Garabed Ağa'nın ve Hayganuş Hanım'ın maksus selamnarı var. Yana, Garabed Ağa dert bağışladı endi mekdubun gelene kadar. Hacı Gazer Ağa'nın maksus selamı var.

[10] satlıcan: akciğer zarı iltihabı, zatülcenp
[11] örüzgar: rüzgâr, yel
[12] yana: yani, hani
[13] mınag parov: hoşça kalın (< mınak parov, Ermenice)

September 1, 1913
Efkere

Gracious and affectionate Mr. Harutiun Kojaian,

I extend my special greetings and inquire after your well-being. If you were to ask about us here, we have no worries and we pray for your health. Mr. Misag and Miss Verkine kiss your gentle hand.

Firstly, we were very happy to receive your letter, dated August 12 and also your former letter. We also received the letters you sent from Izmir and from the road. Thank God, you made it there without any problems and reunited with our son. I was very worried while you were on the road. When I received your previous letter, I felt on top of the world.

You wrote about the troubles you encountered on the boat. I contemplated that. May God not disgrace us. You made it there and achieved your goal. Did you kiss Mr. Garabed upon his eyes? Why did you not inform me? Apparently, you arrived there, saw him and were distracted. I, on the other hand, look at his picture to console myself. Verkine takes his picture from my hand, kisses and caresses it and will not put it down. Then I look at his face but there is no response. I ask him, "So, did you reunite with your father?" But again, he does not respond.

When I ask Verkine, "How does dad snore?" she says, "Giggi, yeye, gaga" and cheers up. She has learned this [?] and says it twice a day. She is obsessed with her brother. She loves him so much. She has forgotten about you. Only when she sees something that belongs to you she says, "Dad." She cries a lot. If only she had finished teething! She has two or three more teeth to cut.

Also, my sister was very happy about what you wrote. We have not received any letters from Mr. Garabed. He had sent a letter previously saying that he saw you off, but since than he has not sent any letters. One should be on its way.

Also, you wrote about the humaneness shown by Donig Agha and Garabed Effendi. I am immeasurably pleased. May they be well. The saying goes that one's intimate circles are better than his siblings. A tree blossoms with its branches.

Thank God, wherever you go, you remain our man. You are reunited with your dear son, and you attained your desire. And that's God's wish. Here, people were wondering if you could make it there. They were going to watch you fail. But thank God, you made it there without any trouble. May our enemies be proven wrong. God willing, we will be fine.

After Mehmet was enlisted in the army, Vahide's older son rented our store. He said he will pay the rent.

[1] Imitation of baby talk in Armenian.
[2] The writer is referring to her brother, Garabed Devejian.

I bought 10 bunches of reed from Markar. Markar came back from the lake. He suffered from pleurisy but has recovered mostly. I bought 20 kurush worth of clover. This year the produce is abundant, but everything is expensive. The profiteers of the bazaar have made a mess of things.

There was a minor epidemic. The winds of cholera swept through, and everybody was taken ill. God altered the weather quickly; it rained, and the disease was flushed away.

You have greetings from all of the neighbors in the market. Nutvi said, "Why didn't he send me a separate letter?" They all ask about you. Also, Veran, the daughter of Nizeli, became a bride. They married her off to a lad from the city. Afterwards, the son of the journeyman came and was empty-handed [?]. A month ago, the corporal Agop Effendi went to give his testimony [?]. Then he came to our place to bid farewell. He sent his greetings to you. Uncle Beros is also here. He did not go anywhere. You have greetings from him. His mother-in-law came here too. Also, Setrag Kojaian married the sister-in-law of the tailor in the city. There is nothing more to write. We pray for your health.

Hyganush H. Kojaian

P.S. Our kith and kin are doing fine. You have greetings from my mother, my sisters Mrs. Akabi and Maritsa, and from Mrs. Mari, Annitsa, Evagül and the daughters-in-law, and Haji Mari. The children kiss your hand. You also have greetings from our neighbor Garabed Agha and Mrs. Hyganush. Garabed Agha worried a lot until your letter arrived. Haji Ghazar Agha also extends his greetings.

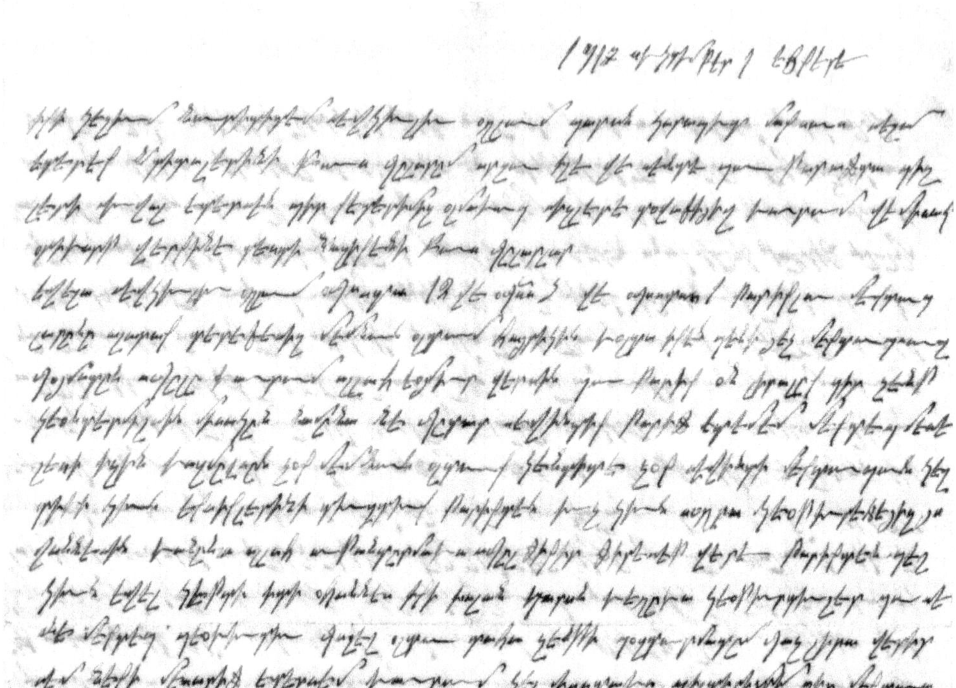

1913 *Segdemper* 1
Efkere

İki Gözüm, Nur-i Didem, Sevgili Oğlum Baron Garabed,

Maksus selam ederek, didalerini pus kılarım, arzu ile. Ve sen de bu tarafda bizleri süval edersen, bir kederimiz olmayub, sizlere dovacıyız yavrum. Ve Misag, *Oriyort* Verkine desd-i nazikeni pus kılarlar.

Evela, sevgülü oğlum, *Okosdos* 12 ve *Okosdos* 5 ve *Okosdos* 1 tariklu mekdublarını alarak derecesiz memnun oldum. *Hayrig*in yolda iken beni heç mekdubsuz koymadın. Akıllı yavrum, Allah ömür versin. Bu tarik on liralık bir çent[1] göndermişsin Misag'ın namına. Ne kadar sevindik tarif edemem. Mekdeb meselesi için yazmışsın, çok memnun olduk. Gendi de çok sevindi. Mekdubun geldiyi gün eksiklerini düzdük. Tarikden üç gün soğra götüreceğiz Hovannes'in yanına. Allah utandırmaya; akıl, fikir, fireset vere. Tarikden beş gün evel getdi idi Ohannes. İki halan, *Baron* Yeğiya götürdüler. Bu sene mekdeb böyüdü, koleş[2] oldu. Daha çenti bozdurmadım. Kaç lira verirsem, ne ki mesarif edersem yavrum gel[3] posdaya bildiririm. Bir mekdub daha veririm. Şimdi evimizin mesarifi Misag'dır.

Daha buranın mekdebi açılmadı. Gene iki fırha[4] oldular. Biri dutdu, biri kabul etmeyor. "Bu kadar *varjabed*in, *varju*nun parası nerden verilecek? Biz kabul etmezik" deyorlar. Daha mekdeb yapılmadı, para toplamaya çıkıyorlar. Herkes ğavğa ediyorlar "para vermezik" deyi. Kövün içi ğarma ğarışığ bi şeyle. Batacak kövdür. Allah ömür versin yavrum. İşini gücünü ırast getirsin ki, Misag'ın üsdüne bir nur doğdu mekdubun okuduyusak, "beni düşünmüş" deyi. Bu Efkere'nin piclerin içine gidib de yüzlerine bakmaya mecburiyeti yoğudu. Bu mekdebin işi bonbok bişeydir. Bakalım dibi nereye çıkar. *Hayrig*in bilir, az çok parayı harcayoruk. Allah akıl fikir vere de, dosda düşmana karşı gedib okumasına devam ede. Gece gündüz dova etmekdeyim. Allah'ın nazarı üzerinizden eksik olmaya sevgülüm.

Evela, *Baron* Garabed yavrum, gözün aydın. Kedersiz *hayrig*ine kavuşdun, haberlerimizi aldın. Nasıl, geldiyinde ne etdi? İki gözlerinden öpdü mü? Sözümü yerine götürdü mü? Mekdubun okuduğumda, ne güzel yazmışsın, firğat geldi bana, "nereye gedersem taleyim[5] yok" deyi. Kibar lisannarını okudukcaz dünyalar benim olur. Verkine mekdubunu alır, öper, sever.

Bi de yazmışsın ki yavrum, "halıyı çıkartsan, bi daha başlamayasın" deyi. Sağ olasın yavrum, çok memnun oldum. Oğlum, siz orda çalışdıkcaz, ben de burda çalışmama arzu ediyorum. Amma Verkine *ğazar*ıma[6] sıçiyor. Bir şu dişleri temam etse idi.

[1] çent: çek
[2] koleş: kolej
[3] gel: gelecek, sonraki (Yerel dilde, Ermenice 'kal: gelecek, sonraki' sözcüğünden Türkçeye uyarlanmış olabilir)
[4] fırha: parti, grup, kısım (< fırka)
[5] taleyim: talihim
[6] ğazar: tepe (< gadar: Ermenice)

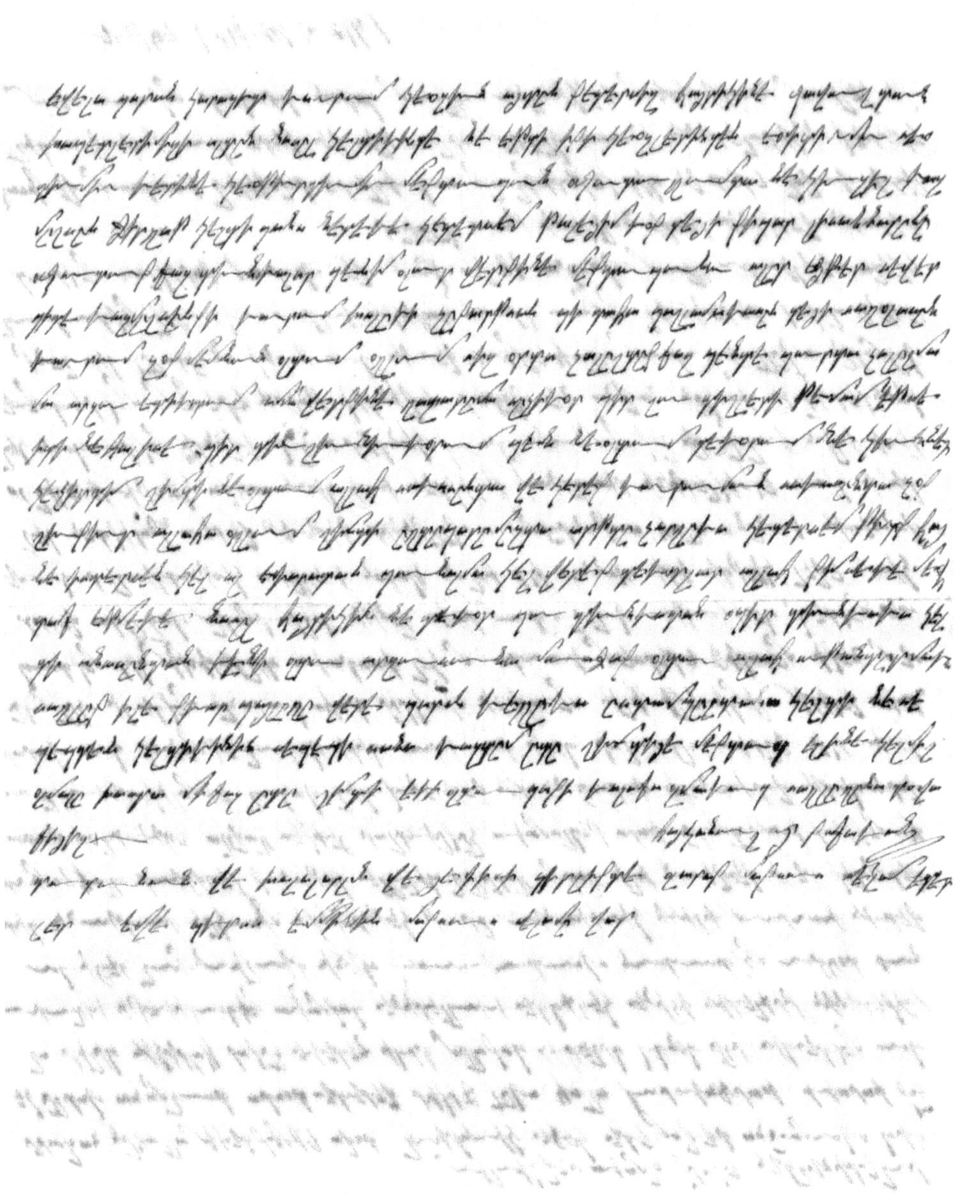

Ne hal ise, bir düşünüyorum, ben ne oldum deyorum. Ne günner geçirdim, şimdi ne oldum, Allah sayasında ve gerek yavrumun sayasında. Çok şükür oğlum, şimdi ığdıbarımız[7] da artdı. Çarşıya gedersem Türk, *Hay*[8], "Ne isdersen gel al. E, paradan bunalma, gel verek" deyorlar. Allah kimseye möhdac[9] etmeye.

Nasıl *hayrig*in ne deyor? Bu dünyadan obir dünyaya geldi. Anasından yeni [doğmuş gibi] oldu. Arzusuna muafak oldu. Allah utandırmaya, sağlık ile kâr baylığı[10] vere.

*Baron* Yeğıya Isdambıl'dan geldi. Ne sebebden geldiyinin sebebi sana yazdım ıdı. Şimdiye mekdub eline gelmiş olmalı. Hasdamicaz[11] ıdı, şimdi eyi oldu. Baki yazaca[k] olmayub sağlığına dovacıyız.

Hayganuş H. Kocayan

Dudunun ve halaların ve hepisi birlikde olarak maksus selam ederler. [...] Beros emminin maksus selamı var.

[7] ığdıbar: itibar
[8] Hay: Ermeni (Ermenice)
[9] möhdac: muhtaç
[10] baylık: zenginlik, refah, huzur
[11] micaz: yaradılış (< micas). 'Hastamicaz' mektuplarda ikileme olarak kullanılıyor.

September 1, 1913
Efkere

My two eyes, the light of my eye, my dear son, Mr. Garabed,

I extend my special greetings and longingly kiss you upon your eyes. If you were to ask about us here, we have no worries and we pray for your health. Also, Mr. Misag and Miss Verkine kiss your hand.

Firstly, I was immeasurably pleased to receive your letters, dated August 12, August 5 and August 1. You have not left me without letters while your father was on the road. My intelligent son, may God give you a long life. You wrote that you sent a check for 10 liras in favor of Misag. I cannot describe how we rejoiced. We are very pleased that you wrote about Misag's school issue. He himself is also very pleased. The day your letter arrived we made up the deficiencies in his school supplies. We will take him to Talas, next to Ohannes, in three days. May God not disgrace him and give him intelligence and awareness. Ohannes left five days ago. Your aunts and Mr. Yeghia took him there. This year, the school expanded and became a college. I still have not cashed the check. I will let you know about all the expenses I make in my next letter, my child. I will send another letter. Now the only source of expense in our household is Misag.

Here, the school has not opened yet. Once again, they split into two parties. One rejects whatever the other accepts. "How are we going to pay all these teachers? We are opposed," they say. The construction of the school has not been completed yet. They are fund-raising. They all fight, saying, "We won't give any money." The village is in a mess. It is a village worthy of collapse. May God give you a long life and secure your work, my child. When Misag read your letter, his face lit up with joy. He said, "My brother thought of me." He is not obliged to deal with Efkere's bastards in the school anymore. This school issue is a very shitty matter. Let us see what happens. As your father knows, we spend as much as we can [for Misag's education]. May God give him intelligence so that he can continue his studies and preserve our dignity against friends and foes. I pray day and night. May God's protection be always upon you, my dear.

Garabed, my son, congratulations. Finally, you are reunited with your father and received our news. What did he do when he arrived? Did he kiss you upon your both eyes? Did he convey my message? Your letter is written beautifully. I felt nostalgia when I read it. You said, "Wherever I go, I am out of luck." I feel on top of the world when I read your gentle language. Verkine holds your letter and kisses and caresses it.

You also wrote that when I finish weaving this carpet I should not start a new one. Thank you very much, my child, I am very pleased. As you work there, I also want to work here but Verkine shits on top of my head. If only she would cut all of her teeth.

In any event, I ponder matters and say to myself, "What have I been before?" I have seen such difficult days, and what I have become now, thanks to God and my son. Thank goodness, now our prestige increased in the village. When I go to the market, both Turkish and Armenian shopkeepers say, "Come and take whatever you want, do not worry about the money." May God never let us be dependent upon anyone.

So, what does your father say? He traveled from this world to another one. He is now like a newborn. He achieved his aim. May God not disgrace him and give him good health and profits.

Mr. Yeghia came back from Istanbul. I had written to you why he came back; you must have received the letter by now. He was sick but he is better now. There is no more to write. I pray for your health.

Hyganush H. Kojaian

P.S. You have greetings from your *dudu* and your aunts. You have greetings from Uncle Beros.

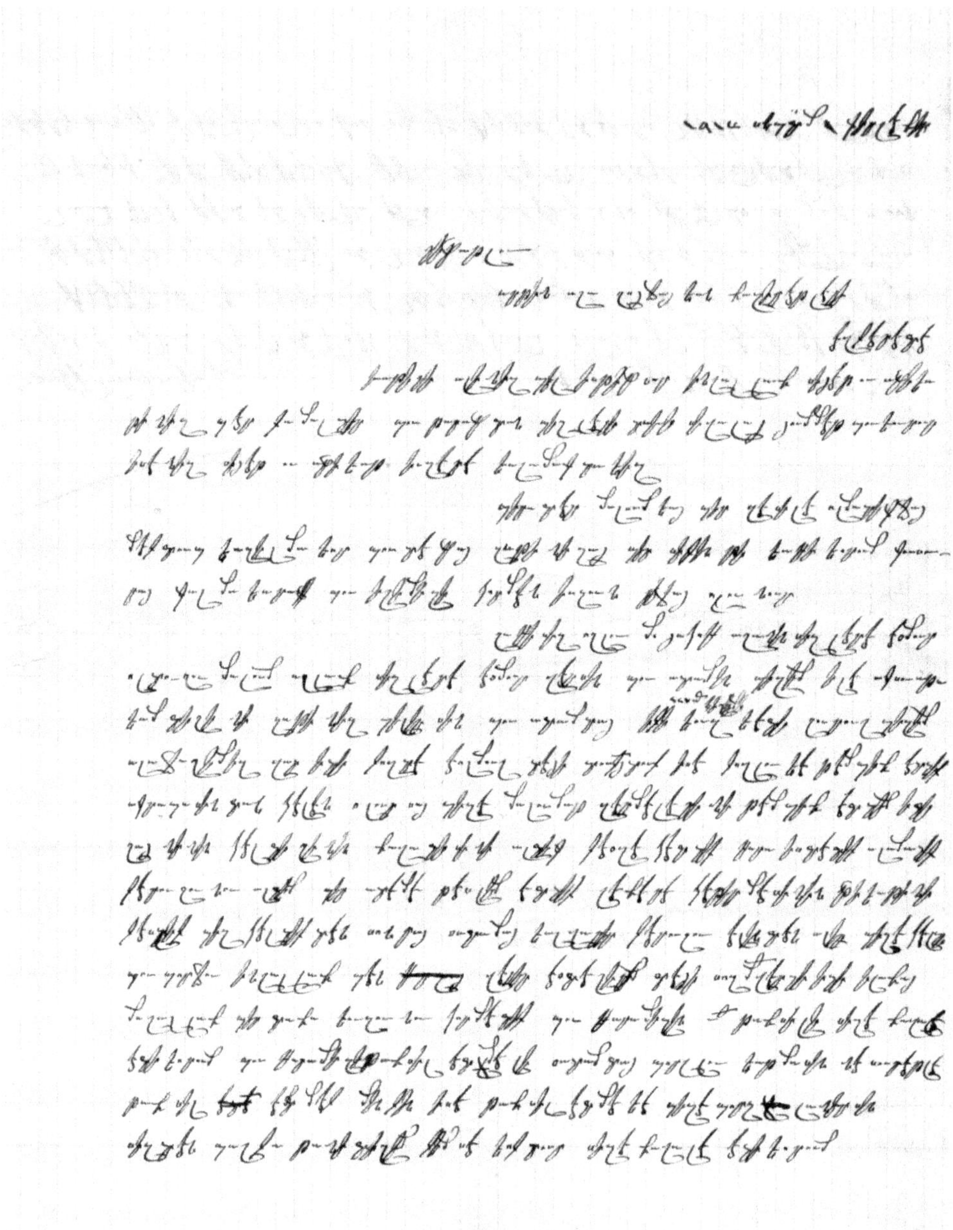

1913 *Sebdemper* 1
Kırşehir

Rifatlü Artin Ağa Gocayan Hazıretleri,
Evkere'de

Hatir-i âliniz[1] bi'l istifsar[2], inşallah sihet[3] u afiyatiniz berkamaldir. Bu tarafdan bizleri dahi sivala hummet[4] buyurursanız, sihet u afiyat üzere yaşamakdayiz.

Birader, malum ya, bir vesile olmadıkca mekdub yazılmayor; bu defa zatınıza bir sıkıntı yapıyorum. Kusura kalmayarak bu işimizi gormen üçün rica olunur. Ğapısızoğlu M. Hagop Ağa'nın sizlere ömür olduğu malum. Allah sizlere ömür versin. Bu adamın bizim ile aksuata[5] yapdığını zatınız bilirsin. Bu adamda iki yüz yirmi yedi ğuruş bizim alacağımız var idi. Kovde ölmüş deyi duyduk ise kovluye tembih eddik, akrabasından gelen olursa bize malumat vermelerini tembih eddim idi. Ğaynının geldiğinin havadisini aldık, köve geddik. Para isdedik, alamadık. Keruğunu[6] aldım. Bir âdeme teslim eddik, şehere getirmesinin fiyatını kesdik, biz geldik. Ben[den] sonra o adama yalvarıp, keruğu elinden alıp, bize gelip, "bu borcu inşallah ben verip ödeşirim" deyi soz verdi idi. İlaha maşallah bir daha yuzunu kormedik.

Bu paramızın tahsili[ni] size havale ediyorum. Bu paramızı tahsil edmeli. O adam da borçlu yatmasın. Ne suretle tahsil edmek minkin[7] ise tahsil edmeye bize borçlanırsın. Sizden başka tanıdığım kimse yokdur; size havale ediyorum. İnşallah gayretiniz sayasında tahsiline muafak olur ve bizi memnun edersiniz. Tahsil eddiğinde Bediros Ağa'ya ver. Çünki Kayseri'deki bizim komusyoncunun ismini söyledim, ona yatıracak.

Zatıâlinizde dahi elli guruş alacağımız olacak idi. Bu tarafa yolunuz düşmediğinden veremediniz. Bediros Ağa'ya onu dahi hummet ederseniz komusyoncuya teslim edecek. İkrama geçecek malum. Gayretinizi gözediliyor. Başka yazacak olmayub baki selam olunur.

Mardiros K. Bulukyan

[1] âli: yüce, yüksek
[2] istifsar: sorma
[3] sihet: sıhhat
[4] hummet: lütuf, iyilik, yardım (< himmet)
[5] aksuata: alışveriş (< ahz u i'ta)
[6] keruk: ? körük
[7] minkin: mümkün

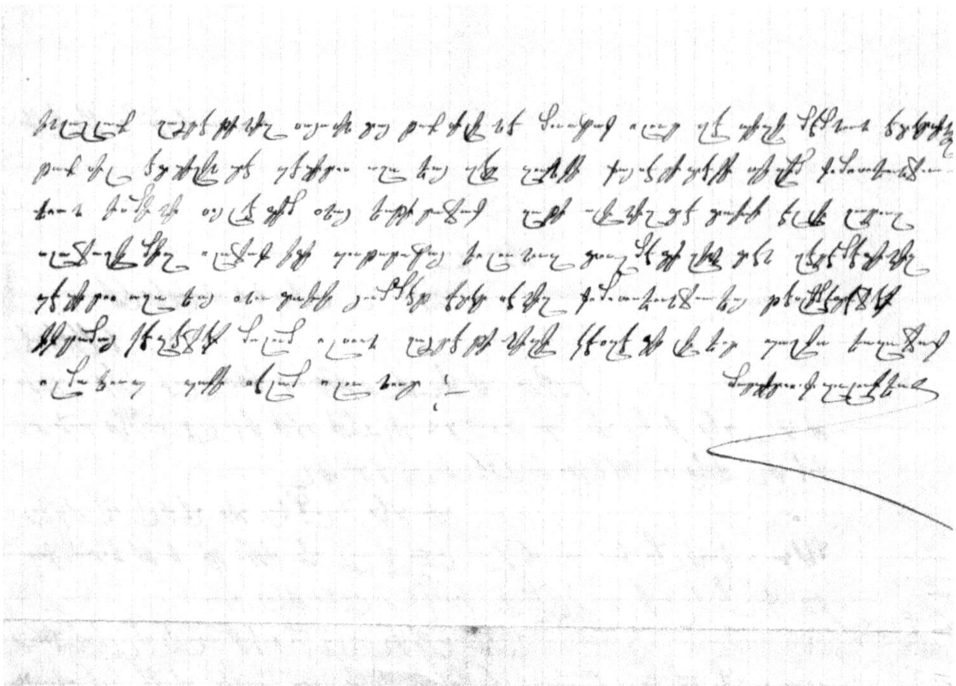

September 1, 1913
Kırşehir[1]

Eminent Artin Agha Kojaian,
Efkere

I inquire after your well-being. God willing, you are in good health and wellness. If you were to ask about us here, we are well and in good health.

Brother, as you know, one does not write letters unless there is a pretext. This time, I am writing to you to ask for a favor. I request that you carry out this transaction. As you know, Hagop Agha Kapısızoglu had passed away. May God give you a long life. You also know that we had business with this man. When I heard about his demise, I urged the villagers to inform me if his relatives come to the village. I was told that his brother-in-law came, and I went to the village. I demanded money but could not get any. So I took his bellows[?] and gave it to a man to bring it to the town. We agreed upon the price, and I came back. Afterward, the brother-in-law begged that man and took the bellows[?] back. He gave me his promise saying, "God willing, I will pay this debt." Yet we have not seen his face again.

I entrust you with the collection of this debt. This money must be collected, and that man should not sit on it. Collect the money using any means possible. I do not know anybody else, so I am delegating this task to you. God willing, you will succeed in recovering the money and please us. When you collect the money, give it to Bedros Agha. Because I told him the name of my agent in Kayseri, he will deposit it with him.

You also owe me 50 kurush. You could not pay it because you did not happen to pass through here. If you could also give that money to Bedros Agha, he will convey it to my agent. You will be doing me a big favor. Your endeavor is needed. There is nothing else to write. I extend my greetings.

Mardiros K. Bulukian

[1] Kırşehir: Town 95 miles west of Efkere.

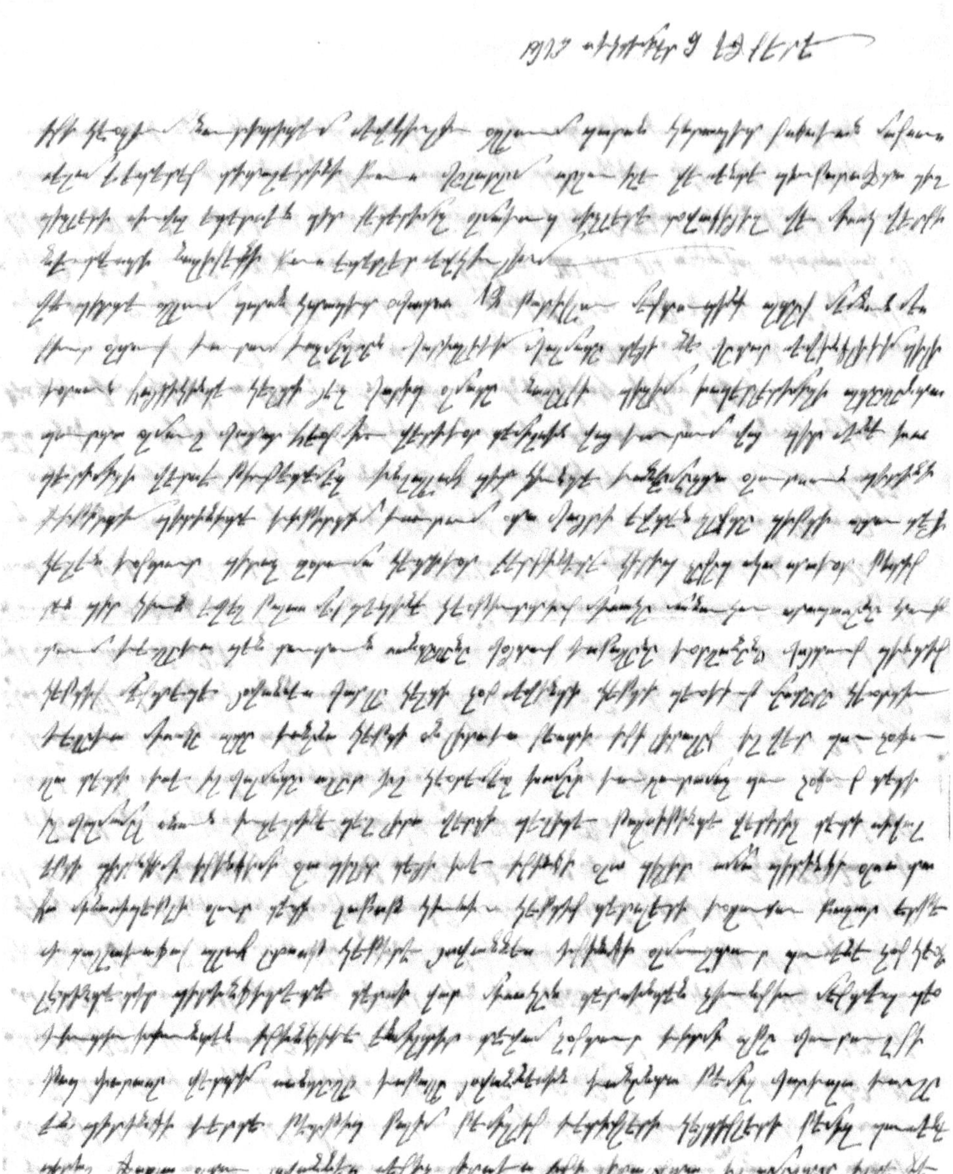

1913 *Segdemper* 9
Efkere

İki Gözüm, Nur-i Didem, Sevgülü Oğlum *Baron* Garabed Kocayan,

Maksus selam ederek, didalerini pus kılarım, arzu ile. Ve sen de bu tarafda bizleri süval edersen, bir kederimiz olmayub, sizlere dovacıyız. Ve Misag, Verkine desd-i nazikeni pus ederler sevgülüm.

Ve bir de oğlum *Baron* Garabed, *Okosdos* 12 tariklu mekdubini aldık, memnun meskür olduk. Yavrum yazmışsın, "karibliyim[1] kalmadı" deyi. Ne kıdar sevincliyim biliyorsun. *Hayrig*in de geldi, heç karip olmadı[n]. Nasıl ki, bizim haberlerimizi aldığında "Burda olmuş kadar hökmü veriyor" demişsin. Vay yavrum vay! Bir sene haberimizi verse tükedemez. İnşallah bir gün de yanımızda olursun.

Birini yitirdim, birini de yitirdim yavrum. O da kayri evden çıkdı bitdi. "Aldu" deyi gelen yokdur; biraz zoruma gediyor. Verkine de girip çıkıb aga arayor. Tarikden bir gün evel Talas mekdebine götürdük Misag'ı. Manug'u[n] arabasını dutdum. Yeğıya, ben, dudun, sandığını koyduk, yatağını, yorganını koyduk, bindik getdik mekdebe. Hovannes karşı geldi, çok sevindi. Getdi böyük mısdırı[2] gördü Yeğıya. Misag'ı aldı yanına getdi. On liraya kesdi. "İki liralık iş ver bu çocuğa" dedi ise iş kalmadı. "Ağır iş göremez, hamır yuğuramaz bu çocuk" dedi. İş kalmamış. Onun üzerine beş lira verdi. "Beşi de tağsitinde veririz" dedi. Sival etdi, "Birinci mi, ikinci mi olabilir" deyi ise, "İkinci olabilir amma birinci olsa daha minasibetli olur" dedi. *Şapat*[3] günü getdik, dersleri yoğudu. Pazarertesi başlayacak. Allah ırast getire. Hovannes ikinci olmuşdur bu sene. Çok gözlerindedir. Birincide de dersi var, Misag'ın dersinden. Çünkü mekdeb böyüdüyünden ikinciye enmişdir. Devam çokdur.

Yirmi altı kuruş kitab parası verdim. Sandığı, yatağı Hovannes'in yanında. Temiz karyola [...]. En birinci yerde tertib, talim, temizlik. Yedikleri, geydikleri temiz. Bu sene biraz fazla oldu. Hovannes sekiz liraya. İki liralık da iş almışdır. İş de ne! Bir parça bir yer süpürür yavrum. Hovannes'inen götürece idim. Paranın yerini de etdim idi. Senin bir mekdubun aldım, ondan geri durdum. Yazmışıdın ki *hayrig*in gelib danışığ edek deyi. Yazdığından şüpede kaldı. Hanı belli deyil idi ki, *vakantsa*da[4] Hovannes işi alırıdı. Ne hal ise, bu sene böyle olsun. Allah akıl, fikir, fireset vere. Bir kövlü mehel görmedi, çok şükür Allah mehel görmüş. Allah sana da ömür versin, kâr baylığı versin. İnşallah eyi oluruz.

Dudunun maksus selam edib, nazig hatirini süval eder. Yaylıya[5] bindi. Dova ederek getdi ki, "tornumun sayasında yaylıya bindim" deyi. Yeğıya'yı da yanına aldı. "Ah Gabid'im, yatdığın yerde düş görüyon mu ola?" dedi. "Bir gün seni de yanıma alır mıyım ola?" dedi. Dova etdi. Görmediyimi görüyorum senin sayanda oğlum *B[aron]* Garabed Efendi.

[1] karib: garip, yalnız
[2] mısdır: okul müdürü (< mister, İngilizce)
[3] Şapat: Cumartesi (Ermenice)
[4] vakantsa: dönem tatili (< vacancy, İngilizce)
[5] yaylı: yaylı araba. Altında yayları olan, iki ya da dört tekerlekli, bir ya da iki at tarafından çekilen, fayton tarzında hafif at arabası.

Bir de yazmışsın ki, "Bir mut[6] buğday al" deyi. Dokuz çinig buğday aldım, para kalmadı. Çiniyi dört buçukdan menşur[7] sarı Bursa buğday[ı]. Çok geliyor; daha üç buçuğa ener deyorlar. Kışa kalmasın deyi düşünmüssün oğlum. Otuz ölçek buğday ayırtlasam[8] bana yeter. Bulğur isdemem. Beş ölçek kadar bulgur var. Herkes artık buğday almaya çıkışıyorlar ki, bu sene ucuzdur deyi. İnşallah para gönderdiyinizde buğdayı alırım. Şimdilik bu unum yetişir.

Oğlana aldığım ufak defekler, bir çift potin, bir çift posdal. Ağmıcanın ne ilazım ise Kina Gabid Ağa'yı götürdüm. Bahasını kesdik aldık. Bir geyinmeye ruba[9] terziye verdim, dikdi. Üç don, üç gömlek, üç tene üst gömneyi, iki tane işlik, bir uyuluğ[10], bir yorğan, bir bataniya, iki tane üst çarşafı, iki tane alt çarşafı, iki tane yüz yazdığı, üç tane kirlik[11], hasadan[12] bir hamam takımı, bir gecelik entari, iki tane beyaz mendil. Bunnarın kâfasını[13] satın aldık. Evimizin de bir şey yoğudu ya yavrum, altı çift çorap ördüm. Hepisi bunnarı üç yüz altmış kuruş etdi. İki lirasını verdim, gerisi duruyor. Bir lira ufak defek borclarım varıdı. Bir lirası da araba parası, kitap parası. Yirmi kuruş oğlana haşlık[14] verdim; terziye verdim derken, o da getdi. Bir lirayı da buğdaya verdim. Yemeniye verdim. Bir desde kâğıt, mirekeb[15], kundura boyası, kirbit, mum, patlıcan, filan felan[16] derken, o da getdi. Her kaygıdan kurtulduk. Bu sene Misag'ın mesarifi biraz fazla oldu amma gelecek sene yeyni[17] olur. Allah can sağlığı versin, keder vermesin.

Bu paraları harcadım amma yavrum, ciyerimden söküldü. Amma ne yapayım. Bir parça ineg saman isder. Biraz buğday isderik. İnşallah para gönderdiyinizde alırım. Çünkü benim yeyeceyim heç aklıma gelmeyor. Çünkü yeyenimiz kalmadı. Evimizin masarifi Misag oldu bu sene. İnşallah bir gün de hepiniz bir cem[18] olursunuz. *Hayrig*in sana geldi, Misag Talas'a getdi, ırahat oldu; ben kaldım. Ben de sizin sayanızda ırahat olurum inşallah. Başını ağrıttım oğlum ya, iş öyle getirdi.

Halan eyi, ırahat; maksus selamı var. Makenayt[19] kurdu. Bu kadar dikişleri temiz dikdi, yolcu etdi Misag'ı. Geyindi, kuşandı, senin sayanda tebdil oldu oğlan.

Yeğıya da çok eyi oldu. Maksus selamı var. Mekdubunu eline alır, okur. Ne güzel *Kırapar*[20] yazıyor deyi çok sevinir.

Paranın çenti de Hac[ı] Yeğıya'ya verdim yirmişer paraya. Yirmi para da pul parası, beş buçuk kuruş para verdim; on lirayı aldım.

---

[6] mut: 54 çiniklik tahıl ölçü birimi, 432 kilo.
[7] menşur: meşhur
[8] ayırtlamak: ayıklayıp temizlemek
[9] ruba: giysi
[10] uyuluğ: ? uykuluk
[11] kirlik: yorgan çarşafı
[12] hasa: pamuktan yapılan bez
[13] kâfası: hepsi (< kâffe)
[14] haşlık: harçlık
[15] mirekeb: mürekkep
[16] patlıcan, filan felan: Yazarın patlıcan aldığı anlamında değil, tekerleme olarak kullanılıyor.
[17] yeyni: hafif
[18] cem olmak: bir araya gelmek
[19] makenayt: (dikiş) makinası
[20] Kırapar: Ermenice yazın dili (< Krapar)

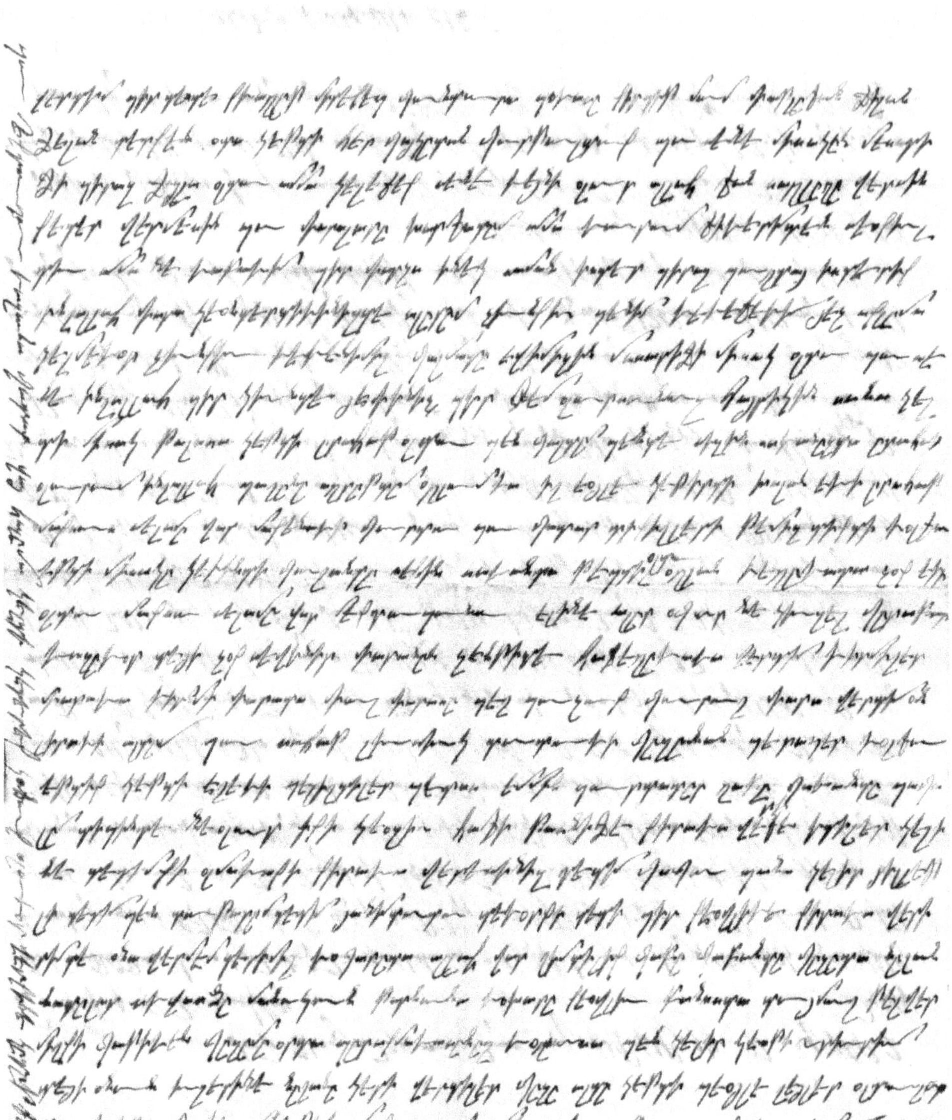

Bu sahat[21] Lüsüg duduyi kızınan beraber yolcu etdik, getdi. Eşeği belişdiler[22]. Beros emmin burdadır. Ğapı kapandı, bakalım dibinde ne olur. İki gözü Haci Tasnif'e kiraya verece idiler. Geline dedim ki, "Olmaya ki kiraya veresiniz" dedim. "Koku bana gelir hilletli[23]" dedim. "Ben dutarım" dedim. "Hanım dudu deyor ki" dedi, "Bir kövlüye kiraya veririm de, ona vermem" der imiş. Yokarıda Allah var. Şimdilik kapı kapandı. Kızı da nışannadılar Sivasnı Manug'un tornuna. Yoharı kövlü Panos da duymuş, tel vermiş ki, "Katiyen kızımı orda bırakmayasınız. Yoğusa ben gelir götürürüm" deyi. Onun üzerine nişanı geri verdiler. Kızı aldı getdi. Böyle şeyler oldular. Taraf etıraf cümneten maksus selamnarı var. Baki sağ olasın yavrum.

Hayganuş H. Kocayan

Bu mekdubu yazana kadar vay hâlıma geldi. Gederek çocuk oluyor Verkine. Gıdıt[24] cevizlere benzer.

[21] sahat: saat
[22] belişmek: bölüşmek, paylaşmak
[23] hilletli: illetli, hastalıklı
[24] gıdıt: kabuğundan kolayca ayrılmayan ceviz (< kıdıt)

September 9, 1913
Efkere

My two eyes, the light of my eye, my dear son, Mr. Garabed Kojaian,

I extend my special greetings and longingly kiss you upon your eyes. If you were to ask about us here, we have no worries and we pray for you. Also, Misag and Verkine kiss your gentle hand.

Also, my son, Mr. Garabed, we were very pleased to receive your letter, dated August 12. My child, you wrote that you do not feel like a stranger there anymore. You can imagine how glad I am to learn this. Your father arrived too; you are not alone anymore. You wrote that when your father delivered our news, you felt as if everything took place in front of your eyes. Oh, my dear! Had he spoken for a year, he would still be unable to give a full account of events. God willing, you will be with me again someday.

Both of my sons are gone. The other one also left home. Nobody calls me *Aldu* anymore; I took it to heart a bit. Verkine is pining for Misag in the house. Yesterday we brought Misag to Talas College. I hired Manug's cart. Yeghia, I and your *dudu* loaded his chest, mattress and comforter on the cart and set off for the school. Hovannes was very pleased to welcome us. Yeghia took Misag to speak with the headmaster and agreed on a tuition of 10 liras. He asked for a job for Misag for 2 liras but there was no work available. "This kid cannot do heavy work. He cannot knead dough," said the headmaster. There were no easy jobs left. Thereupon, Yeghia gave 5 liras for a down payment and said, "We will give another 5 liras with the next installment." Then he asked whether Misag should be grade one or two. The headmaster said that he could be in the second grade, but that the first grade would be more appropriate. We went there on Saturday, so there were no classes. He will begin on Monday. May God grant him success. Hovannes is in second grade this year. They are very fond of him. He also takes courses in the first grade, together with Misag. When the school expanded, he was demoted to grade two. Attendance is good.

I paid 26 kurush for the textbooks. Misag's chest and bed are next to Hovannes's. [...]. They place great importance on order, instruction and cleanliness. They eat and wear clean things. Misag's expenses were a little too much this year. Hovannes's tuition is 8 liras, and he got a job for 2 liras. If you can call it a job! He sweeps part of the floors, my child. I was going to take Misag to Talas together with Hovannes. The money was ready. I was taken aback when I received your letter saying that you would discuss the issue when your father arrived. That's why we had doubts. It was not certain that Hovannes would get a job during the holidays. Anyway, let it be so this year. May God give him intelligence and awareness. Only the villagers did not deem him worthy of an education, but God did. May God also give you a long life and good profits. God willing, we will be fine.

You have greetings from your *dudu*. She rode on a spring cart[1]. She prayed and said, "Thanks to my grandson, I was able to ride on a spring cart." She seated Yeghia next to her and said, "Oh, my Gabid, do you dream where you sleep? Will you sit next to me one day?" And she prayed for you. My son, Mr. Garabed, thanks to you, I experience things that I have never seen before.

[1] spring cart: two or four-wheeled light vehicle with road springs, pulled by one or two horses.

You also wrote that I should buy one *mut*[2] of wheat. I bought nine *chiniks*[3] and ran out of money. I bought some of the famous blond wheat of Bursa for 4.5 kurush a *chinik*. The crop is abundant, and they say the price will drop to 3.5 kurush. You thought I should buy wheat before the winter sets in. If I winnow 30 measures, it will be enough for me. I do not want any bulgur. I already have around five measures. Everybody buys wheat since it is cheap this year. God willing, when you send money I will buy some. I have enough flour for now.

I bought some goodies for Misag: a pair of shoes and a pair of boots. I took Gabid Agha Kinaian with me [to bargain on my behalf]. I ordered a suit for the tailor to sew. I bought three underpants, three shirts, three upper shirts, two aprons, one quilt, one blanket, two sheets, two pillows, three quilt covers, a cotton hammam set, a night gown and two white handkerchiefs. We paid cash for all of these. We had nothing at home, my child, so I knitted six pairs of socks. All these cost 360 kurush. I paid two liras, I still owe the remainder. I paid one lira to clear some small debts. I paid another lira for the cart and the books. I gave 20 kurush pocket money to Misag and some money to the tailor. I paid one lira for wheat. And I paid for shoes, a bunch of paper, ink, shoe polish, matches, candles, and other bits and bobs. There is no money left. We are free from all concerns now. This year Misag's expenses were too much but next year they will be less. Never mind, may God give health, not grief.

I spent all this money, my son, though it was torn from my heart. But what can I do? The cow needs straw, we need wheat. God willing, when you send money I will buy these. I do not think about food anymore, because there is no one left at home to eat. All our expenses are for Misag this year. God willing, you will all reunite here one day. Your father came to you, Misag went to Talas and achieved his goal, and I am left alone. God willing, I will be comfortable thanks to you. I am giving you a headache, my son, but the situation required me to do so.

Your aunt is well and sends her greetings. She set up a sewing machine. She sewed all these clothes beautifully and saw off Misag. Thanks to you, the boy is dressed well now.

Yeghia has recovered. He sends his greetings. When he reads your letters he rejoices and says, "How skillfully he writes *Krapar*[4]."

I gave the check to Haji Yeghia for a commission of 20 paras. I also paid 20 paras for the transaction stamp. I gave 5.5 kurush and received 10 liras.

[2] mut: weight unit equal to 54 chiniks, around 952 pounds.
[3] 9 chiniks: around 160 pounds.
[4] Krapar: literary Armenian.

We just saw off Lusig *Dudu* and her daughter. They shared a donkey. Uncle Beros is here. The door is closed [?]. Let's see what happens. They were going to rent out two rooms to Haji Tasnif. I said to the daughter-in-law, "Don't you rent to him, because, eventually, I will be the one who will suffer from the smell." "I will rent it," I said. Then she said, "*Dudu* said that she would even rent it to a villager, but not to him." God is up there and watching. For now, the door is closed. They engaged the girl to the grandson of Manug of Sivas. Panos from the upper village heard of this and sent a telegraph. He wrote, "Don't you dare leave my girl there, or I will come and take her with me." Upon this, they broke off the engagement. He took the girl and left. Such things happened. You have greetings from our kith and kin. May you live long, my child.

Hyganush H. Kojaian

P.S. Verkine constantly harassed me while I was writing this letter. She is turning into a kid now. She is a tough nut.

Talas American College - Talas Amerikan Koleji

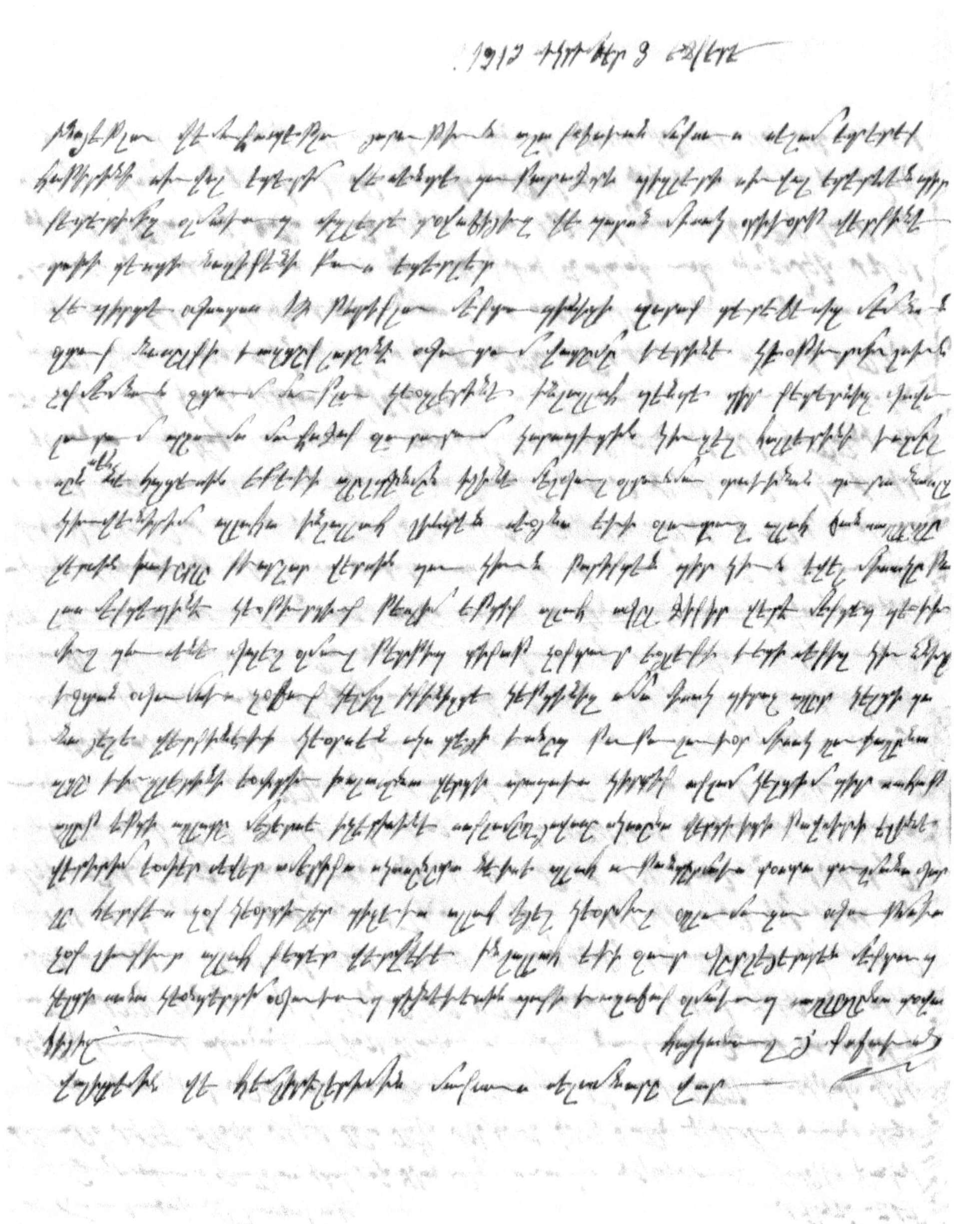

1913 *Segdemper* 9
Efkere

İnayetlu ve Muhabetlu Harutyun Ağa Kocayan,

Maksus selam ederek, hatırını süval ederim. Ve sen de bu tarafda bizleri süval edersen, bir kederimiz olmayub, sizlere dovacıyız. Ve *Baron* Misag, *Oriort* Verkine dahi desd-i nazikeni pus ederler.

Ve bir de, *Okosdos* 12 tariklu mekdubunuzu alarak derecesiz memnun olduk. Nasıl ki yazdıklarını okudum, vādımı[1] yerine götürmüşsün. Çok memnun oldum.

Mutlu gözlerine! İnşallah ben de bir kedersiz kavuşurum, arzuma muhafak olurum. Garabed'in güzel hallerini yazmışsın. Sen ne haldesin? Epeyi alışdın mı işine? Meşkul oldun mu? Orayınan bura nasıl? Güvenirim Allah'a. İnşallah şinden sōna[2] eyi oluruz. Allah can sağlığı versin, hayırlı kârlar versin.

Bugün tarikden bir gün evel, Misag'ı Talas mekdebine götürdük, teslim etdik. Allah akıl fikir vere. Mekdeb böyümüş, bu sene koleş olmuş. Tertib, dikat çokdur. Öyle ki, yedi sekiz günnük yoldan okumaya çocuk gelmiş.

İkiniz de getdiniz amma Misag biraz ağır geldi bana. Hele Verkine'yi görsen, aga deyi yanıb tutuşuyor. Misag ğucağına aldı, yüzlerini öpdü, halasına verdi; arabaya girdik. Akşam geldim, bir sahat ağıt etdi, ağladı. Meyerse içerisine saklamış havası[?][3]. Agasına verdi idi. Tavsiri eline veririm; öper, sever, Amerika[daki] agasını da. Ne ise, Allah utandırmaya dosda düşmana karşı. Herkes çok gördüler bize ya, Allah mehel görmüş oğlumuzu okutmaya. Çok şükür. Allah keder vermeye. İnşallah eyi olur.

Kırşeher'den mekdub geldi sana. Gönderirim, okuyub diyneyesin. Baki yazacak olmayub sağlığına dovacıyız.

Hayganuş H. Kocayan

Validemin ve hemşirelerimin maksus selamnarı var.

[1] vādımı: vaadimi
[2] sōna: sonra
[3] havas: ? heves

September 9, 1913
Efkere

Gracious and affectionate Harutiun Agha Kojaian,

I extend my special greetings and inquire after your well-being. If you were to ask about us here, we have no worries and we pray for you. Also, Mr. Misag and Miss Verkine kiss your gentle hand.

We were immeasurably pleased to receive your letter, dated August 12. I read what you wrote. I was very pleased to learn that you have fulfilled my wish.

Blessed are you! God willing, I will reunite [with Garabed] too. You wrote that Garabed is doing well. How about you? Have you grown used to your job? Are you busy? How is it there, compared with here? I trust in God. God willing, we will be fine from now on. May God give you good health and profits.

Yesterday, we took Misag to the school in Talas and left him in their care. May God give him wisdom. The school expanded this year and became a college.[1] It is very disciplined and orderly. So much so that, children travel seven or eight days' distance in order to study there.

You have both left, but Misag's departure was a little too difficult for me. You should see Verkine; she is crazy about her brother. Misag held her, kissed her face and handed her to her aunt; and we got in the cart. When I returned home in the evening she mourned and cried a great deal. Apparently she was hiding [...] in side; she had given it to her brother. When I give the picture to her, she kisses and caresses it, also [the picture of] her brother in America. Anyway, may God not disgrace us in front of friends and foes. They all begrudged us, but God deemed our son worthy of an education. Thanks be to God. May God not give us grief. God willing, he will succeed.

A letter came for you from Kırşehir. I will forward it; you should read it. There is nothing more to write. We pray for your good health.

Hyganush H. Kojaian

P.S. You have special greetings from my mother and sisters.

[1] The secondary schools run by American missionaries in the Ottoman Empire were named colleges, although these were prep schools. Calling high schools "colleges" was also a common practice in the United States until the 1950s.

Mr. Garabed Kojaian,
138 Manchester Ave.,
Hightand Park,
Detroit, Mich.,
U. S. A.
TALAS

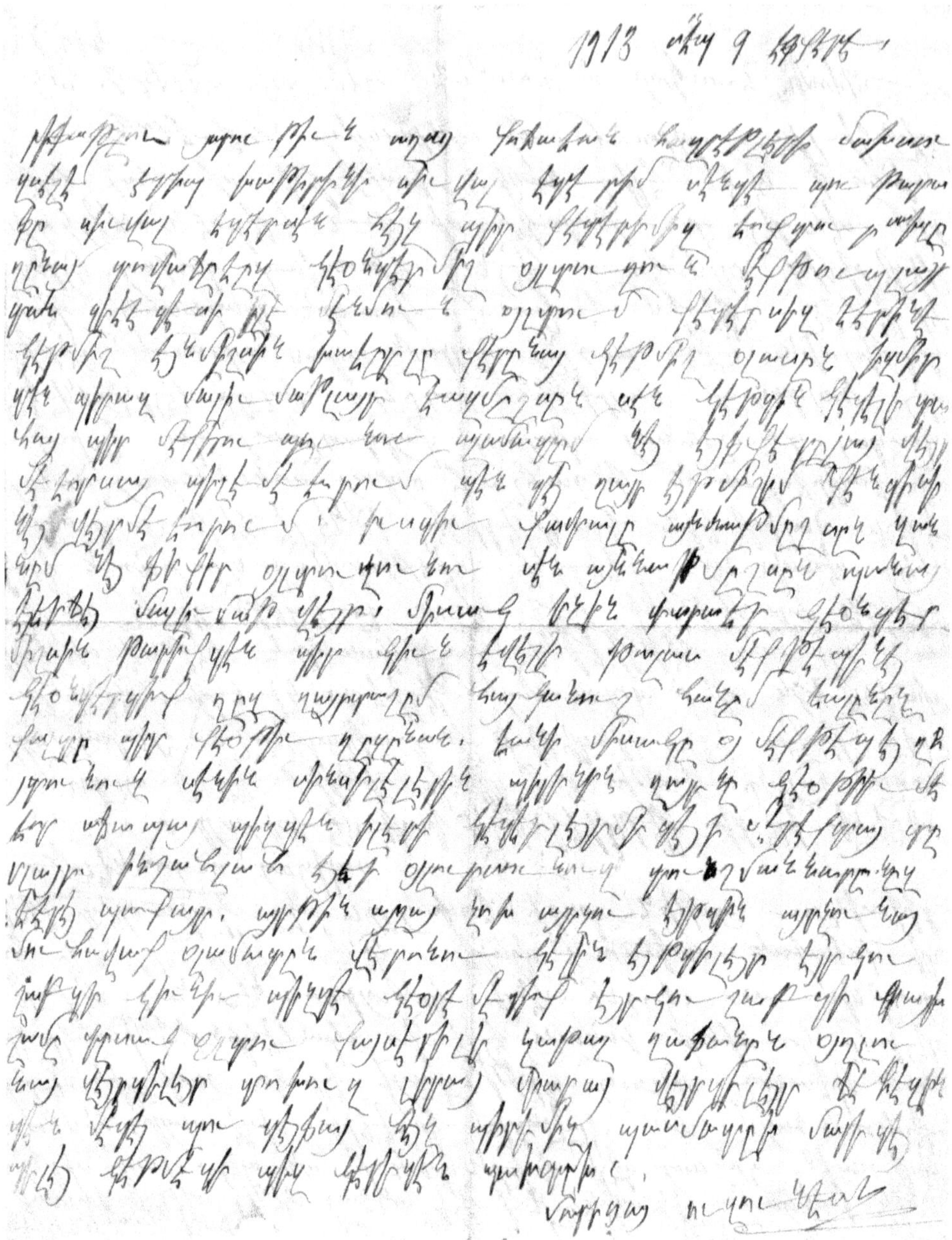

1913 *Sep[demper]* 9
Efkere

Rifatlu Harutyun Ağa Kocayan Hazretleri,

Mahsuz selem edib, hatırını süval ederim. Sen de bu tarafı süval edersen, heç bir kederimiz yokdur. Sağlığına dovacıyız.

Göndermiş olduğun mektublardan ziyedesi ile menmun oldum. Kedersiz yerine getmiş, enmişsin. Hayırlı kerına[1] getmiş olasın.

İzmir'den biraz malümatlar yazmışsın. Sen getdin gedeli daha bir mektubunu alamadım.[2] Ne efkerıla[3] vermeyorsa bilemeyorum. Ben de gayr[4] etmişim, kendisine vermeyorum. Üsdü kapalı annatmışsın. Zannım ne fikir olduğunu sen annatmışsın. Bana eyice malümat ver.

Misag için parayı göndermişsin. Tarikden bir gün eveli, Talas mektebine gönderdik. Ğız ğardaşım Hayganuş Hanım yalınız kaldı bir kötü gızınan. Yani Misag'ı o mektebe goydunuz, senin sinsilelerin[5] birinin ğarnı götürmeyor. Acaba bizden ileri gederler mi deyi merekdadırlar. İnşallah eyi olursunuz, düşmannarınız yere bakar.

Artin Ağa, çoh arzu etdin, arzuna muhavak olamadın; Veron'u gelin etdiler *Yerguşapdi*[6] günü.[7] Biz de göremedik. *Yerguşapdi* ahşamı *pısag*[8] oldu. Kayserili Çatalğafa'nın oğluna verdiler. Dohuz lira para verdiler cehezinden[9] mēde[10]. Bu defa heç birimiz basmadıh. Mari de bile getmedi. Biz geriden bahdıh.

Maritsa Uzunyan

[1] ker: kazanç, kâr
[2] Yazar, muhtemelen İzmir'de çalışan kardeşi Garabed Deveciyan'dan bahsediyor.
[3] efker: düşünceler, fikirler (< efkâr)
[4] gayr: başkası
[5] sinsile: soy, sülale (< silsile)
[6] Yerguşapti: Pazartesi (Ermenice)
[7] Yazar, muhtemelen Artin Kocayan'ın bahsi geçen Veron'u oğlu Garabed ile evlendirmek istediğinden bahsediyor.
[8] pısag: dini nikâh (< bsag, Ermenice)
[9] cehez: çeyiz
[10] mēde: hariç (maada)

September 9, 1913
Efkere

Eminent Harutiun Agha Kojaian,

I extend my special greetings and inquire after your well-being. If you wonder about this side, we have no worries. We pray for your good health.

I am very pleased with your letters. You wrote that you made it there without trouble. May it be a fruitful place for you.

You gave some information from Izmir. I have not received a single letter from him ever since you left.[1] I do not know why he does not write to me. I feel alienated and do not send him letters either. You wrote that you insinuated to him what I think. Give me detailed information.

You sent money for Misag. Yesterday we saw him off to the school in Talas. My sister Mrs. Hyganush is left all alone with a little girl. Your relatives cannot stand the fact that you sent Misag to that school. They worry that you will be more successful than them. God willing, you will succeed and your enemies will be embarrassed.

Artin Agha, you could not fulfill your desire. They married off Veron on Monday.[2] The wedding was Monday night. They married her off to the son of Çatalkafa of Kayseri. They gave nine liras on top of the dowry. None of us attended the wedding, not even Mari. We were observers from afar.

Maritsa Uzunian

[1] The writer is probably referring to her brother, Garabed Devejian.

[2] Harutiun Kojaian was probably considering Veron as a bride for his son Garabed.

Garabed Kojaian - Garabed Kocayan

[1913 *Sepdemper* 9]

Sevgülü Oğlum *B*[*aron*] Garabed Kocayan,

Mahsuz selem edib, nazig hatırını süval ederim. Sen de bu tarafı süval edersen, heç bir kederimiz olmayub, gece gündüz dova etmekdeyiz.

Eferim yavrum, Misag'ın parasını göndermişsin. Eline sağlıh. Varsın adam olsun. Mektebe koyduk, *mayriyin*[1] yalnız kaldı Verkine ile dosda düşmana karşı. Kardaşına bu eylikleri yapıyorsun, inşallah o da sonunda sana eder. Valideyin esgileri de tezelecek[2] olursun, her sözünü yerine götürmüş olursun.

Pederinin hısmetini[3] eyi gör. Gurbet bilmez, puşman[4] olmasın getdiyine. Bu Misag'ın getmesine validenin pek zorune gediyor. Çünkü yalınızlığı bilmez idi. Şindicik taraflarınızın, etıraflarınızın ğarnı götürmediyi şindik belli oldu. Azıcıh ileri getdiyinizi isdemiyorlar.

Maritsa Uzunyan

[September 9, 1913]

My dear son, Mr. Garabed Kojaian,

I extend my special greetings and inquire after your well-being. If you were to ask about here, we have no worries and we pray for you day and night.

Bravo, my son, you sent money for Misag! God bless you. Let him grow to be an [educated] man. We sent him to school. Your mother is left alone with Verkine to confront both friends and foes. You do your brother all these favors; God willing, he will do the same for you. Also, you will renew your mother's old stuff and honor all of your promises.

Take good care of your father. He does not know about foreign lands; he should not regret that he left. Misag's departure was tough on your mother. Because she did not know what it means to be alone. It now became clear that your kith and kin are jealous of you. They do not want you to advance even a little bit.

Maritsa Uzunian

[1] mayriyin: anacığın (< mayrig: anne, Ermenice)
[2] tezelemek: yenilemek
[3] hısmet: hizmet
[4] puşman: pişman

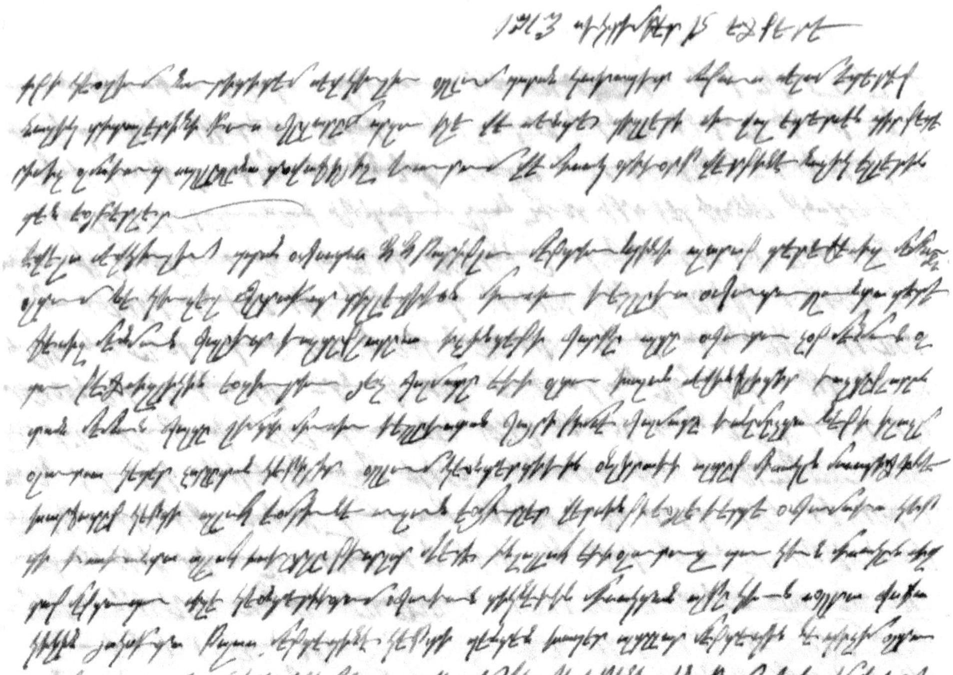

1913 *Segdemper* 15
Efkere

İki Gözüm, Nur-i Didem, Sevgülü Oğlum *Baron* Garabed,

Maksus selam ederek, nazig didalerini pus kılarım, arzu ile. Ve sen de bizleri süval edersen, bir kederimiz olmayub, sağlığına dovacıyız yavrum. Ve Misag, *Oriort* Verkine nazig ellerinden öperler.

Evela sevgülüm *Baron*, *Okosdos* 22 tariklu mekdubini alarak derecesiz memnun oldum. Ne güzel *Kırapar* dilleşiyon. Müsyü Yeğıya okuduğunda derecesiz menmun kalıyor yazdıklarına. İçindeki kartı aldı, okudu, çok menmun oldu. Kefsizligin[1] özrü heç kalmadı, eyi oldu. Halan sevinclidir. Yazdıklarından memnun kaldı. Şimdi Müsyü Yeğıya'dan kayri kimse kalmadı yanımızda. Ne ki ilazım[2] olursa, geder çarşıdan getirir.

Oğlum, gönderdiyin on lirayı aldık. Misag'ın masarifine harcadık, getdi. Allah ömrüne uzun ömürler versin ki, öyle yerde okumaya getdi sayanda. Allah hayırlı kârlar vere. İnşallah eyi oluruz. Bugün Misag'ın sivdak[3] mekdubu size gönderiyorum. Okuyun, digneyin. Misag'dan altı gün soğra Kocagil'in Hagop da Talas mekdebine getdi. Benden haber aldılar mekdebin ne biçim olduğunu. Bundan evel iki mekdub verdim, her ciyetini annatdım size. Şimdiye okudunuz.

Ve bir de yavrum, ordaki havadisden malümat vermişsin, çok memnun oldum. İnşallah eyi oluruz. Allah hayırlı kâr baylığı vere, sağlıkdan geri komaya. Ben de okuyor, sıkılıyorum ki, nedirden yana, ben de çalışiyim, iki para da ben alıyim arzusundayım. Amma iş nerde ise orda duruyor pintari[4]. Verkine'yi bu kışı da çıkarsak başını kurtarır deyi umudum var. Allah sağlık versin, hepisinin başı sağlıkdır oğlum. Keder vermesin. Gece gündüz dova ediyorum. Güvenirim Allah'a.

Marits[a] hala da eyi, ırahat. Maksus selamı var. Ve İzmir'in Müsyü Garabed'den heç haber olmadı.[5] Mekdub gelmeyor, ne yol düşünüyorsa. Baki yazacak yok sevgülüm. Mekdubların karşılığını veresiniz.

Hayganuş H. Kocayan

Dudunun maksus selamı var, dova etmekdedir. Akkız halanın selamı var. Ve Mari Hanım maksus selam edib, nazig hatirini süval eder. Ve gelin hanımların, Haci Mari Hanım'ın maksus selamnarı var. Ve çocuklar da elini öperler. Ve Beros emmin, Yeğsapet Hanım maksus selam ederek, nazig hatirini süval eder. Çocuklar da sağ, selametdirler.

[1] kefsiz: keyifsiz
[2] ilazım: lazım
[3] sivdak: ilk (< siftah)
[4] pintar: iki kilo civarında tahıl kabı
[5] Yazar, muhtemelen kardeşi Garabed Deveciyan'dan bahsediyor.

September 15, 1913
Efkere

My two eyes, the light of my eye, my dear son, Mr. Garabed,

I extend my special greetings and longingly kiss you upon your gentle eyes. If you would like to know how we are, we have no worries and we pray for your good health. Also, Misag and Miss Verkine kiss your gentle hands.

Foremost, my dear sir, I was immeasurably pleased to receive your letter, dated August 22. How beautifully you write *Krapar*! Monsieur Yeghia rejoices when he reads your letters. He read the card which came with this letter and was very pleased. He has no excuse for feeling malaise anymore, he has recovered. Your aunt is also happy. She was pleased with your letter. Now, nobody is left here with us, but Monsieur Yeghia. If I need something, he goes to the bazaar and brings it.

My son, we received the 10 liras you sent. We spent it on Misag's expenses; it is all gone now. May God bestow upon you a long life. Thanks to you, he will study at such a school. May God give you auspicious profits. God willing, we will be fine. I am forwarding Misag's first letter to you; read and hear from him. Six days after Misag's departure, Kojaian's Hagop also went to the school in Talas. They learned about the school from me. I sent two letters previously, explaining every aspect of the school to you; you must have read them by now.

Also, my child, you informed me about the situation there; I am very pleased. God willing, we will be fine. May God bestow auspicious profits and health. I read your letters and fret [because] I want to work too and make a bit of money. But the grain bin sits there idle. If Verkine survives this winter, I believe she will make it. May God give good health; health comes first, my son. May God not give any grief. I pray day and night. I trust in God.

Also, Aunt Maritsa is well. You have greetings from her. We have not heard from Monsieur Garabed [who is] in Izmir.[1] He does not write any letters; I wonder what he is thinking. There is nothing more to write, my dear. Do respond to my letters.

Hyganush H. Kojaian

P.S. You have greetings from your *dudu*; she prays for you. You have greetings from Aunt Akkız. Also, Ms. Mari sends her greetings and inquires after your well-being. The daughters-in-law and Miss Haji Mari send their greetings. The children kiss your hands. Also, Uncle Beros and Mrs. Yeghisapet extend their greetings and inquire after your well-being. Their children are also alive and well.

[1] The writer is probably referring to her brother, Garabed Devejian.

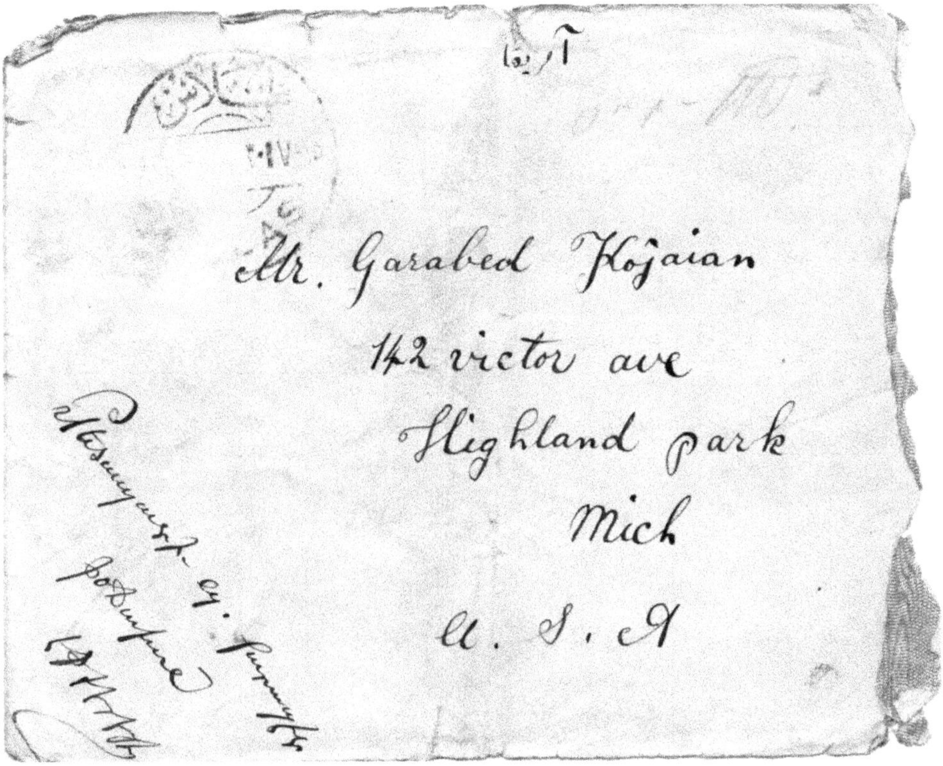
Mr. Garabed Kojaian
142 victor ave
Highland park
Mich
U. S. A

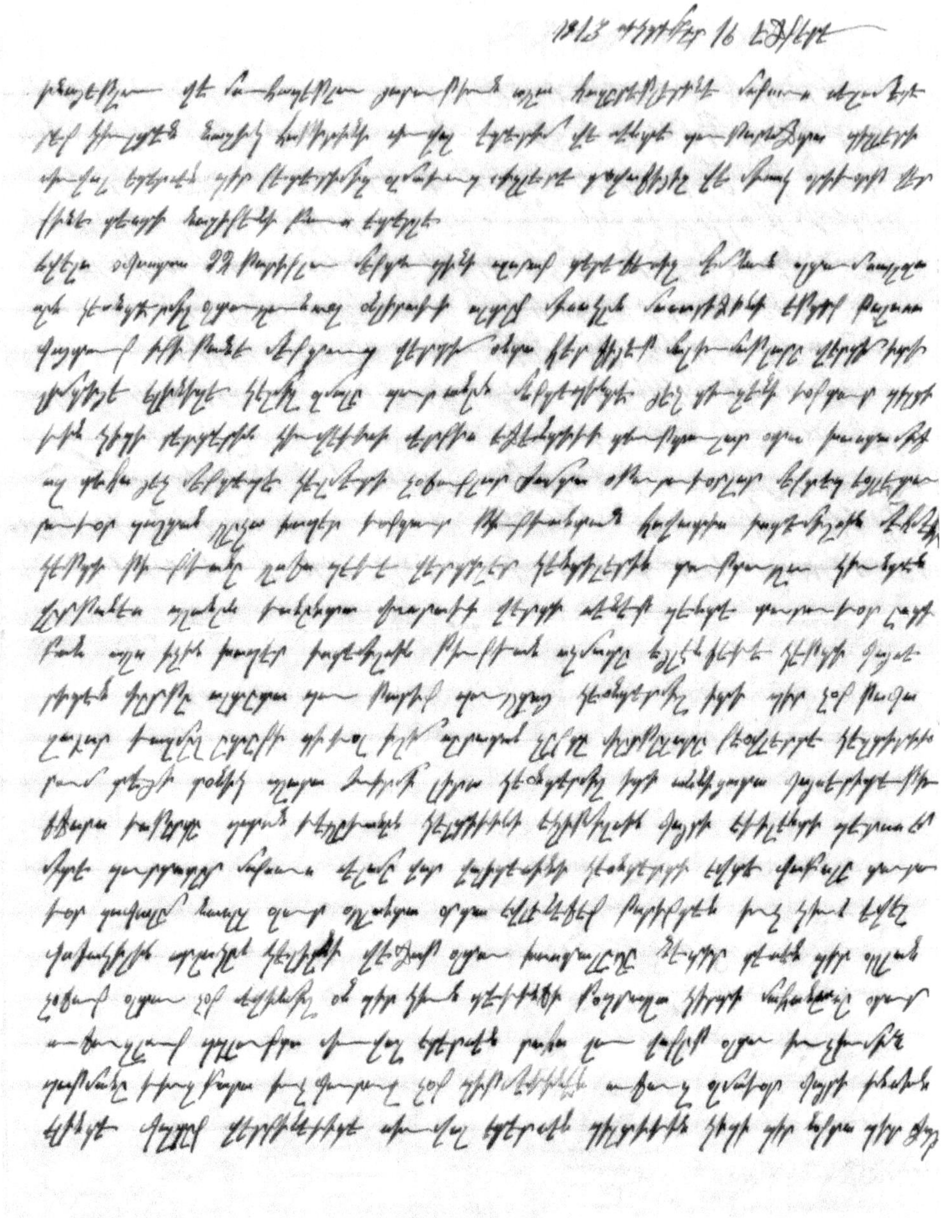

1913 *Segdemper* 16
Efkere

İnayetlu ve Muhabetlu Harutyun Ağa Kocayan Hazıretleri'ne,

Maksus selam ederek, gülden nazig hatirini süval ederim. Ve sen de bu tarafda bizleri süval edersen, bir kederimiz olmayub, sizlere dovacıyız. Ve Misag, *Oriort* Verkine desd-i nazikeni pus ederler.

Evela, *Okosdos* 22 tariklu mekdubini alarak derecesiz memnun oldum. Sağ olasın. Göndermiş olduğunuz on lirayı aldık. Misag'ın masarifini etdik, Talas'a koyduk. İki tane mekdub verdim, onda her ciyet malümatları verdim idi. Şimdiye elinize gelmiş olmalı. Buranın mekdebinde heç düzeni yokdur, bildiyin gibi. *Derder*in[1] güveyisi Serkis Efendi'yi dutdular. O da hasdamicaz, daha heç mekdebe gelmedi. Çocuklar *jamda* oturuyorlar. Mekdeb öyle duruyor. Başdan ğıça haber yokdur.

Tükândan havadis isdemişsin. Mehmet getdi, tükânı Ğoca Bey'e verdiler. Gendilerin dutduğu günden Vırtanes Ağa'nın yanında parayi verdi. Senet bende duruyor. Isdepan Ağa için haber isdemişsin. Tükân açmadı, eylenceye getdi. Kayseri'den pırtı[2] aldı da, bu tarik buğday göndermiş idi. Birçok takazalar yazmışıdı ki, "Biyol[3] işim sıradan çıkdı; pırtıları kövlerde gezdiriyorum" deyi. Donig Ağa da yirmi lira göndermiş idi. Annitsa da Kayseri'de tüccara yatırdı.

*Baron* Yeğıya'nın geldiyini eşitmişsin. Kayri eyilendi. Beros emmi de burdadır, maksus selamı var. Validesini gönderdi, evde kapalı duruyor. Bakalım nasıl olur. Oğlan da orda evlenecek.

Tarikden üç gün evel Kocagil'in Arşag'ın gelini vefat oldu. Hasdalığı nedir desen, bir oğlan çocuk oldu. Çok sevinmiş. On bir gün deyinci tobrağa girdi. Mahanası[4] odur.

Ucuzluk, bollukda[n] süval edersen, daha şu vakıt oldu, üzümün batmanı[5] yüz para üç kuruş. Çok bitmeyinen ucuz olmayor kayri. İnsan elinde kaldık.

Verkine'yi de süval edersen, bildiyin gibi, bir nokda. Bir fark[6] bulmuş degil. Gene omarazlıkdadır[7]. Seni unutdu, agasını unutmayor daha. Gece gündüz agayi ağzından bırakmaz daha.

[1] derder: rahip (Ermenice)
[2] pırtı: her türlü kumaş, bez cinsinden dokuma
[3] biyol: bir kere
[4] mahana: ileri sürülen sözde neden, bahane
[5] batman: 7,69 kiloluk ağırlık ölçüsü
[6] Yazar, Verkine'nin rahat bırakmamasından dolayı, dalgınlıkla, birinci sayfanın sonunda olan bu sözcükten sonra, ikinci sayfayı iki kez, farklı şekilde yazmış: "bulmadı. Daha omarazlıkdadır. Yeğsapet maksus selam edib desd-i nazikeni pus eder. Dedi ki, "Emmiyinen konuşduğumu unutmasın. Acele etmesin. Her tarafını annasın, bana bildirsin" dedi. Bunnar böyle. Ve bu tarafda validemin ve Akkız halanın maksus selam edib, hatirini süval ederler. Muncusun'dan yazmış ki "selamımı Amerika'ya gönderin" deyi. Ve hemşirelerimin maksus selamnarı var. Ve Mari Hanım'ın, Annitsa, Evagül Hanımlar'ın maksus selamnarı var. Ve *digin* gelin hanımlar maksus selam edib, desdini pus ederler. Ve *Oriort* Hacı Mari'nin maksus selamı var. Ve çocuklar dahi elini öperler. Baki afiyetde kadim olasın.
Hayganuş H. Kocayan

Burası ben yağnış yazdım ya, Verkine'nin marifetidir. Çünkü mekdub yazarsam ne gece dillik verir, ne gündüz. Müsyü Yeğıya da yazdığım yerde geldi. Bu kadar yazabildi, müsahadesi yoğudu."
[7] omarazlık: yaramazlık

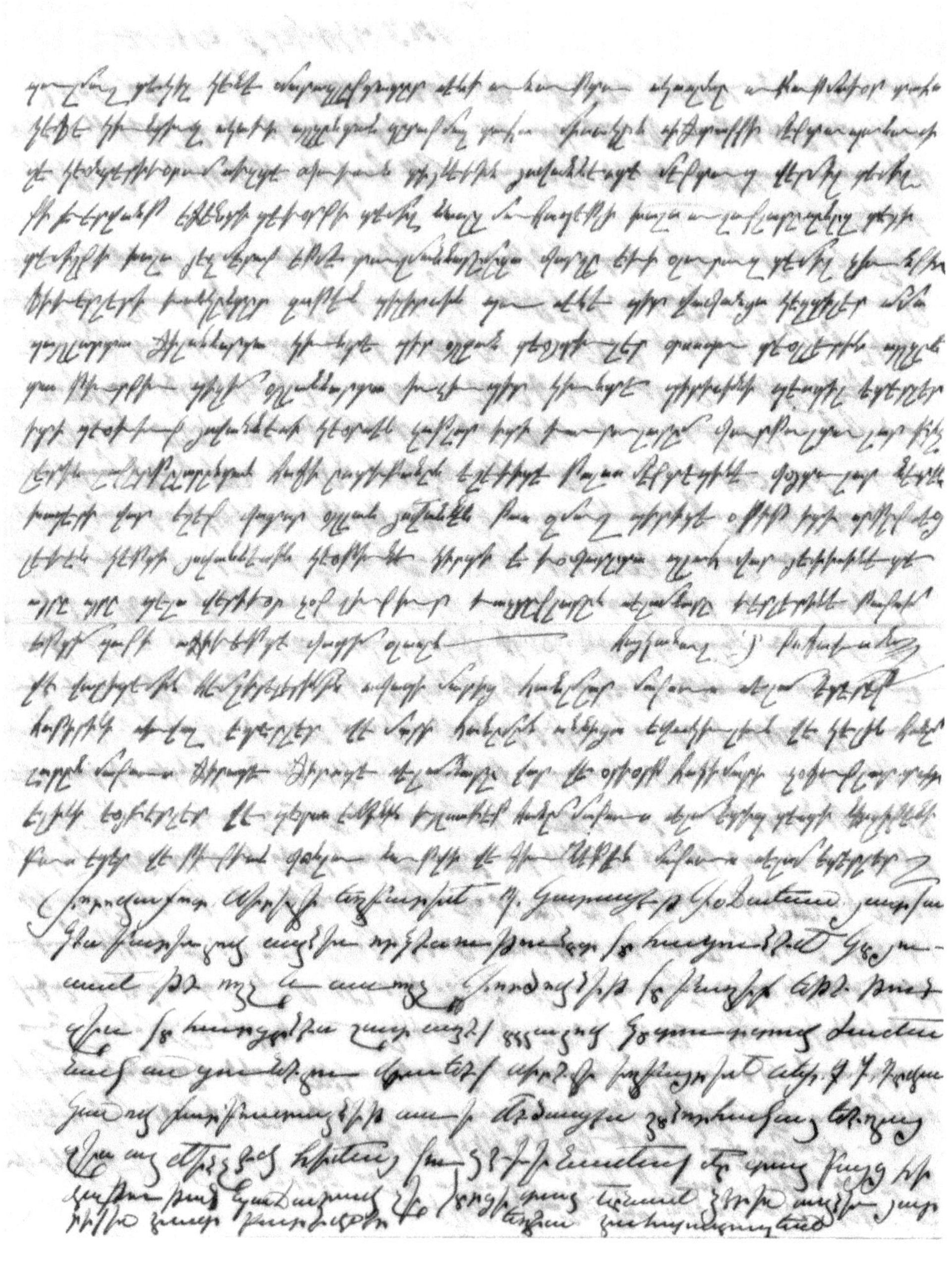

Misag'ın sifdakki[8] mekdubunu size gönderiyorum. Siz de okuyun, diyneyin. Hovannes de mekdub vermiş. Demiş ki, "Yervant Efendi deyor ki" demiş, "Nasıl muhabetli hala uşaklarısınız" deyi demiş ki, "Hala, heç merak etme, duşmannarımıza karşı eyi oluruz" demiş. Çünkü ciyerleri yangındır zaten, bilirsin. Bu sene bir *vakantsa* gezdiler amma bağlarda, filannarda günde bir oğlan döydüler. Orosbu döllerin ağzında türkü. Bizim oğlannar da, üçü bir, günde birisini besdil[9] ederler idi. Böyük Hovannes'i görsen çatlar idi. Yavrularım kurtuldular piçlerin lakırtılarından. Haci Isdepan'ın eşeyi de Talas mekdebine koydular. Neden haberi var? Eşek kadar oğlan Hovannesnen *tas*[10] olmuş. Biri de o it idi. Artık söyleyen getdi, Hovannes'in götüne girdi. E, yokarıda Allah var. Hepisine de ayrı ayrı bela veriyor, çok şükür.

Yazdıkların selamnarı yerlerine taksim etdim. Baki afiyetde kadim olasın.

Hayganuş H. Kocayan

Ve validemin, hemşirelerimin, Akabi, Marits[a] Hanımlar maksus selam ederek hatırını süval ederler. Ve Mari Hanım'ın, Annitsa, Evagül'ün ve gelin hanımların maksus firade firade selamnarı var. Ve *Oriort* Haci Mari, çocuklar dahi elini öperler. Ve Beros emminin Yeğsapet Hanım maksus selam edib, desd-i nazikeni pus eder. Ve tükân konşu Nutvi ve cümneten maksus selam ederler.

8 sifdak: siftah, ilk
9 besdil: pestil
10 tas olmak: sınıf arkadaşı olmak (< tas: sınıf; Ermenice)

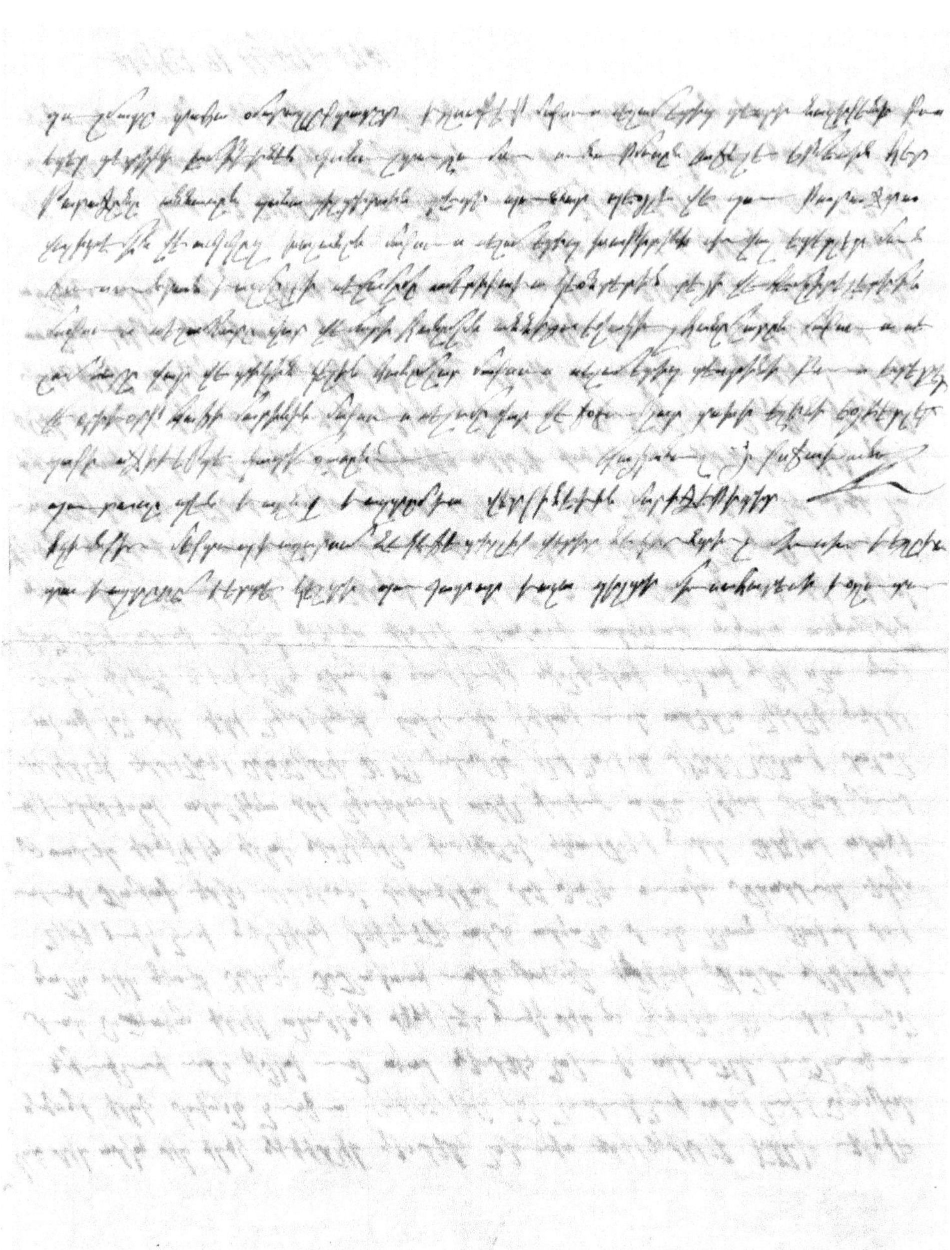

September 16, 1913
Efkere

Gracious and affectionate Harutiun Agha Kojaian,

I extend my special greetings and inquire after your well-being. If you would like to know how we are here, we have no worries and we pray for you. Also, Misag and Miss Verkine kiss your gentle hand.

Foremost, I was immeasurably pleased to receive your letter dated August 22. Thank you. We received the 10 liras you sent. We spent the money for Misag's expenses, and we settled him at the school in Talas. I sent two letters explaining all the details; you must have received them by now. There is a total lack of order at the school here [in Efkere], as you know. They hired the priest's son-in-law, Sarkis Effendi, as teacher. But he has been sick and has not yet shown up at the school. The children sit in the church. The school stands idle. There is no communication between the ass and the elbow.

You asked about the shop in your letter. Mehmet left, and they rented the shop out to Koja Bey. Vrtanes Agha was there when they paid the rent. The voucher is with me. You also asked about Sdepan Agha. He did not open the shop, but went to [Kayseri] for his entertainment. He bought fabrics from Kayseri and today sent here wheat [?]. He wrote many letters to complain about his situation. He wrote, "My business is not good. I am peddling the fabrics from village to village." Donig Agha sent 20 liras. Annitsa deposited it with a merchant in Kayseri.

You heard that Mr. Yeghia came here. He has recovered. Uncle Beros is also here, and he sends his greetings. He saw off his mother and he sequestered himself in his home. Let us see what happens. The boy [Beros's son?] will get married there [?].

Three days ago, Arshag Kojaian's bride passed away. If you ask what her illness was, she gave birth to a boy. She was far too overjoyed, and after 11 days she went to her grave. This is how they explain her death.

If you ask about the prices, it is September now and grapes are still expensive; one *batman*[1] is 100 paras. The prices will not go down even when produce is abundant. We are at people's mercy.

If you wonder about Verkine, she is the same, still very petite. She has not grown much. She is always up to some mischief or another. She forgot about you but she does not forget her brother. She talks about her brother day and night.

[1] batman: unit of weight around 17 pounds.

I am forwarding Misag's first letter to you. You should read it and listen to what he has to say. Hovannes sent a letter too. He wrote, "Yervant Effendi was surprised that Misag and I are such affectionate cousins." He wrote, "Don't worry, Aunt, we are united against our enemies." Because, as you know, he is already extremely upset. This year during the school break, they [other children] strolled around in the orchards and gardens and beat up a different boy every day. We are now a fodder in the mouths of those sons of bitches. Our boys, the three of them together, also beat the hell out of one of them every day. You should have seen Hovannes Böyükian; he was consumed with anger. My sons are saved from the gossiping of those bastards now. They enrolled Haji Sdepan's donkey[2] in the Talas School too. He does not know anything. Although he is as big as a donkey, they put him in the same class with Hovannes. That dog was one of [our boys' enemies]. Now he is sucking up to Hovannes. You see, there is God up there and he plagues them one by one.

I conveyed your greetings to their proper places. May you be always in good health.

Hyganush Kojaian

P.S. You have greetings from my mother, sisters, Mrs. Akabi and Maritsa. Also, Mrs. Mari, Annitsa and Evagül and the daughters-in-law extend their warmest greetings. Miss Haji Mari and the children kiss your hand. Uncle Beros's Ms. Yeghisapet sends her greetings and kisses your gentle hand. You have greetings from our neighbor in the store next door, Nutvi.

[2] The writer is referring to Haji Sdepan's son.

142 victor av.
Highland Park

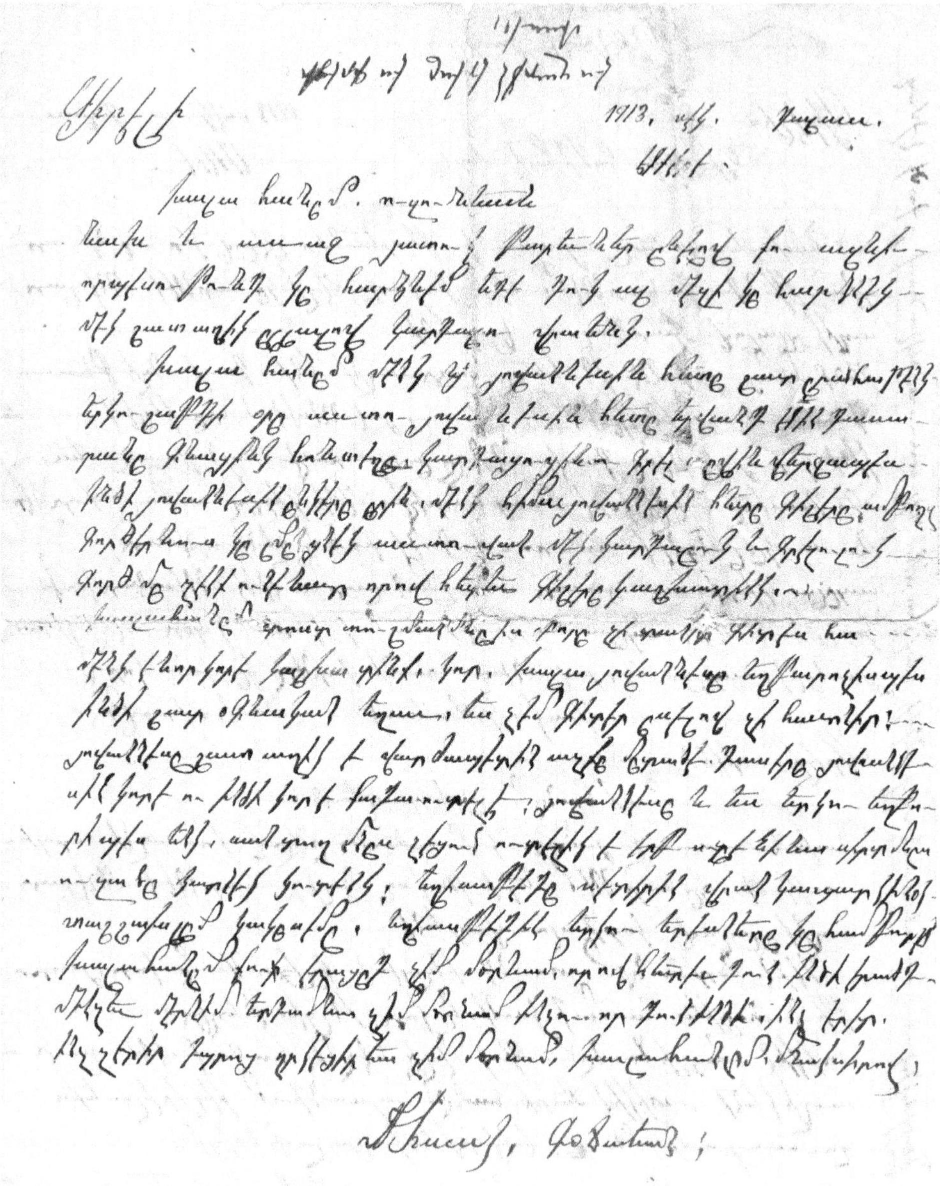

Eylül 1913
Talas

Efkere

Sevgili Hala[1] Hanım Uzunyan,

Evvela, mahsus selam ederek nazik hatırınızı sual ederim. Siz de bizi sual ederseniz, çok iyiyiz ve okumakla meşgulüz.

Hala Hanım, biz Baron Hovannes ile çok rahatız. Pazartesi sabahı Hovannes ile birlikte Yervant Efendi'nin sınıfına gittik. Orada bana [kitap] okuttular, biraz da [yazı] yazdırdılar. Sonra ben Hovannes'in arkadaşı[2] oldum. Biz şimdi Hovannes ile birlikte akşam bütün işlerimizi bitiriyoruz. Sabaha okumamız, yazmamız kalmıyor; çünkü akşam çalışıyoruz.

Hala Hanım, dost düşman [okumamızı] hazmedemiyorlar, bilirsin ya. Biz de ona göre çalışıyoruz. Hala, Hovannes kendi kardeşim gibi bana yardımcı oldu. Bilmiyorum, anlatmakla bitmez. Hovannes çok iyi. Öğretmenin gözüne girdi. Dersleri Hovannes ve bana göre kete[3] yemek [gibi kolay]. Hovannes ve ben iki kardeş gibiyiz. Sandıklarımız yiyecek dolu. Yemek yiyeceğimiz vakit, canımızın istediğini alıp yiyoruz.

Yeğisapet sedirin üstünde yatarken bana daşşahlım[4] demişti. Yeğisapet'in iki yanağından öperim.

Hala Hanım, yaptıklarını unutmuyorum. Benim için yaptıklarını ölene kadar unutamam. Çünkü sen beni ne yapıp ne ettin okula gönderdin ya, unutmuyorum Hala Hanım. Sevgiyle kalın.

Misag Kocayan

* Ermeniceden çeviri. Metinde geçen Türkçe sözcükleri aynen muhafaza ettik.

[1] Mektuplarda annenin kız kardeşi için 'hala' sözcüğü kullanılıyor. Mektuptaki 'hala', Hayganuş Kocayan'ın kız kardeşi Maritsa Uzunyan'dır.

[2] Mektuplardan anlaşıldığı kadarıyla, okul yönetimi, okula uyum sağlamalarını kolaylaştırmak için, yeni öğrencileri üst sınıflardan bir öğrenciyle eşleştirmektedir.

[3] kete: bir çeşit çörek

[4] daşşahlı: mert, yiğit, cömert (< taşaklı)

September 1913
Talas

Efkere

Dear Madam Aunt Uzunian,

Foremost, I extend my special greetings and inquire after your well-being. If you were to ask about us, we are very well and busy with our studies.

Madam Aunt, Hovannes and I are very comfortable. On Monday morning, I went to Yervant Effendi's class with Hovannes. There, they had me read and write a little. Afterwards, they made me Hovannes's buddy.[1] Now, Hovannes and I finish all of our work by night. Then, we do not have any reading or writing to do in the morning, because we work at night.

Madam Aunt, friends and foes alike cannot stomach [our studying here], as you know. So, we work accordingly. Aunt, Hovannes was as helpful to me as my own brother. Words are not enough to express it. Hovannes is doing very well. He has found favor with the teacher. For Hovannes and for me, his class is a piece of cake. Hovannes and I are like two brothers. Our chests are full of food. When it is time to eat, we take and eat whatever we feel like.

Yeghisapet, lying on the sofa, had called me "my brave one." I kiss both of her cheeks.

Madam Aunt, I do not forget what you have done for me. I will not forget it till I die. By hook or by crook, you sent me to school. I will not forget it. I remain, affectionately.

Misag Kojaian

[1] As we understand from the letters, the school administration paired new students with more senior ones to facilitate their adjustment to the school.

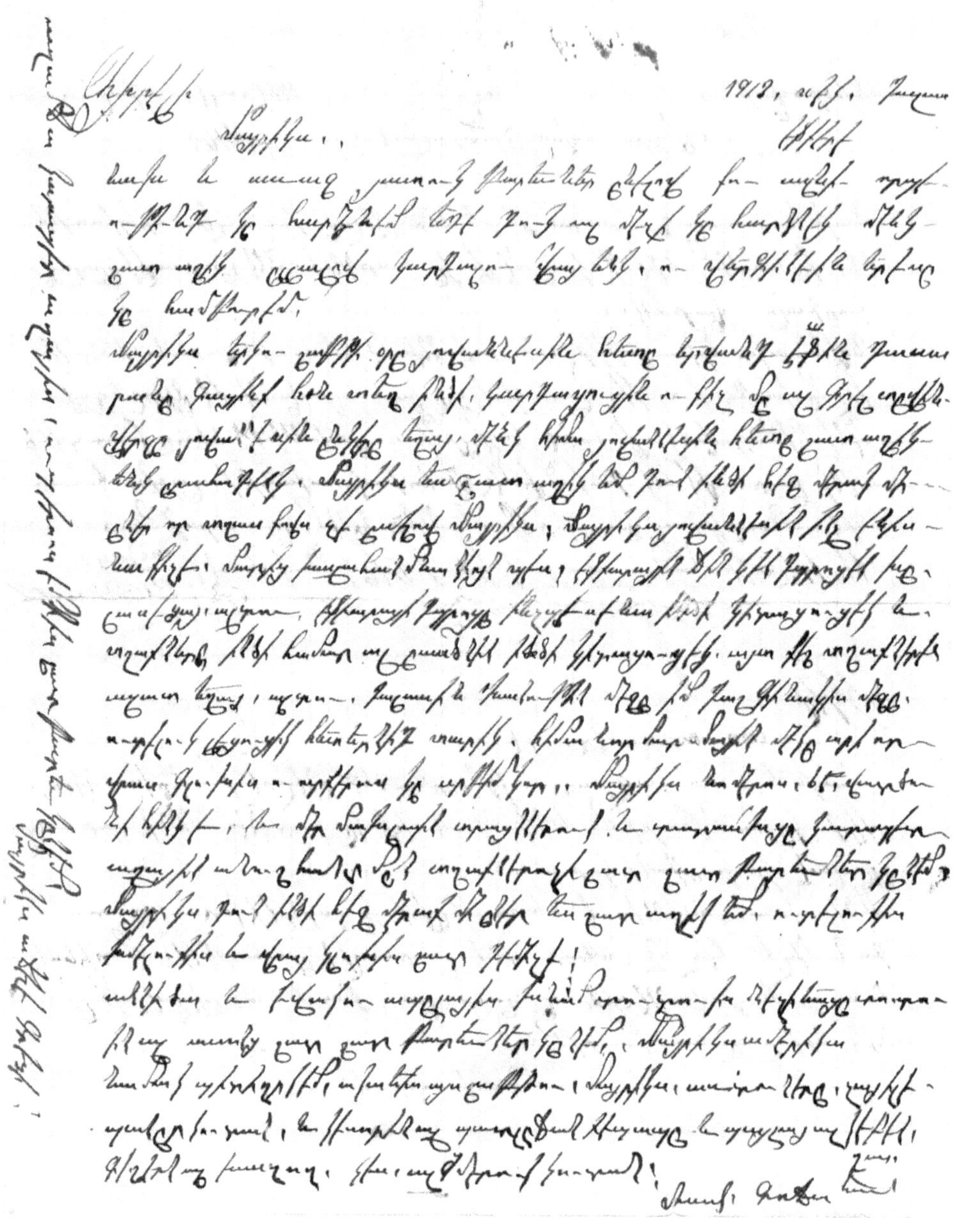

Eylül 1913
Talas

Efkere

Sevgili Anneciğim,

Evvela, mahsus selam ederek nazik hatırlarını sual ederim. Eğer sen de bizi sual edersen, biz çok iyiyiz. Okumaya devam ediyoruz. Verkine'nin yanaklarından öperim.

Anneciğim, Pazartesi günü Hovannes ile birlikte Yervant Efendi'nin dersine gittik. Orada bana [kitap] okuttular ve biraz da [yazı] yazdırdılar. Sonra ben Hovannes'in arkadaşı oldum. Biz şimdi Hovannes ile çok iyiyiz, rahatız. Anneciğim, ben çok iyiyim. "Oğlum yanımda değil" diye beni hiç merak etme.

Anneciğim, Hovannes'e ne yaparsan azdır. Maritsa hala hanıma da aynı şekilde. Efkere'nin çingen mektebinden kurtuldum. Aldu, Efkere'deki okul nasıldır, bana bildirin. Ve o oğlanlar benim hakkımda ne diyorlar, onları da bana bildirin. O kötü oğlanlardan kurtuldum.

Aldu, Talas'taki dükkânda mendilimin içine biraz yiyecek doldurun, yanınızda götürün. Şimdi yeni bir marama[1] aldım, onunla başımı ayağımı siliyorum. Anneciğim, numaram 65.

Mahallemizdeki komşulara ve [...] Garabed Ağa'ya, Anuş Hanım'a ve çocuklara çok çok selamlar ederim.

Anneciğim, sen beni hiç merak etme. Ben çok iyiyim. Yediğim, içtiğim, giydiğim çok temiz.

Annitsa ve Evagül ablalarıma, hanım duduma, Nizeli duduya da çok çok selamlar ederim.

Anneciğim, bu hafta Amerika'ya, ağabeyime mektup göndereceğim.

Anneciğim, sabahları çay ile peynir veriyorlar. Ve öğlen de patlıcan kebabı ve bakla[?] pişiriyorlar. Akşam da üzüm ve yarım karpuz veriyorlar.

Misag Kocayan

Ağamıca Garabed ağam'a, Beros emmime çok selam ederim. Anneciğim, acele yaz.

---

* Ermeniceden çeviri. Metinde geçen Türkçe sözcükleri aynen muhafaza ettik.

[1] marama: havlu

September 1913
Talas

Efkere

My dear mother,

Foremost, I extend my special greetings and inquire after your well-being. If you were to ask about us, we are very well and busy with our studies. I kiss Verkine upon her face.

Mother, on Monday Hovannes and I went to Yervant Effendi's class. There, they made me read and write a little. Afterwards, they made me Hovannes's buddy. Hovannes and I are now very well and comfortable. Mother, I am very well. Do not worry about me by saying, "My son is not with me."

Mother, however you repay Hovannes, it will be too little. Same for Aunt Maritsa. I am saved from that gypsy school in Efkere. *Aldu*, tell me about the school in Efkere. Also, inform me about what those boys say about me. I am spared of those bad boys.

*Aldu*, in the shop in Talas, put some food in my handkerchief and take it with you. I have got a new towel now, and I wipe my head and feet with it. Mother, my school number is 65.

I extend my greetings to the neighbors in our neighborhood and to Garabed Agha, to Mrs. Anush and to the children.

Mother, do not worry about me at all. I am very well. Everything I eat, drink and put on is very clean.

I send many greetings to my *ablas*[1], Annitsa and Evagül, to my *dudu*, and to my *dudu* from Nize.

Mother, this week, I will send a letter to my brother in America.

Mother, they give us tea and cheese in the morning, eggplant kebap and beans[?] in the afternoon. And in the evening, they give us grapes and half a watermelon.

Misag Kojaian

P.S. I send my greetings to my uncle Garabed Agha and to Uncle Beros. Mother, write back soon.

[1] abla: elder sister. Also, title of respect used in addressing older women.

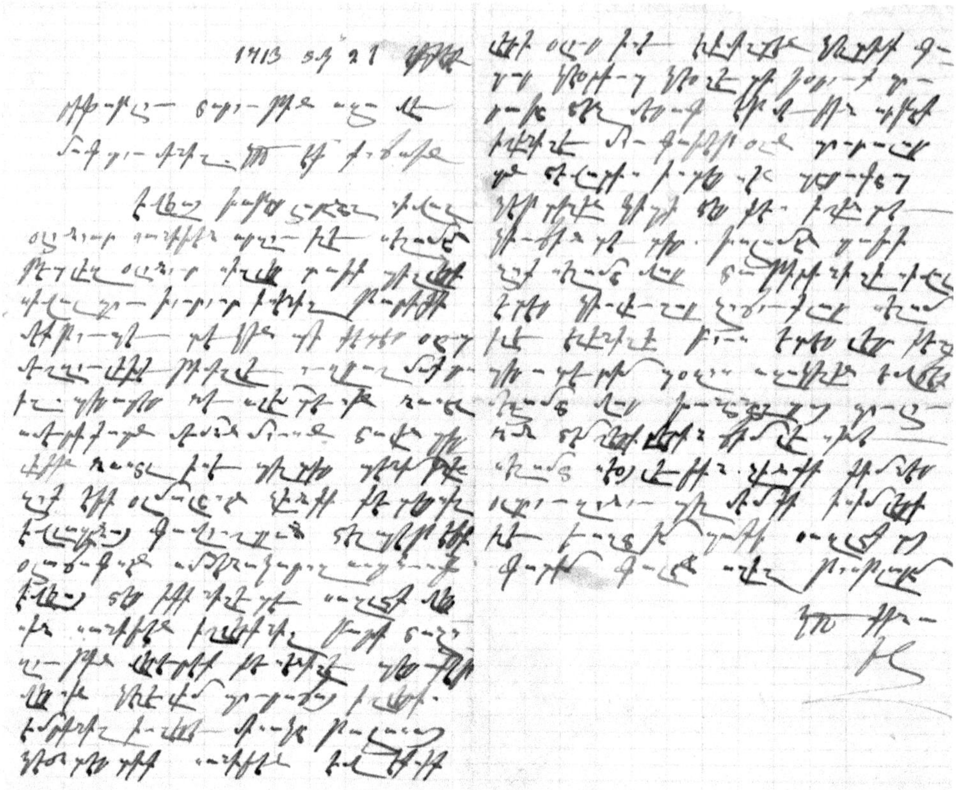

1913 *Hog*[*demper*][1] 21
Efkere

Rifatlu Harutyun Ağa ve Mahduminiz Garabed Ef[endi] Kocayan,

Evela, hatırlarınız sival olunur. Saniyen, arzu ile selamım tebliğ olunur. Sizler dahi bizleri sival buyurur iseniz, tarih-i mektube degin bî-keder olub meşguliyetimizle uğraşmakdaiz.

Birader, ne âlemdesin? Nasıl, Amerika'dan memnun musun? Halin, dirliyin nasıl ise bildir benim için. Çok eyi olmalısın, çünki kedersiz evladına kavuşdun. Helbet eyi olacaksın. *Ammenagaroğ Asdvadz*[2] evela her ikinize de sağlık versin. Saniyen, işleriniz[e] *pari haçoğutyun*[3] vererek kesenize bereket versin.

Gelelim buraca işlere. Emriniz üzere Misag'ı Talas'a gönderdik. Saniyen, ev eksikleri olur ise elimizden geldiği kadar görüb gözediyoruk. Burayı heç merak etmeyin artık, işinize mukayet olun.

[1] Hogdemper: Ekim (Ermenice)
[2] Ammenagaroğ Asdvadz: her şeye kadir olan Allah (Ermenice)
[3] pari haçoğutyun: hayırlı başarı (Ermenice)

Buralardan hevadis isdersen, bırakıb getdiğin gibi, herkes işinde gücündedir. Halamın dahi çok selamı var. Hatirinizi sival eder. Gülizar, çocuklar selam ile elinizi pus ederler. Keza biraderim Boğos Ağagil'in evcek selamı var. Yanınızda bulunan hemşerilerin cümlesine selamı söyleyin. Çünki kimner olduğunu bilmem ki, isimleri ile yazıyım. Baki sağlıkda kadim kalın aziz tostlarım.

Garabed Kinayan

October 21, 1913
Efkere

Eminent Harutiun Agha and his son, Garabed Effendi Kojaian,

Foremost, I inquire after your well-being, and secondly, I extend my greetings. And if you were to ask how we are, we have no worries and we are busy with our business.

Brother, how are you doing? Are you happy in America? Let me know about your state of affairs. You must be well, because you are reunited with your dear son; of course, you must be fine. May God Almighty give good health, success and good profits to both of you.

Let's turn to matters here. According to your instructions, we sent Misag to Talas. Secondly, if your household lacks something, we attend to their needs as much as we can. Don't worry about here anymore and concentrate on your work.

If you seek news from here, it is just as you left it, everybody is busy with his business. You have greetings from my aunt. She asks about your well-being. Gülizar and the children extend their greetings and kiss your hand. Also, you have greetings from my brother Boghos's household. Please extend my greetings to all of our fellow countrymen there. I do not know who is there, thus, I cannot write their names. May you be always in good health, my dear friends.

Garabed Kinaian

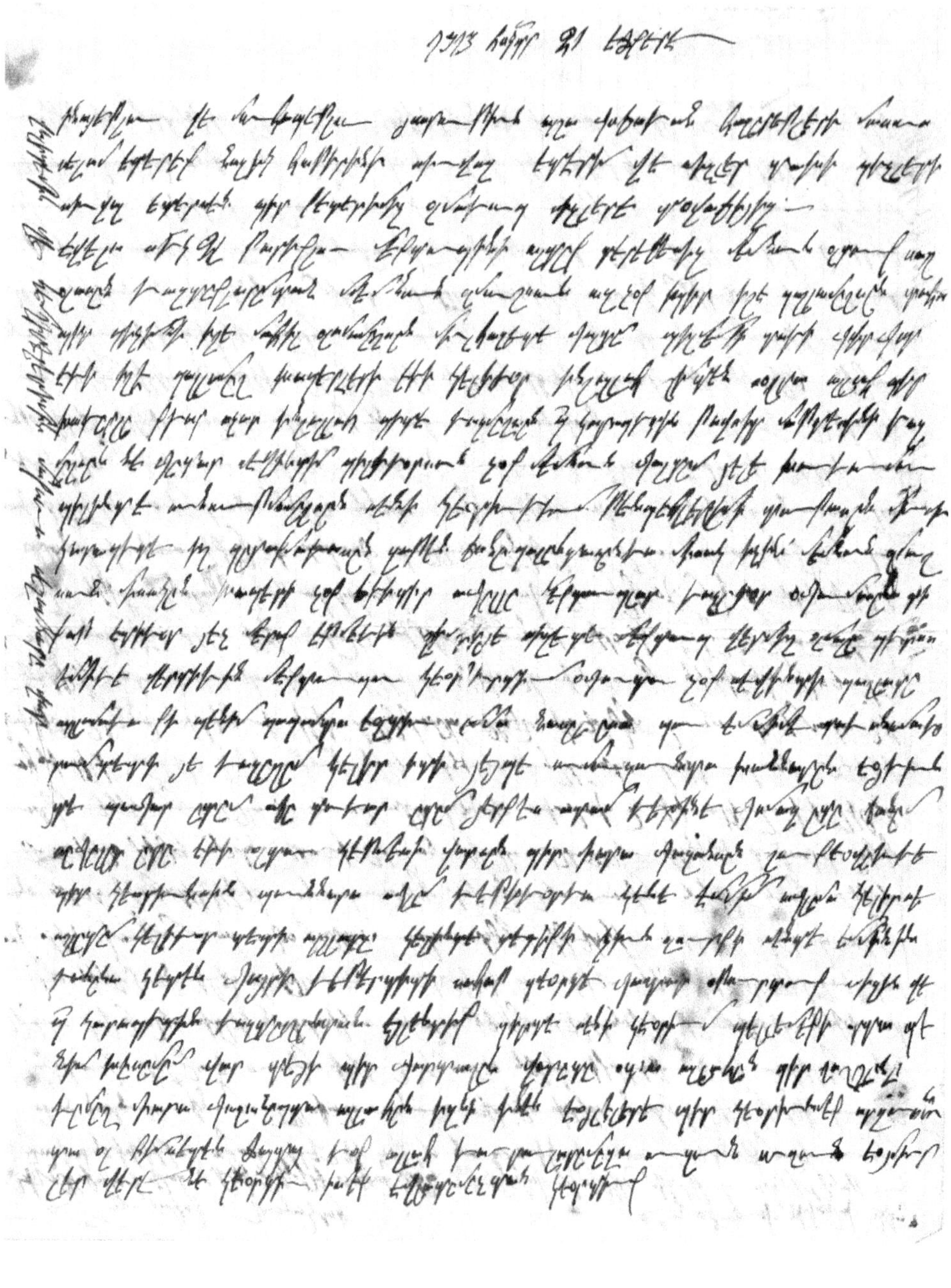

1913 *Hokd*[*empe*]*r* 21
Efkere

İnayetlu ve Muhabetlu Harutyun Ağa Kocayan Haziretleri,

Maksus selam ederek, nazig hatırını sival ederim. Ve sizler dahi bizleri sival edersen, bir kederimiz olmayub sizlere dovacıyız.

Evela, *Seg*[*demper*] 21 tariklu mekdubini aldık, derecesiz memnun olduk. Sağ olasın. Yazdıklarımdan memnun olmuşsun. Az çok bir işe başlamışsın. Daha bir biçimni işe mahil[1] olamamışsın. Mülhazede[2] kaldım, bilmem ki... Dayi Kirkor eyi işe başlamış, haberleri eyi geliyor. İnşallah, şimden soğra Allah bir hayırlı kâr açar inşallah.

Bi de yazmışşın, *B*[*aron*] Garabed'in tavsir matdesini yazmışsın. Ne kıdar sevindim biliyorsun. Çok memnun kaldım. Hele huyumu bilin de, unutmamışsın. Seni görüyüm, tenbehlerimi[3] dutasın. Müsyü Garabed'e iş bırakmayasın. Zaten yanı başındasın ya.

Misag için memnun olmuşsun. Misag'ın haberi çok eyidir. Akıllı mekdublar yazıyor. Okumasına dikat ediyor, heç merak etmeyin. Şimdiye size de mekdub vermiş olmalı.

Beros emmiye verdiyin mekdubu götürdüm. Okudu, çok sevindi. Başladı ağlamaya ki, "Benim babam da öldü amma nasılısa bu emmime dayanamayorum" dedi. "He[p] yazığım gelir[4] idi. Heybe umuzunda, hannarın öyünde. Bakarıdım, acı duyarıdım. Herkes adam yerine komazıdı, canım sıkılırıdı. Eyi oldu getmesi. Varsın bir para kazansın, şu kövlüye bir görünsün. Bunnara aklım yetiyor ya, gene emmim aklıma gelirse ağıdım geliyor" dedi, ağladı. Gelin de dedi ki, "Gün olur ki, sen de emminin yanına geden. Kayri yeter" dedi. Sahat dörde kadar oturduk. Sizin ve *B*[*aron*] Garabed'in yazdığından eylendik.

Bir de seni görüm. Belleme ki "orda benim hısımım var" deyi. Bir kardaşın varıdı, o da Allah'ın bir şaşğınıyımış. Para kazanıb da Allah'ın izni ilen öylelere bir görünmek arzusunda ol. Kimseden fayda yok. Allah yavrularımıza uzun uzun ömürler vere. Ne gördü isek evladımızdan gördük.

Bi de yazmışşın ki, "Biraz haşlık göndereceyiz" deyi. Çok sevindim. Çünkü daha buğday almadım. Elimde bir para yok. Sağ olsun, Kina Gabid Ağa eksiyimize bulunuyor. İneye üç yük saman aldı yedişer kuruşa. Öndüç para ilazım olursa veriyor. "Buğdayı de alırım" dedi ise de, "yok, dursun" dedim. "Para gelsin de alırsın" dedim. Çünki "Kırk ölçek buğday ayırtlarım, üyüdürüm[5]" dedim.

[1] mahil: erişmiş, ele geçirmiş (< nail)
[2] mülhaze: düşünce (< mülahaza)
[3] tenbeh: tembih, öğüt
[4] yazığı gelmek: acımak, üzülmek
[5] üyütmek: öğütmek

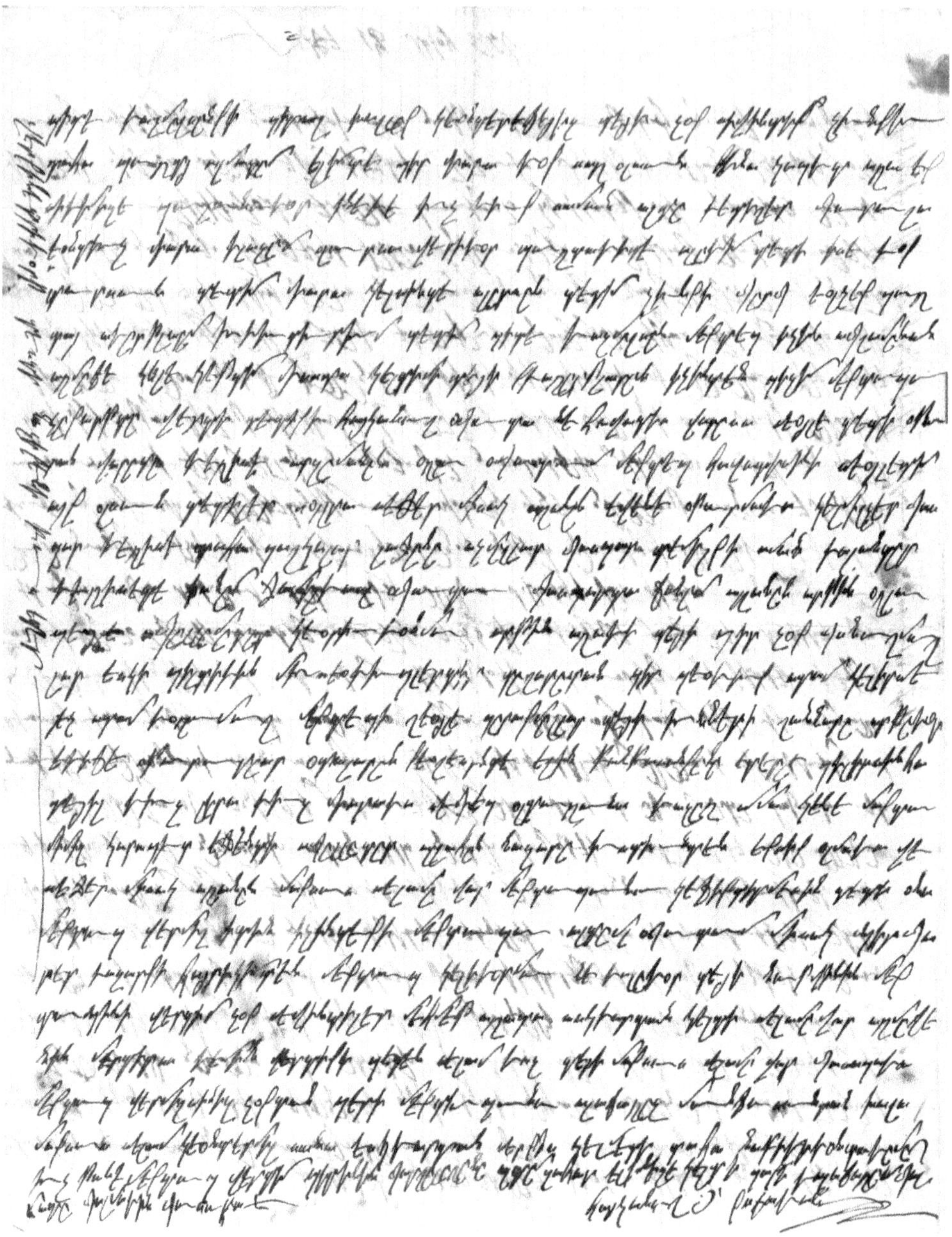

Bi de yazmışsın mekdeb için. Akşamınan ağmıcegile getdim posda geldi mi deyi. Kağırtların[6] içinden bizim mekdubu çıkartdı verdi. Dedi ki, "Hayganuş oku da, ne havadis varısa söyle" dedi. Oturan varıdı; Yeğise, Arzıman'ın oğlu. Okudum, mekdeb havadisini söyledim. "Aşk olsun!" dediler. Soğra, Sefer Misag Ağa'nın evine oturmaya gelmişler, Kasbar, Yeğise, daha başkalar... Lafını açmışlar. Kasbar demiş ki, "Aman yalandır". Yeğise de, "Canım familyası okudu"; Kasbar da, "Canım ağanın Artinoğlu böyle akıllı mıdır? Görüyon mu Artin Ağa'yi" deyi birçok konuşmuşlar. Esgi bildiyin müsöyüblerdir[7]. Dışarıdan bir böyük adam gelirse, "heç adam yoğumuş, mekdebi şöyle bırakmışlar" deyi ünneri şannarı artıyor eyice. Otururlar odaların köşesinde, elin *panpasangını*[8] ederlē, bilirsin ha. Deyil yüz lira, yüz paraya sepeb olduğuna yazığ. Amma gene makdumimiz Garabed Efendi akıllıdır. Allah'ın nazarı üsdünden eksik olmaya.

Ve Sefer Misag Ağa'nın maksus selamı var. "Mekdubunu gecikdirmesin" dedi. Ona mekdub vermiş idin. İçindeki mekdubu aldım, okudum. Misag bir karer[9] yazar ki, "*Hayrig*imden mekdub geliyor mu, ne yazıyor?" deyi. Nutvi'nin mekdubini verdim, çok sevindiler. Mehmet Ağa da asgârdan geldi, selamı var. Ağmıcenin Merdiros yemin verdi ki, "be[n]den selam yaz" deyi. Maksus selamı var. Kasabaya mekdub vermişsiniz, çokdan beri mekdubunu alacağız. Muncusun'dan hala maksus selam göndermiş sana. Esgârdan Serkis gelmedi daha. Napiliyon dayımın üç tane mekdub verdim, birinin karşılığını aldım. Zahar elinize geldi. Baki yazacağım kalmadı. Kalmayın kusuruma.

Hayganuş H. Kocayan

[6] kağırt: kâğıt
[7] müsöyüb: tembel, ihmalkâr (< müseyyeb)
[8] panpasang: dedikodu (< pampasank: Ermenice)
[9] karer: kısa, az, kararında (< karar)

October 21, 1913
Efkere

Gracious and affectionate Harutiun Agha Kojaian,

I extend my special greetings and inquire after your well-being. If you would like to know how we are, we have no worries and we pray for you.

Foremost, we were immeasurably happy to receive your letter, dated September 21. Thank you. You expressed your pleasure over what I had written. You also wrote that you work a bit but that you still do not have a proper job. I have been thinking about that. I don't know… We heard that Uncle Kirkor got a decent job, his news is good. Hopefully, God will open doors for good profits in the future.

You also wrote about Mr. Garabed's picture [?] issue. I rejoiced at the news. You know what I am like, you have not forgotten it. Let me see you, follow my advice and do not leave work for Monsieur Garabed. You are already there, next to him.

You wrote that you were happy for Misag. He has wonderful news. He writes clever letters. He pays great attention to his studies. Don't you worry about him. He must have sent a letter to you by now.

I delivered the letter you sent for Uncle Beros. He was very pleased to read it. He started to cry and said, "My father died too, but somehow I cannot help feeling compassion for Uncle Harutiun. I always felt sorry for him. I would see him in front of inns, carrying his bag on his shoulder [and peddling], and I would feel sad. Not everyone respected him, and I would get annoyed. It is good that he left. He should make money and show off to the villagers. I have such thoughts but then again, when I think about Uncle Harutiun, I feel like crying." And he cried. Uncle Beros's wife said in her turn, "There will be a day you will go [to America] to your uncle. Enough is enough." We sat together until 4 o'clock and entertained ourselves with your and Mr. Garabed's letters.

Also, do not think that you are out of harm's way because you have relatives back here. You have one brother, and he proved to be a halfwit. You should desire to make money, and with God's permission, show them who you are. We are on our own. May God bestow long lives upon our children. Whatever good happened, came from our children.

You also wrote that you will send some pocket money. I am very glad to hear that. Because I still have not bought wheat, and I do not have any money. May he be well, Gabid Agha Kinaian attends to our needs. He bought three loads of straw for the cow; and paid 7 kurush per load. If I need a loan, he gives me money. He also wanted to buy wheat for me, but I said, "Wait until the money arrives, then you can buy, because I will sort and grind 40 measures of wheat," I said.

You also wrote about the school. In the evening I went to Uncle's to ask about the mail. He took out your letter from a pile of papers and said, "Hyganush, read and tell us the news." There were people sitting there: Yeghishe and Arzuman's son. I read the letter and told them the news about

Misag's school. They said, "Bravo!" I learned that afterwards they — Kasbar, Yeghishe and others — went to Misag Agha Seferian's house to spend time there. They talked about you. Kasbar said, "Oh, that must be a lie." And Yeghishe said, "Oh, come on, all of his family studied ..." And Kasbar replied, "Is Artin Agha's son that smart? Have you seen what Artin Agha has done?" And they said other things. They are the same old reckless men that you knew. When a notable man comes from outside the village, they complain to him [about the previous school board]. They say that the others left the school in bad shape. So, their reputations are spreading because of the semblance of work they put in. They sit in the corner and gossip about others, as you know well. Let alone 100 liras, it is a pity to give them 100 paras. But thank God, our son Garabed Effendi is intelligent. May God's protection be upon him.

You have greetings from Misag Seferian Agha. He said that you should not delay your letters. I read the letter you sent to him. Misag writes short letters to ask if you sent any letters. I delivered the letter you sent to Nutvi; they were very pleased. Mehmet Agha returned from the army and sends his greetings. Uncle's son Mardiros made me promise that I would convey his greetings to you. You sent a letter to the town, we are yet to receive it. The aunt in Muncusun sends her greetings. Sarkis has not come back from the army yet. I sent three letters to my Uncle Napoleon but he responded to only one. You must have received it by now. There is nothing more to write. Pardon my rambling.

Hyganush H. Kojaian

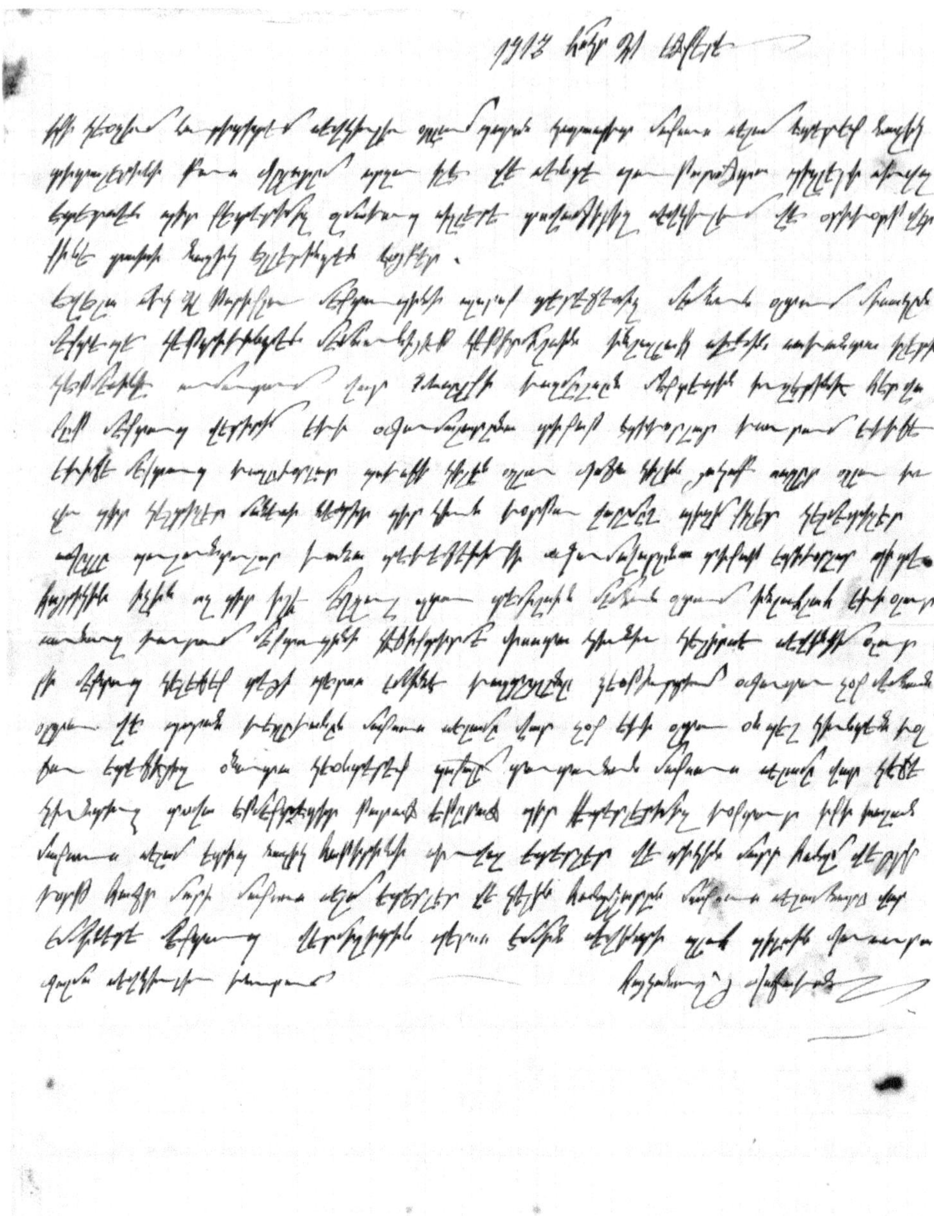

1913 *Hogd[emper]* 21
Efkere

İki Gözüm, Nur-i Didem, Sevgülü Oğlum *Baron* Garabed,

Maksus selam ederek, nazig didelarını pus kılarım, arzu ile. Ve sen de bu tarafda bizleri süval edersen, bir kederimiz olmayub, sizlere dovacıyız sevgülüm. Ve *Oriort* Verkine dahi nazig ellerinden öper.

Evela, *Seg[demper]* 21 tariklu mekdubini alarak derecesiz memnun oldum. Misag'ın mekdebe gettiğinden memnuniyet getirmişsin. İnşallah senin sayanda ileri getmesine umudum var. Nasıl ki yazmışsın, mekdebin üzerine her vakıt mekdub veririm. Eyi okumalarına dikat ediyorlar yavrum. Eyice eyice mekdub yazıyorlar. Boyacıgil'in oğlu, Kocagil'in Hagop, Sağıroğlu; üçü bir geldiler. Manesi[1] nedir? Bir gün yortu[2] varımış. Bizimkiler gelmediler, akıllı bulundular. Yana, deyeceyim ki, okumalarına dikat ediyorlar.

Bi de *hayrig*in için az bir işe meşğul oldu demişsin, memnun oldum. İnşallah eyi olursunuz yavrum. Mekdubini gecikdirme. Posda günü gelirse sevincim olur ki, mekdub gelecek deyi.

Beros emmine yazdığını götürdüm. Okudu, çok memnun oldu. Ve *Baron* Yeğıya'nın maksus selamı var. Çok eyi oldu. On beş günden yolcu edeceğiz. Onu da gönderek bakalım. Dudunun selamı var. Gece gündüz dova etmekdedir. Taraf etıraf bir kederlerimiz yokdur. İki halan maksus selam edib nazig hatırlarını süval ederler. Ve *Digin*[3] Mari Hanım ve *Oriort* Haci Mari maksus selam ederler. Ve gelin hanımnarın maksus selamnarı var. Emmine de mekdub vermişidin. Beros emmin sevindi, Allah bilsin. Kusura kalma sevgülü yavrum.

Hayganuş H. Kocayan

[1] manesi: bahanesi, belirtilen nedeni
[2] yortu: Hıristiyanların kutladığı dini bayram ve özel gün
[3] digin: evli kadınlara hitap sözcüğü, bayan (Ermenice)

October 21, 1913
Efkere

My two eyes, the light of my eye, my dear son, Mr. Garabed,

I extend my special greetings and longingly kiss you upon your eyes. If you would like to know how we are, we have no worries and we pray for you. Miss Verkine kisses your gentle hands.

I was immeasurably pleased to receive your letter, dated September 21. You wrote that you were pleased that Misag is going to school. God willing, thanks to you, I have hopes that he will advance. I will keep you informed about how he fares at school. They pay much attention to their studies, my child. They write lengthy letters. The Boyajians's son, Kojaians's Hagop and Sağıroğlu — the three of them came to the village. If you ask why, there was a one-day break because of a feast. Our children were smart enough not to come. What I am trying to say is that they pay great attention to their studies.

You wrote that your father found a bit of work. I am happy to hear that. God willing, you will be fine, my child. Do not delay in writing your letters. I rejoice on the day of mail delivery in the hope that your letter will arrive.

I delivered your letter to Uncle Beros. He was pleased to read it. You have special greetings from Mr. Yeghia. He is very well now. We will see him off in a fortnight. You also have greetings from your *dudu*. She prays for you day and night. Our kith and kin are all doing fine. You have greetings from both your aunts. Mrs. Mari and Miss Haji Mari send their special greetings. The daughters-in-law also extend their special greetings. You sent a letter to your Uncle Beros, he was pleased, God knows. Please forgive my rambling, my dear child.

Hyganush H. Kojaian

Mr. garabed Kojaian
142. Victor ave
Highland Park Ditroit mic
U. S. A

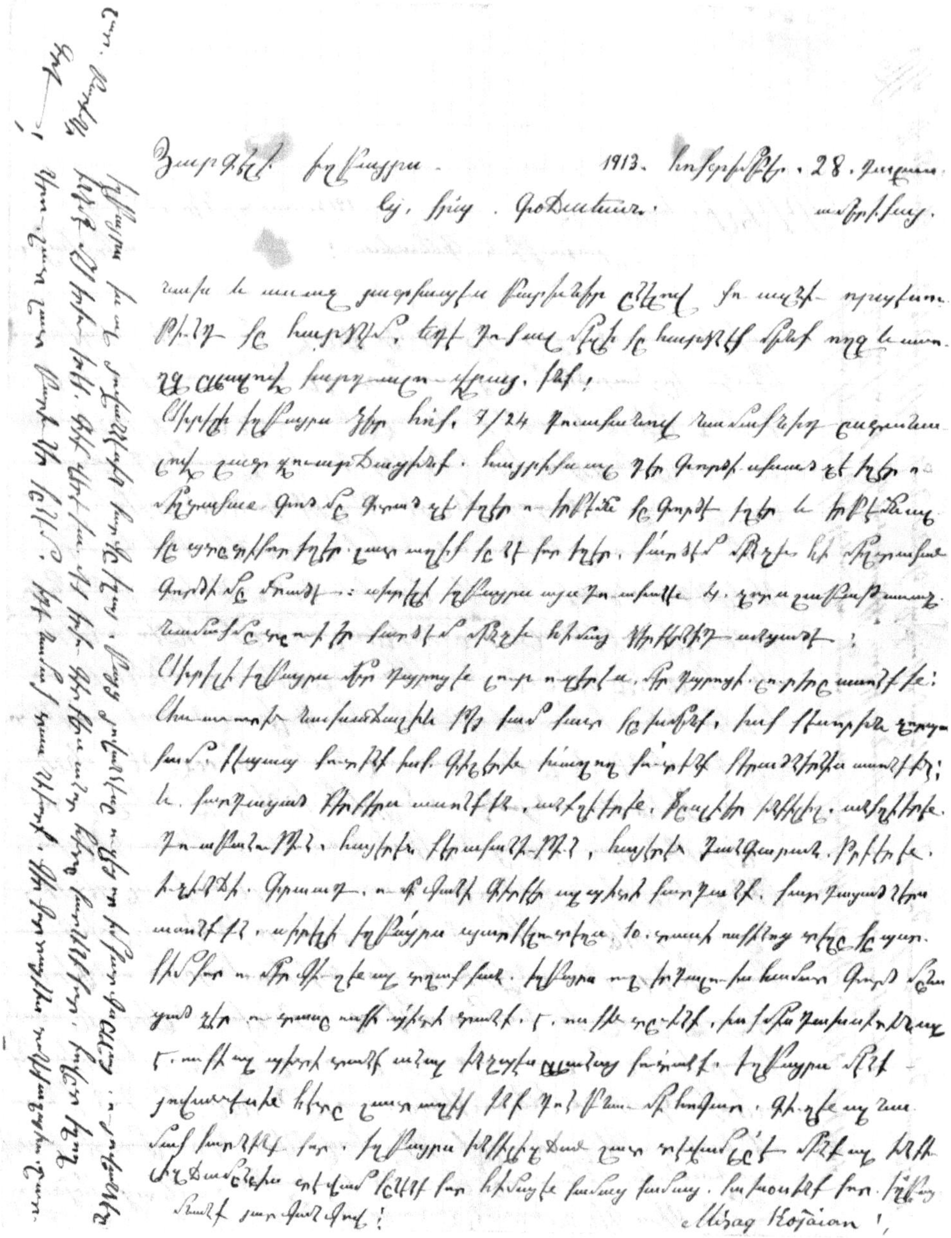

28 Ekim 1913
Talas

Amerika

Saygıdeğer Ağabeyim Baron Garabed Kocayan,

Evvela, mahsus selam ederek, nazik hatırınızı sual ederim. Eğer siz de bizi sual ederseniz, iyiyiz ve okumaya devam ediyoruz.

Sevgili Ağabeyim, 7 Ekim tarihli mektubunuzu alarak çok memnun olduk. Babam daha işe başlamamış. Bazen geziyor bazen çalışıyormuş. Belki şimdiye düzenli bir iş bulmuştur.

Dört hafta evvel bir mektup yazmıştım, her halde elinize geçmiştir. Sevgili ağabeyim, okulumuzdan haber istemişsin. Okulumuzun haberleri şunlardır: Sabahleyin kahvaltıda çay ya da süt içiyoruz. Ve öğlenleri ya çorba içiyoruz ya da kebap yiyoruz. Akşamları da üzüm yiyoruz. Yediklerimiz bunlardır.

Ve okuduğumuz kitaplar da şunlardır: İngilizce *First Year English*, İngilizce aritmetik, Ermenice dilbilgisi, *Hayeren Tankaran*[1], Türkçe Üçüncü Kıraat, ve birkaç kitap daha okuyacağız. Okuduklarımız bunlardır.

Sevgili ağabeyim, on liralık yerde yatıyorum. Köyümüzden de oğlanlar var. Ağabeyim, geç kaldığım için iş bulamadım. On lira vermemiz gerekiyor. Beş lirayı verdik. İkinci taksitte beş lira daha vereceğiz. Nasıl olsa veririz.

Ağabeyim, biz Hovannes ile çok iyiyiz. Siz bizi hiç merak etmeyin. Köyden de mektup alıyoruz. Ağabeyim, "İngilizceye çok devam et" [demiştiniz]. Biz de İngilizcemize devam ediyoruz. Şimdiden yavaş yavaş konuşmaya başladık.

Ağabeyim, saygılarımla

Misag Kocayan

Ağabeyim, ben de Hovannes'in sınıfına geldim. Ama Hovannes benim sınıfımda olmak istedi. Hovannes benden bir, iki, üç kitap ileridedir. Bir iki kitabı onunla beraber okuyoruz.

Yanında olanlara çok çok selam ederim. Eğer New York'a mektup gönderirsen, Kirkor dayıya, Donig Ağa'ya çok selam ederim.

* Ermeniceden çeviri. Metinde geçen Türkçe sözcükleri aynen muhafaza ettik.

1 Hayeren Tankaran: Ermeni Edebiyatı Antolojisi.

October 28, 1913
Talas

America

My honorable brother, Garabed Kojaian,

Foremost, I extend my special greetings and inquire after your well-being. If you were to ask about us, we are very well and busy with our studies.

My dear brother, we were extremely pleased to receive your letter, dated October 7. It seems that my father has not started working and does not have a permanent job. Sometimes he works and sometimes he wanders about. Perhaps he has found a regular job by now.

Dear brother, I sent a letter four weeks ago, you must have received it by now. My dear brother, you asked for news from our school. Our school news is as follows: For breakfast, we drink tea or milk, and at noon we eat soup or kebab. At night, we eat grapes. This is what we eat.

And the books we are reading are these: *First Year English*, arithmetic in English, Armenian grammar, *Hayeren Tankaran*[1]and third grade Turkish readings, and we are going to read a few other books. These are what we are reading.

My dear brother, the place where I sleep costs 10 liras. There are boys from our village too. My brother, because I arrived late, there were no jobs left. We have to pay 10 liras. We paid 5 liras, and we are going to pay 5 more liras in the second installment. We will pay that however we can.

My brother, Hovannes and I are doing very well. Do not worry about us at all. We receive letters from the village. My brother, you had said, "Devote a lot of time to English." So, we are continuing to learn English. We already speak a little.

My brother, respectfully yours

Misag Kojaian

P.S. My brother, I am now in Hovannes's class, but Hovannes wanted to be at my grade level. However, Hovannes is more advanced than me by one, two, three books. We learn our two books together with him.

P.S. Give my regards to all those there. If you send a letter to New York, give my regards to Uncle Kirkor and Donig Agha.

[1] Hayeren Tankaran: Anthology of Armenian Literature.

POSTES OTTOMANES
POSTES OTTOMANES
TALAS
Mr
Garabed Kodjian,
142 Victor ave.,
Highland Park,
Mich.,
U, S. A,

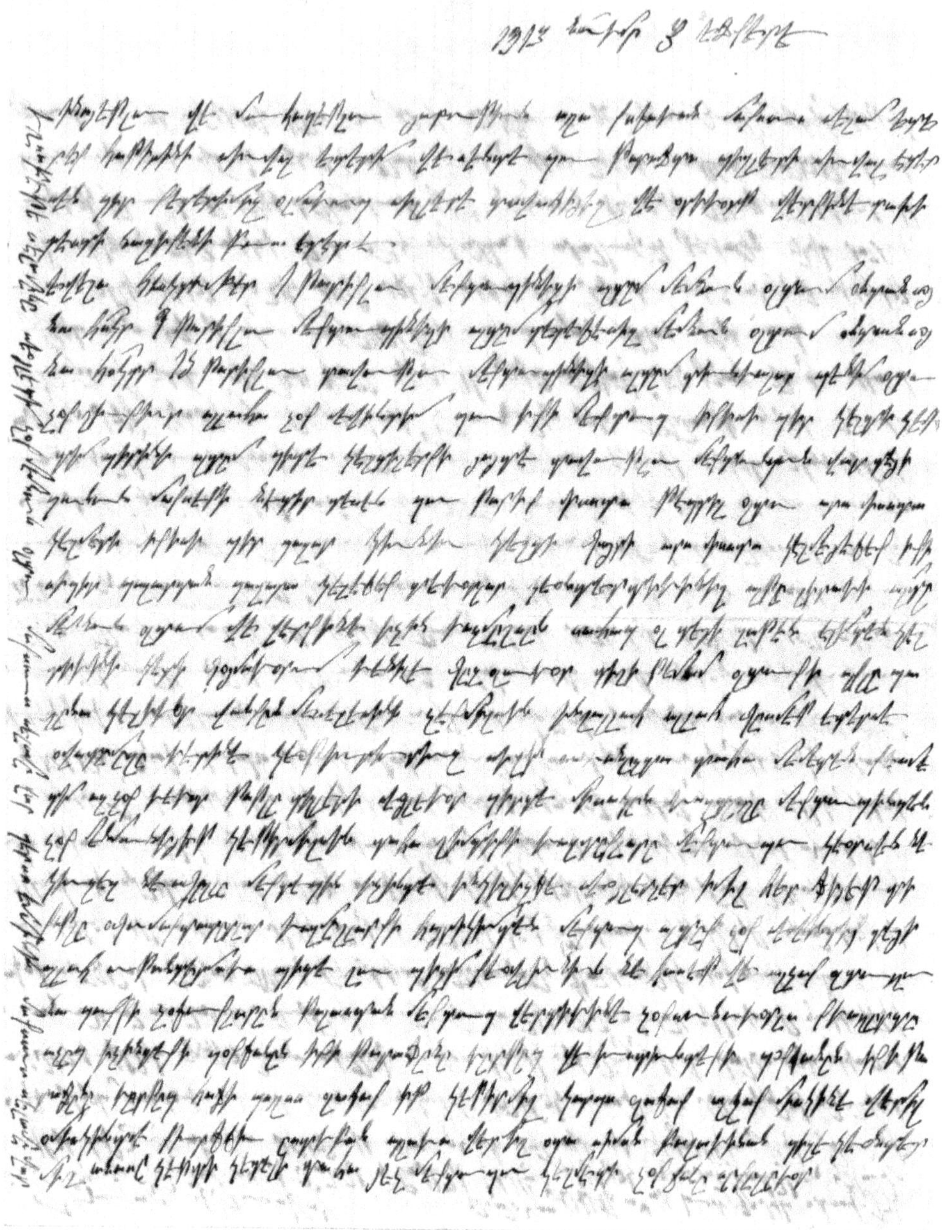

1913 *Noyemper*[1] 3
Efkere

İnayetlu ve Muhabetlu Harutyun Ağa Kocayan,

Maksus selam ederek, nazik hatirini süval ederim. Ve sen de bu tarafda bizleri süval edersen, bir kederimiz olmayub, sizlere dovacıyız. Ve *Oriort* Verkine dahi desd-i nazikeni pus eder.

Evela, *Hogdemper* 1 tariklu mekdubinizi aldım, memnun oldum. Ondan sona *Hok*[*dempe*]r 9 tariklu mekdubinizi aldım, derecesiz memnun oldum. Ondan soğna Hok[dempe]r 15 tariklu davutlu[2] mekdubinizi aldım, dünyalar benim oldu. Çok şükür Allah'a, çok sevindim. Bu iki mekdub ikisi bir geldi. Getdim birini aldım, bi de geldiler ki, "Hayde, davutlu mekdubun var" deyi. Bunun makseti nedir desen, bu tarik posda tebdil oldu. Ara posda gelmedi. İkisi bir, Bazar günü geldi. Kayri ara posda gelmeyecek. İkisi bir, bazardan bazara gelecek deyorlar.

Gönderdiyiniz altı lirayi aldım, memnun oldum. Ve Verkine için yazmışsın, "sahab ol" deyi. Zaten elimden geldiyini geri koymayorum. Yenile[3] kız oluyor. Dişi temam oldu ki, aklı başına geliyor. *Vank*ın meselesini çekmişsin. İnşallah Allah kısmet ederse o vādımızı yerine götürürüz, sizin sayanızda. Daha memeden kesmedim. Az çok yeyor. Tatlı dilleri söyleyor.

Bir de Misag'ın yazdığı mekdubinden çok menmuniyet getirmişsin. Daha şimdiki yazdıkları mekdubu görsen, ne güzel, ne akıllı! Mekdebin içinde İngilizce söylerler[4] imiş. Her ciyet dikatlı okumakdadırlar. Yazmışlar ki, "*Hayrig*imden mekdub aldık, çok sevindik" deyi. Allah utandırmasın.

Bi de şu bizim kövlünün ne haset ve alçak olduğuna bak ki, çocukların Talas'dan mekdub verdiyine çoksunuyorla[r][5]. Kâğıdı açıb, içindeki bohcanın iki tarafını yırtıb ve üsdündeki bohcanın iki tarafını yırtıb, Haci Boğos olacak it getirmiş, Garbo olacak alçak misgine vermiş. O misgin de Kürccü Isdepan Ağa'ya vermiş. O da Simon Paşayinan bize göndermiş. Anası getdi gedeli daha heç mekdubu gelmedi, çok canı sıkılıyor. Getdim, dedim Küccü'ye, "Neye açıkdır" dedim ise, "Açık verdiler demma[6][?] bu mekdub açdıkları doğru deyil" dedi. "Nihayet başka yerden geldi ise, onu da açık getirdiler." Hâsılı, etimizi yemeden geri durmazlar itler. Çünkü çok görüyorlar bize. Nihayet çocuklara yazdım ki, "Öyle artık tortularınan[7] mekdub vermeyin. *Vank*da *varjabed* var, her hafda geder gelir. Biz ona verdik, siz de ona verin mekdubu" deyi yazdım. Yana, bunu yazdığımdan makset var. Anna bizim üsdümüze haset olduklarını. Zaten bilirsin. Allah hağ[?] ede.

Bi de yazmışsın, küpe için yazmışsın. Ben sizin sağlık haberinize möhdacım. Her mekdub geldiyinde birer küpe dakınıyorum, ne kıdar seviniyorum biliyorsun. Memnunum, inşallah eyi oluruz Allah sayasında.

[1] Noyemper: Kasım (Ermenice)
[2] davutlu mekdub: taahhütlü mektup (< ? davet)
[3] yenile: daha yeni, şimdi, yeni yeni
[4] söylemek: konuşmak
[5] çoksunmak: çok görmek
[6] demma: ? demek
[7] tortu: soysuz

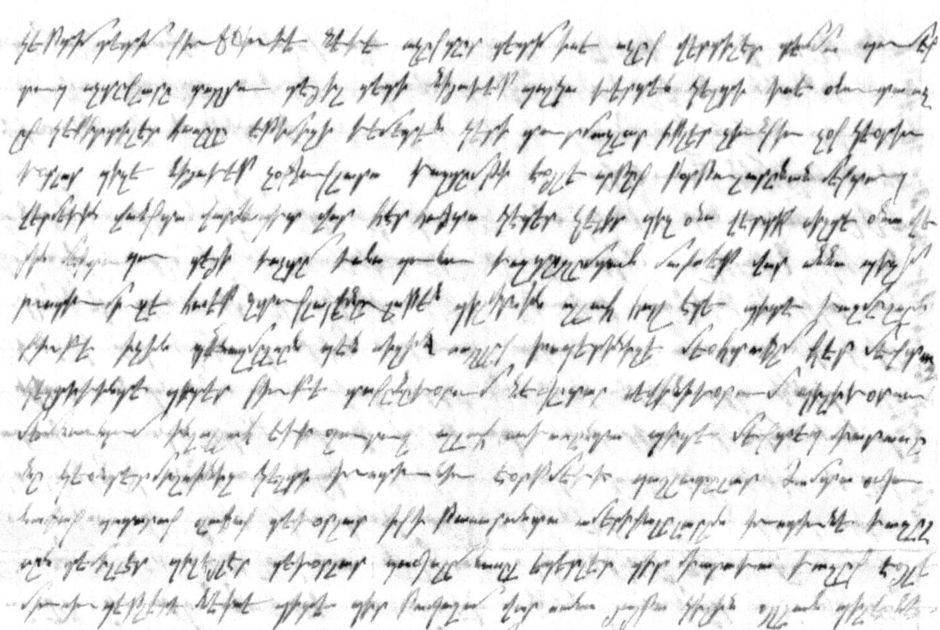

Bi de mekdeb parasını göndermişsiniz. Geldi, üsdünü örtmeye başladılar. *Jam*da okunacak, *badarak*[8] olacak deyorlar. İki *tasaran*[9] da Amerikalıların üsdüne yazılsın demişler. Bişeyler deyorlar, bakalım nasıl ederler. Bir paraya yazık, öyle müsübetler[10]. Ne ise.

Bi de bir takazam var sana. Haytagil'in oğlan bilene[11] getdi idi. Ondan öndüc beş kuruş mu aldın? Bu Nuritsa olacak yezit ayara[12] giderim, para isder. Bağ yolunda para isder. O kadar canım sıkdı ki, dedim "İşde param var ya, vermeyeceyim. Haberini getirtdiriyim, veriyim." Yok, daha gendi dediyinin üsdünde durur. Amma cinsi bokdur zaten. Bunun cevabını bildiresin rica ederim. Kövümüzün halini zaten bilin ha. Gözleri kör olsun!

Şindik gene hasdalık pek çoğaldı. Yatalık[13] gibi filan ya, bir keder yokdur. Bugün Kocagil'in Arşag'ı nişannadılar Hamidiyeli Yağlı Hacı'nın baldızına. Kocagil'in Miran, Lüsüg de, Ğareke Mıgırdiç Ağa'nın evine göçdüler. Boğaz dokluğuna yesir[14] deyorlar. Bizim mahlede Gülüm'ün kızı da anası evine geldi. Yeğıya dayının gelini birçok lisana geldiler. Geriden seyirci duruyorum ben de. Çünkü çok bizim aleyimize dü[ş]düler, daha hâle[15] düşerler.

Annitsa gö. çalhr[16]. deyi Misag'ın ne kıdar zoruna getdi ki, "*Mayrig, tıbrotsın dığakı* daha *inç ga gısın*"[17] deyi yazar. Gel posda bir mekdub daha veririm. Sağ olasın.

Hayganuş H. Kocayan

[8] badarak: dini ayin (Ermenice)
[9] tasaran: derslik (Ermenice)
[10] müsübet: ansızın gelen felaket, sıkıntı veren şey (< musibet)
[11] bilene: ? bile
[12] ayar: tembel, aylak
[13] yatalık: humma, tifo benzeri ateşli hastalık
[14] yesir: esir
[15] hâle: hâlâ
[16] şifreli sözcük
[17] "Ana, okulda oğlanlar daha neler diyorlar"

November 3, 1913
Efkere

Gracious and affectionate Harutiun Agha Kojaian,

I extend my special greetings and inquire after your well-being. If you would like to know how we are, we have no worries and we pray for you. Also, Miss Verkine kisses your gentle hand.

I was happy to receive your letter, dated October 1. Then I received your letter, dated October 9, and I was immeasurably pleased. Afterwards, I received your registered letter, dated October 15, and I felt on top of the world. Glory be to God, I was very happy. The first two letters arrived together. I went to pick them up. Then they notified me to go and pick up the registered letter. If you wonder why this happened, the mail-delivery order has changed. The intermediary post did not arrive; both letters came on Sunday. There will not be intermediary deliveries any longer. They say that both deliveries will be made on Sundays.

I was pleased to receive the 6 liras you sent. You also wrote that I should take good care of Verkine. I am already doing my best. She is turning into a girl now. Now that she has all her teeth, she is becoming clever. You wrote about taking her to the monastery. God willing, thanks to you, we will carry out our vow. I have not weaned her yet. She eats well and talks sweetly.

You wrote that you were very happy about Misag's letter. You should see the letters he writes now; how beautiful, how intelligent they are. He says that they speak English at school. They study every subject with great care. They wrote that they rejoiced when they received your letter. May God not disgrace us.

How jealous and mean our fellow villagers are that they begrudged us the letter the children sent from Talas. I learned that the dog called Haji Boghos brought the letter, tore both sides of the inner and outer packages, opened the letter and gave it to that lazy rascal called Garbo. Then that rascal gave the letter to Sdepan Agha Kurkjian[?], who sent the letter to us with Simon Pashaian. He had not received a single letter since his mother left, and he is really upset. So, I went to Kurkjian[?] and asked why the letter was open. He said, "It was already open; however, it is not true that they were opened here. Other letters also came open." In short, these dogs cannot help but resent us. So, I told the children they should not send letters with those degenerates. There is a teacher at the monastery who goes back and forth every week. I sent my letter with him; I told the children to send their letters with him as well. I mean, there is a reason why I wrote that way. You must understand how much they envy us. May God give them what they deserve.

You also wrote about the earrings. I only need the news of your good health. Every time I receive your letter it is as if I am wearing earrings. You know how glad I am when I receive your letters. I am happy. God willing, we will be fine.

Also, the money you sent for the school in Efkere arrived. They are now covering the roof. They say that there will be mass in the church to consecrate the school. They said that both classrooms should be registered to the Americans. They say all sorts of things; let us see what they will do. I feel bad for the money; these people are such nuisances. Anyway.

Also, I have a complaint. Did you borrow 5 kurush from the Haytaians's son? This scamp called Nuritsa asks money from me. He stood in my way as I went to the orchards and demanded money. He annoyed me so much that I finally said, "See, I have money, but I am not going to give it to you. Let me ask him first, then I will pay you." But no, he insisted on his account. We already knew that he is one of the shitty kind. Please tell me what to do. You know the situation in our village very well. May God damn them.

Another feverish epidemic occurred recently, but nobody died. Today they engaged Kojagil's Arshak with the sister-in-law of Yağlı Haji of Hamidiye. Kojagil's Miran and Lusig moved to Mghirdich Agha Garekian's house. They say that they made themselves slaves for food only. In our neighborhood, Gülüm's daughter came back to her mother's house. They gossiped a lot about Uncle Yeghia's bride. I remained an observer. Because they have talked a lot against us and they still do.

Misag was so annoyed that Annitsa was [ciphered word] he wrote, "Mother, the boys at school say all sorts of things." I will send you another letter with the next post. May you be well.

Hyganush H. Kojaian

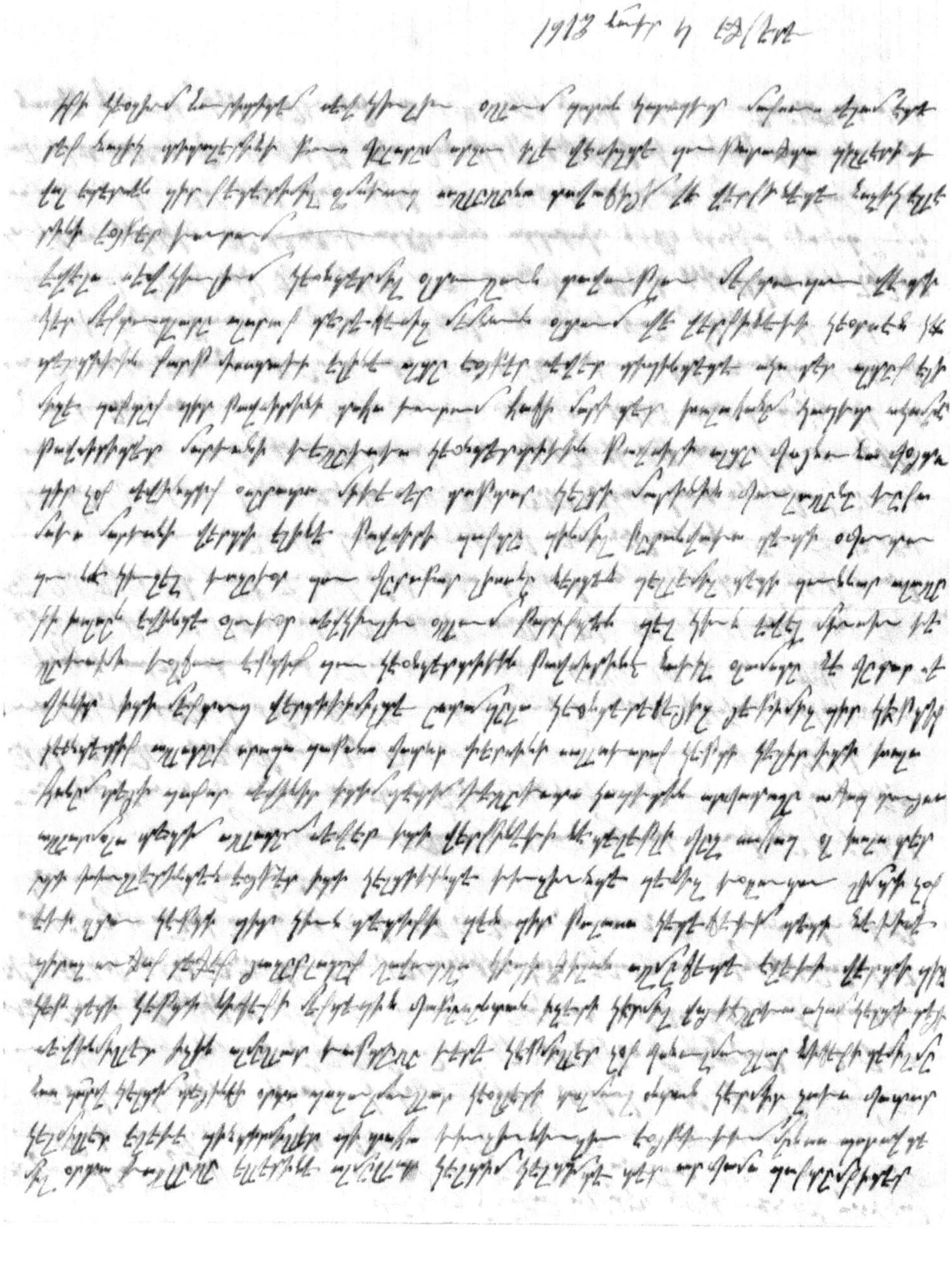

1913 *Noy*[empe]*r* 4
Efkere

İki Gözüm, Nur-i Didem, Sevgülü Oğlum Baron Garabed,

Maksus selam ederek, nazig didalerini pus kılarım, arzu ile. Ve siz de bu tarafda bizleri süval edersen, bir kederimiz olmayub, sağlığına dovaciyim. Ve Verkine de nazig ellerini öper yavrum.

Evela sevgülüm, göndermiş olduğun davutlu mekdubu ve diger mekdubları alarak derecesiz memnun oldum. Ve Verkine'yi görsen, gönderdiyin kartposdayi eline aldı. Öper, sever, dibinde de "aga" der. Aldık elimize, bakdık bir tavsirini daha yavrum. Haci Mari der, "Hala Hanım, Gabid agamın tavsiri" der. Maryani, Yeğıya'ya gönderdiyin tavsiri aldı, koynuna koydu. Birçok sevindik. O sırada Miyeser dotdor geldi Mari'nin kulağını yıkamaya. Maryani verdi eline tavsiri, bakdı, "binmiş tranvaya" dedi. Okudu, "Bu ne güzel yazıyor bu *Kırapar* lisanı. Nerden bellemiş?" dedi. Bunnar aşağıki halaın evinde oluyor.

Sevgülü oğlum, tarikden beş gün evel Müsyü Yeğıya'yi yolcu etdik. Bu gönderdiyin tavsirine nayil olamadı. Ne kıdar sevinir idi. Mekdub verdiyimizde Isdambıl'a göndereceyiz. Hepimiz bir getdik, göndēdik, ağladık. Araba batana kadar persini[?] sallayarak getdi. Gelir idi, "Hala Hanım" deyi; bakar, sevinir idim. Derim, "Yeğıya da Gabid'in arkadaşı; acab duysa ağlar m'ola?" dedim, ağladım. Sever idi Verkine'yi. "Ne deşetli kız, sahab ol hala" der idi. Gözlerinden öper idi. Geldiyinde yüzünde beniz yoğudu. Şimdi çok eyi oldu, getdi. Bir gün dedi ki, "Ben bir Talas'a gedeceyim" dedi. Neyise, biraz ufak defek hazırladık, ğavurğa[1] gibi filan. Ağmıce de eşeği verdi, "bin get" dedi, getdi. Nice ki mekdebin kapısından girmiş, "Vay, Yeğıya agam geldi!" deyi sevinmişler. İzin almışlar, yatdığı yere getmişler, çok konuşmuşlar. Nice ki demiş, "*mınas parov*[2] geldim" deyince, orda bozulmuşlar, gözleri dolmuş. Ondan Germir Çay'a kadar gelmişler. Eşeye bindirmişler. "Bi daha yüzünüzü öpüyüm, *mınas parov*" demiş. Orda haşlığı ellerine almışlar. "Geldim, geldim de" der, "arkama bakdım ki" der, "daha yağlığ[3] sallayorlar" der. Geldi eve ağlar, "Bu çocuklar benim içerimi viran etdi" der, ağlar. Neyise, haberlerini verdi. "Hala Hanım, çok deşetli okuyorlar" dedi. Mısdırdan haber almış, "eyi, ileri gederler" demiş. Bak ki, Kocagil'in Hagop bunnara *tas* olmuş. Boyaci Haci de eşeyi o kadar da manasdırda okudularıdı. İngilizce söyleyorlarımış. Eyi haberlerini *B*[*aron*] Yeğıya getirdi oğlum.

Bir de altı lira haşlık göndermişsin yavrum, çok sevindim. Allah ömrüne bereket vere. Mekdublarını okuduğumda üsdüme bir nur doğayor yavrum. Allah utandırmaya. Gel posda bir mekdub daha veririm. Eyisini bildiririm, ne ki harcayacak olursam. "Ağmıceye iki lira ver" demişsiniz. Onu, oraya veririm. Daha ne ki olursa yazarım.

[1] ğavurğa: kavurga, kavrulmuş tahıl
[2] mınas parov: hoşça kal (Ermenice)
[3] yağlığ: geniş, büyük mendil

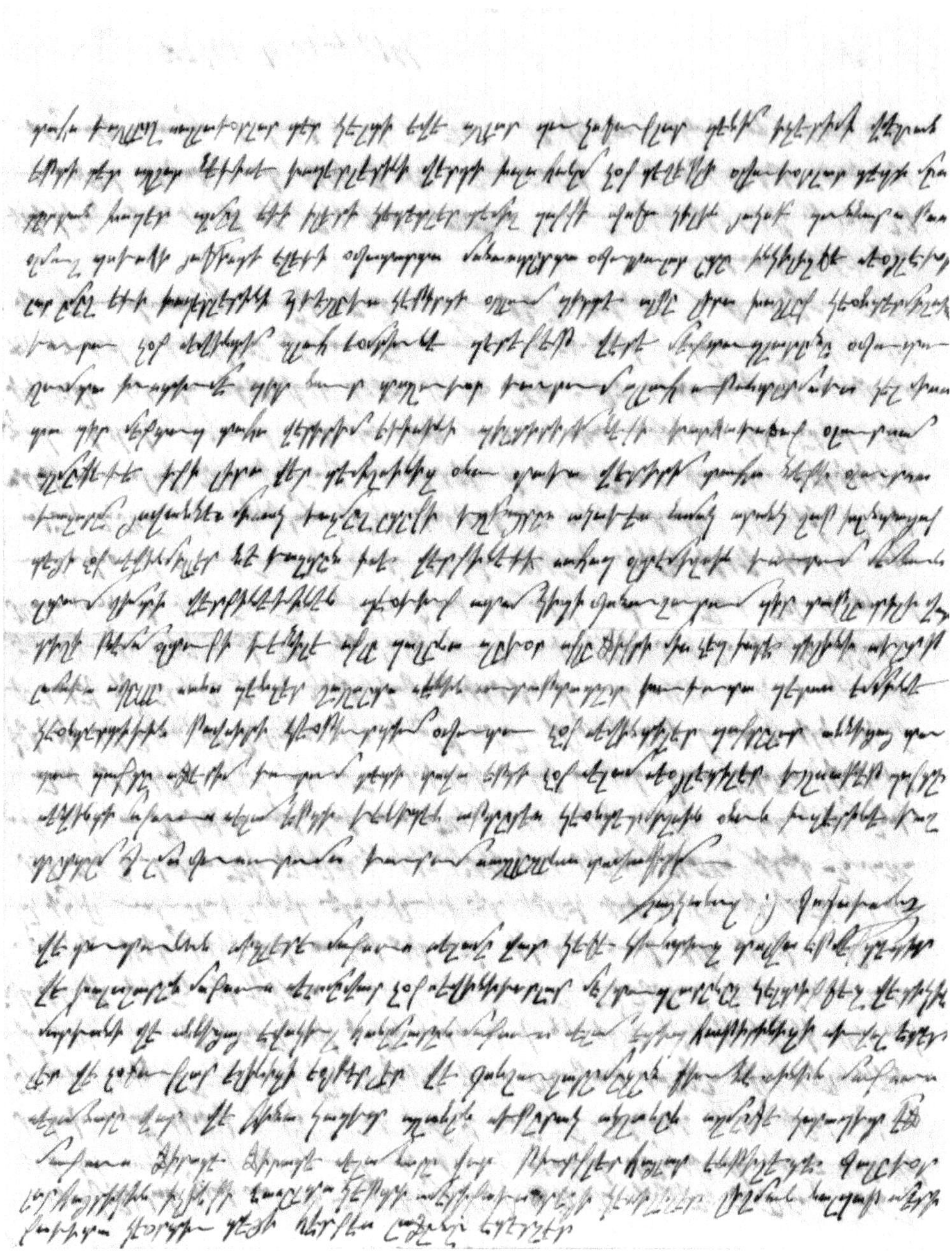

Hovannes, Misag yazmışıdı ki, "*Yeğpayrıs, agayes namag arang, şat khındatsak*"[4] deyi. Çok sevinmişler ne yazdın ise. "Verkine'ye sahab ol" demişsin yavrum. Memnun oldum. Şimdi Verkine'yinen böyük adam gibi konuşurum. Bir datlı dili var. Dişi temam oldu ki, yenile aklı başına alıyor. Aklı fikri mis çep isde[?], dişini ayırtlamaya. Akıllı, sana benzer. Şağsı[5] da senin suratdadır, huyu da.

Beros emmine gönderdiğin tavsiri götürdüm. Okudu, çok sevindiler, bakdılar. Annitsa dudu bakdı, "aferim yavrum" dedi, dova etdi. Çok selam söylediler. Yeğsapet bakdı, sevindi, maksus selam etdi.

Yeniden atdıres[6] göndermişsin, onun üzerine yazdırdım. Kalma kusuruma yavrum. Sağlığına dovacıyım.

Hayganuş H. Kocayan

Ve dudunun sizlere maksus selamı var. Gece gündüz dova etmekdedir. Ve halaların maksus selamı var. Çok seviniyorlar mekdublarınız geldikcez. Ve *Digin* Maryani ve Annitsa, Evagül hanımların maksus selam edib, hatirinizi süval ederler. Ve çocuklar elinizi öperler. Ve konşularımızın cümnesinin maksus selamnarı var. Ve Kina Gabid Ağa'nın, Setırag Ağa'nın, Ağmıce Garabed Ef[endi'nin] maksus firade firade selamnarı var. Türkler, *Hay*lar entişede kalıyorlar *hayrig*in için ki, "nasıl da getdi Amerika'ya" deyi. Gesililer, "Şişman Nalba[n]t Amerika'yi da gördü" deyi, herkes lafını ederler.

4 "Kardaşım, agamdan mekdub aldık, çok sevindik"
5 şağıs: yüz, çehre (< şahıs)
6 atdıres: adres

November 4, 1913
Efkere

My two eyes, the light of my eye, my dear son, Mr. Garabed,

I extend my special greetings and longingly kiss you upon your gentle eyes. If you were to ask how we are, we have no worries and we pray for your good health. Also, Verkine kisses your gentle hands, my child.

Firstly, my dear, I was immeasurably pleased to receive your registered letter and your other letters. You should have seen Verkine. She grabbed your card, kissed it and said, "Brother!" We saw yet another photograph of you, my child. Haji Mari said, "Aunt, look, Gabid's picture!" Mariani took the picture you sent to Yeghia and tucked it away in her bosom. We were very happy. At that point Doctor Miyeser came to wash Mari's ear. Mariani gave your picture to him. He looked at it and said, "Huh, he boarded the tram." He read your letter and said, "How beautifully he writes *Krapar*, where did he learn it?" All this took place at your aunt's house.

My dear son, we saw off Yeghia five days ago. He could not see this picture that you sent. He would have been delighted. When we send a letter to Istanbul, we will include your picture. We saw him off all together; we cried. He waved his handkerchief until his cart disappeared. He would come to me saying, "Aunt," and I would look at him and rejoice. I thought to myself, "Yeghia is Gabid's friend; would he cry if he had heard," and I cried. He is fond of Verkine. He said, "What a terrific girl, take good care of her, Aunt." He would kiss her on the eyes. He was so pale when he came. Now he has recovered and left. One day, he said, "I am going to Talas." We provided him with victuals for the road, roasted corn etcetera. Uncle[1] gave him his donkey. He said, "Take it, and leave." So he left. When he entered the school, the children were overjoyed saying, "Oh, our brother Yeghia came!" They got permission to go to the dormitory, where they chatted a lot. When he said, "I came here to bid farewell," the children became upset and their eyes were filled with tears. They accompanied him till the Germir River. They helped him to mount his donkey. Yeghia said, "Let me kiss your faces once more. Farewell!" There they got their pocket money. He said, "When I looked behind, they were still waving their handkerchiefs." He returned home and cried, saying, "These children moved me so much." Anyway, he gave us their news. He said, "Madam Aunt, they study very hard." The headmaster told him that they are doing fine and they shall advance. It is odd that they placed Kojagil's Hagop in the same class with them. Boyajian Haji's donkey also studied at the monastery. They speak in English at school. Mr. Yeghia brought their good news, my son.

You sent 6 liras pocket money, my child. I am really pleased. May God give you a long life. When I read your letters, a light shines upon me, my child. May God not disgrace us. I will send you a letter with the next mail and inform you about the expenses in detail. You instructed me to give 2 liras to Uncle. I will pay him and inform you.

[1] The identity of this person is unclear.

Hovannes and Misag wrote saying, "We received a letter from our brother and rejoiced." Whatever it was you wrote, they were very happy. You wrote that I should take good care of Verkine. I was pleased. I talk to her like an adult now. She is honey-tongued. She cut all her teeth and thus, she is becoming quite clever. All she thinks about is mischief [?]. She is smart, just like you. Her face also resembles yours, as does her temperament.

I delivered the picture you sent for Uncle Beros. They were very pleased. Anitsa *Dudu* looked at it and said, "Bravo, my child," and prayed for you. They both extend their greetings. Yeghisapet was also pleased to see your picture. She sends her greetings.

You sent a new address, to which I am sending this letter. Please excuse my errors, my dear. I pray for your good health.

Hyganush H. Kojaian

P.S. You all have special greetings from your *dudu*. She prays for you day and night. You have special greetings from your aunts. They rejoice when your letters arrive. Mrs. Mariani, Anitsa and Evagül extend their special greetings and inquire after your well-being. The children kiss your hand. All of our neighbors send their special greetings. Gabid Agha Kinaian, Setrag Agha, and Uncle Garabed Effendi extend their special greetings too. Both Turks and Armenians worry about your father and wonder how he dared to depart for America. The people of Gesi talk about your father and say, "That fat blacksmith made it to America."

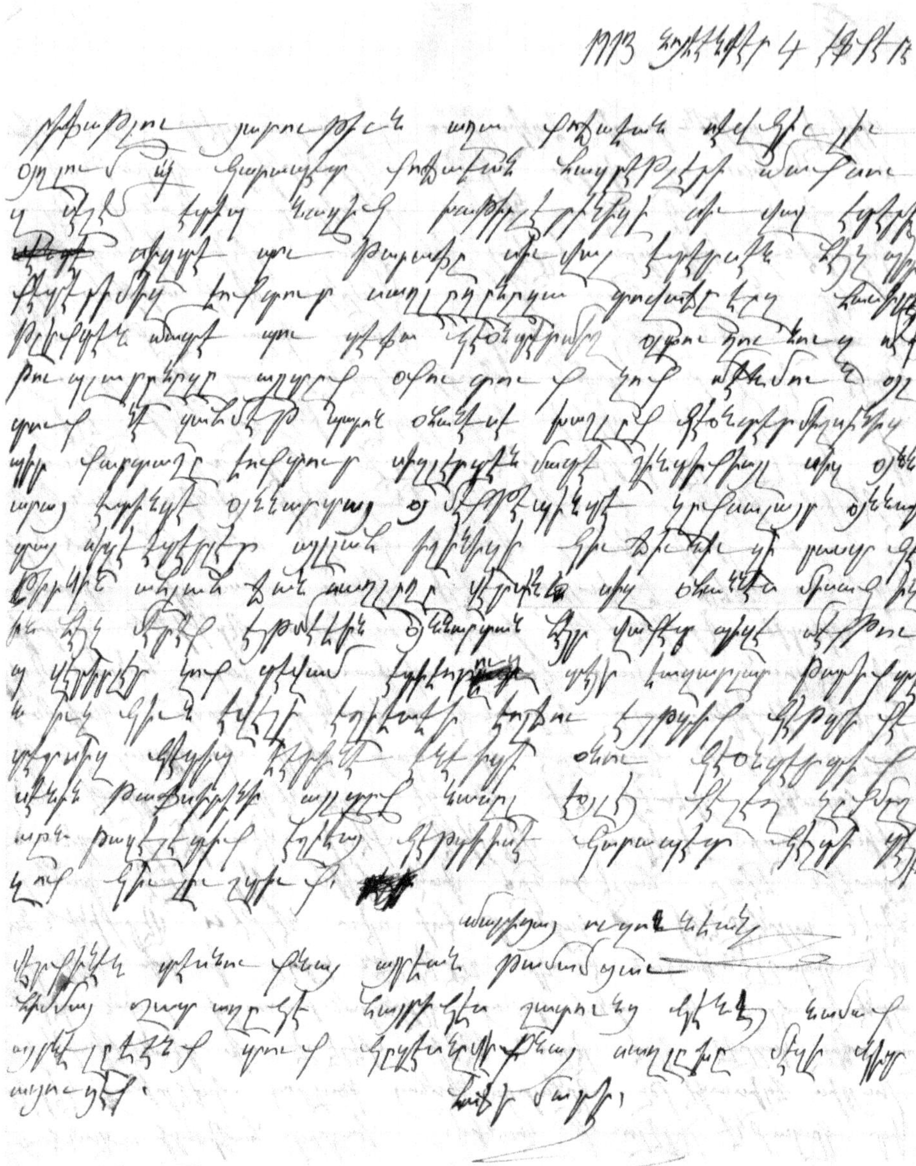

1913 *Nohenper* 4
Efkere

Rifatlu Harutyun Ağa Kocayan, Sevgülü Oğlum *B[aron]* Garabed Kocayan Haziretleri,

Maksuz selem edib, nazig hatirlerinizi süval ederim. Siz de bu tarafı süval edersen, hiç bir kederimiz yoktur. Sağlığınıza dovacıyız, hasiretlikden mâde[1].

Bu defa, göndermiş olduğunuz mektublarınızı aldık, okuduk, çok memnun olduk. Ne zahmet, *Baron* Ohanes'e haşlık göndermişsiniz. Bir kardaşı yokdur sizlerden mâde. Şindik[...] siz onnara edin de, onnar da o mektebinde çıksalar, onnar da size ederler. Allah işinizi gücünüzi rasd getirsin. Allah can sağlığı versin. Siz, Ohannes, Misag için heç merak etmeyin. Onnardan her vakid bize mektub verirler, "çok devam ediyoruz" deyi yazarlar.

Tarikden üç gün eveli Yeğiya'yı yolcu etdik, getdi. Kedersiz gedib yerine ine idi. Onu gönderdik, senin tafsirini aldık. Nasıl öyle keleş[2] çıkmışsın. Tazeledik, "Yeğiya getdi ise Garabed geldi" deyi çok gülüşdük.

Maritsa Uzunyan

November 4, 1913
Efkere

Eminent Harutiun Agha Kojaian, my dear son, Mr. Garabed Kojaian,

I extend my special greetings and inquire after your well-being. If you were to ask about here, we have no worries except for our longing for you. We pray for your good health.

We received and read your letters and rejoiced. You sent pocket money to Mr. Ohannes; you shouldn't have. He has no brothers but you. Now you do favors for them, and when they graduate they will do the same for you. May God allow you to succeed and give you good health. Do not worry about Ohannes and Misag. They send us letters regularly and write that they study well.

Three days ago, we saw off Yeghia. I hope he arrives at his place without trouble. We saw him off and received your picture. How handsome you look! We refreshed our memories [?]. We laughed a lot saying, "Yeghia left, but Garabed came."

Maritsa Uzunian

[1] mâde: başka, gayri (< maada)
[2] keleş: güzel, yakışıklı

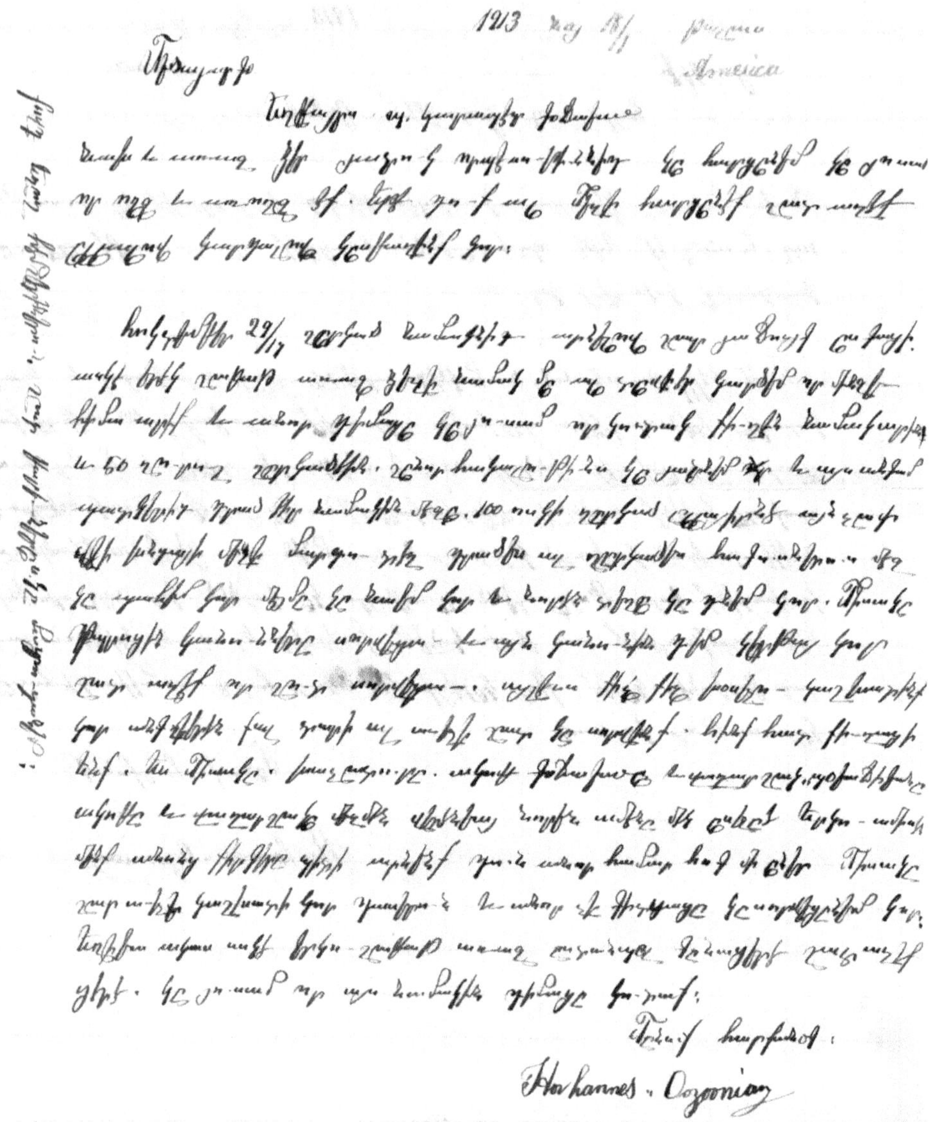
1913

America

Hovhannes . Oozounian

18 Kasım 1913
Talas

Amerika

Saygıdeğer Ağabeyim Baron Garabed Kocayan,

Evvela, hassaten hatırınızı sual ederim. Umuyorum sağ ve salimsinizdir. Eğer siz de bizi sual edecek olursanız, çok iyiyiz ve okumakla meşgulüz

29 Ekim tarihli mektubunuzu alarak çok memnun olduk. Üç hafta önce size bir mektup göndermiştik, şimdiye elinize geçmiş olmalıdır. Cevap vereceğinizi umuyorum. Köyden mektup aldık, bize elli kuruş göndermişsiniz. Teşekkür ediyorum. Bu defa, mektubun içine bir fotoğrafınızı koymuşsunuz. Eğer yüz lira gönderseydiniz bu kadar gülmezdik. Bizi adam yerine koyuyorsunuz. Resmi elbisemin içinde saklıyorum. Bir bakıyorum, tekrar yerine koyuyorum.

Misag okulun kurallarını öğrendi ve kurallara uyuyor. Çok iyi ve çabuk öğrendi. Artık biraz biraz İngilizce konuşmaya başladık. Gelecek seneye daha çok öğrenmiş olacağız.

Okulda bizim köyden beş kişi var: Ben, Misag, Haçadur, Agop Kocayan ve Vağarşak Boyacıyan. Agop ve Vağarşak bizden ilerideler. Ama iki aya kadar onların kitaplarını alacağız. Onun için merak etme. Misag çok sıkı çalışıyor. Bilmediklerini de ben öğretiyorum.

Bundan iki hafta önce Yeğiya ağabey İstanbul'a gitti. Çok iyi oldu. Umarım bu mektubumun cevabını yazarsınız.

Hovannes Uzunyan

Yanında olan hemşerilere çok selamlar ederim.

* Ermeniceden çeviri

November 18, 1913
Talas

America

My honorable brother, Mr. Garabed Kojaian,

Foremost, I inquire after your well-being. I hope that you are alive and well. If you were to ask about us, we are very well and busy with our studies.

We were extremely pleased to receive your letter, dated October 29. Three weeks ago, we sent you a letter. You must have received it by now. I hope you will reply. We received a letter from the village in which you sent us 50 kurush. I express my thanks for this. This time, you enclosed your photo in the letter. If you had sent 100 liras, I would not have smiled as much. You hold us in esteem. I keep the picture in my pocket. I take it out, look at it and put it back in my pocket.

Misag has learned the rules of the school. He is following the rules, which he learned well and quickly. Little by little, we are beginning to speak English. By next year, we should learn even more.

We are five villagers in the school: I, Misag, Khachadur, Agop Kojaian and Vagharshag Boyajian. Agop and Vagharshag are more advanced than we are, but in two months we will be using their books. Do not worry about Misag. He is working hard at his lessons, and whatever he does not know, I am teaching him.

Two weeks ago, Yeghia *aga*[1] went to Istanbul. He is much better now. I hope you will respond to this letter.

Hovannes Uzunian

P.S. I extend my greetings to our fellow countrymen who are there with you.

[1] aga: elder brother. Also used as title of respect in addressing nonrelated male elders.

آمريقا
TALAS
Mr. Garabed Kojaian,
142 Victor ave.,
Highland Park,
Mich.
U.S.A.

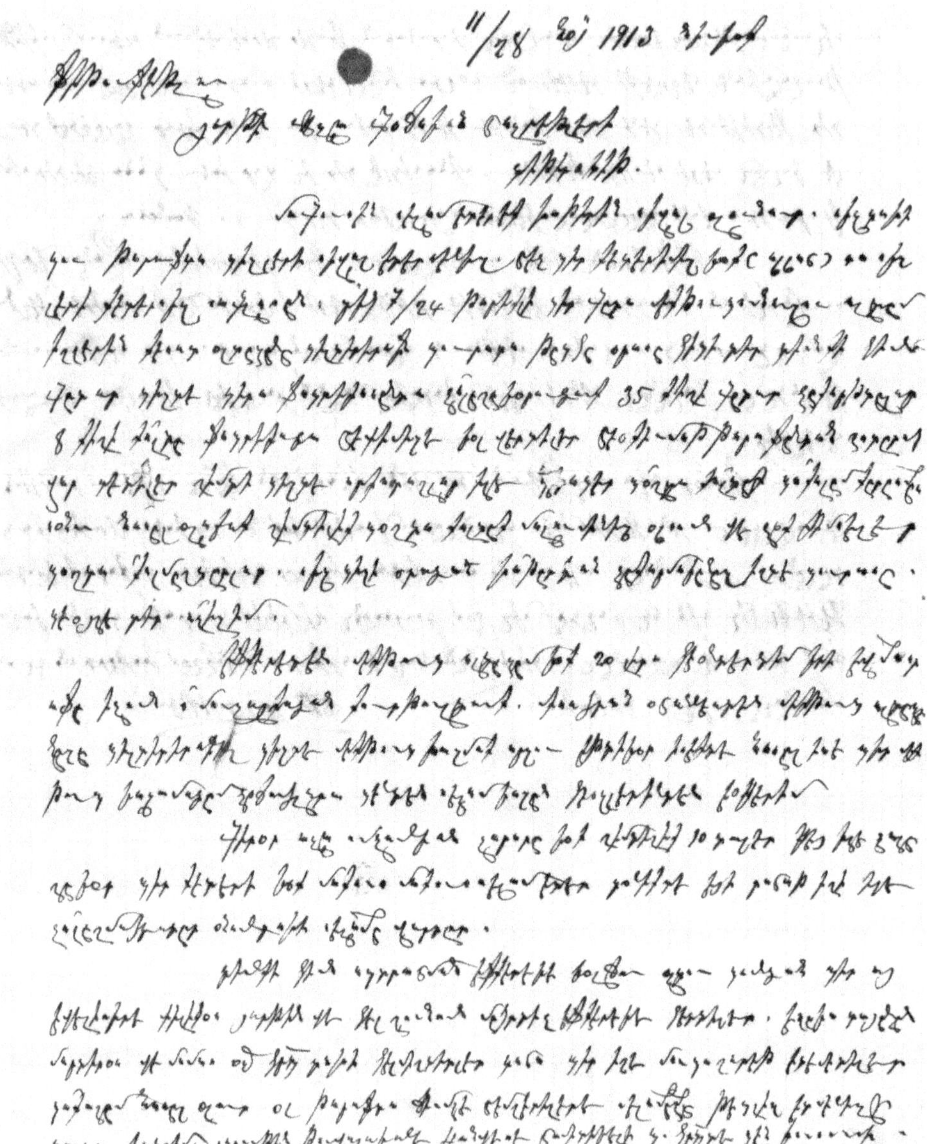

11/28 *Noy[emper]* 1913
Nivyok

Fitufetlu Artin Ağa Kocayan Hazretleri,
Ditiroyit

Maksusen selam ederek, hatirin sival olunur. Siz dahi bu tarafda bizleri sival ederseniz, heç bir kederimiz yok. Allah da sizleri kedersiz saklasın.

Dün 7/24 tarihli bir kısa mektubunuzu aldım. İşlerin kesad oldığını bildirirsin. Bura da tıbgı orası gibidir. Dünki güne kıdar biz de bira fabrikasında çalışıyoruduk. 35 kişi kıdar çıkartdılar, 8 kişi kaldı fabrikada. Hepimize yol verdiler. Hökümat tarafından [...] var dediler. Şimdi biz de arkadaşlar ile beraber boşda kaldık. Bakalım *Kırısmıs*[dan][1] sōna nasıl olacak. Şimdilik boşda kaldık, maluminiz olsun. Ve çok kimseler boşda kalmışdırlar. Siz bizi oradan hatırdan çıkarmayınız. İşde burası böyledir azizim.

Efkere'den mektub aldığım yok. 20 lira gönderdim idi ev masrafı içün. O muzayadan[2] kurtulduk. Misag'dan, Ohannes'den mektub aldığınızı bildirirsiniz. Biz de mektub yazmak arzu ediyor isek de, nasıl ise bir mektub yazamadım çocuklara. Benden selam yazın, gözlerinden öperim.

Kir[k]or Ağa Uzunyan[ın] zararı yok. Şimdilik 10 daler[3] pey[?][4] ile çalışıyor. Bir kederi yok, maksus maksus selam eder. Donik de eyi, rahat; işi ile çalışmakdadır. Onun dahi selamı vardır.

Dünki gün Abdrahman Efkere'ye yolcu oldu. Bundan bir ay evelisi de, Pilikos Artin ve Gelşun'un Mıgırdiç Efkere'ye geddiler. Yeğıya dayının Mardiros ve Mamasoğlu Garabed dahi gelmişdirler. Daha bir işe mubaşeret[5] edemediler; bakalım nasıl olur.

Ol tarafta cümle hemşerilere selamımı tebliğ edmenizi arzu ederim. Harutyun Ağa Tuvalayan'e, Pandes'e[?], Hamidiyeli *B[aron]* Garabed'e benim hususi selamımı tebliğ ediniz. Selamlarını [...] haber verdi, memnun oldum. Harutyun Tuvalayan'e söyle ki, "Devecioğlu boşda kalmış" deyi. O adam uğurlu bir âdemdir. Geldiğimde beni bir haneye götürdü, bu güne kıdar çalışdık. Böyle yazmış deyi söyle kendine. Minasibli bir iş var ise bana bildirsin. Haruyd[?] endi çalışdığı yerde çalışıyor, dersiniz *B[aron]* Pasnos'a[?].

Efkere'den mektub aldığımda size bildiririm. Zanım[?] Garabed Suvacıyan kasabadan Efkere'ye getmiş deyi işiddim. Haci Mari de gelin olmuşdur; bu hafda mektub alırsam belli olur. Bu mektubumun cevabını yazınız, ben de size yazıyım. Ağac dalı ile gürler, menşur meseldir[6].

[1] Kırısmıs: Noel (< Christmas, İngilizce)
[2] muzaya: sıkıntı, yokluk, zorluk (< müzayaka)
[3] daler: dolar
[4] pey: ? ücret, ödeme (< pay: İngilizce)
[5] mubaşeret: bir işe başlamak (< mübaşeret)
[6] mesel: ders alınacak söz

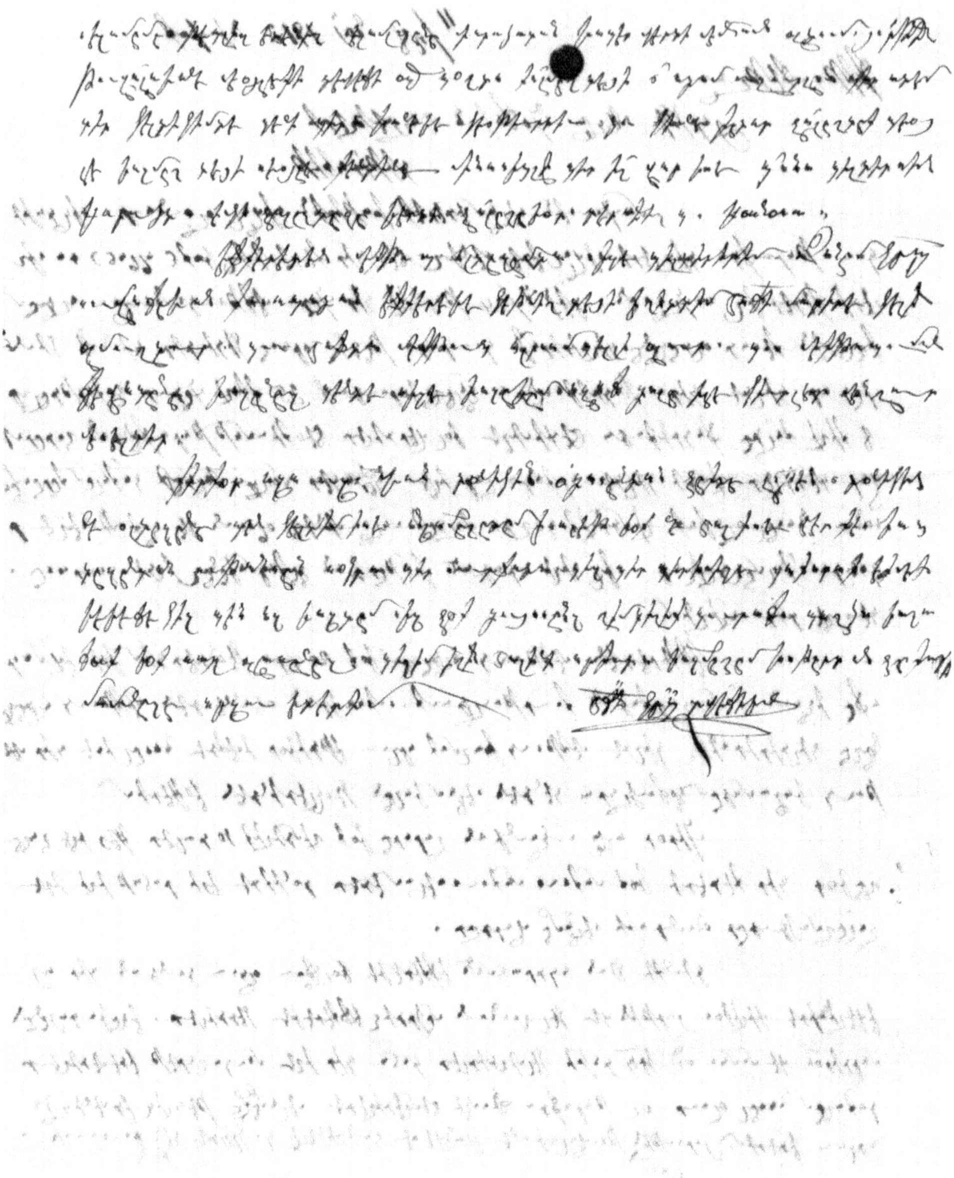

Kirkor Ağa Uzunyan, Donig'in odasından çıkdı. Zaten o Donig'in ne oldığını ben geldim ise anlamışıdım. Esalet[7] yok. Ne hal ise, herkes yabdığından utansın. Sonra bir sorfada biz birbirimize bakarak ekmek yeyecegiz.

Ben az yazdım, siz çok yazasınız. Şimdilik buraca başga yazacak yok. Sağ olasınız. Bizim işin hallini Arjar'a[?] yazmışım, hatırdan çıkartmamanızı arzu ederim.

Garabed Deveciyan[8]

[7] esalet: asalet
[8] Garabed Deveciyan: Hayganuş Kocayan'ın erkek kardeşi

November 11/28, 1913
New York

Benevolent Artin Agha Kojaian,
Detroit

I extend my special greetings and inquire after your well-being. If you were to ask about us here, we have no worries. May God keep you free from worries as well.

Yesterday, I received your short letter, dated 7/24. You wrote that business is sluggish there. It is exactly the same here. Until yesterday, we were working at a beer factory. They sacked about 35 people, eight people stayed on. They showed the rest of us the door. They said that it is from the government [?]. Now, along with friends, we are unemployed. Let's see what happens after Christmas. For now, we are without work, so keep us in mind. A great many people are unemployed. Do not forget about us. This is the situation here, my dear friend.

I do not receive any letters from Efkere. I had sent 20 liras for household expenses and was finished with that concern. You wrote that you receive letters from Misag and Ohannes. Somehow I could not write to the children, although I want to. Give them my greetings, I kiss them upon their eyes.

Kirkor Agha Uzunian is doing fine [?]. He works for $10 for now. He does not have any worries and sends you his greetings. Donig is also fine and busy with his work. He sends his greetings too.

Yesterday, Abdurrahman left for Efkere. Last month, Artin Pilikosian and Gelshun's [son] Mgrdich departed for Efkere. Uncle Yeghia's son Mardiros and Garabed Mamasian arrived here. They are still without work. Let's see what happens.

Please extend my greetings to all our fellow countrymen there. Give my special greetings to Harutiun Agha Tuvalaian, Pandes [?] and Mr. Garabed of Hamidiye. [...] conveyed their greetings to me; I was pleased. Tell Harutiun Tuvalaian that I am unemployed. That man is auspicious. When I first came here, he took me to a factory, where I worked until today. Tell him that I wrote this and that he should inform me if there is a decent job there. Tell Mr. Pasnos [?] that Haruyd [?] works at his previous job [?].

I will let you know when I receive a letter from Efkere. I heard that Garabed Suvajian went to Efkere from the town. Haji Mari must have become a bride by now. If I receive a letter this week, I will know it for sure. Please respond to my letter, and I will write back to you. As the well-known proverb goes, a tree blossoms with its branches.

Kirkor Agha Uzunian left Donig's room. When I first came, I had already understood what kind of a man Donig was. He has no dignity. Anyway, every person should be ashamed of his own deeds. In the future, we will eat bread at the same table, facing each other.

I did not write much, but you should. There is nothing more to write. May you be well. I wrote to Arjar [?] about our business, I beg you to keep it in mind.

Garabed Devejian[1]

[1] Garabed Devejian: Hyganush Kojaian's brother.

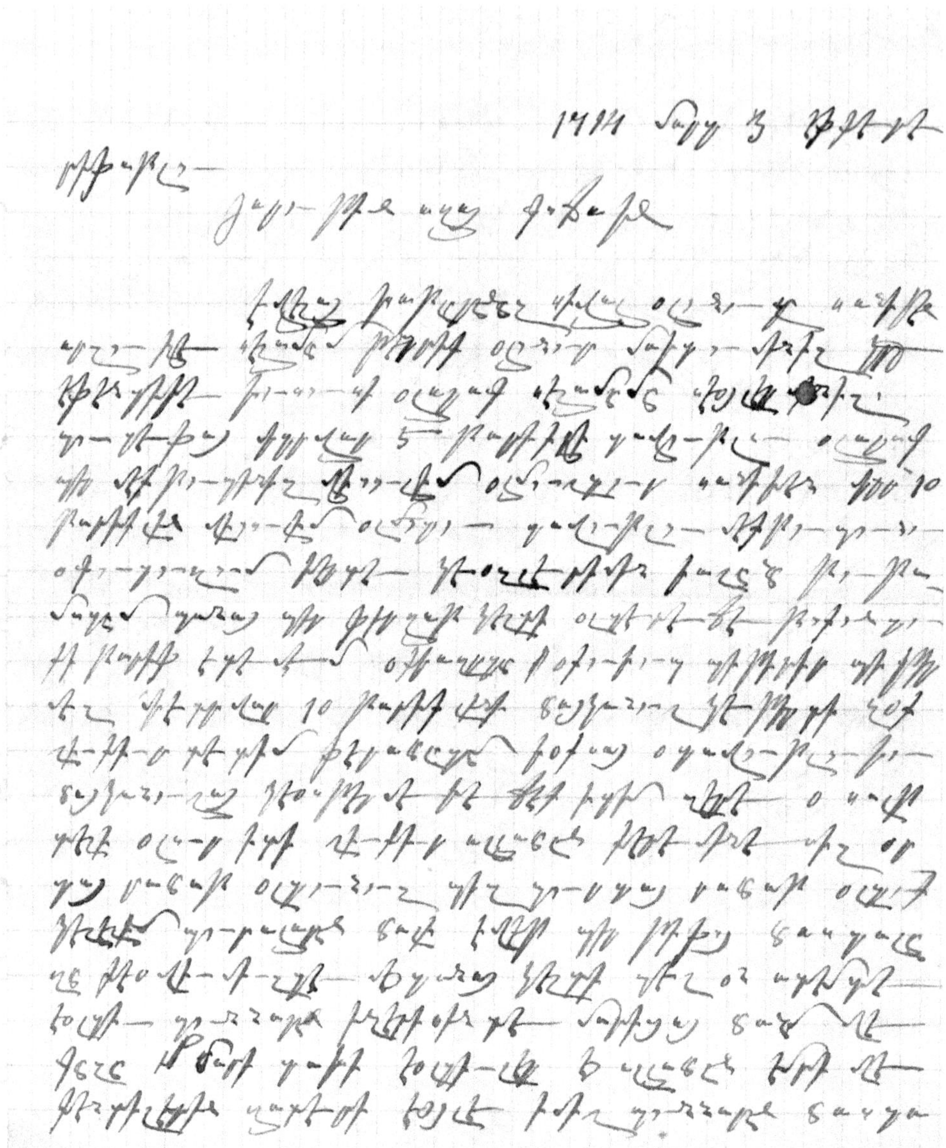

1914 *Mard* 3
Efkere

Rifatlu Harutyun Ağa Kocayan,

Evela, hatırınız sival olunur; saniyen, arzu ile selamım teblik[1] olunur. Mahduminiz Garabed Efendi'ye hususi olarak selamımı söyleyiniz.

Bu defa *Pedrvar* 5 tarikli, davutlu olarak bir mektubiniz vüsulüm[2] olmuşdur. Saniyen, *Pedrvar* 10 tariklen vüsulüm olmuşdur. Davutlu mektubunu okuduğum yerde gözlerimin yaşını tutamadım. Bana bir firğat geldi. Ol derece tokundu ki, tarif edemem. O kâğıdı okuyub bitirir bitirmez, *Pedrvar* 10 tariklini Hayganuş getirdi. "Çok şükür" dedim, ferahladım. Yoksa o davutluyu Hayganuş'a göstermeyecek idim. Zire[3] o salt deli olur idi. Şükür Allah'ın keremine, siz orda rahat oldunuz, biz burda rahat olduk.

Gelelim buraların hali. Evet, bir tifo hasdalığı kövümüzde meydana geldi. Beş on âdem de öldü. Bunnar içerisinde Maritsa Hanım[4] ve kızı H[acı] Mari dahi öldüler. E, Allah'ın emri. Ve kendilerin ğaderi öyle imiş. Bunnarın hasdalığı sırada Hayganuş'u katiyen onnarın evine göndermedim. Künde yoklar, söyler idim, "Asla getmeyeceksin ve merak etmeyeceksin" deyi. O dahi sözümü tutdu, getmedi. Çünkü orada onnarı gören var idi. Evet, bu sıralarda her vakıt mektup verildi size. Her nasıl olmuş ise elinize gelmemiş. Şükür, son defaki bir mektub elinize geçmiş olduğundan, siz de ve biz de rahat olduk. Nasıl ki mektubu almışsın, göndermiş olduğin paralar temamen geldi, alındı ve yerli yerine verildi. Misag[ın] dahi çok eyi okuyor olduğunu haber alıyoruk. Ve Hayganuş dahi işi ile meşğuldur ve de rahatdır. İktiza[5] olanı düşünüyoruk.

Bir de yazan ki, "Hayganuş'dan para isdeyennere sen ne içün söylemeyon?" Kimse Hayganuş'a vela havli[6] diyemez. Sen kefine bak ben burda oldukcaz. Ve kimsenin para isdemeye hakkı yokdur. Eger kendinin bir borcu var ise, ben burda hazırım. Öyle şey için siz asla merak etmeyin, ancak işinizle meşgul olun.

İşlerinizden haber isdedim idi. İzahatlıca bildirmişsin, çok memnun oldum. Davutlu mektubunu okurken halam ve Gülüzar da ağladılar. Sonraki mektubu okurken sevindiler. Saniyen, "Bize bir minasibli bağ olur ise al" demişsin. Evet, olur ise tabii alırız ve size bildiririz. Lakin bağ satan heç yokdur; alan pek çokdur, bulamayorlar. Her ne ise, gene arar sorar, bulur isek alırık ve her yolunu düşünürük.

Bir de, bir evladımız daha doğduğunu yaz[dı] idik. Siz dahi göz aydın ve hayırlı olsun deyi yazmışsınız, memnun oldum. Lakin evelki doğan Isdepan size ömür oldu, çok kederliyik. Ne yapalım, bizim de kaderimiz böyle imiş. Ve biraderim Boğos Ağa'nın oğ[lu] Kevork dahi size ömür oldu. Allah sizlere ömür versin, size bu gibi acı göstermesin.

[1] teblik: bildirme (< tebliğ)
[2] vüsul: varmak, ulaşmak (< vusul)
[3] zire: zira
[4] Yazar, Hayganuş Kocayan'ın kardeşi Maritsa Uzunyan ve onun kızı Hacı Mari'den bahsediyor.
[5] iktiza: gerekme, ihtiyaç
[6] vela havli: (< lahavle)

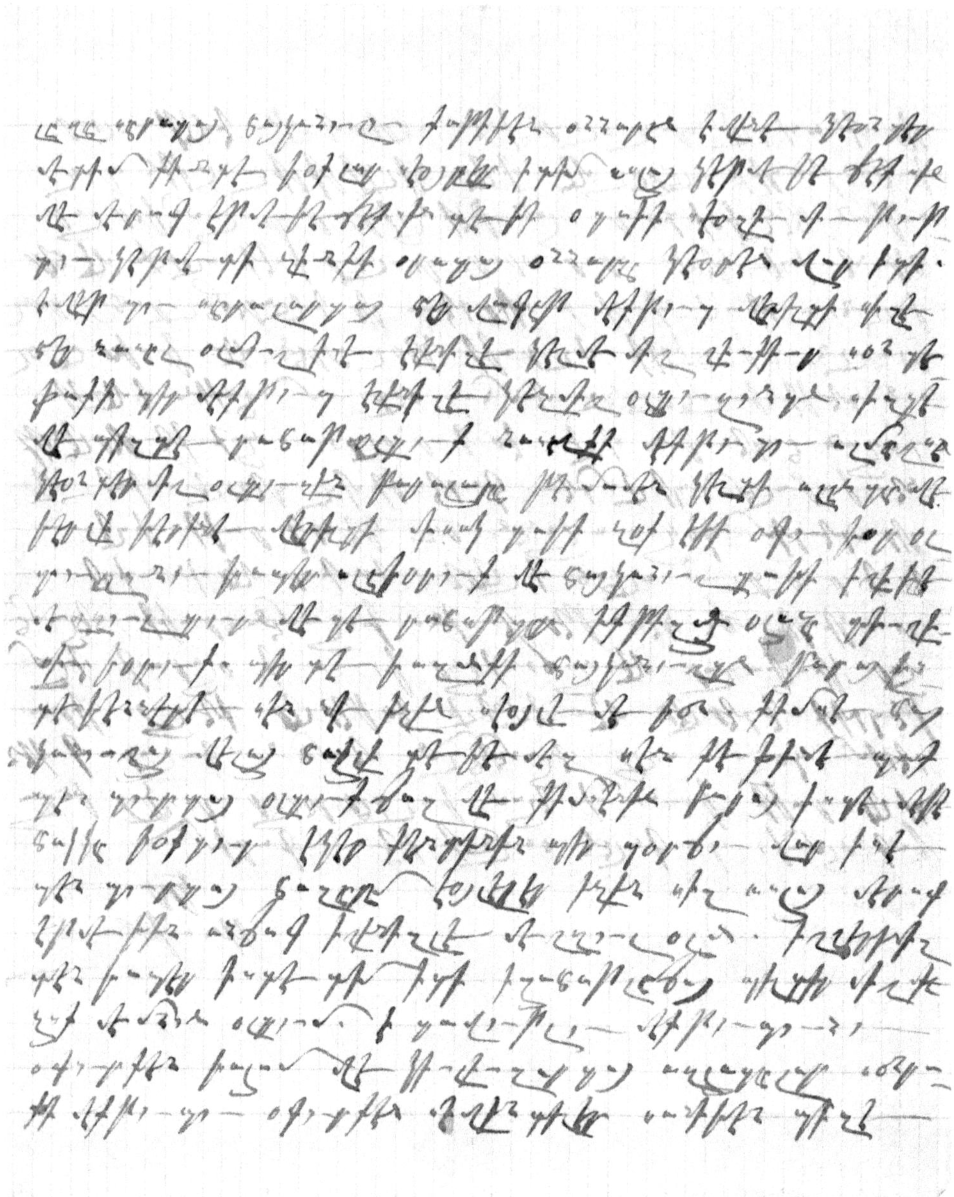

Halamın dahi selamı var. Gülüzar ve çocuklar hususi olarak selam teblik ederler ve elinizi öperler. Keza biraderim Boğos Ağa selamınızdan memnun kalarak kendiler[i] dahi hususi selam yazdırdılar. Daha yazacak olmayub, kalın sağlıcak ile kadim.

Garabed Kinayan

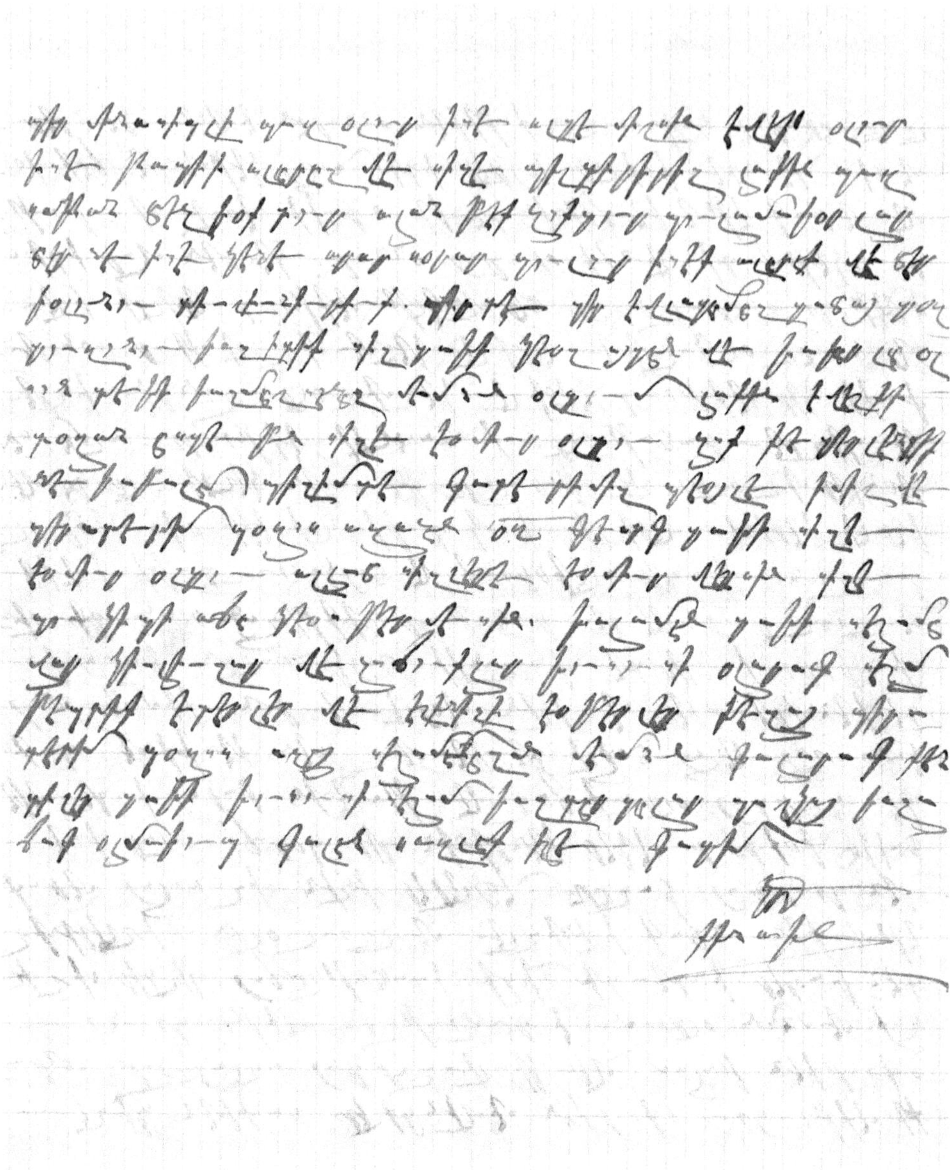

March 3, 1914

Honorable Harutiun Agha Kojaian,

Firstly, I inquire after your well-being, and secondly, I extend my greetings. Please convey my special greetings to your son, Garabed Effendi.

I received your registered letter, dated February 5. Secondly, I received the one dated February 10. When I read the registered letter, I could not hold back my tears. I felt such wistful nostalgia. I cannot describe how much it affected me. Just as I finished reading your letter, Hyganush brought me the one dated February 10. "Thank God," I said and felt relieved. Otherwise, I was not going to show the registered letter to Hyganush. Because she would have lost her mind. Praise the Lord's beneficence. Now that you are at ease there, we have started to feel better here.

If we are to talk about the situation here, yes, a typhus epidemic occurred in our village. Five or 10 people died, including Mrs. Maritsa[1] and her daughter H[aji] Mari. It was by the command of God, and such was their fate. During their illness, I strictly forbade Hyganush to go to their house. I checked on her every day saying, "You shall never go there, and you are not going to worry about them." She listened to me and did not go to their house. Because there was already someone there taking care of them. Yes, during this time we sent you letters very often. Somehow you did not receive them. Thank God, you received the last letter, and both you and we are relieved. As you read in the [previous] letter, we received all the money you had sent and conveyed to the proper places. We hear that Misag's studies are going very well. Hyganush is also busy with her work and she is comfortable. We attend to their needs.

You also asked why I do not reproach those who ask for money from Hyganush. Nobody can fool with Hyganush. You should not worry as long as I am here. No one has the right to ask for money. If she owes money, though, I am ready to help her out. Do not worry about such issues at all and keep busy with your work.

I had asked about your job. I am very pleased with your detailed information. When I was reading your registered mail, my aunt and Gülüzar also cried. When I read the second one, they cheered up. Secondly, you wrote that if there is a decent orchard, I should buy it on your behalf. Yes, if we find one, of course we will buy it and let you know. However, nobody sells orchards. There are many buyers but they cannot find any orchards. In any case, I will be on the lookout. If I find one, I will buy it and deal with every aspect of it.

Also, I had written that we recently had a son, and you congratulated us; I am pleased. However, Sdepan, the elder one, passed away. We are in deep sorrow. What can we do, such was our fate. My brother Boghos Agha's son, Kevork, also died. May God give you long lives and not give you such grief.

You have greetings from my aunt. Gülüzar and the children also extend their special greetings and kiss your hand. Also, my brother, Boghos Agha, was very pleased to receive your greetings and extended his to you. There is nothing more to write. Be always well.

Garabed Kinaian

[1] The writer is referring to Hyganush Kojaian's sister, Maritsa Uzunian and her daughter Haji Mari.

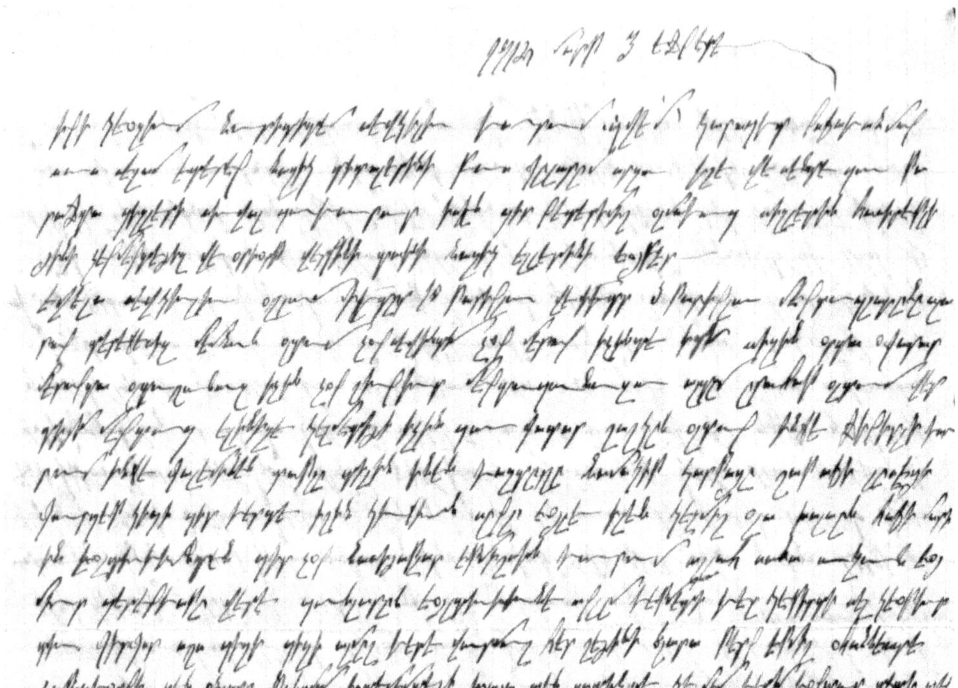

1914 *Mart* 3
Efkere

İki Gözüm, Nur-i Didem, Sevgülü Yavrum B. Vem[?] Garabed Kocayan,

Maksus selam ederek, nazig didalerini pus kılarım, arzu ile. Ve sen de bu tarafda bizleri süval buyurur isen, bir kederimiz olmayub, sizlerin hasiretliyini çekmekdeyiz. Ve *Oriort* Verkine dahi nazig ellerini öper.

Evela, sevgülü oğlum, *Pidır*[*var*] 10 tariklu ve *Pidır*[*var*] 5 tariklu mekduplarını alarak derecesiz memnun oldum, çok sevindim. Çok merak içinde idim, sizin orda o kadar merakta olduğunuz için. Çok şükür mekdubunuz aldım, ırahat oldum. Verdiyim mekdub elinize gelmediği için bu kadar şaşgın olduk. İnce fikirli yavrum. İnce kaleminen, datlı dilin inen yazdığı[n] *namagit gartatsı, şat aci lsetsi.*[1] Gurbet gibi bir yerde işin gücün sıkı; öyle ilen geçmiş ola.

Halaın, Haci Mari'in öldüyünden birçok nasihatlar etmişsin yavrum. Allah sana uzun ömür berekâtı vere. Bunların öldüyüne aklım yetmedi. Yel getirdi, sel götürdü. Kirkor Ağa[2] bizi bizi almış, yere vurmuş. Her şeyini onlara[3] terk etmiş. Ohannes de çatlayor ki, "ben onları tanımam, istemem" deyi. "Hala, ben *Zadig*'de gelmem, yerim yoktur" dedi. Ben de dedim ki, "Misag nerdeyse sen de oradasın. Misag'ınan gel, Misag'ınan get" dedim. "Bu Uzunnar'ın yapdıkları ve pederimin yazdıkları pek zoruma gediyor" dedi. Sen bir kart-posda göndermişsin, çok sevinmiş. Şindik bu Sima filan sermiyeleri. "Kardaşımız[ı] bunlar borç altına soğdular" deyib geziyorlar bizim için. Anağdarları üstlerinde. Öyle ki, Hovannes'in kapudan içeri sokmaorlar. Oğlanın pek ağrına getdi. Böyle zülum olur imiş. Karışanın biri de Uzun Mannan'ın Hovannes Ağa. Hayırlısı Allah'tan, ne yapalım sevgülüm.

Sevgülü Oğlum *Baron* Garabed, nasıl ki yazmışsın, ordaki gördüyünüz işlerden malumat vermişsin. Ne kıdar sevindim Allah'ın sayasında, tarif edemem. Bir darlığın bir genişliyi olur imiş zahar. Şükürler olsun Allah'a. İnşallah şinden sonra ırahat oluruk. Allah utandırmaya. Sağlık ile ömür berekâtı vere; baş kaygısı, ölüm, zulüm vermeye. Dova edelim Allah'a.

Bir de oğlum, niyetim bir mut buğday alıyim deyi arzu idiyorum. Buğday çok geliyor, herkes alıyorlar. Daha *Zadiy*e kadar unumuz var amma nihayet lazımdır. Beş on ölçek bulgur ederim, işimiz biter. Para gönderseniz alabilirim, kayri siz bilirsiniz. Bir de, evelki mekdubda yazdımıdı ya, belki elinize gelmez, on yedi kuruş yol parası, on yedi kuruş temadu[4], dört kuruş masarif, dört kuruş Verkine'ye hamidiye. Bunları Kina Gabid Ağa verdi. Benzer ufak defek harcamaya haşlık yok elimde. Öyle bir masarifimiz de yok.

[1] "Mekdubunu okudum, çok acı duydum."
[2] Yazar, kız kardeşi Maritsa'nın eşi Kirkor Uzunyan'dan bahsediyor.
[3] kendi kardeşlerine
[4] temadu: ? düzenli ödenen bir ücret, aylık (< temadi)

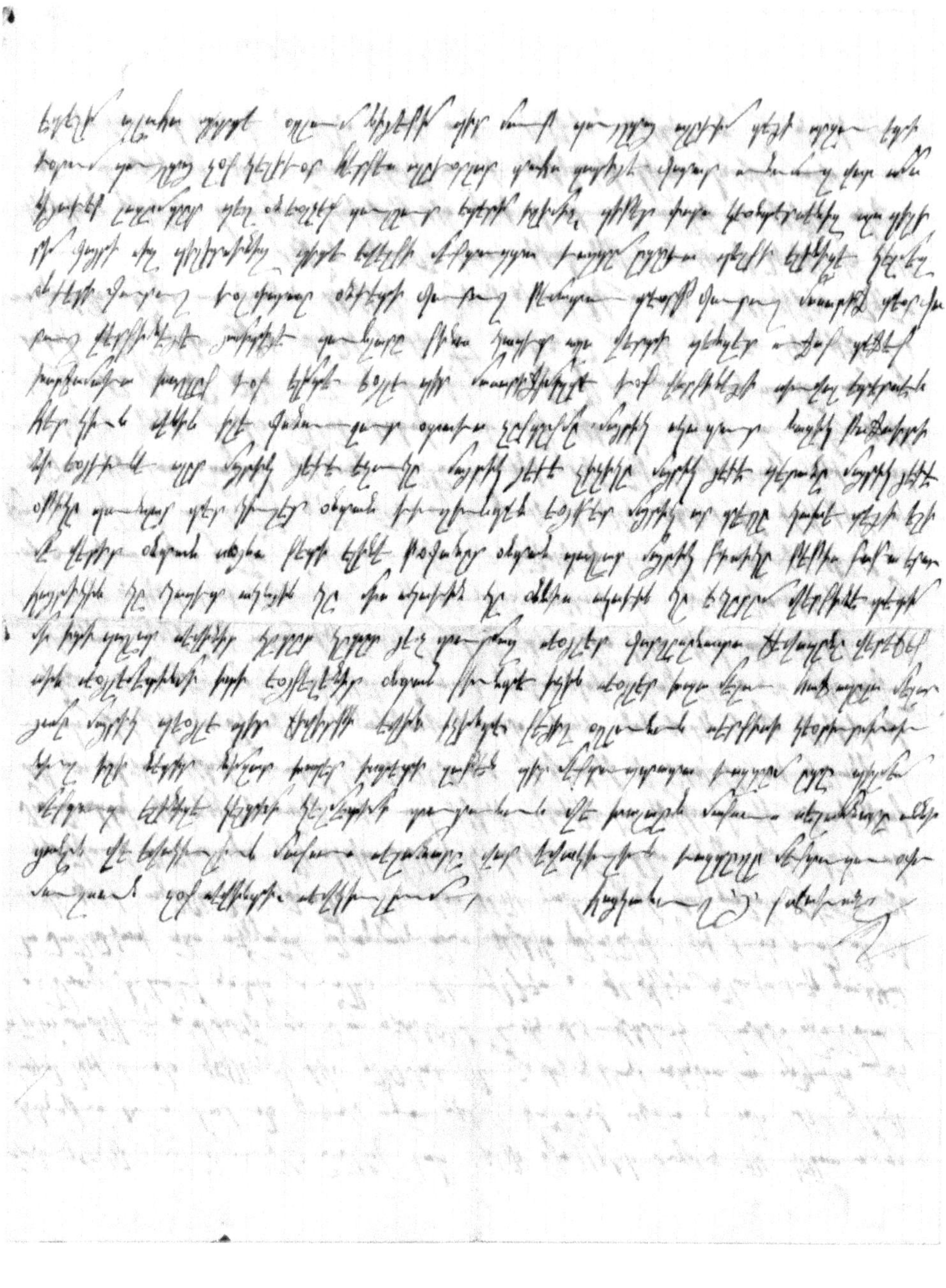

Verkine'yi süval edersen, her gün senin ile konuşur. Odaya çıkdık mı, "*Mayrig* aga *dur*."[5] Nazig tafsirini öyüne[6] alır, "*Mayrig, heye eçugı mayrig, heye çiçigı mayrig, heye beranı mayrig, heye otigı.*"[7] Bunlar der, güler ondan, yüzünden öper. "*Mayrig ar değı gahe*"[8] deyi elime verir. Ondan sona kedi eline tokanır. Ondan başlar, "*Mayrig, pisigı tetis papa erav. Hayrigin gı, Gabid Agayin gı, Mis[ag] Agayin gı, Onnis Agayin gı egırım.*"[9] Verkine dedim mi idi başlar sevinir, gıdır gıdır heç durmaz, söyler. Karşısına da cevabını vereceksin. Söylemedin mi idi öykelenir[10]. Ondan künde için söyler: "Hala *melav* Hac'abıla *melav*, ha mı *mayrig*?"[11] Böyle bir civirti[12] evin içinde.

Keyişoğlu'nun Serkis'i görür müsünüz? İşi nedir? Nimzar haber istedi. Zaten bir mekdubda da yazdım ıdı, bilmem mekdub elinize geldi mi, gelmedi mi?

Dudunun ve halaın maksus selamnarı, Annitsa'nın ve Evagül[ün] maksus selamnarı var. Evagül'ün yazdığı mekdubu okumuşsun, çok sevindi sevgülüm.

Hayganuş H. Kocayan

[5] "Ana, aga[mın resmini] ver"
[6] öyüne: önüne
[7] "Ana, işde gözü ana, işde kulağı ana, işde ağzı ana, işde ayağı ana"
[8] "Ana, oraya as"
[9] "Ana, kedi elime papa yapdı. [...].
[10] öykelenmek: öfkelenmek
[11] "Hala öldü, Hacı Abla öldü, değil mi ana?"
[12] civirti: cıvıltı

March 3, 1914
Efkere

My two eyes, the light of my eye, my dear son, B. Vem[1] Garabed Kojaian,

I extend my special greetings and longingly kiss you upon your gentle eyes. If you were to ask how we are here, we have no worries and we are longing for you. Also, Miss Verkine kisses your gentle hands.

Foremost, my dear son, I was extremely pleased to receive your letters, dated February 10 and 5. I worried a great deal because you were anxious about us. Thank God, I received your letter, and I calmed down. There was this confusion because you did not receive my letter. My considerate son, with your gentle pen and suave language, you wrote, "I read your letter, I felt deep sorrow." You are in a foreign land, and you work hard. I hope these days have now passed.

You gave me much advice because your aunt and Haji Mari died. May God give you a long life. It still does not make sense that they died. They are gone with the wind. Kirkor Agha[2] chastised us and left everything to them.[3] Hovannes bursts with anger, saying, "I do not recognize them, I do not want them." He said, "Aunt, I will not come for Easter, I have no place [to stay]." In return I said, "Your place is next to Misag. Come with Misag, leave with Misag." "I bitterly resent what the Uzunians and my father did," he says. He said that you sent a card to him, he was very pleased. Sima [...] is their capital now [?]. They propagate to everyone that we put their brother in debt. They have the keys to the house. They even did not let in Hovannes. The boy is very offended. What kind of cruelty is this? One of those who meddled in is Mannan Uzunian's [son?] Hovannes Agha. Let us hope for the best from God. What can we do, my dear?

My dear son, Mr. Garabed, you wrote about your work there. Thank God. I cannot describe enough how pleased I am. Every problem comes with a solution. Praise the Lord! God willing, we will be comfortable now. May God not disgrace us. May He give us good health and long lives. May He keep worries and death away. Let us pray to the Lord.

Also, my son, I would like to buy one *mut* of wheat. Wheat is abundant, everybody buys some. We still have enough wheat until Easter, but we will need some after all. I will make 5 to 10 measures of bulgur and we will be all set. If you send money, I could buy it, it is up to you. Also, as I had written in my previous letter, in case you do not receive it, I spent 17 kurush for travelling money [to Talas], 17 kurush for [...], 4 kurush expenses, 4 kurush for Verkine's *hamidiye* coin. Gabid Kinaian Agha paid for these. I do not have any pocket money left to spend for such expenses. We do not have such expenses anymore anyway.

If you were to ask about Verkine, she talks to you every day. When we go to the room upstairs, she says, "Mother, give me my brother['s picture]." She places your beautiful picture in front of her

[1] ciphered word.
[2] The writer is referring to Kirkor Uzunian, the husband of her deceased sister.
[3] i.e. to his own siblings.

and says, "Mother, here is his eye, here is his ear, here is his mouth, here is his foot," and laughs and kisses your picture. She says, "Mother, hang it there" and gives me the picture. When the cat touches her hand, she says, "Mother, the cat made papa to my hand. [incomprehensible imitation of baby talk in Armenian]." When I call on her she rejoices and starts chirping and does not stop.

And you have to respond to her. If you do not respond she gets really angry. Every day she says, "Aunty died, Haji *abla* died, right Mother?" We have this twittering inside the house.

Do you see Sarkis Keyishian at all? What is his occupation? Nimzar asked for his news. I had written about this in a letter, but I do not know if you received it or not.

You have special greetings from your *dudu*, your aunt, Annitsa and Evagül. Evagül was very happy to learn that you read her letter, my dear.

Hyganush H. Kojaian

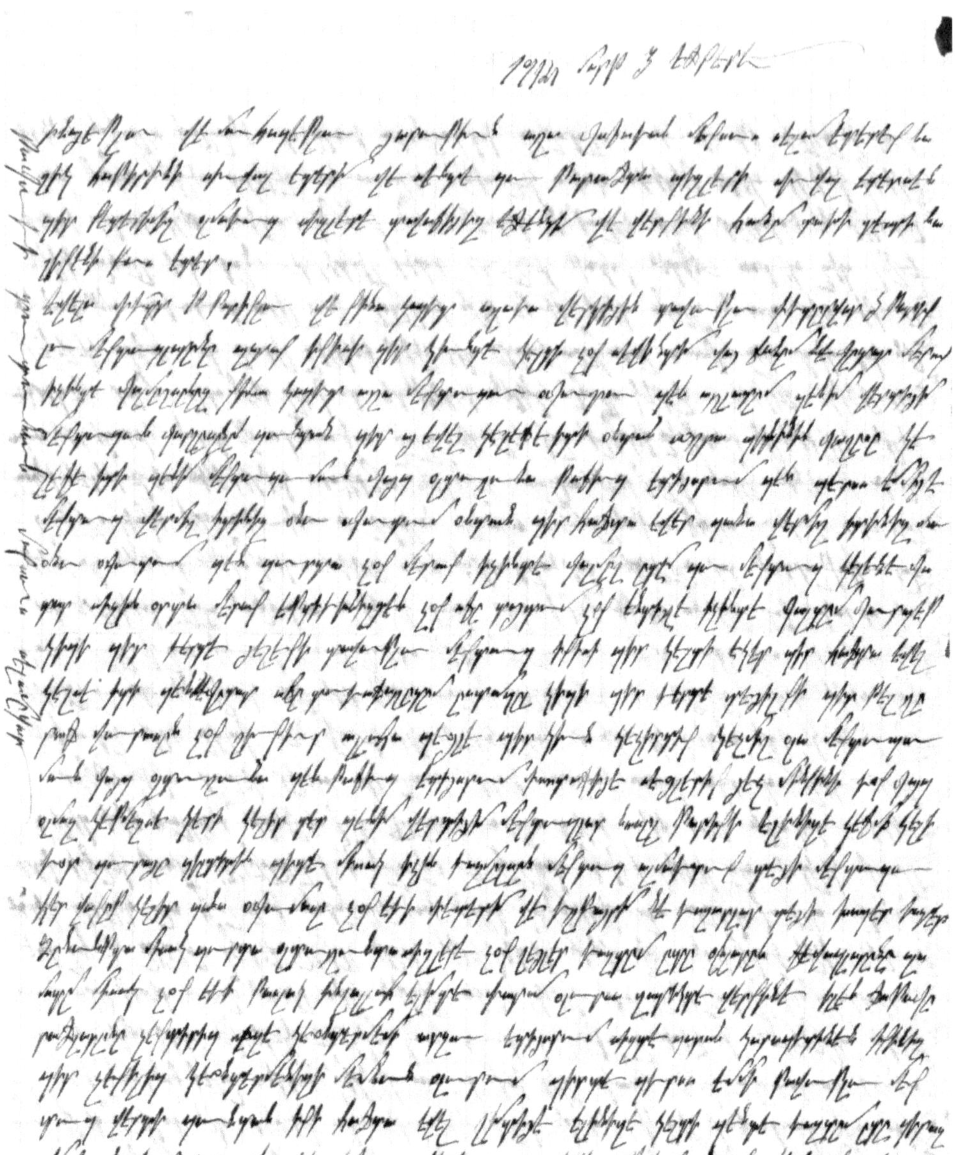

1914 *Mart* 3
Efkere

İnayetlu ve Muhabetlu Harutyun Ağa Kocayan,

Maksus selam ederek, nazig hatirini süval ederim. Ve sen de bu tarafda bizleri süval edersen, bir kederimiz olmayub, sizlere dovacıyız efendim. Ve Verkine Hanım dahi desd-i nazikeni pus eder.

Evela, *Pidır*[*var*] 10 tariklu ve Kina Gabid Ağa'ya verdiyin davutlu *Pidırvar* 5 tariklu mekdublarını alarak, ikisi bir günde geldi, çok sevindim. Vay canım, ne kıdar merak içinde kalmışsınız. Kina Gabid Ağa mekdubu okudu, ben ağladım. Benim verdiyim mekdubun karşısını bundan bir ay evel gelece idi. Ondan soğra birinin karşısı gelece idi. Benim mekdubumun kaybolduğuna tacüb ediyorum ben. Beros emmiye mekdub vermiş idiniz, onu okudum. Ondan bir hafda evel bana vermiş idiniz, onu okudum. Ben burda çok merak içinde kalmış ıdım bu mekdub gelene kadar.

Sizin orda merak etdiyinizden çok acı duydum, çok endişe içinde kaldım. Kurbet gibi bir yerde... Hele ki davutlu mekdub, ikisi bir geldi. Eger bir hafda evel gelse idi, ben ne kıdar acı duyacağıdım. Isdambıl gibi bir yer de deyil ki, bir telğıraf vurasın. Çok şükür Allah'a, böyle bir gün geçirdik. Geçmiş ola.

Mekdubumun kayb olduğuna ben tacüb ediyorum. Posdaciye söylerik, "Heç minkini yok, kayb olmaz. Getmezse geri gelir" der. Benim verdiyim mekdublar, tariki elinize gec mi geliyor, burayı bildirin.

Bir de Misag için yazmışsın, mekdub almayoruk deyi. Mekdubu her vakıt gelir bana. Okuması çok eyi. "Pederim ve *yeğpayr*im[1] ne yazarlar?" deyi haber isder. *Tsnunt*da[2] Misag burda olduğunda sizlere çok şeyler yazdım, onların cevablarını alamadım. Misag çok eyi, taslag[3]. İnşallah elimde param olursa *Zadig*'de Verkine ilen fotokıraflarını çekdirib size göndermemi arzu ediyorum. Siz de *Baron* Garabed'inen ikiniz bir çekilib göndermenizi memnun olurum.

Bir de Beros emmi tavutlu mekdub verdi bundan iki hafda evel, şimdiye elinize geldi. Ben de yazdımıdı biraz. Şimdi onun karşılığını gözleyor. Acele bu evi satacak, onun cevabını gözleyor. İnşallah tümünü alırsınız. Kardaşına da yazacak. İnşallah, Allah'ın izni ile evimiz genişir[4]. Bi de kendinin oraya gelmesinin arzusunu çekiyor. Sizden imdat gözleyor ki, "ne yazarlar" deyi. Yeğsapet dersen, "Amman emmim ne yazıyor?" deyi haber isder. Evel biz Beros emmiden imdat gözledi idik, şimdik de onlar. Bak Allah'ın işine. Şükürler olsun Allah'a.

Bi de küpe için yazmışsın; üç lira duruyor. Antarangil'in Garabed Ağa maksus Isdanbıl'a yazdı, bir çift İngiliz lirası bu hafda gelecek. Bir çift de Verkine'ye çeyrek. Allah'ın iznilen geldiyinde dakarız deyi arzum var.

[1] yeğpayr: erkek kardeş (Ermenice)
[2] Tsnunt: Noel (Ermenice)
[3] taslag: iri yarı; yuvarlak, geniş yüzlü
[4] genişir: büyür

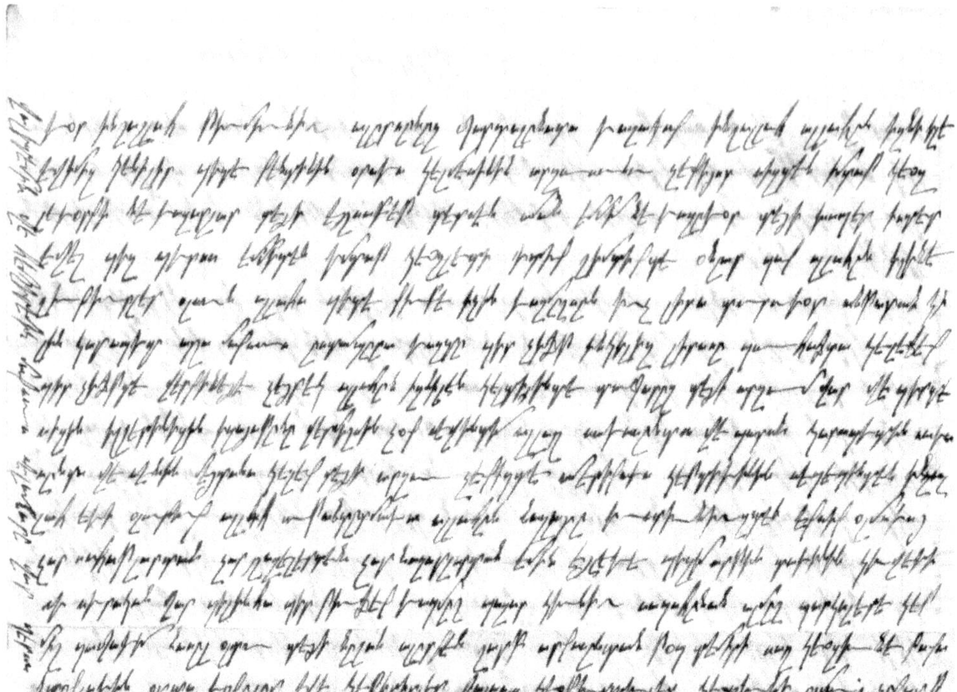

Ve bir de sizin işlerinizin izayatını vermişsin, çok sevindim. Allağ sayasında ve *Baron* Garabed'in sayasında ve senin "meydana gelek" deyi arzu çekib de Amerika'ya getdiyinin sebebinden, inşallah eyi oluruk. Allah utandırmaya. Allah'ın nazarı üsdünüzden eksik olmaya. *Çar*[5] sahatlardan, *çar* ğazelerden[6], *çar* nazarlardan emin eyleye.

Bizim Artin dayinin güveyisi Siragan var, bilin ha. Bir tüfek yabmış. Bazar günü sabahınan almış, *Bargaler*'e[7] getmiş. Bakayım nasıl oldu deyi nişan alırken, şarp[8], arkasından top demiri sağ gözüne tokandıklayin, orda yıkılır. Eve getirirler, Talas'a götürdüler. Gözünü oymuş, çıkartmış. Daha gelmedi, on beş gündür Talas'dadır. Bir gözünen kaldı. İşde *çar* sahat. Bir de bizim burda Bazarı tanıyan yoktur.[9] Allah da ğazeler, belalar eksik etmeyor.

Bir de bağ alın deyi Kina Gabid Ağa'ya yazmışsın, çok sevindim. İnşallah eyi bişey ırast gelirse alabiliriz. Şimdi bağ alan ve ev alan pek çoğalmışdır. Irast gelmeli. Kayri evi de alırsak, bağı da alabilir miyik? Kayri hayırlısından. İnşallah alabiliriz.

Bir de Ağmıce[10] için yazmışsın. Hep senin dediklerin geldi çıkdı. Vermez olayıdı. Ne hal ise. Kız kardaşım merakı daşırtmış[11]; kayri Kirkor Ağa da şinden sōna ırahat olsun. Dört lira para verdim Ağmıce'ye. Üç yüz altmış kuruş Misag mekdebe gederken borç etdik. Yüz altmış kuruş da gene Misag'a bir kat ruba dikdik. Pardiso, çaket, pantolon, yeleg daha öyle duruyor, heç geyinmedi. Kayri *kinnutun*da[12] geyinir. Ben isdemem dedim amma fayda etmedi. Zaten dört yüz kırkı da bilin. Dört lira da para verdim. Zaten bunları evelki mekdubda yazdımıdı amma elinize gelmedi zahar.

Başını ağrıtdım, kalma kusuruma. Baki afiyetde kadim olasın.

Hayganuş H. Kocayan

Validemin ve hemşiremin maksus selamnarı var. Beros emminin ve hanesi tarafında[n] çok çok selamları var.

[5] çar: kötü (Ermenice)

[6] ğaze: kaza

[7] Bargaler: Bar (dans) sahası. Efkere halkının özel gün ve bayramlarda toplandığı mesire yeri.

[8] şarp: ? küt diye, birdenbire

[9] "Pazar günleri kiliseye giden yoktur."

[10] Mektuplarda Ağmuce ya da Ağmıce olarak geçen bu kişinin Kocayanlar ile akrabalık ilişkisini bilmiyoruz.

[11] daşırtmak: taşırtmak

[12] kinnutun: sınav (< kınnıtyun, Ermenice)

March 3, 1914
Efkere

Gracious and affectionate Harutiun Agha Kojaian,

I extend my special greetings and inquire after your well-being. If you were to ask about us here, we have no worries and we pray for you. Also, Miss Verkine kisses your gentle hand.

Firstly, I was very pleased to receive your letter, dated February 10, and the registered letter you sent to Gabid Agha Kinaian, dated February 5. Both letters arrived the same day. Oh my dear, how much you have worried! Gabid Agha Kinaian read your letter, and I cried. I was to receive your response to my letter a month ago. And then I was to receive your response to the other letter. I am astonished that my letter got lost. You sent a letter to Uncle Beros; I read that one. A week before that, you sent a letter to me; I read that too. I was really worried until this letter came.

I am very sorry that you worried so much, far away from home. Your registered letter and other letter arrived together. Had the registered letter arrived one week prior, I would have felt extremely sad. You are not in a place like Istanbul, so that I could send a telegraph. Thank God, we survived these days. I hope they have now passed.

I am surprised that my letter disappeared. I told the postman. He said, "Impossible! It will not be lost. Even if it does not make it there, it will be returned." Let me know if you receive my letters later than the supposed date.

You also wrote that you do not receive letters from Misag. He writes to me regularly. He is studying hard. "What do my father and brother write?" he says and asks for your news. I wrote very detailed letters when Misag was here for Christmas, but I have not received your response. Misag is very well, he is stout. God willing, if I have the money, I will have his and Verkine's picture taken at Easter, and I will send it there. I would be happy if you could have your picture taken with Mr. Garabed and send it to me.

Also, Uncle Beros sent you a registered letter two weeks ago; you must have received it by now. I mentioned it in my letter. He is looking forward to your response. He is in a rush to sell his house and is waiting for your response. God willing, you will buy the entire house. He is going to write to his brother too. God willing, with His permission, our house will expand. Also, he wishes to go there. He is looking forward to your assistance and wondering what you will write. If you were to ask about Yeghisapet, she is also waiting for your response. In the past, it was us who asked for help from Uncle Beros, now it is they. Lo and behold! Thank goodness!

You also wrote about the earrings. I still have the 3 liras. Antaram's Garabed Agha wrote to Istanbul, a pair of [gold] British liras will arrive this week, as well as a pair of quarter [gold] coins for Verkine. If God allows, I am hoping to wear them when they arrive.

Also, you gave detailed information about your job there; I was very pleased to learn about it.

Thanks to God and Mr. Garabed, and also because you yearned to go to America to promote our family's interests, we will be fine. May God not disgrace us. May God's protection be always upon you. May He protect you from evil eyes, spirits and accidents.

You know Uncle Artin's son-in-law, Siragan. He built a rifle and went to the Bargaler[1] on Sunday morning. As he took aim to try the rifle – kaboom! – the bolt handle recoiled and hit him on his right eye. He collapsed right there. They brought him home, then they took him to Talas. The handle carved out his eye. He has not returned yet; he has been in Talas for 15 days. He is left with one eye. Now, that is an evil accident! Nobody goes to church on Sundays anymore. As a result, God does not leave us short of accidents and troubles.

Also, I was very pleased that you instructed Gabid Agha Kinaian to buy an orchard for us. God willing, if we happen to find a decent orchard we will buy it. Now many people are buying orchards and houses. We have to happen upon one. If we buy a house, can we also buy an orchard? Let's hope for the best. God willing, we may.

You also wrote about Uncle[2]. Everything you said came true. I wish he had not given [us money]. Anyway. My sister was overly worried; Kirkor Agha can feel relieved from now on [?]. I gave 4 liras to Uncle. We borrowed 360 kurush for Misag's school expenses, another 160 kurush for Misag's suit. He has not put on his coat, jacket, pants and vest yet. He may wear them for his exams. I said that I do not want but it was useless [?]. You already know about the 440 [kurush we owe]. I also paid 4 liras. I had already written about these in my previous letter but apparently you have not received it yet.

I gave you a headache, please excuse my rambling. May you always be in good health.

Hyganush H. Kojaian

P.S. You have special greetings from my mother and sister. Uncle Beros and his household also extend their greetings.

[1] Bargaler: the area around the Efkere Pond, where townspeople gathered for festivities.

[2] The identity of this person is unclear.

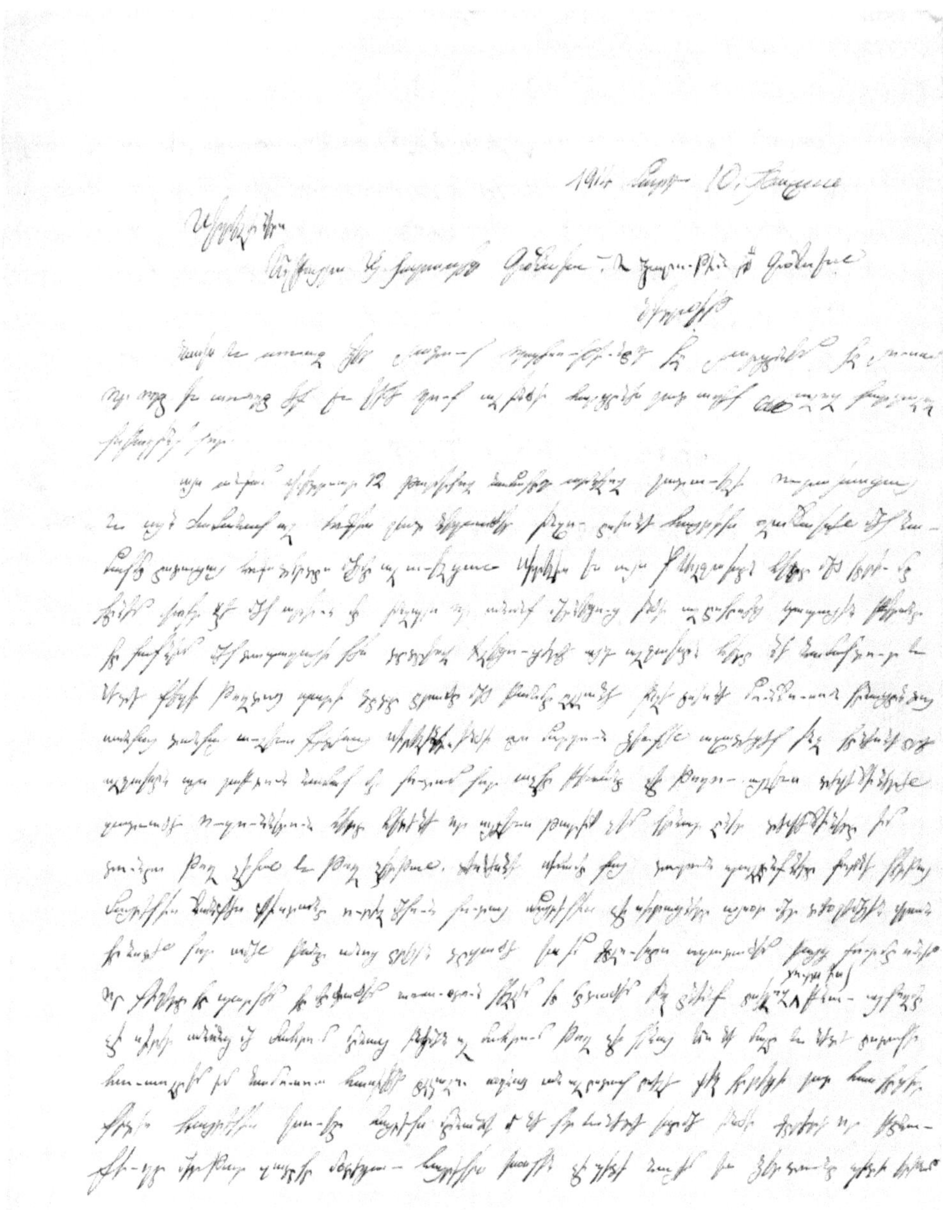

10 Mart 1914
Talas

Sevgili Ağabeyim Baron Garabed Kocayan ve Harutyun Kocayan

Detroit

Evvela, hassaten hatırınızı sual ederim. Umarım sağ ve salimsinizdir. Eğer siz de bizi sual ederseniz, iyiyiz ve okumaya devam ediyoruz.

Bu defa, 12 Şubat tarihli mektubunuzu alarak çok memnun oldum. O vakit canım çok sıkkındı. Neden derseniz, babam olacağın bir mektubunu aldım ve sıkıntım, derdim bir kat daha arttı. Sevgili [ağabeyim], ben bu alçakla büyük bir kavga edeceğim, küçük değil. Kan çıkacak. Nasıl ki onları öldürdü[?], şimdi bana da başladı [?]. [Böyle] babanın ağzına sıçayım. Bir sayfayı dırdırla doldurmuş. Ne sen o alçağa mektup gönder, ne de o sana göndersin. Bari dırdır ettiği büyük bir şey olsa. Nedir dersen, "Muncusun'a gittiler de, şöyle de böyle de..." artık bilirsin ya...

Canlarım, ne yapıp edip beni bu adamın elinden kurtarın. O alçağa bu hafta bir mektup gönderiyorum; kaşı gözü oynamasın. Artık Deveciyanlar'dan[1] ayrılmış, Uzunyanlar ile beraber ki, artık tarif edemem. "Deveciyanlar benim evime gelip gitmesinler." Görsen, bir Sima var; evde olanları[?] alıp götürüyor. Annemin canfes[2] fistanını[3] başka birine vermiş. Annemin sevmediği insanlar bugün bizim döşeğimizde oturuyorlar. Her şeyi onlara rehin vermiş. Ben kendi başımı kurtardım. Ama kız kardeşim var. Gece yatıyorum düşünüyorum, sabah kalkıyorum düşünüyorum, ne yapalım diye. Kız kardeşim de burayı hiç sevmez. Onlardan mahrum kaldı, benden de mahrum olmasın. Ben ne mala ne de paraya hevesliyim. Benim namusum zaten para demektir [?]. Ben az yazdım, sen çok anla. Babamın huyunu bilirsin. Babama kalsa ne ye, ne de iç. "Sakın köye gitme" diye bana yazmış. Zadig yaklaşıyor. Babamın lafına bakmayacağım ve sizin evinize gideceğim. Umarım kabul edersiniz.

Teyzeme "Ohannes'i evimize getir" diye yazmamışsınız. Ne olacak, artık yetimin hatırı sayılmaz. Ne olacak? Annem öldü, ablam öldü. Daha söyleyeceğim çok şey var ama dilim varmıyor. Annem, ablam öldü, artık dert keder benim üstüme kaldı. Yalnız sizin mektuplarınızı aldığımda ciğerim soğuyor. Bu mektubu ağlayarak yazdım. Bu mektubuma cevaben iyi bir mektup yazacağınızı umuyorum.

Sevgili [ağabeyim], köy diliyle oldu bu mektup. Güzel yazmak için aklım başımda değildi. Umarım beni affedersiniz. Size 24 Şubat tarihli bir mektup daha yazdım. Her halde onu da almışsınızdır. Bir [dolma] kalem gönderin diye yazmıştım. Beni kırmazsınız zahir. Bugün de bir mektup aldım. Köyden bir bağ alacakmışsınız. Bizimmiş kadar sevindik.

Bu mektubumu alırsanız cevabını yazın. *Zadig*'e üç hafta kaldı, köye gitmeye. Hassaten selamlar. Hoşça kalın.

Hovhannes Uzunyan

[*] Ermeniceden çeviri. Metinde geçen Türkçe sözcükleri aynen muhafaza ettik.
[1] Deveciyan: Yazarın annesinin ve Hayganuş Kocayan'ın kızlık soyadı.
[2] canfes: bir cins ipekli kumaş
[3] fistan: tek parça kadın elbisesi

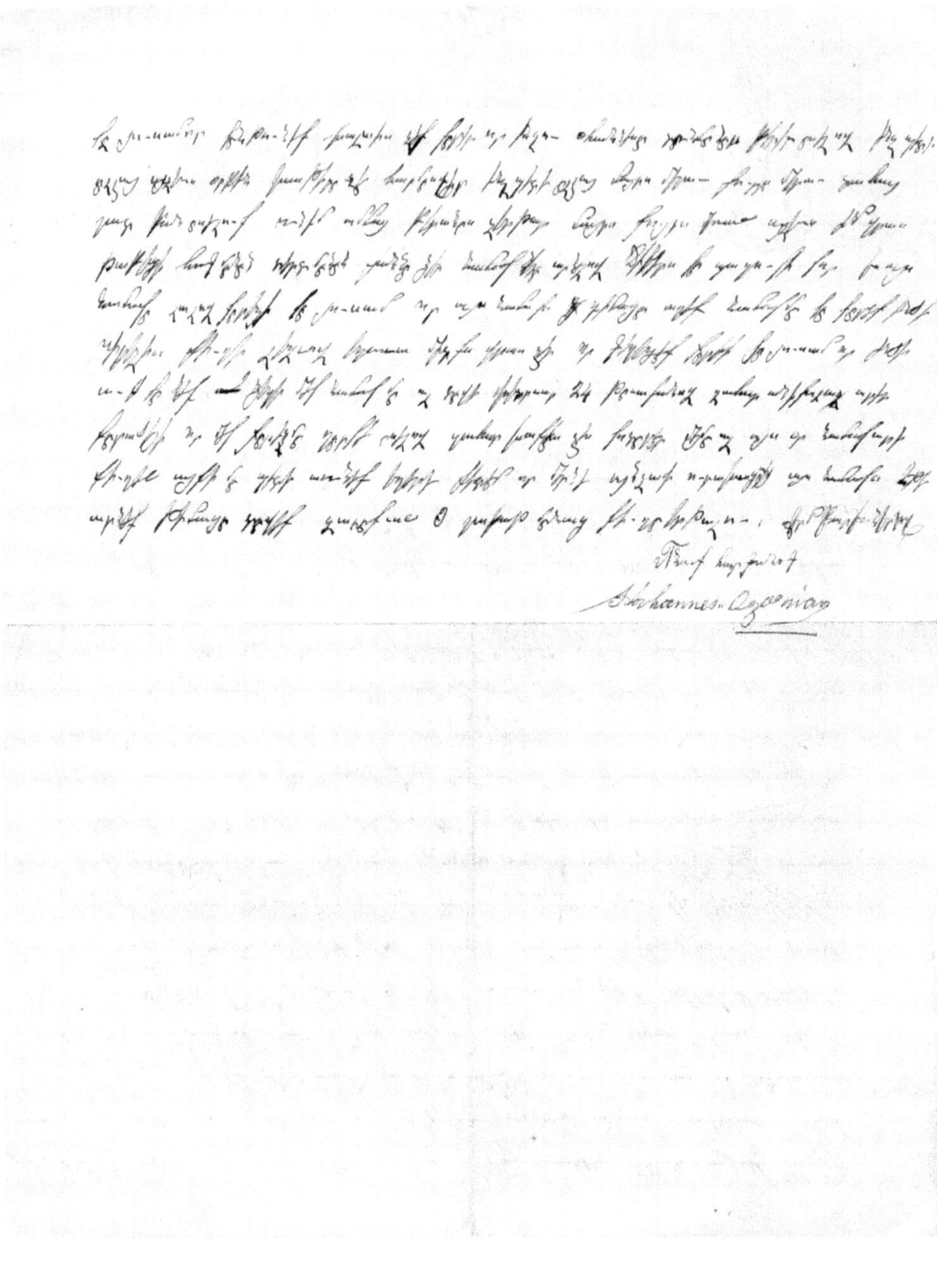

March 10, 1914
Talas

My dear brother, Garabed Kojaian, and Harutiun Kojaian,

Detroit

Firstly, I inquire after your well-being. I hope you are alive and well. If you were to ask about us, we are well and continuing our studies.

This time, I was very pleased to receive your letter, dated February 12. I was in deep distress back then. If you were to ask why, I received a letter from that man who is supposed to be my father, and my worries and problems have multiplied. My dear, I am going to get into a big fight with him, not a small one. There will be blood. As he killed them, now he has started with me [?]. May I shit in the mouth of [such a] father. He filled half a sheet with grumblings. Do not send any letters to that scoundrel, nor should he to you. If only his grumblings were substantial. If you ask what they are, it is such things as, "They went to Muncusun, this and that," as you can imagine.

My dears, do whatever you can and save me from the hands of that man. I am sending a letter to that rascal this week, so that he may come to his senses. He parted with the Devejians[1] and he is with the Uzunians, I cannot even describe [?]. He says, "I do not want the Devejians to go to my house." You should see, there is this Sima, she takes whatever there is at our house. She gave my mother's taffeta dress to someone else. Those people whom my mother disliked now sit on our sofa. [My father] gave everything to them in pawn. I saved myself, but I have a sister. I go to bed at night and worry, I get up in the morning and worry, thinking "What can be done?" And my sister does not like this place. She is deprived [of her mother and sister]; she should not be deprived of me as well. I am not after goods or money. My honor already means money [?]. I wrote a little, you should understand a lot. You know my father's temperament. If it were up to him, I should neither eat nor drink anything. He wrote that I should not go to the village. Easter is approaching. I will disregard my father's wishes and go to your house. I hope you will accept me.

You have not written to my aunt to tell her to bring me to your house. What will happen? Orphans' inconvenience does not count. What will happen? My mother died, my sister died. I have a lot more to say, but I do not have the heart. My mother and sister died, now the worries and troubles are on my shoulders. I feel relieved only when I receive your letters. I wrote this letter in tears. I hope that you would respond to my letter with a good letter.

My dear, this letter was written in the village language. I was not in my right mind to write well. I hope you will forgive me. I had sent you a letter, dated February 24; you must have received it. I had requested a [fountain] pen; I believe you will not disoblige. I received a letter today; you are going to buy an orchard in the village. I was as happy as if it was ours.

If you receive this letter, respond to it. In three weeks, I will go to our village for Easter. My warmest regards. Be well.

Hovhannes Uzunian

[1] Devejian: maiden name of the writer's mother and Hyganush Kojaian.

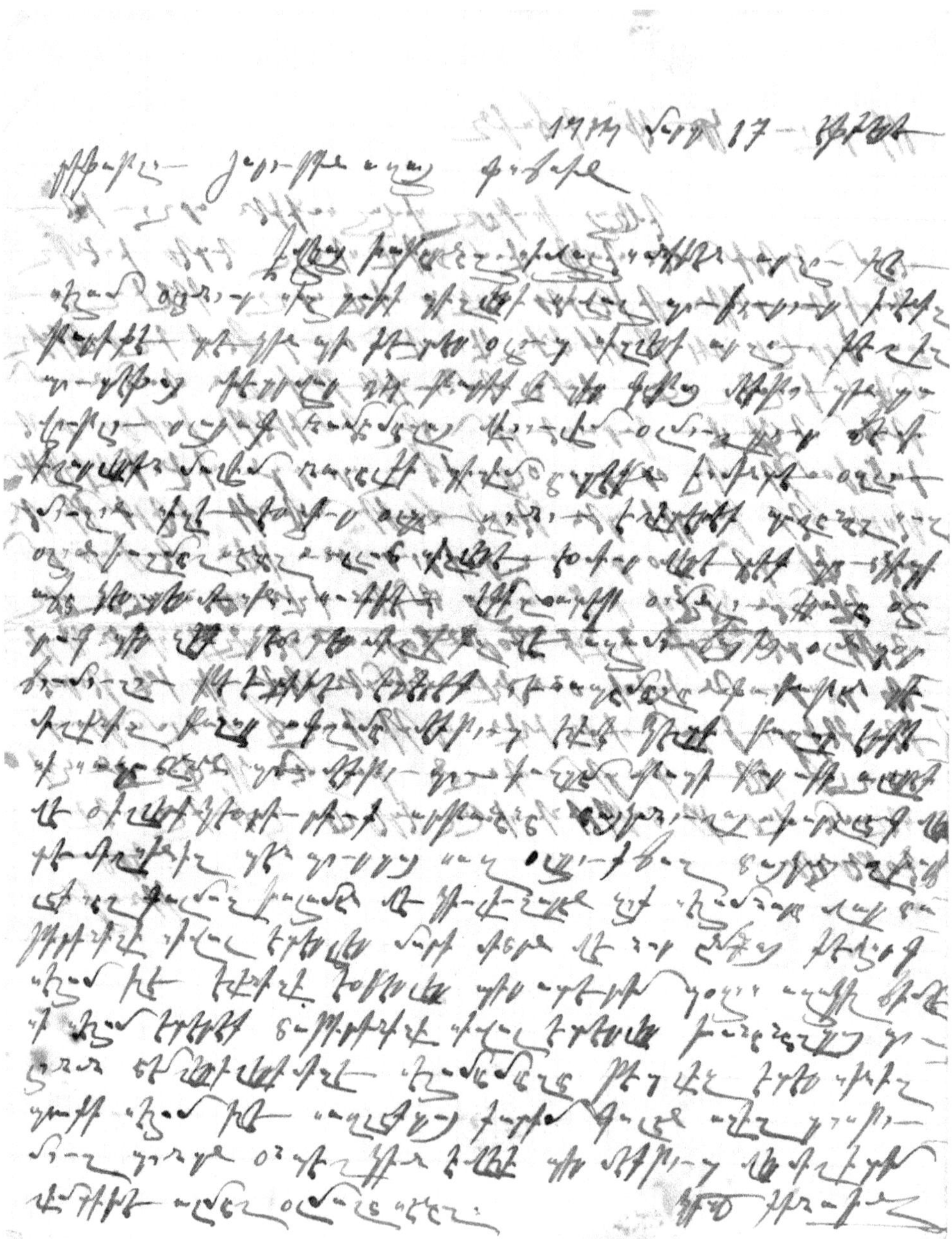

1914 *Mard* 17
Efkere

Rifatlu Harutyun Ağa Kocayan,

Evela, hatırınız sival; saniyen, arzu ile selam olunur. Siz dahi bizleri sival buyurur iseniz, tarike degin bî-keder olub, sizleri arzukeşiz.

Bu defa *Pedrvar* 24 tarikli bir kıta mektubin davutlu olarak namımıza vüsalim[1] olmuşdur. Hemi işârlerin malum. Nasıl ki, bizim Isdepan isminde oğlumuzun sizlere ömür olduğunu eşiderek "başınız sağ olsun" yazmışsınız. Allah sizlere ömür vererek bu gibi acı gösdermesin.

Saniyen, iki adet Osmanlı lirası olarak bir çek göndermişsiniz ve "Ağamucaya olan borcumuzu teediye[2] ederek hesabımızı kapatın" demişsiniz. Pazar akşamı mektub elime geldi. Pazarertesi sabahına da mekdubu yazdım. Tabi parayı aldık ve sizleri görürük. "Artanını Hayganuş'a harçlık ver" demişsiniz. Ben burda sağ oldukcaz Hayganuş harçlıksız kalmaz.

Halamın ve Gülüzar'ın çok selamnarı var, hatirinizi sival ederler. Mari, Mihran[?] ve *nor ındza*[3] Kevork selam ile elinizi öperler. Biraderim Boğos Ağagil cümlesi selam ederek hatırınızı sival ederler. Yanınızda bulunan hemşerilerimize selamımızı tebliğ edersiniz. Baki selam ile sağlıkda kadim kalın aziz dostumuz. Bundan on beş gün eveli bir mektub vermişidim, şimdiye almış olmalısınız.

Garabed Kinayan

[1] vüsalim: ulaşmak (< vasıl)
[2] tediye etmek: borcunu ödemek
[3] nor ındza: yeni vaftiz olmuş (Ermenice)

March 17, 1914
Efkere

Eminent Harutiun Agha Kojaian,

Firstly, I inquire after your well-being; secondly, I extend my greetings. If you were to ask about us, we have had no worries so far, and we are longing for you.

Your registered letter, dated February 24, has arrived and we became acquainted with what you wrote. You heard about our son Sdepan's passing and sent your condolences. May God give you a long life and not give you such grief.

Secondly, you sent a check for 2 Ottoman liras and instructed me to pay off your debt to Uncle and close your account. I received your letter on Sunday evening, and I responded on Monday morning. We, of course, received the money, and we will take care of you. You asked me to give the rest to Hyganush for allowance. As long as I am alive, Hyganush will never be without an allowance.

You have greetings from my aunt and from Gülizar. They ask after your well-being. Mari, Mihran [?] and the newly-baptized Kevork send their greetings and kiss your hand. My brother Boghos Agha and his family all send their greetings and inquire after your well-being. Please extend my greetings to our fellow countrymen there. Keep well, my dear friend. I sent a letter 15 days ago; you must have received it by now.

Garabed Kinaian

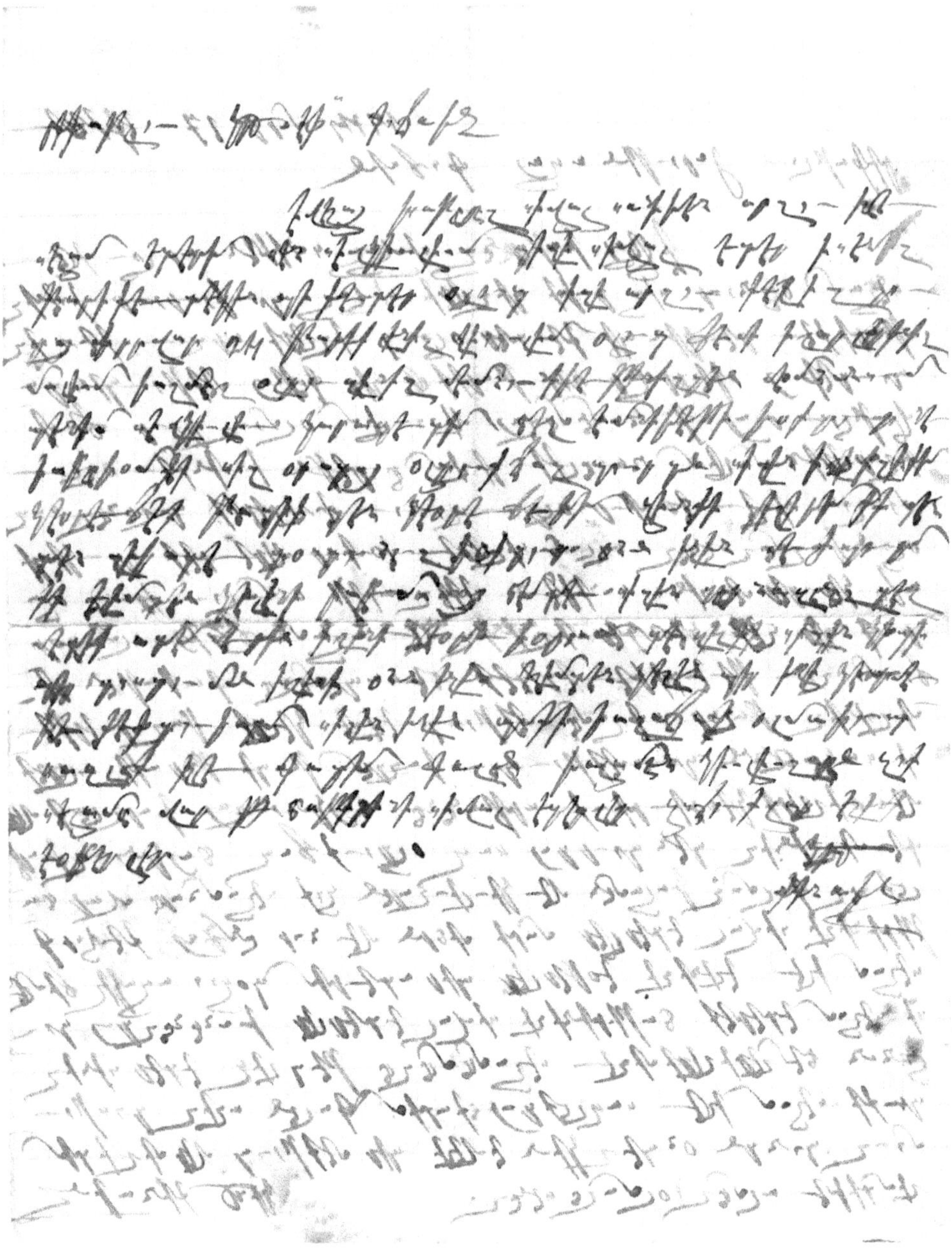

[1914 *Mard* 17]

Rifatlü Garabed Efendi Kocayan,

Evela, hatırınız sival; saniyen, arzu ile selam ederim. Sen sevgülüm, bizi sival eder iseniz, tarike degin bî-keder olub sizi arzukeşiz.

Bu defa *Pedrvar* 24 tarikliniz vüsalim olub, cemi'[1] işarlarınız malum. Yazmış oldığınız memnuniyetinizden memnunum.

Benim sevgülü Garabed'im, heç ehemniyeti yokdur. Ne yapıyom ki! Siz orada oldukcaz burda sizin işinizi kim görecek? Tabii ben göreceyim. Çünki bilirim ki benden ziyade dosdunuz yokdur. Onun için mecburum ki elimden geleni yapmaya. Hem de "sizin bir nazınız bilmedik" demeyin. İşini göreyorum değil ki, sizin gibi bir dosdumun işini. Onun için elimden gelen bir işi görmeye kef duyarım sizin için. Baki yazacak olmayub, sağlık ile kadim kalın.

Halamın, Gülizar'ın çok selamı var; hatırını sival ederler. Çocuklar elini öperler.

Garabed Kinayan

[1] cemi': bütün, hepsi

[March 17, 1914]

Eminent Garabed Effendi Kojaian,

Firstly, I inquire after your well-being; secondly, I extend my greetings. If you, my dear, were to ask about us, we have had no worries so far, and we are longing for you.

Your letter, dated February 24, has arrived and we became acquainted with what you wrote. I am glad to hear that you are pleased [about what I have done for you].

My dear Garabed, it is not a big deal at all. What have I done anyway? Since you are there, who is going to take care of your errands? Of course it will be me. Because I know that you do not have any friends other than me. For this reason, I have to do my best. Also, do not say that I did not spoil you [?]. It is not any errand; it is the errand of such a friend. For friends like you, it is a pleasure to do my best. There is nothing more to write. May you be always in good health.

You have greetings from my aunt and Gülizar, they inquire after your well-being. The children kiss your hands.

Garabed Kinaian

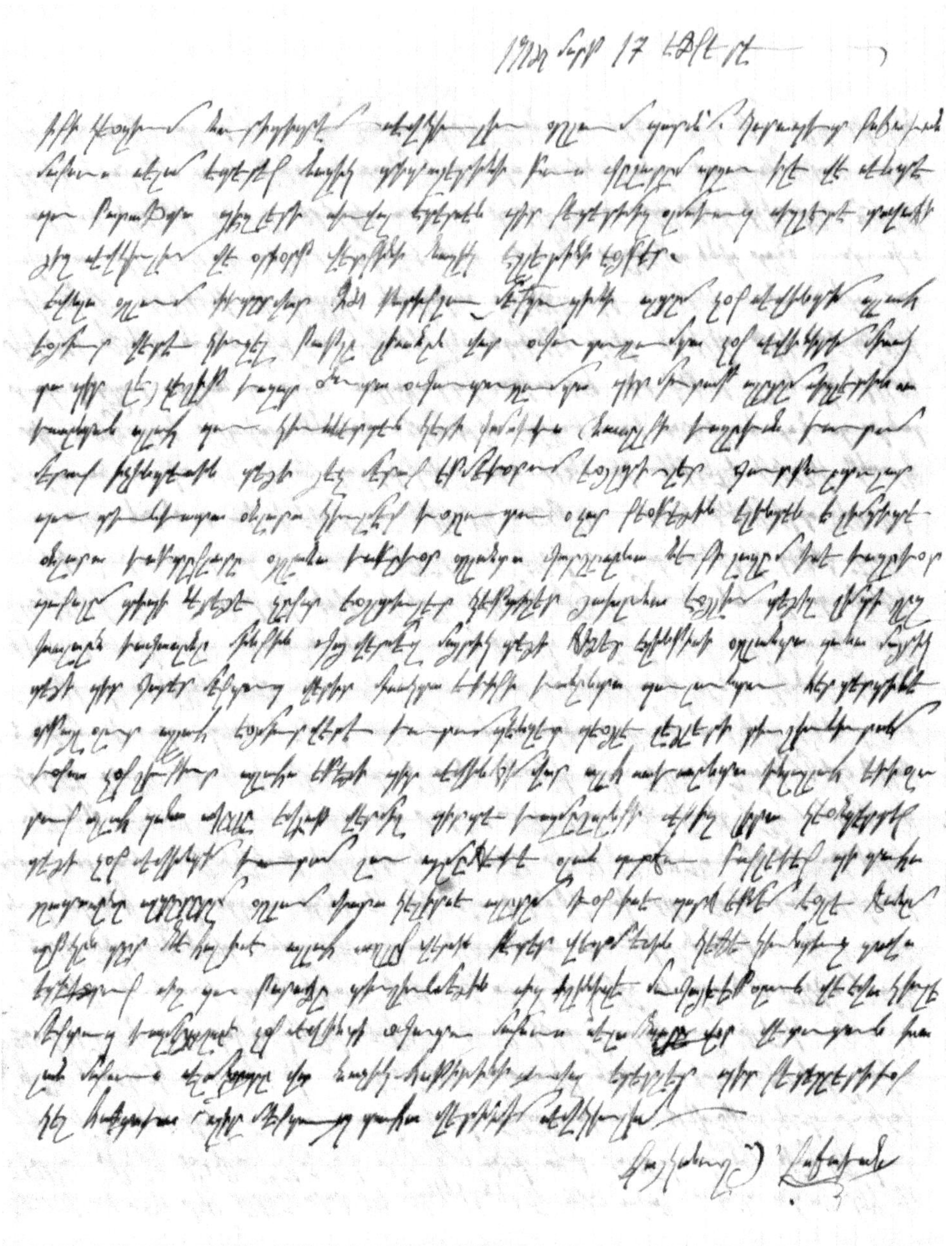

1914 *Mart* 17
Efkere

İki Gözüm, Nur-i Didem, Sevgülü Oğlum *Baron* Garabed Kocayan,

Maksus selam ederek, nazig didalerini pus kılarım, arzu ile. Ve sen de bu tarafda bizleri süval edersen, bir kederimiz olmayub, sizlere dovaciyiz sevgülüm. Ve *Oriort* Verkine nazig ellerini öper.

Evela oğlum, *Pidırvar* 24 tariklu mekdubini aldım, çok sevindim. Allah ömür vere. Güzel, tatlı lisanın var; okuduğumda çok sevinirim. Misag da bir şey çeşit yazar. Onu da okuduğumda bir mürat alırım, sizlerin sayasından. Allah bu günnerden geri komaya.

Nasıl ki yazıyon yavrum, "merak içindesin" deyi. Heç merak etmeyorum. Öldüler kurtuldular. Bu dünyada onlara gülmek yoğudu o *çar* köpeyin elinden. E, şimdi de onlara yapdıkları[nı] oğlana yapıyor. Oğlan da karşısına ne ki lazım ise yazıyor. Bakalım dibi nereye çıkar. Öldüler getdiler. Yahına ölüm deyil. Şimdi gız halaın yakasını münkün koyvermez *mayrig* deyi. Ciyer ezintisi[1] oğlan da bana *mayrig* deyi bir karer mekdub verir. Misag da eyi ki yanında bulundu. Her derdine ortağ olur. Allah ömür vere yavrum.

Benzer böyle şeyleri düşünürüm. Yoksa çok şükür Allah'a, epeyi bir sevincim var. Allah sayasında inşallah eyi oluruk. Allah bana akıllı evlat vermiş. Bir de yazmışsın ki, "sekiz lira gönderdik" deyi. Çok sevindim yavrum. Şu ağmıceye olan borcu pakleyek[2], bi daha ğadasını aldırırım[3] oğlum. Para gelirse alırım, yok ise borc etmem. Öyle canım sıkgındır. Ne hal ise, Allah sağlık versin, keder vermesin. Gece gündüz dova ediyoruk. Siz bu tarafı düşünmeyin, siz işinize mukayet olun.

Ve Evagül'e mekdub yazmışsın. Çok sevindi, okudu. Maksus selamnarı var. Ve dudun, halan maksus selamnarı var. Nazig hatırını süval ederler. Bir kederleri yok. Gel hafdaya bir mekdub daha veririm sevgülüm.

Hayganuş H. Kocayan

[1] ezinti: üzüntü
[2] paklamak: borç ya da kötü bir ilişkiyi temizlemek
[3] gadasını almak: "sana gelecek kaza bana gelsin" anlamında sevgi ve fedakârlık ifadesi (gada < kaza)

March 17, 1914
Efkere

My two eyes, the light of my eye, my dear son, Mr. Garabed Kojaian,

I extend my special greetings and longingly kiss you upon your gentle eyes. If you would like to know how we are here, we have no worries and we pray for you, my dear. Miss Verkine kisses your gentle hands.

Firstly, my son, I was very glad to receive your letter, dated February 24. May God bestow upon you a long life. You have a beautiful and sweet language. It makes me very happy to read your letters. Misag also has a peculiar style. I rejoice when I read his letters too. May God not deprive us of these days.

My dear, you wrote you are concerned that I am worried. I am not worried at all. They died and were freed [from suffering]. They did not live good lives in this world because of that evil dog. And now he is doing the same things to the boy. The boy writes back in the appropriate manner. Let's see how this is going to end. They died and departed. [incomprehensible expression]. Now the girl calls your aunt "mother" and does not let go of her. And the poor boy calls me "mother" and sends short letters. Good thing Misag was there for him. He provided a shoulder to cry on. May God give you long lives, my dear.

I have such thoughts. Otherwise, glory be to God, I am very happy. Thanks to God, we will be fine. God gave me smart children. You also wrote that you sent 8 liras. I am very happy to hear this. Once we pay off our debt to Uncle, I will never deal with him again. If you send money, I will buy things; otherwise, I will not go into debt. This is how distressed I am [about finances]. Anyway, may God give good health, not grief. We pray day and night. Do not worry about things here, take care of your business.

Evagül was very happy to read the letter you sent to her. She sends her special greetings. Also, you have greetings from your *dudu* and aunt. They ask after your well-being. They do not have any worries. I will send another letter next week, my dear.

Hyganush H. Kojaian

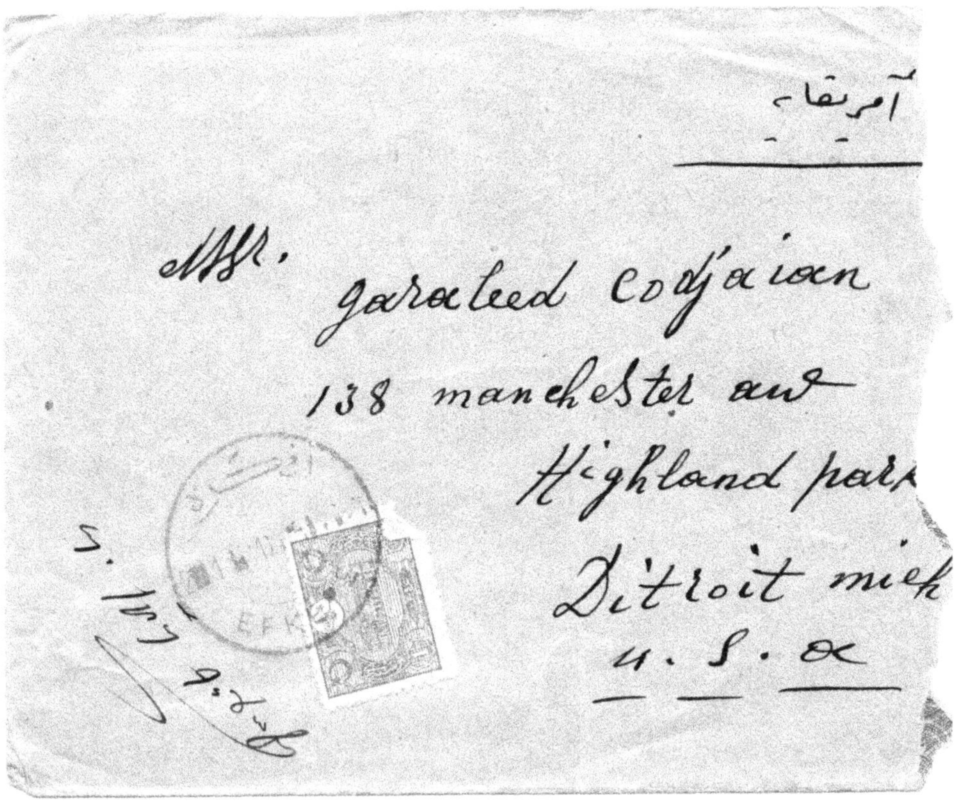
آمریقا
Mr. garabed codjaian
138 manchester ave
Highland park
Ditroit mich
U. S. a

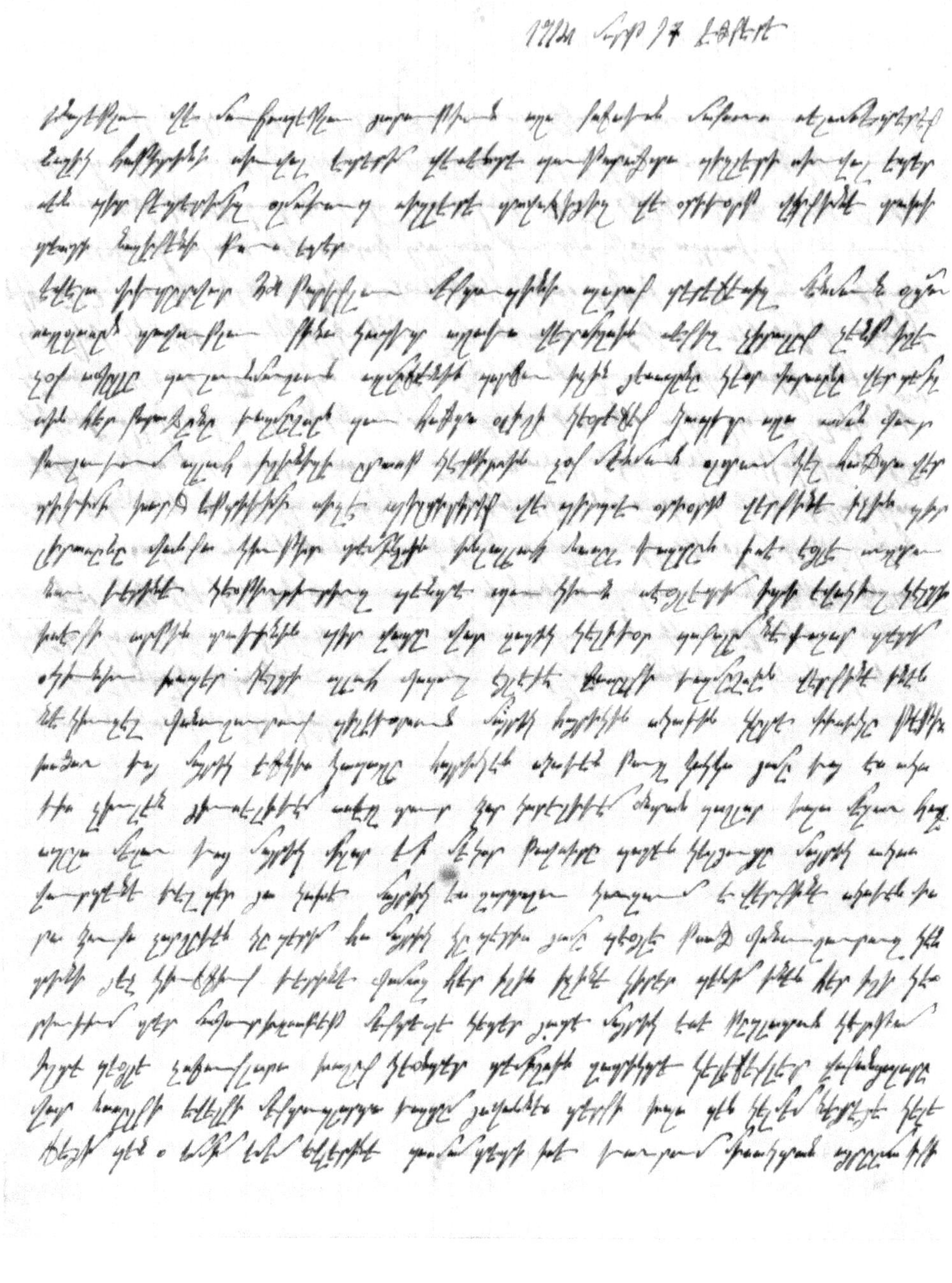

1914 *Mart* 17
Efkere

İnayetlu ve Muhabetlu Harutyun Ağa Kocayan,

Maksus selam ederek, nazig hatirini süval ederim. Ve sen de bu tarafda bizleri süval edersen, bir kederimiz olmayub, sizlere dovaciyiz. Ve *Oriort* Verkine dahi desd-i nazikeni pus eder.

Evela, *Pidırvar* 24 tariklu mekdubunu alarak derecesiz memnun oldum, sağ olasın. Davutlu, Kina Gabid Ağa'ya vermişsin, sekiz liralık çent ile. Çok akıllı bulunmuşsun, Ağmıcenin borcu için hesabını gör, parasını ver demişsin. Her tarafını yazmışsın. Bu hafda ol işi görecek Gabid Ağa. Aman kurtuluyum! Allah işinizi ırast getirsin, çok menmun oldum. Gel hafda verdiyimi, harc etdiyimi, size bildiririk. Ve bir de *Oriort* Verkine için bir lirasını *vanka* götür demişsin. İnşallah, nasıl yazdın ise öyle *uğd*unu[1] yerine götürürüz.[2] Ben de bugün söyledim idi, Evagül geldi ise ki, "Artin dayının bir vadı var, *Zadig* geliyor, bakalım ne yazar" dedim. O günü haber geldi. Allah kabul eyleye.

Nasıl ki yazmışsın, Verkine inen ne güzel konuşuruk biliyorsun. "*Mayrig, hayrigin, agayin gıre pısigı tetis hatsav. Yay mayrig ecgıs* gabağı *hayrigen agayen tuğ gagga, ha mı, yay. Yes agayis çülen hüseliyem. Aseğ dur, gar gareliyem.*"[3] Ondan başlar, "Hala *melav*, Hacı abıla *melav. Yay mayrig mi lar*, emi *meg or.* Tavsiri *baden geltsurı mayrig,* agas *vurdene yel ber, ya gahe. Mayrig, yes* zardalu *guzum.*" "E Verkine, aga*yen* para *guka*, çarşı*yen* gı *berim.*" "Ha *mayrig gı beris* ha mı?"[4] Böyle tuaf konuşuruz. Gendini heç güccük yerine komaz. Her işin içine girer benim inen, her işi görüyüm der. *Makur*[5] Yeğsapet mekdebe geder, "Hade *mayrig ese tıbladon gertam.*"[6] İşde böyle.

"Çocuklara haşlık gönder" demişsin. *Zadig*'de gelecekler; vakantsaları var. Nasıl ki evelki mekdublarda yazdım, Hovannes der ki, "Hala ben gelmem. Nereye geleceyim? Ben o emmim, emem ellerine basmam" deyi ise, "Yavrum, Misag'dan ayrılma, ikiniz bir bizim eve gelin" dedim. Bu nasıl Kirkorumuş? Oğlana mekdublar veriyor ki, mekdebe. Yarım tabağayı bana göndermiş, okudum. Nasıl yazayi ki, nasıl annadayım. Derdi bizlere. "Onlar bizi batırdılar, hırsızdırlar." Burda berbere vermiş, getirdi yanımda okudu. "Onlar beni batırdılar. Künde için evimde yerler içerler idi. Bu kadar borcu onlar etdirdi. Hırsızdırlar. O Akabi'nin[7] kızları, güveyileri, evimde gün geçirirler idi." Bilin ki, bizim evimizde heç yeyecek olmaz imiş; onun evinden yer içer imişik! Bu nasıl köpek imiş! Her hafda kardaşlarına mekdub nasıl da yazıyor. Burdan da bunlar yazıyorlar, yalan yağnış. Aleyimizden fırsant arayorlar imiş meyerse. Bir fırsant geçdi ki ellerine, günneri oldu. Vah kardaşımın emekleri! O kadar hasdaların bağlarını, sidiklerini yürü arıtdır, bir "eline sağlık" bile yokdur. Ondan soğra da hırsız deyib gediyor! Bana böyle yapdığına göre biz boş bulunduk. O ise, "Evinde bulunan tüm babamızın malıdır. Oğlan var deyi biz doğru yola getdik. Oğlanı eve soğmayın" deyi yazıyor. Bilin ki oğlu

[1] uğd: adak (< uhd: Ermenice)

[2] Verkine'nin kolera salgınından sağ kurtulması için babası Harutyun Kocayan'ın Efkere'deki Surp Garabed Manastırı'na para adadığını sonraki mektuplarda okuyoruz. Ayrıca bkz. Mektup no. 4.

[3] "Ana, babama, agama yaz, elimi kedi ısırdı. Gözümün [...] babamdan, ağamdan [...] ha mı, yay. Ben agama çorap[?] örücem. İğne ver, dikiş dikicem."

[4] "Hala öldü, Hacı Abıla öldü. Ay ana, ağlama e mi bir gün. Tavsiri duvardan aşağı indir ana. Tekrar götür as. Ana, ben zerdali isderim. E Verkine, agadan para gelecek, çarşıdan getiririm. Ha ana, getirirsin, ha mı?"

[5] makur: temiz, saf (Ermenice)

[6] "Hadi ana, ben de okula gidiyorum"

[7] Yazar, diğer kız kardeşi Akabi Şahbazyan'dan bahsediyor.

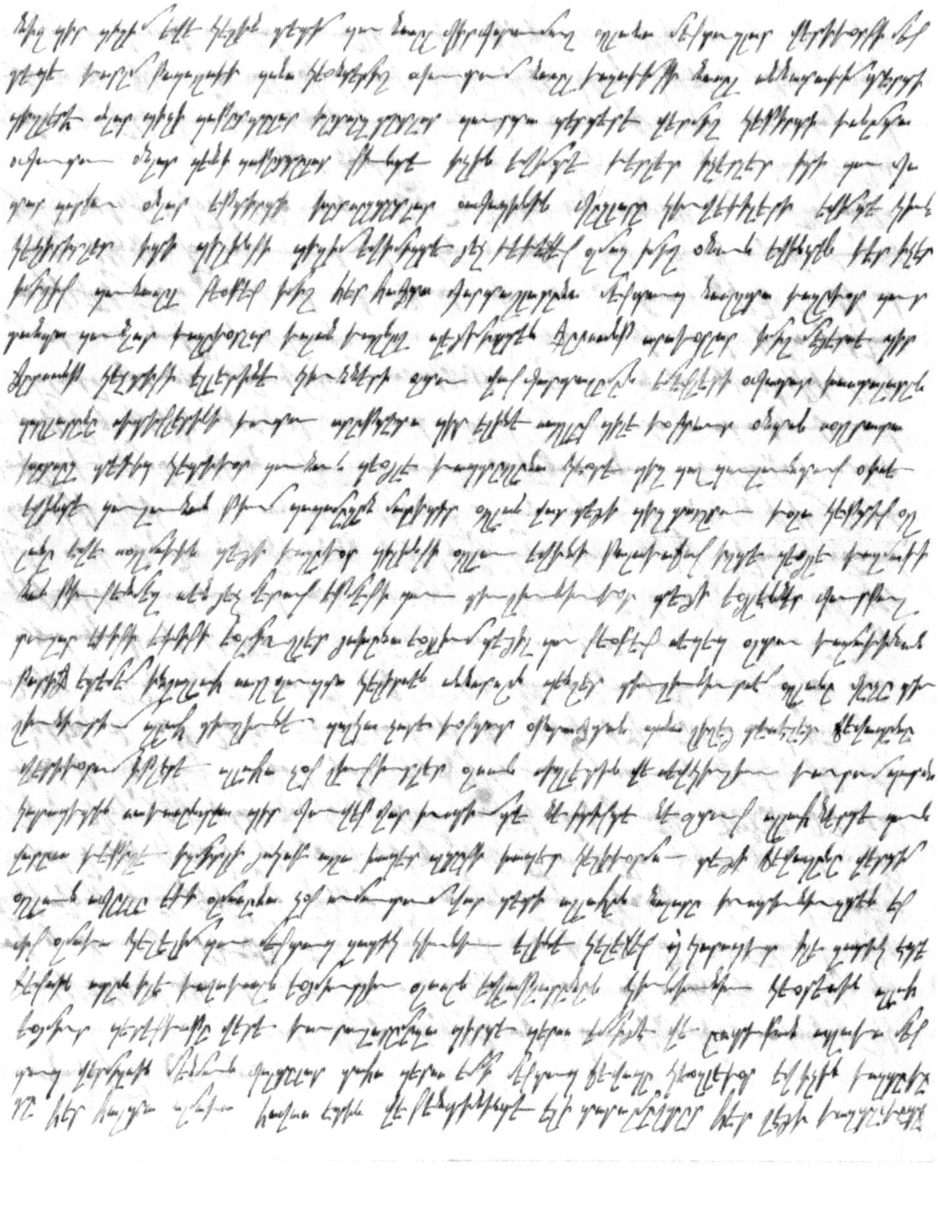

evini talayacak[8]. İşde böyle, yazmayınan tükenmez. Sen heç merak etme ki, bu düşünüyor deyi. Ölenner kurtuldular. Eyi ki, eyi ki ölmüşler! Yahına ölüm deyil. Bu köpek sebeb oldu. Yazmayınan tarif edemem. İnşallah sağ olub da gelirsen annarsın. Benzer düşünürsem, oğlanı, kızı düşünürüm. Allah düşüne, başka çare yokdur. O tarafdan bana bişey deseler cevabını veriyorum itlere. Allah'a çok şükürler olsun, sizlerin ve sevgülü yavrum *Baron* Garabed'in sayasında bir kuvet var üsdümde. Ne idik de ne olduk. Allah nerde dun[?] varısa yetişe.

İzmirli Hagop Ağa haber aldı ki, "haber geliyor mu" deyi. Cevabını verdim. "Oğlun akıllı. Eyi olmasına çok umudum var" dedi. Allah'ın nazarı üsdünüzden eksik olmaya.

Gelelim, bu mekdub *Zadig* günü eline gelecek. *B[aron]* Garabed ile *Zadig* edeceksin. Adın ile yaşayasın, ömürlü olasın, evlatlarının gününü göresin. Allah ömür berekâtı vere yavrularımıza.

Bir de Beros emmiye ve Isdepan Ağa'ya mekdub vermişsin, memnun kaldılar. Daha Beros emmi mekdub cevabı gözleyor. Ev için yazdıyıdı. Her halda almaya havas edin. Ve kendinin de eli daralmışdır. Her şeyi yazdıyıdı. Bağ için yazmışsın. Durub bakıyorum. Öyle bişey gelirse ırast düşünüyorum. Kayri umudum var ki bağ alacaız deyi.

Mart iki tariklu mekdub verdim idi, şimdiye elinize gelmiş olması [lazım]. Misag yazmışıdı ki, mekdub verdik deyi; onun da okudunuz. Yazdımıdı ki, bir mut buğday parası deyi. İnşallah gönderirsiniz, çünkü ortalık biraz pahalı olacak görünüyor. Makseti nedir; *mer es kağakı hink hazar zinvor yegav. Lısvetsav kağakin meçı. Ammen* millet*ne ga. Dehung dagı inç gılla. Enor vıran* biraz *suğutyun gılla ga gısın. Astvadz ağıgı araç pere.* Halı*nerin yeresı heyoğ çiga; zang* deyi *gannetsav. Ardzünerne* biraz *gerc gagga. Tsörene* ğayet *şat gagga. Arnoğe şad e. Hayganne dığa unetsav. Boğos* Ağan *sağdzav.*[9]

Bir de Donig Ağa'dan ve kardaşımdan altı hafdadır mekdub almaız. Makseti nedir bilemeoruz.

İneyimiz çok eyidir, sağılıyor. Kendisi bızağayacak[10] Mayis ayında.

Başını ağrıtdım, kusura kalma. Annitsa'nın maksus selamı var. Çok sevindi ki, "hele Artin dayim sözünün üsdünde durdu; cevizli, ğayısılı bağ alacak" deyi. Bu tarafda validemin ve hemşiremin maksus firade firade selamnarı var.

Hayganuş H. Kocayan

[8] talamak: yağmalamak, talan etmek

[9] "Bizim bu şehre beş bin asker geldi. Şehrin içini doldurdular. Her milletten var. Bakalım dibi nereye çıkar. Onun üsdüne biraz pahalılık olur diyorlar. Allah hayırlısını ileri getirsin. Halıların yüzüne bakan yok; zang deyi durdu. [...] biraz kısa kaldı. Buğday ğayet çokdur. Alan çokdur. Haygane'nin oğlu oldu. Boğos Ağa iyileşdi."

[10] bızağayacak: yavrulayacak, buzağılayacak

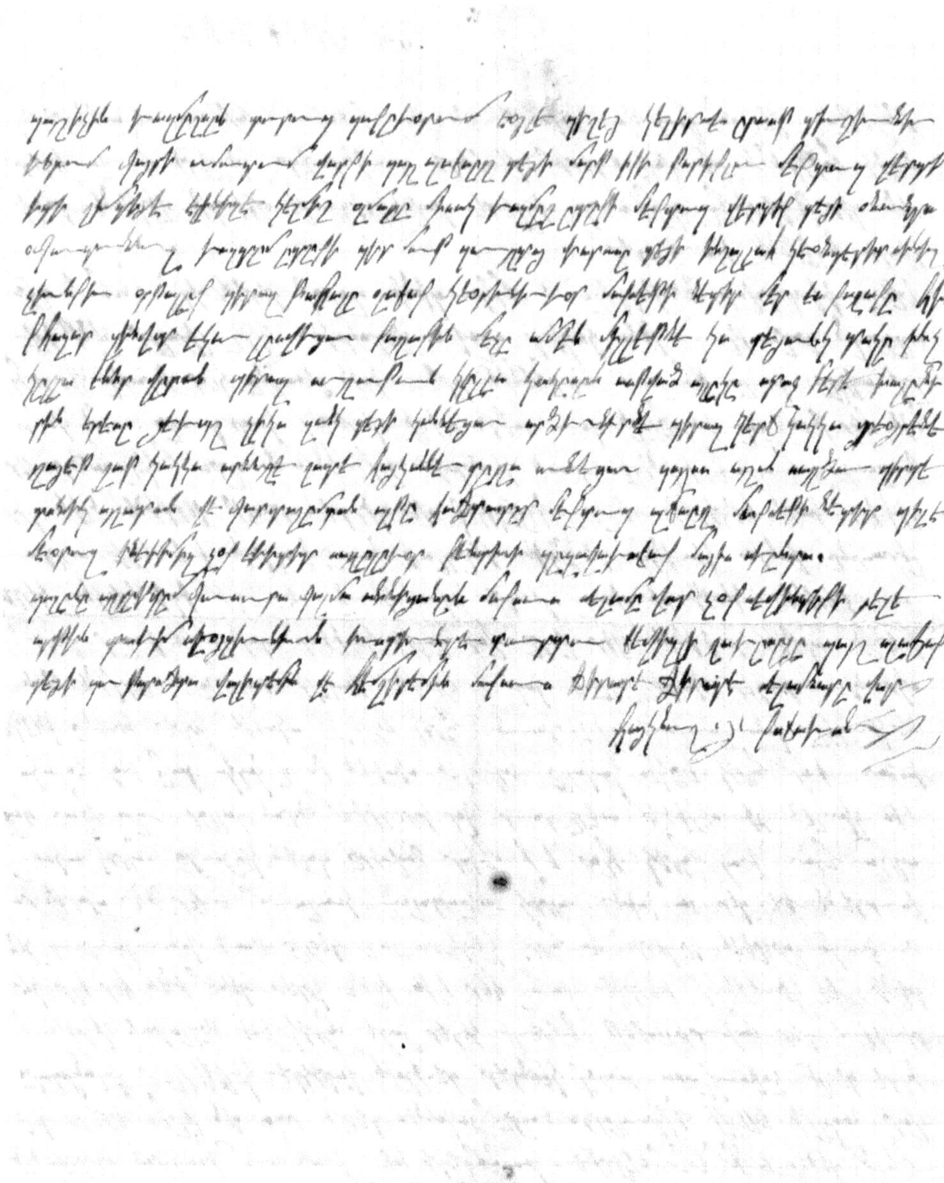

March 17, 1914
Efkere

Gracious and affectionate Harutiun Agha Kojaian,

I extend my special greetings and inquire after your well-being. If you were to ask about us here, we have no worries and we pray for you. Also, Miss Verkine kisses your gentle hand.

Firstly, I was extremely glad to receive your letter, dated February 24. Thank you. You sent a registered post together with a check for 8 liras to Gabid Agha Kinaian. You gave detailed instructions to Gabid Agha to pay off our debt to Uncle. It is a very smart thing to do. This week Gabid Agha will take care of that. Oh my goodness, I will be freed of this burden. God speed to you. I am very glad. Next week, I will give you an account of the expenses. Also, you gave instructions to make a vow of 1 lira at the monastery for Miss Verkine.[1] God willing, we will fulfill your vow according to your instructions. I was speaking with Evagül about it today. When she came over I said, "Your uncle made a vow. Easter is almost here. Let's see what he is going to write." The same day we received your letter. May God accept your vow.

You know how we speak with Verkine. "Mother, write to dad and brother, the cat bit my hand. [incomprehensible imitation of baby talk in Armenian]. I will knit socks [?] for my brother. Give me a needle, I will sew." Then she goes on: "Aunt died, Haji sister died. Oh, Mother, don't cry, all right? Bring the picture down from the wall. Now put it back. Mother, I want apricots." Then I respond, "Verkine, your brother will send money, I will get some from the market." "Yes, mom, you will bring some, right?" she says. We have funny conversations like this. She never considers herself small. She wants to be involved in everything I do. When *Makur*[2] Yeghisapet goes to school, Verkine also says "Come on, Mother, I am going to school too." This is how she is.

You wrote that I should send pocket money to the children. They will come here for Easter. They have holidays. As I had written in my previous letters, Hovannes said, "Aunt, I am not coming. Where would I go anyway? I will not set foot in my uncle and aunt's house." Then I told him to come to our house with Misag. What kind of man is this Kirkor? He sends letters to the boy's school. Hovannes sent me a page to read. I do not know how to describe it. His problem is with us. He says that we caused their bankruptcy and we are thieves. He sent a letter to the barber here, who brought it and read it to me. "They bankrupted me. They ate at my house every day. I got into all of this debt because of them. They are thieves. Akabi's[3] daughters and in-laws spent comfortable days at my house." As if we never had food at home and ate at his place all of the time. What kind of a dog is he? Every week he sends letters to his siblings, and they write back false and erroneous news. It seems that they have been looking for an opportunity to use against us. Now that they have the opportunity, it made their day. Woe to my sister's endeavors! She took care of

[1] In the following letters, we notice that Harutiun Kojaian made a vow to donate to the Sourp Garabed Monastery in Efkere if Verkine survived the cholera epidemic. See also, Letter # 4.

[2] makur: innocent, pure, clean (Armenian).

[3] The writer is referring to her other sister, Akabi Shahbazian.

all those patients, cleaned their diapers and piss but he does not even say thank you. And he calls us thieves. Obviously, if he is able to say these things to me, it is because we were taken unawares. He wrote, "Everything in the house belongs to my father. I departed, trusting my son. Do not let the boy in the house." As if his son is going to plunder his house. Such is the situation. Don't you worry at all that I am apprehensive. Those who died are relieved. It is just as well that they died. [incomprehensible expression]. This dog caused their death. I cannot describe this with words. God willing, you will be alive and return and, will understand. I am concerned about the girl and the boy. May God find a solution, there is no other remedy. I tell those dogs off when they say things to me. Glory be to God, thanks to you and my son Mr. Garabed, I feel empowered. What we have been and what we have become. May God help the helpless [?].

Hagop Agha of Izmir asked if we were receiving your news; I responded to him. He said, "Your son is smart. I am very hopeful that he will be just fine." May God's protection be always upon you. You will receive this letter on the day of Easter. You will celebrate Easter with Mr. Garabed. May you live an honorable life. May you see the best days of your children. May God bestow long lives upon our children.

Also, you sent letters to Uncle Beros and Sdepan Agha. They were glad. Uncle Beros is still waiting for a response. He had written about the house. Try to buy it in any case. He is pressed for money. He wrote to you in detail. You also wrote about the orchard. I am looking for one. Hopefully we will find a decent one. I am now hopeful that we will buy an orchard.

I sent a letter, dated March 2. It must have arrived by now. Misag also wrote that we sent a letter. You must have read that too. I asked for money for a *mut* of wheat. God willing, you will send it. Because it seems that it will be expensive here. If you wonder why, there are 5,000 soldiers in the city. The city is full of soldiers, from all ethnicities [?]. Let's see what happens. That is why they say everything will be expensive. Let's hope for the best. Nobody pays attention to carpets; sales have stopped abruptly. [...] produce is short, wheat is abundant. Many people buy wheat. Haygane had a son. Boghos Agha has recovered.

Also, we have not received any letters from Donig Agha and my brother for six weeks. We do not know why they do not write.

Our cow is doing very well; we are milking it. She is going to breed in May.

I gave you a headache, pardon my ramblings. You have special greetings from Annitsa. She is very happy that you kept your promise and will buy an orchard with walnut and apricot trees. You also have special greetings from my mother and sister.

Hyganush H. Kojaian

آمريقاره
Mr. Garabed Kodjian,
142 Victor ave.,
Highland Park,
Mich.,
U.S.A.

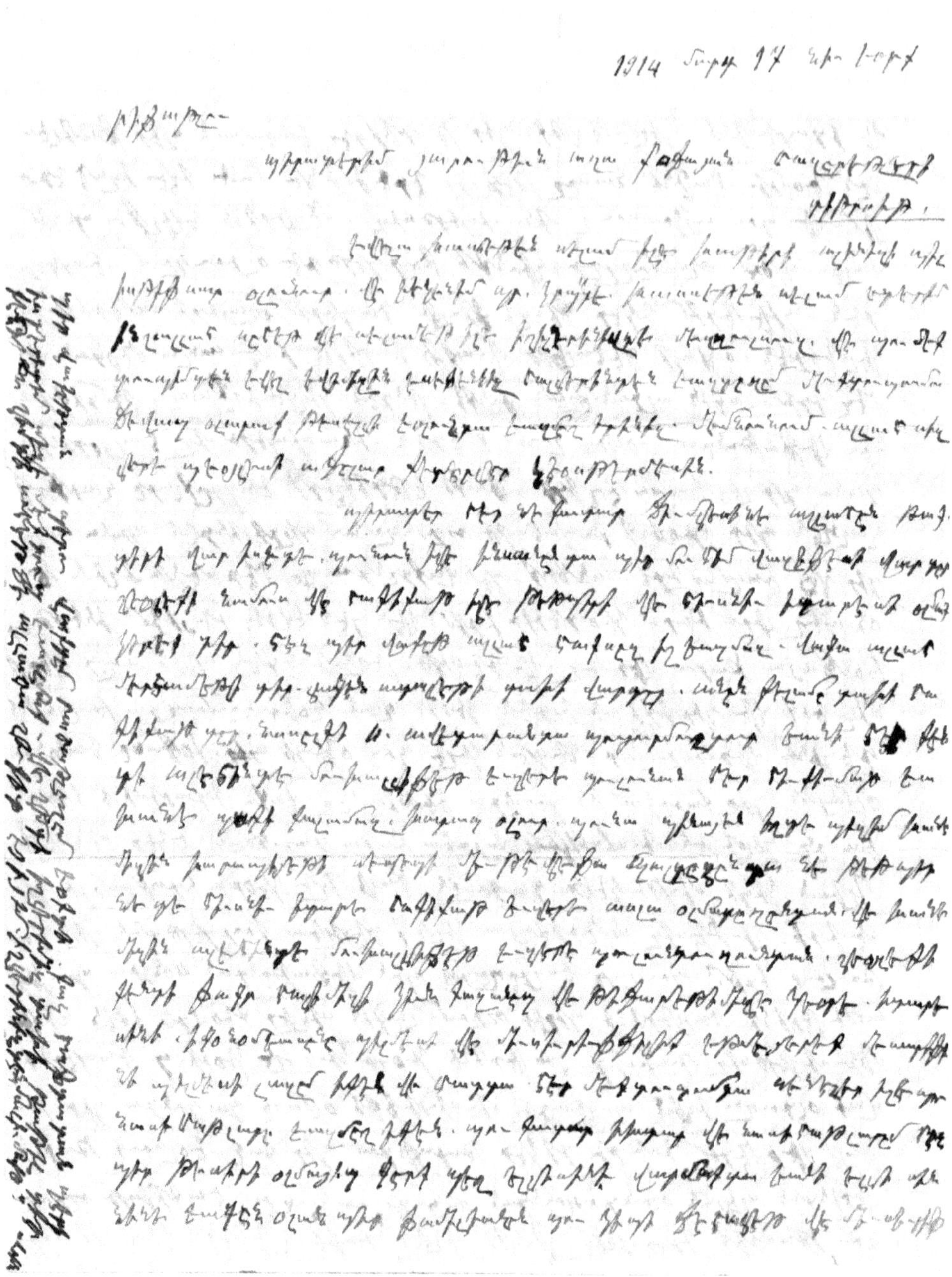

1914 *Mart* 17
Niv York

Rifatlü Biraderim Harutyun Ağa Kocayan Hazıretleri'ne,

Ditroit

Evela, hasseten selam ile hatır-ı âlinizi bi'l istifsar olunur. Ve yeğenim *B[aron]* Garabed'e hasseten selam ederim. İnşallah sıhet ve selamet ile işlerinizle meşgulsuz. Ve bu mekdubimden evel, evimizin esefengiz[1] hallerinden yazdığım mekdubuma cevab olarak teselli yolunda yazmış idiniz; memnunum. Allah sizlere böylesi acılar, kederler göstermesin.

Birader, her ne kadar cümlesine Allah'ın takdiri var ise de, bunun ile insanın da bir mühim vazifesi vardır. Şöyle ki, namus ve hakikat ile tetbiri ve hüsn-ü idaresi[2] olmak gerekdir. Heç bir vakit Allah haksız iş yapmaz. Vaka[3], Allah merhametlidir. Zaten adaleti baki vardır. Onun kelamı dahi hakikattır. Nasıl ki *S[urp] Avedaran*'da[4] buyurmuşdur, yani, "Hep kendi alehinde, muhallifet üzere bulunan her hükümat ya hane baki kalamaz, harab olur."[5] Buna binayen, işde bizim hanemizin harabiyeti sebebi, mütevefa [..]aldığında ne tetbir, ne de hüsn-ü idare, hakikat üzere asla olmadığından ve hanemizin alehinde muhalefet üzere bulunduğundan. Şöyle ki, kendi fakir halimizi gün kazanıb ve ticaretimize göre idaresini, ikonomiasını[6] bilmesi ve müsürüffilik[7] etmeyerek mesarifini bilmesi lazım iken, ve hatta her mekdubumda seneler ile bu nasihadları yazmış iken, bu kadar ihdar ve nasihadlarım heç bir tesiri olmayıb, kırk beş ellisine varmakda, yani elli sinnine[8] yakın olan bir familyanın[9] bu gibi cehalet ve müsürif ve idaresini bilmemezlik, bir tarikde yaşayan bir familyanın ömr-ü hâlini nasıl tefsir[10] edelim, ne mâne ile izah edelim?

Ve bu uygunsuz, minasibetsiz amellerini[11] evelce benim malümatım olmamışdır. Çünki kurbetde olduğum sebebden bilemedim. Eğer cüzi[12] [...] haberim olayidi Amerika'ya gelmezden, o gibi cehalet, müsrif tariklerine[13] asla meydan vermez idim. Lakin aldanmışım. Çünki benden gizlemiş. Asla şimdiki şu vefatından sonra zuhur eden minasibetsiz hallerinden bana bir şey yazmamış idi. Çünki etdikleri, yabdıkları çarpık çalgın[14], bir böyük kabahat olduğunu bildiyinden bana asla bir şey yazmaz idi. Ancak ben vakdında ve her sene içün 15 on beş lira gönderir idim. Ve ben evde deyilim. İneyi var, yoncaya para vermez. Ve dört beş seneden beri ağır vergimiz yok. Ve bir iki seneden beri oğlan çocuğumuz da Talas megdebine vermişimdir. Neden gele bu, o gibi kocası yanında olmayan bir karıya on beş lira yetişmez? Vaka, idaresini, ikonomiyasını bilmeyen müsüriffi karıya dayanmaz. Eğer senin familyan gibi, mütevefa baldızın halimize göre idaresini bilse idi, şüpesiz Amerika'ya gelmek deyil ya, gurbetden bile kurtulur idim.

[1] esefengiz: üzüntü verici
[2] hüsn-ü idare: iyi yönetim
[3] vaka: aslında (< vâkıâ)
[4] Surp Avedaran: İncil (Ermenice)
[5] Matta 12:25: "Kendi içinde bölünen ülke yıkılır. Kendi içinde bölünen kent ya da hane ayakta kalamaz."
[6] ikonomia: ekonomi, geçim
[7] müsürüffilik: tutumsuzluk (< müsriflik)
[8] sinn: yaş
[9] familya: aile. Bu sözcüğü yazar "ailenin kadını, annesi" anlamında kullanıyor.
[10] tefsir: yorumlama
[11] amel: yapılan iş
[12] cüzi: azıcık
[13] tarik: yol, tutulan yol
[14] çalgın: terbiyesiz

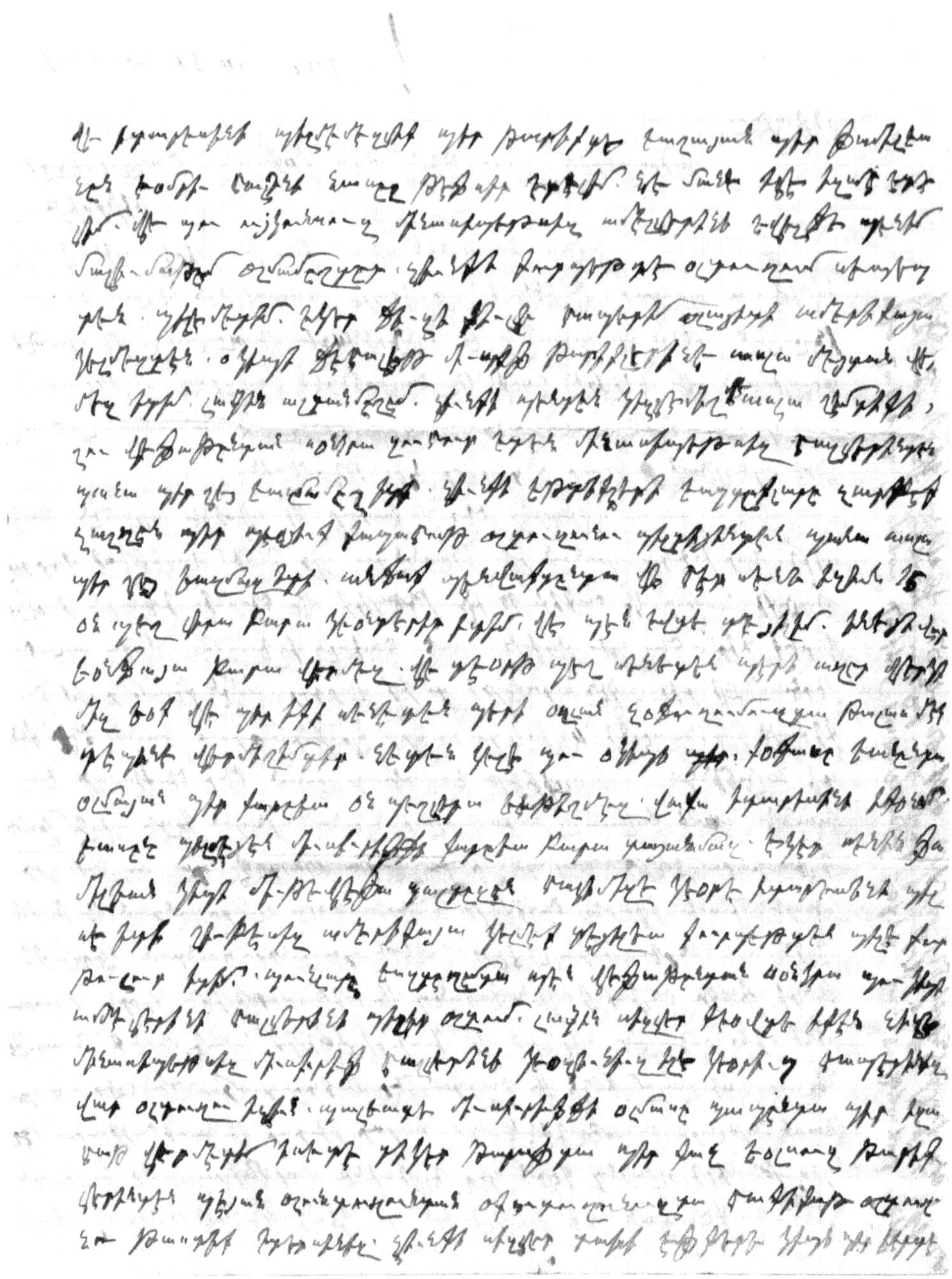

Bunları yazdığımda ben vefatından sonra bu gibi ammellerini, hallerini bilir oldum. Lakin sizler kövde iken nice minasibetsiz, müsürif hallerini gözünüz ile görüb haberiniz var olduğu içün bâlâde[15] müsürifci olması babında bir izahat vermedim ise de, diger tarafda birkaç yolsuz tariklerinden beyan olunduğundan, okuduğunuzda hakikat olduğunu tasdik edersiniz. Çünki sizler dahi Efkere gibi bir yerde familyacak onun yapdığı bir işi yapmadın. Sebeb, elbetde bizim gibi bir kimseler, eğer kârımıza göre idaremizi bilmezsek, sonumuz peruşan ve evimiz harab olur. Hal böyle iken, neden gele, kocası yanında deyil iken ve kurbetlerde namusu haggı içün ayile idaresi, geçimi içün çok müşkilat ile çalışıb çabalamakda iken, kocasının bu hallerini asla düşünmeyerek ve asla vazife etmeyerek, acımayarak, esirgemeyerek, Allah korkusunu ve kocasına itaatı ve konşulardan ve kövlüden çekinmeyi ve kendisine bu gibi minasibetsiz işlerde müsürifde bulunmak asla yakışmaz olduğunu umurunda bile olmayarak birçok müsrifler yapıb gövdeler ile et, çömlegler ile yağla bulgur, örüşde, ölçekler ile *yev aylın yev aylın...*[16] Evini bırakıb, çocuklarını alıb yaylı araba ile Muncusunlara –evet Muncusun'a– gidib, şunun bunun bağında, evinde keyf, zevk etmek...

Birader, rica ederim hakıkatını sen söyle. Bu gibi müsürife bizim gibi kimse para yetişdirebilir mi? Bütün kövün içinde mütevefanın yabdığı gibi hangi karı yapmışdır? Bir tane daha yokdur deyi bilirim. Eger bunun gibi bir tane daha var ise, o da bizim gibi harab olacağına şüpe yokdır. Sen şimdiye kadar böylesi bir şey yapabildin mi, yapdın mı? Heç bir vakıt yabmadın! Çünki bizim gibi Türkiya'da olan demirci, doğramacı bu gibi bir çarğın idaresini, işini bilmeyerek müsürif ederse, bizim gibi harab olur ve her keyfini icıra edeyim derse, bizim gibi Türkiya'da kazandığı kendisine yetişmez. Ancak idare ile, işini bilmek ile geçinebiliriz. Ben bu kadar kurbetde, bekâr halimde mütevefanın yabdığı gibi bir şey yabmadım, ki familya sahibiyim, bana yakışmaz deyi. Parayı ben kazanıyor idim, yapsam olmaz mıydi? Lakin namusum haggı içün bu gibi münasebetsiz işlerde bulunmadım.

Şu hâlini de bildiriyim de bak: Geçen sene ben İsdanbol'da iken bana yazmış idi ki, "Akğız bizi Muncusun'a davet edeyor, gedelim mi?" deyi. Buna karşı cevab olarak, "Asla getmeyesin. Senin kocan yanında deyil iken böle Muncusun'a getmeye utanmayor musun?" deyi. Ve "İtaat etmeyib, gene beni diynemeyib gedersen, seninki edebsizlik sayılır" deyi yazdım. Bu sözüme karşı yazmış ki, "Ben sana 'gedelim mi' deyi yazdım ise heman getmeyorumdum ya!" Birader, böyle bana yazıb da, defa birçok mesarif edib, gene Muncusun'a getmiş. Buna ne ki mâne verirsen ver. Ben kolera vakıtda Efkere'ye getdiyimde, onlar Muncusun'dan daha yeni gelmişler imiş. Bu kötü hallerini öldükten songra duyuyorum. O vakıt gelmişler, sıtmaya başlamışlar. Bu sene de, ğayrı ben Amerika'ya geldim ya, daha serbest olarak birçok müsürif ile gene Muncusun'a getmişler keyf etmek içün. İşde halimizin tefsirini bundan görülebilir.

Bu gibi halleri artık güneş gibi aşikâr olmuş iken, familyanız, baldızım Hayganuş Hanım da kövde, şurda burda, "Kocası parayı az gönderdi de, merak etdi de öldü" demiş. Birader, bu gibi yakışmaz sözlerin luzumu yok. Benim kederime keder ilave etmeme ne minasibeti var. Hemşirelerinin kusurunu, kabahatlarını eyi bilirler iken, böyle yağnış sözler söylemek lazım deyil. Yaz Hayganuş Hanım'a, bu gibi sözlerden geri dursun. Parası az gelen evinde durur, Muncusunlara keyf etmeye

[15] bâlâ: yukarı
[16] yev aylın: vesaire (Ermenice)

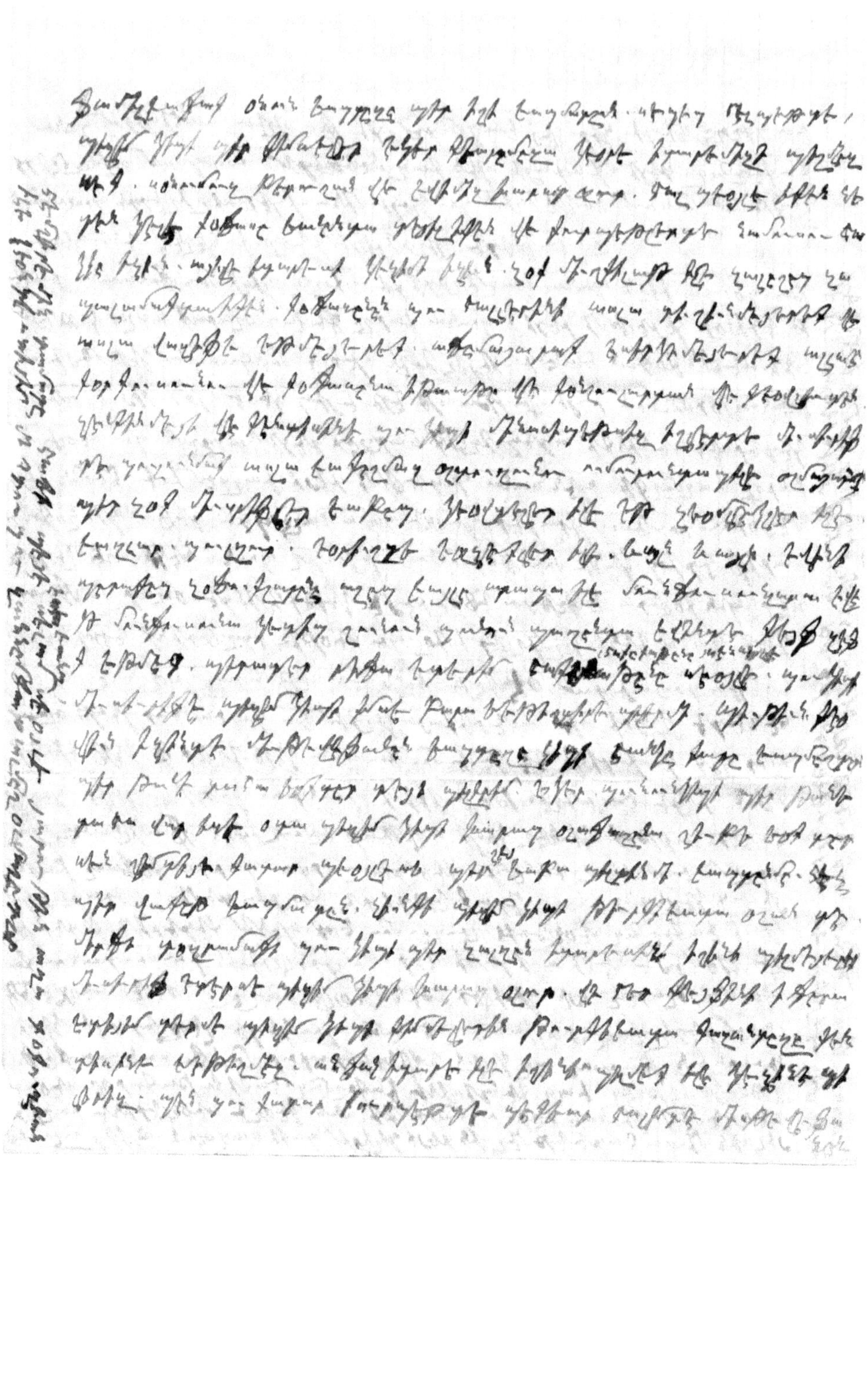

getmez. Yaz kendisine, yakışmaz. Hakikata karşı söz söylemek günahdır. Umarım ki sen böyle sözlerine razi deyilsin, müsahade etmezsin deyi bilirim. Baki sağ olun.

Kirkor Uzunyan

Bir vakıtdan berü vakdım rahatlığım yokdu. Kaç hafdadan beri isder idim size mekdub yazmak. Ve şimdi işlerimiz dahi tatildir. [...] şimdi sıhetce Allah'a şükür eyiyim. İşlerinizden malumat [...].

Hemşiremin damadı Hacı Bey'e Eseyan'a selam söyle. Harutyun Ağa Koc[...]yan ile gönderdiyim mekdubu zannımcak almış olmalıdır.

Benim gönderdiğim paralar tüccarın tefterinde de malumdur. Her ne hal ise. İşlerinizden malumat verin. Umarım ki cevab yazarsınız. Baki dova.

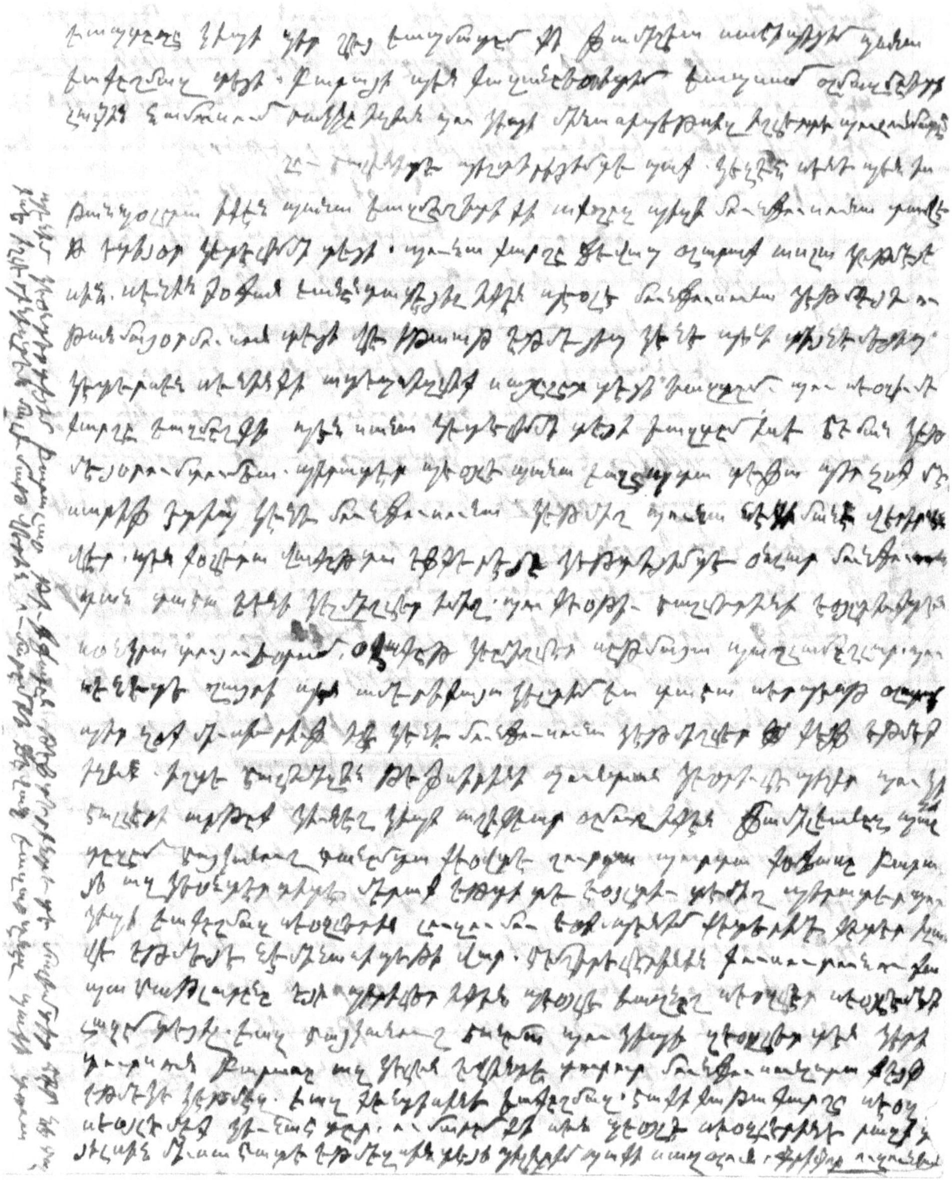

March 17, 1914
New York

My eminent brother, Harutiun Agha Kojaian,

Detroit

Foremost, I extend my greetings and inquire after your well-being. I also extend my greetings to my nephew, Mr. Garabed. God willing, you are busy with your work and in good health. Earlier, you conveyed your condolences in response to my letter informing you about the sorrowful events that took place at home. May God not give you such grief.

Brother, although God determines everyone's destiny, human beings have their own responsibilities too. For instance, managing business and family honorably and honestly and taking precautions. God never performs unjust deeds and, indeed, He is merciful. His justice is eternal. His word is the truth. As He commands in the Holy Bible, "Every kingdom divided against itself will be ruined, and every city or household divided against itself will not stand."[1] Therefore, the reason for our home's destruction is because the departed's actions bore neither precaution nor good management nor reality, and because her conduct was against our family's best interest. That is to say, given our meager circumstances, she needed to know her limits, save money and avoid being extravagant, but despite the fact that I had advised her on these manners in every one of my letters for many years, none of my warnings and advice had an effect on her. Now, how do we understand and explain a woman approaching 50-years of age living in ignorance and profligacy?

Since I was abroad, I did not learn about her improper and unfavorable manners previously. If I had the slightest clue, I would have definitely prevented her ignorant and extravagant tendencies before I left for America. Alas, I was mistaken. Because she had hidden them from me. She never wrote to me about her adverse manners which became known after her death. Since she knew that her actions were faulty, imprudent and misguided, she never wrote to me about these. However, I duly sent her 15 liras every year. And I do not live at home. She had a cow and did not pay for clover. And we did not pay heavy taxes in the last four to five years. And our son has been going to the Talas school for a couple of years. Why on earth could a woman, whose husband had been absent, not live on 15 liras? Indeed, it is not enough for an extravagant woman who does not know how to practice thrift. If your late sister-in-law had known how to use money like your wife, without any doubt, I could have been saved from working in foreign lands, leaving aside coming to America.

I learned about her actions and behavior after her death. However, since you have known and seen her extravagant attitude with your own eyes in the village, I did not need to give the aforementioned details. On the other hand, you may confirm that some of the lavish dealings you will read below are accurate. Because, as a family, you have not done things like she had done in a place like Efkere. Of course, if people like us do not pay attention to our finances, our end will be wretched and our homes will be devastated. Why on earth would a woman show such lavish attitude when her hus-

[1] Matthew 12:25.

band was absent and working for his family's well-being under very difficult conditions? Without considering her husband's hardship, without showing him mercy, without taking responsibility and without fear of God. Disobeying her husband and disregarding the neighbors and the villagers. Not caring that all of these behaviors are inappropriate: spending extravagantly, buying lumps of meat, slabs of butter and measures of bulgur and noodle and etcetera, leaving her home and going to Muncusun –yes, to Muncusun– with her children on a spring cart and having fun in other people's orchards …

Brother, please, you tell me what is right, can a man of our caliber afford such an extravagant woman? Which other woman in the village did the things our deceased did? To the best of my knowledge, none. If there is another woman like her, there is no doubt that her home will be devastated like ours. Have you ever done such thing before? Could you? You have not! Because, if a blacksmith or a woodworker who lives in Turkey as we do, wastes without taking into consideration his finances and how the system works, he will be devastated like us. If he wants to spend as he wishes, the money he makes in Turkey will not suffice. We can make a living only if we contrive and know the score. Although I am single abroad, I have never done the things the deceased did because I have a family and it would be very unseemly. I make the money; could I not spend it? However, my honor prevented me from doing such inappropriate things.

Let me give you another example: Last year, when I was in Istanbul she wrote to me that Akkız invited them to Muncusun and asked whether she should go. In response, I wrote to her that she should never go there and asked her if she is not ashamed to go without her husband. I told her that it would be impertinent if she disobeyed me and went there despite my will. She wrote back saying, "When I asked you whether we should go or not, I did not mean we would go immediately any way." Brother, although she wrote to me that she would not, she went to Muncusun, incurring many expenses. Now, you may interpret this as you wish. When I went to Efkere during the cholera epidemic she had just returned from Muncusun. I learned of all these misconduct after her death. They came back to Efkere that time and caught malaria [?]. This year, after I came to America, she spent money even more lavishly and went to Muncusun to have fun. You can understand our situation from the above explanation.

Despite the fact that her behavior was as clear as day, I heard that my sister-in-law, Mrs. Hyganush, spread word in the village and here and there that she died of worrying because I did not send her enough money. Brother, there is no need for these inappropriate words. Why would she increase my grief? She should not say these things, when she knows her sister's faults well. Write to Mrs. Hyganush, she should avoid saying these words. If one does not have enough money, she stays home and does not go to Muncusun to have fun. Write to her that this is improper. It is a sin to speak against the truth. I hope that you do not agree with what she says and will forbid her from saying such things. May you be well.

Kirkor Uzunian

P.S. I have not been in a good mood for some time. I wanted to write you for several weeks now. Now it is holidays. Thank God I am in good health now. Give me information about your business.

P.S. Convey my greetings to my sister's son-in-law Haji Bey Eseian. He must have received the letter I had sent with Harutiun Agha Ko[...]ian.

P.S. The money I had sent is registered in the account books of the merchants [in Efkere]. Give me information about your business. I hope you will write back. I pray for you.

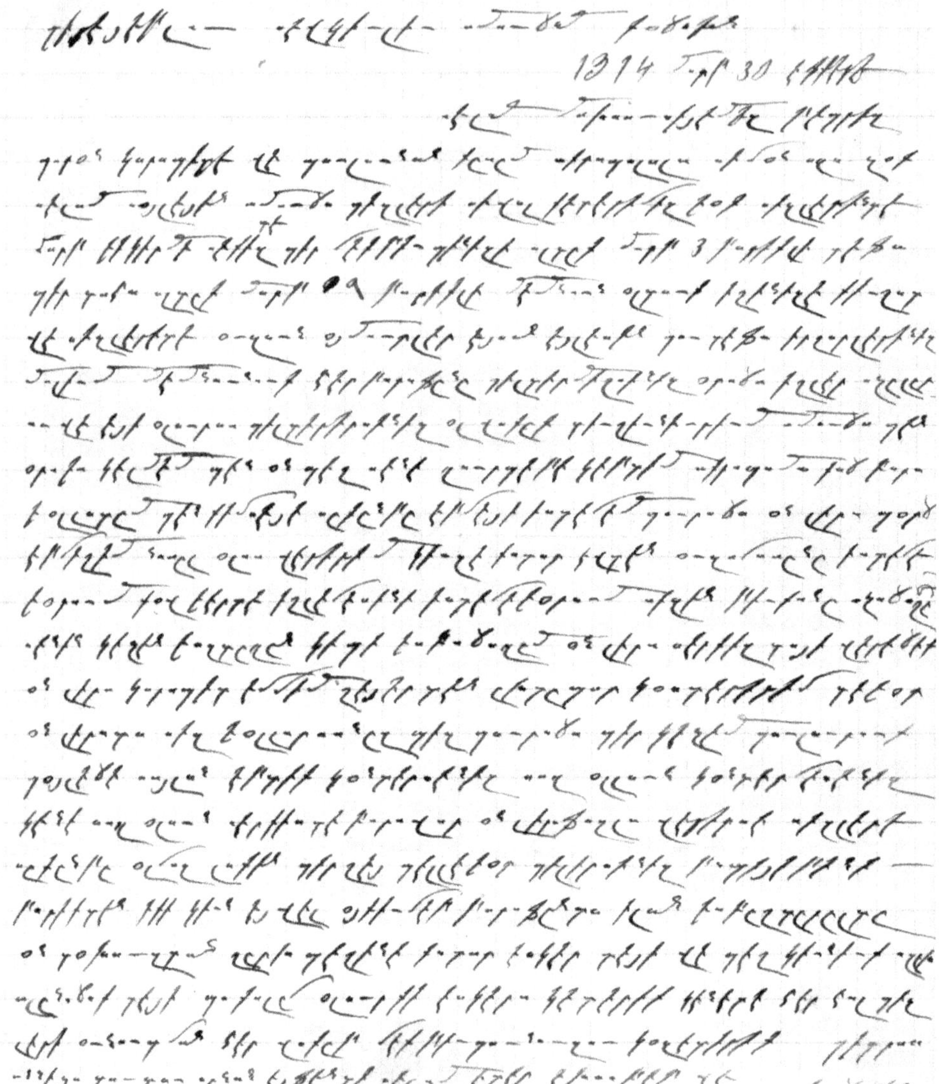

Dirayetlu, Sevgülü Amucam Kocayan,

1914 *Mart* 30
Efkere

Selam[-ı] maksusiyemiz tebliğ. *Baron* Garabed'e ve [orada] bulunan kısım akrabalara, Simon Ağa[ya] çok selam söyleyin. Amuca, bizleri sival [ederseniz], kederimiz yok, sizlerin de.

Mart yigirmi[1] sekizde bir mektubinizi aldık, Mart 3 tarikli. Defa bir daha aldık Mart 9 tarikli, memnun olduk. İşinize küşad[2] ve sizlere de uzun ömürler ehsan eylesin. Bu defa işarleriniz malüm, memnunuk. Her tarıfını bildirmişsiniz. Oraca işler açılırsa ve eyi olursa bildirirsiniz, ol vakit düşünürüm. Amuca, ben oraya gelmem. Ben on beş sene ğurbete getdim, akrabama kac para yolladım? Ben kimseye sıkıntı etmeyi isdemem. Buraca on lira borc etmişim, nasıl olsa veririm güze kadar. Evden uzamasını isdemeyorum. Köv yerde işlemesini[3] isdemeyorum. Sizin tükânı açacağım. Senin geçen yazdığın gibi yapacağım. On lira Serkiz dayı verecek. On lira Garabed emmim şeherden ıhdıbar[4] gosderirim deyor. On lira da siz yollarsanız, biz buraca bir geçim buluruk. Böylece saylan[5] etdik. Gonderseniz sağ olun, gondermeseniz gene sağ olun. Serkis'de para var. On lira fazla verirse sizlere sıkıntı olmaz. Lakin bir şey belleyor, bilirsiniz tabiyetini.

Tarikten iki gün evvel ökümet[6] tarafında ilan yapışdırıldı. On dohuzundan gırh beşine kadar esger deyi ve beş gün[l]ük azıh[7] alınacak deyi. Bakalım, olur ki esgera giderik. Gene de, her hal bizleri unudman. Her vakıt metubunuzu gözedirik.

Bedros, Annitsa dudu, Sınan Efendi selam eder. Yeğsapet ve çocuklar ellerinizden öperler. Kalın sağlıhda kadim.

[Bedros] Kocayan

[1] yigirmi: yirmi
[2] küşad: güzellik, hoşluk
[3] işlemek: çalışmak
[4] ıhdıbar: teminat (< itibar)
[5] saylan etmek: soruşturmak
[6] ökümet: hükümet
[7] azıh: yol yiyeceği, azık

March 30, 1914
Efkere

My wise, dear uncle, Kojaian,

I extend my special greetings. Convey my greetings to Mr. Garabed and to other friends and relatives there and to Simon Agha. Uncle, if you were to ask about us, we do not have any worries and hope you do not either.

On March 28, we received your letter, dated March 3. We were pleased to receive another letter, dated March 9. May God advance your business and give you long lives. We were happy to have become acquainted with what you have written. You informed us in detail. Inform me if there are any good job prospects there, then I will consider coming. Uncle, I will not come there. I spent 15 years away from home, and how much money was I able to send to my relatives? I do not want to be a burden to anyone. I got a loan for 10 liras here, which somehow I will pay back by autumn. I do not want to be far away from home. I do not want to work in a village. I will open and run your store. I will do as you wrote in your last letter. Uncle Sarkis will give 10 liras. Uncle Garabed says that he will arrange a guarantee fund for 10 liras from the city. If you could also send 10 liras, we can make a living here. This is how we figured it out. May you be well, whether you send the money or not. Sarkis has money. If he gives an extra 10 liras, I will not be a burden to you. However, he has some preoccupations; you know his nature.

Two days ago, the government put up a poster stating that everyone between 19- and 45- years-old will be drafted, and should have in hand victuals for five days. Who knows, I may be in the army. In any event, do not forget about us. We always look forward to your letters.

Bedros, Annitsa *Dudu* and Sinan Effendi extend their greetings. Yeghisapet and the kids kiss your hands. Stay in good health.

[Bedros] Kojaian

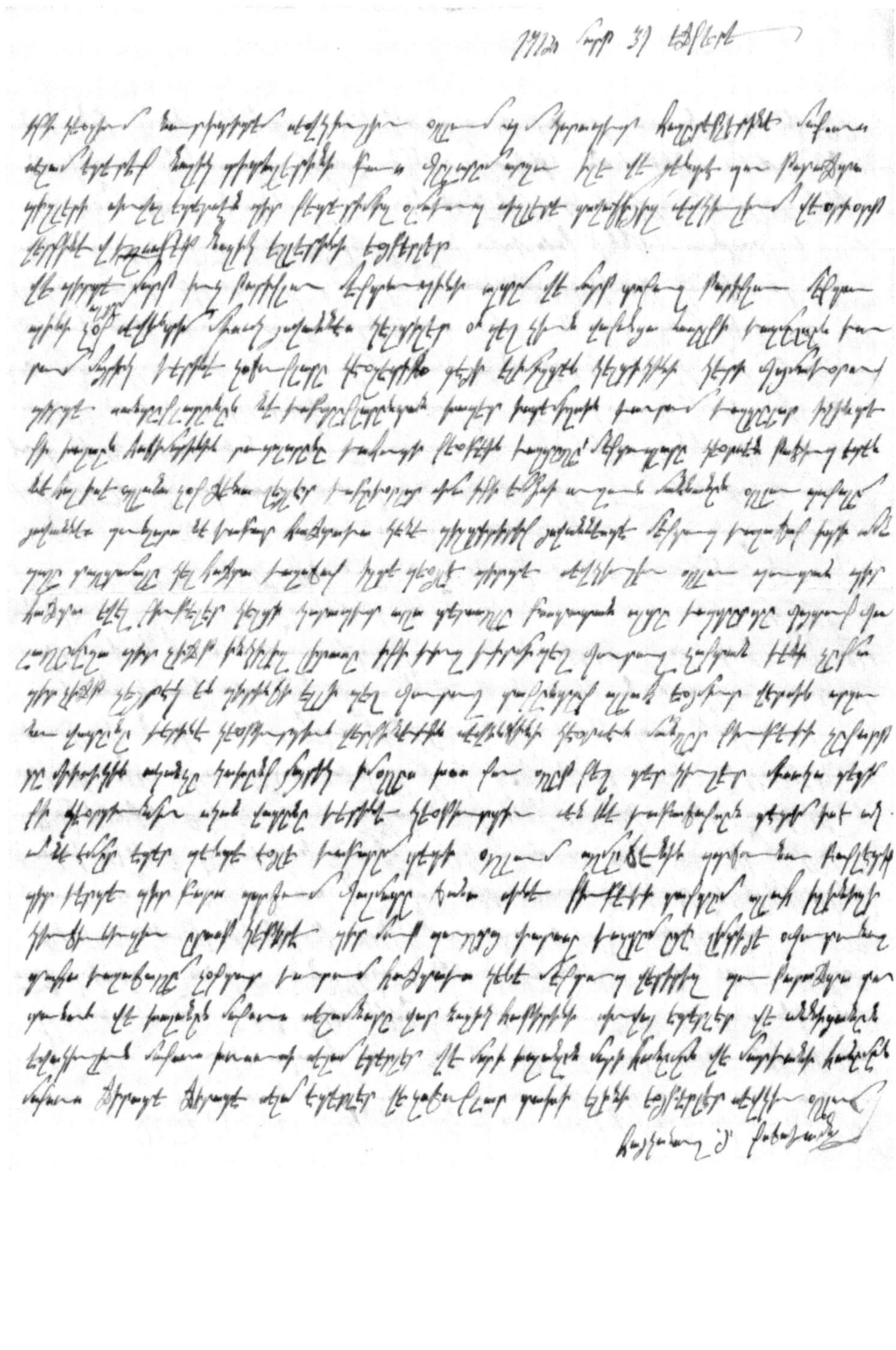

1914 *Mart* 31
Efkere

İki Gözüm, Nur-i Didem, Sevgülü Oğlum *B*[*aron*]. Garabed Hazıretleri'ne,

Maksus selam ederek, nazig didalerini pus kılarım, arzu ile. Ve sen de bu tarafda bizleri süval edersen, bir kederimiz olmayub, sizlere dovacıyız sevgülüm. Ve *Oriort* Verkine nazig ellerini öperler.

Ve bir de Mart üç tariklu mekdubunu aldım ve Mart dokuz tariklu mekdubunu aldım, çok sevindim. Misag, Hovannes geldiler on beş gün vakantsa. Nasıl ki yazmışsın yavrum, "*Mayrig*, yerime çocukları gözedin" deyi, elimizden geldigini geri koymayoruk. Bir de sandıklarının ne yapdıklarından haber isdemişsin yavrum. Yazdılar içindeki halaın, Hacı Mari'nin içindeki rubalarını. Yahudi köpeyin[1] yazdığı mektupları görsen tacüp eden. Ne hal ise, oğlana çok fena şeyler yapıyorlar. Sima, iki emmisi, Uzun Mannan'ın oğlu. Bakalım Hovannes bunlara ne yapar. Hafdaya gene bildiririk. Hovannes de mekdub yazacak idi amma başı dağdamalı[2]; gel hafda yazacak. İşde böyle.

Bir de sevgülü oğlu[m], bu[n]dan bir hafda evel küpeler geldi. Garabed Ağa Dersağlı[3] postadan aldı, yabdırdı; koyduk kulağımıza bir çift İngiliz lirası. İki yüz yirmi beş kuruş. Çakdan[?] yeni çıkma. Bir çift çeyreg, en birinci, elli beş kuruş; dakındık. Allah ömür versin; arzunu, vadını yerine götürdün. Verkine'yin sevincini görsen. Manğır[4] küpeyi çıkartdı. "*Pisigin agançı gahınk mayrig. İm oğıs hos, ku oğıt keş*"[5] der, güler. Misag'a dedim ki, "Gördün mü agan vâdını yerine götürdü, sen ne yapacaksın?" dedim ise, "Agam ne emmır[6] eder, ben de öyle yaparım" dedi. Oğlum, Ağmıce'nin borcunu pakledik. Bir yerde bir para borcum kalmadı. Cana sine[7] küpeyi dakdım. Allah işinizi gücünüzü ırast getire.

Bir mut buğday parası yazdım ıdı, şimdiye okudunuz. Daha yazacağım çoktur yavrum, haftaya gene mekdub veririz. Bu tarafda dudunun ve halanın maksus selamnarı var, nazik hatırını süval ederler. Ve Annitsa'nın, Evagül'ün maksus hususi selam ederler. Ve Mari halanın, Mari Hanım'ın ve Mariani Hanım'ın maksus firade firade selam ederler ve çocuklar dahi elini öperler sevgü[lü] oğlum.

Hayganuş H. Kocayan

[1] Yazar, rahmetli kız kardeşinin eşi Kirkor Uzunyan'dan bahsediyor.
[2] dağdama: sıkıntı, karmaşık durum (< dağdağa)
[3] Dersağlı: Darsiyaklı (<Darsiyak: Efkere'nin 10 kilometre güneybatısında, Kayseri şehir merkezinin 6 kilometre doğusunda, bugünkü adı Kayabağ olan köy).
[4] manğır: bakır para (< mangır)
[5] "Kedinin kulağına takalım ana. Benim küpem burada, senin küpen kötü."
[6] emmır: emir
[7] cana sine: ? içime sinerek

March 31, 1914
Efkere

My two eyes, the light of my eye, my dear son, Mr. Garabed Kojaian,

I extend my special greetings and longingly kiss you upon your gentle eyes. If you were to ask how we are here, we have no worries and we pray for you, my dear. Miss Verkine kisses your gentle hands.

Also, I was glad to receive your letters, dated March 3 and March 9. Misag and Hovannes came for a 15-day vacation. My son, you wrote that we should watch over the children on your behalf. We are doing our best. You also asked what they did with the chests. They wrote down the contents: your aunt's and Haji Mari's clothes. If you were to read the letters of that Jewish dog[1], you would be astonished. Anyway, they are doing very bad things to the boy. Sima, her two uncles and the son of Mannan Uzunian. Let's see what Hovannes will do to them. I will inform you again next week. Hovannes was going to write a letter too, but he is extremely preoccupied. He will write next week. Such is the news.

Also, my dear son, the earrings arrived last week. Garabed Agha of Darsiyak[2] picked them up from the post office and had them fixed, and I put a couple of British coins on my ears, worth 225 kurush. Fresh off the mint [?], a pair of the best quality quarter-gold coins, worth 55 kurush [for Verkine]. May God bestow a long life upon you. You fulfilled your vow. You should see Verkine's joy. She took off the copper earrings. She says, "Put it on the cat's ears mom. My earrings are here. They are more beautiful than yours," and laughs. When I said to Misag, "See, your brother kept his vow; what are you going to do?" he replied, "I will do whatever my brother orders." My son, we paid off our debt to Uncle[3]. I do not owe money to anyone and I put on the earrings with ease of mind. God speed to you.

I asked money for a *mut* of wheat; you must have received that letter by now. I have a lot more to write, my dear. I will send another letter next week. Your *dudu* and aunt send their greetings and inquire after your well-being. Annitsa and Evagül extend their greetings. Your aunt Mari, Mrs. Mari and Mariani extend their greetings too, and the children kiss your gentle hands.

Hyganush Kojaian

[1] The writer is referring to Kirkor Uzunian.
[2] Darsiyak: village 6.2 miles southwest of Efkere and 3.7 miles east of Kayseri. Today, Kayabağ.
[3] The identity of this person is unclear.

آمريقا
Mr. Garabed Kodjian,
142 Victor ave.,
Highland Park,
mich.,
U. S. A

1914 *Mart* 31
Efkere

İnayetlu ve Muhabetlu Harutyun Ağa Kocayan,

Maksus selam ederek, nazig hatırını süval ederim. Ve sen de bu tarafda bizleri süval edersen, bir kederimiz olmayub, sizlere dovacıyız efendim. Ve Verkine *Oriort* dahi desd-i nazikeni pus eder.

Evela, Mart 3 üç tariklu mekdubunuzu alarak derecesiz memnun oldum. Beros emminin mekdubunu da götürdüm, okudu. Bana da yazdıklarını okudum, Verkine ile barabar. İkinci olarak, Mart 9 tariklu mekdubunuz geldi Beros emmiye, çok sevindim. Getdim oraya. Bize de yazmışsınız, okuduk. Her tarafını bildirmişsin. Beros emmi biraz ağırlaştı. Yana nedir, bana yazmışsın "bir eyi bağ alasınız" deyi. Onun üzerine "bana bir desise[1] yabmış" demek isdedi. "Ben evin tümünü satmaya aklım kesmesse gendine yazar mıyıdım?" dedi. "Varsın dursun. Onun da bir düşündüyü vardır" dedi. "Evi alandan çok ne?" dedi. "Amma hele dursun bakalım" dedi. Çünkü şimdi Efkere'nin içinde ev, bağ alanın hesabı yokdur bu Amerika'nın sayasından ya; bağ da bulunmayor, ev de bulunmayor. Ve de pahalanmışdır. Yana, kiraya filana vermedi, öyle güvendi ki alır deyi. Bir de Simon'un mekdubu çıkdı ise, "Simon şimdiye kadar bize mekdub mu verdiyi varıdı? Bu da bunun tercümanı veriyor" dediler. Böyle şeyler.

Bir de bana yazmışsın ki "Amerikalıya söz verdim" deyi. Ne güzel, çok memnun oldum. Siz nerde iseniz ben de ordayım Allah'ın izni inen. Öyle bir mukaveleniz var ise onun için heç keder çekmeyin. Zaten ben der idim biliyorsun, "Ağ, ben de getsem idi, melmekât[2] görsem idi, yarennik eder, içim ğaplim[?]". Tam söyledim ise sözüm yerini bulur inşallah. Her işde bir hayır var. Onun için heç keder çekme. Gel dediginiz vakıt kuş gibi uçarım. Zaten düşündüyüm yer çokdur. Nedir de, bir esgâr vasitası var. *Baron Garabedin orı,* sahatı *ga hasnı.* Ortan *meg pan mı ağıgutyun mı çeğav. Or himma gine meg gelecimı ga. Namag, tel egere inçor karsunı hink darvanı arneliye* deyi. Çünkü gine ğavğayi tutuşmiş *erere.* Kayri *inç ıllaliyene ga gısın.* Amma *hedes şat orer antsutsank.* Gene *urdeğene endene panı.* Yana, *esonk gıreles* makset, yana, *et goğmı kayinkne. Yergo hat dığa unink. Es hokeren ammenen gı khılasınk.* Gayri *düne iş* biçim düşünmüş *ga gegisne çüşdüm.*[3]

Her mekdub yazdığında sevinçli havadisler yazan, dünyalar benim olur. Mekdubu okuduğumda bir kuvvet gelir bana. Ya ben okumayı bilmezsem idi, ben ne olacak idim? Hele bu eyliyim var, çok şükür.

Ben de sana havadis veriyim. Tarikden iki gün evel Hovannes ve Misag geldiler ikisi bir, on beş gün vakantsa. Görsen, Misag tebdil olmuşdur. Böyümüş, eyilenmiş[4], saçı daranmış. Terbiye, usul, yedigi içdigi heç eski bildigin gibi deyil. Gıdayinan, sahatınan okuması hakeza. Allah uzun ömürler

[1] desise: aldatma, entrika
[2] melmekât: memleket
[3] "Baron Garabed'in günü, saati geliyor. Ortada iyi bir şey olmadı. Şimdi gene bir [...]. Mekdub, telgraf gelmiş ki, 45 yaşına kadar [askere] alacaklarmış deyi. Çünkü gine ğavğaya tutuşmuşlar. 'Kayri ne olacaksa' diyorlar. Amma böyle çok günler geçirdik. Gene neredeyse aynı şey. Yana, bunları yazdığımın maksedi, yana, o tarafa geleydik. İki tane oğlumuz var. Bütün bu derdlerden kurtuluruz. Gayri senin de ne biçim düşünmüş olduğunu bilmiyorum."
[4] eyilenmek: tombullaşmak

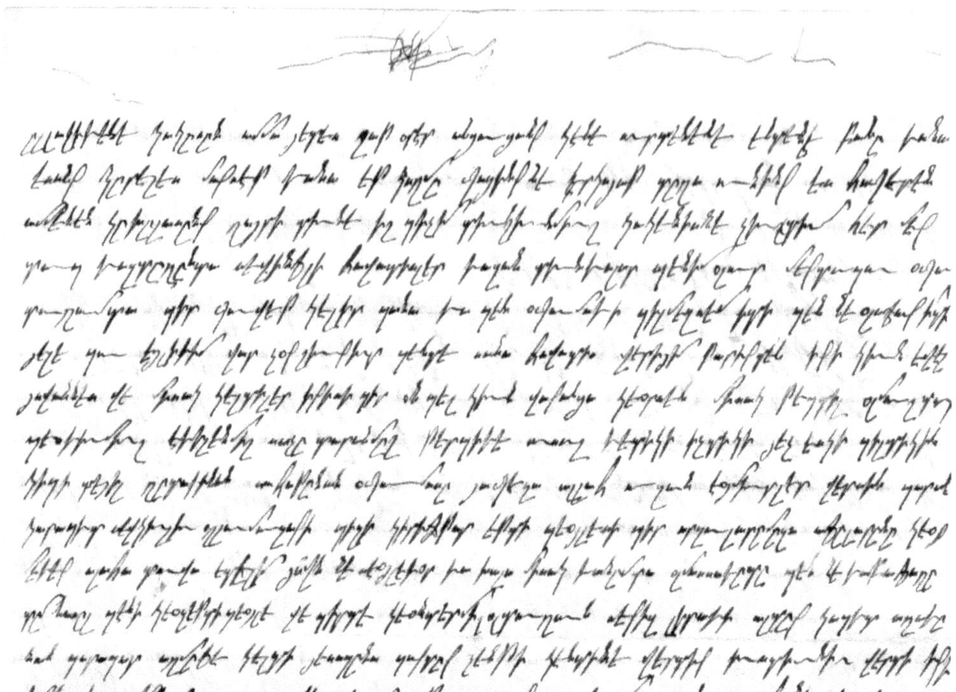

versin Baron Garabed sevgülü oğlumuza ki, bizi giriftar[5] etti böylesi bir arzularımıza. Acılarını görmeyek. Allah'a duva edelim. Hovannes ne söyleyor ya, "Hala, Misag yanımda olmasayıdı ben ne yapacağıdım? Nasıl beni gözetdi böyle."

Ve bir de, göndermiş olduğun sekiz lirayı aldık. Gabid Ağayı'nan barabar Ağmıce geldi. Hesabına bakdık, çenti gendine verdik. Üstünü verdi, iki lira iki kuruş verdi. Kurtulduk borcumuzdan. Allah nerde varısa kurtara.

Nasıl da unutmamışsın Verkine'yin *uğd*unu. Bir lirayı ona bedel duruyor. *Zadiy*in Pazar günü *vank*a gideceyiz Allah isterse. Kalan bir lirayı da nerde borcum varısa iverdim. Kırk kuruş kadar haşlık kaldı elimde. Bir yerde bir para borcum kalmadı. Küpeyi ırahat dakınıyorum gayrı. Öyle vat etdim ki, çıblak kalırsam bir arşın bişey almayacağım kayri. Allah uzun ömürler versin ki, parayı gönderdiniz de ellerin yükü üsdümden çıkdı. Allah daha çok vere. Amma ordaki Amerikalılara da dova ediyorum. Allah işinizi ırast getire.

Verkine'yi görsen, söylediği sözleri görsen, akıllı yereni[6] var. Güccük kızlarınan heç konuşmaz, böyük kızlarınan konuşur. Bir ğırığ çanağı var: *"Mayrig, hogin acişı ga hanım. Aga yega, hıle*[?] *yega Gabid."* Tavsire söyler, *"Agas dur baçi enim, gene gakhe Mis*[*ag*] *agas ha mı mayrig. Onnis Agas yegav. Yegav, ha mı mayrig? Hayrigis tuşisı baçi enim, ağayis tuşı baçi enim mayrig, yay."*[7] İşde çok konuşuruz. Kalemi eline aldı, "*yes kıraliyem*"[8] dedi, yokarıyı cızdı.

Ve bir de sevgülü oğlumuzun havadisini vermişsin. Cin arabasını[9] almış. Mutlu gözlerine ki, gözlerin görüyor, dillerin konuşuyor. Sen yazdıkcaz ben de burda murat alıyorum, çok seviniyorum. Misag, Hovannes de "Ağ, ağamızın yanında biz de olayıdık" deyi çok seviniyorlar.

Bi de çok merak ediyorudum, mektubumun kayb olduğu ve sizlerin merakda kaldığınız için. Nasıl ki yazmışsın, "döleşdi[10], mekduplar geliyor" deyi, kayri ırahat oldum. Ve ben de gelen mekdubun karşısını veriyorum. Bu mekdubun gecikmediyi dünya malı deyer. Posda günü gelirse bir sevincimiz olur mekdubum gelecek deyi.

Donig Ağa'dan iki aydır mekdup gelecek, çok merak içindedirler. Maryani *Digin* maksus elini öper. "Ne söyleyor hala Artin dayım, çeyrek yüzüğü unutdu mu?" dedi ise ben de dedim ki, "Onun vaktı var. Ne vakıt gelecek olursa, o zaman seni söyledir, verir" dedim.

Validemin ve hemşiremin maksus selam edib hatıranı süval ederler. Ve Mari'nin maksus selamı var. Ve gelin Mari Hanım'ın maksus selam söyledi. Ve *Digin* Annitsa ve Evagül desd-i nazikeni pus ederler. Ve çocuklar dahi elinizi öperler. Baki afiyetde kadim olasın.

Hayganuş H. Kocayan

[5] giriftar: tutulmuş, yakalanmış

[6] yeren: ? ağız (< peren, Ermenice)

[7] "Ana, canımın acısını çıkarıyorum. [...]. Tavsire söyler, 'Agamı[n resmini] ver öpeyim, gene as Misag agamı, ha mı ana. Onnik agam geldi. Geldi, ha mı ana? Babamın yanağını öpeyim, agamın yanağını öpeyim ana, ay."

[8] "Ben yazacağım"

[9] cin arabası: bisiklet

[10] döleşmek: düzelmek, yoluna girmek

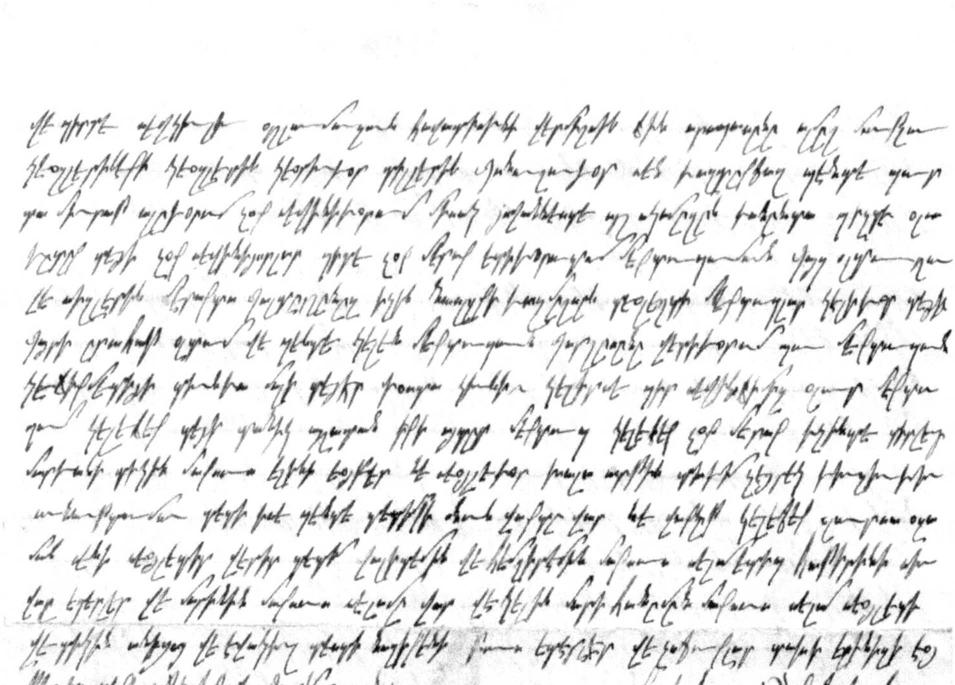

March 31, 1914
Efkere

Gracious and affectionate Harutiun Agha Kojaian,

I extend my special greetings and inquire after your well-being. If you were to ask how we are here, we have no worries and we pray for you, dear sir. Miss Verkine kisses your gentle hands.

Firstly, I was immeasurably pleased to receive your letter dated March 3. I conveyed the letter you sent to Uncle Beros; he read it. I read the letter you wrote to me with Verkine. Secondly, I rejoiced that your letter dated March 9, arrived at Uncle Beros's. I went there. You also wrote to me; I read your comprehensive letter. Uncle Beros felt a little offended because you instructed us to buy a decent orchard. Upon this, he implied that you had misled him. "I would not write to him if I had not decided to sell the entire house," he said. "Let's wait for a while. He must have a plan. Everybody is buying houses. But let's wait." Because, thanks to America, it is difficult to find houses and orchards in Efkere. And the prices have increased. He did not rent it out since he trusted that you would buy his house. Also, when Simon's letter arrived, they said, "As if Simon has ever sent us a letter; he is acting as his interpreter [?]." Things like that...

You also wrote that you made a [verbal] contract with the American. How wonderful, I am very glad! With God's permission, I will be with you wherever you are. If you have such a contract, you should not worry about that at all. As you know, I used to say, "Oh, I also want to go and see different countries and be a companion to you." God willing, my words will come true. Every cloud has a silver lining. So, don't you worry at all. Whenever you call for me, I will fly like a bird and be there. I already have several preoccupations. If you ask what, there is the army issue. Mr. Garabed's time has arrived [for military service]. Nothing good has been happening. [...]. Now, they sent letters and telegraphs saying that those up to 45 years in age will be drafted. Because they are fighting again. "Let's see what happens," they say. But we have been through many such difficult days. It is the same thing again. The reason I am writing this is to get there. We have two sons. We would be spared all of these problems. I do not know how you think.

Each time you write with good news, I feel on top of the world. Your letters give me strength. What if I were illiterate; what would have happened to me? Thank God, I have this advantage.

Let me also give you the news from here. Two days ago Hovannes and Misag came here for a 15-day vacation. You should see how much Misag has changed. He has grown up and put on weight. His hair is combed. He has learned good manners. The way he eats, the way he drinks; he is very different from the boy you knew. He is studying under good conditions. May God give our dear son Mr. Garabed a long life for making us achieve our wishes. May we never see them suffer; we should pray to God. Hovannes said, "Aunt, what would I do if Misag was not there for me? He took good care of me."

Also, we received the 8 liras you sent. Uncle came with Gabid Agha. We went through the account, and I gave him the check. He gave me the rest — 2 liras and 2 kurush — and we paid off our debt. May God save anyone who is in debt.

You have not forgotten Verkine's vow. I put aside 1 lira for that. If God wills it, we will go to the monastery on Easter Sunday. I spent the remaining 1 lira on my other debts, and I have about 40 kurush pocket money left. I do not owe money to anyone, and now I wear the earrings freely. I swore that even if I am left naked, I will no longer buy clothes. May God give you long lives for sending me money; I am not burdened with debt to others. May God give you even more. I also pray for the Americans there. God speed.

You should see Verkine. You should see the way she talks. She is very smart. She does not talk to little girls; she talks to older girls. She is a chatterbox. "Mother, [incomprehensible imitation of baby talk in Armenian]. She talks to your picture: "Give me my brother['s picture], let me kiss it. Hang it back. Brother Onnig came. Let me kiss my father's cheeks, let me kiss my brother's cheeks." We talk a lot like this. She grabbed the pen from my hand and said, "I will write," and drew the lines above.

You also gave me the news of our dear son, that he bought a bicycle. How happy you must be that your eyes see him and your tongue speaks with him. I become happy every time you write. Misag and Hovannes say, "Oh, we wish we were with our brother there."

Also, I was worried that my letter was lost and you were anxious because of that. You wrote that it is better now and that the letters arrive regularly. I feel comfortable now, and I respond to your letter. The fact that this letter will not be delayed is worth the entire world. The days the post is delivered, we all rejoice that we will receive your letter.

No letters from Donig Agha have arrived in two months; they are very worried. Mrs. Mariani kisses your hands. When she asked if you have forgotten about the quarter gold ring, I said, "Everything in due time. He will give you one when he comes here." My mother and sister send their greetings and inquire after your well-being. Also Mari sends her greetings. Mari the daughter-in-law also extended her greetings. Mrs. Anitsa and Evagül kiss your gentle hands. Also the children kiss your hands. May you always be in good health.

Hyganush H. Kojaian

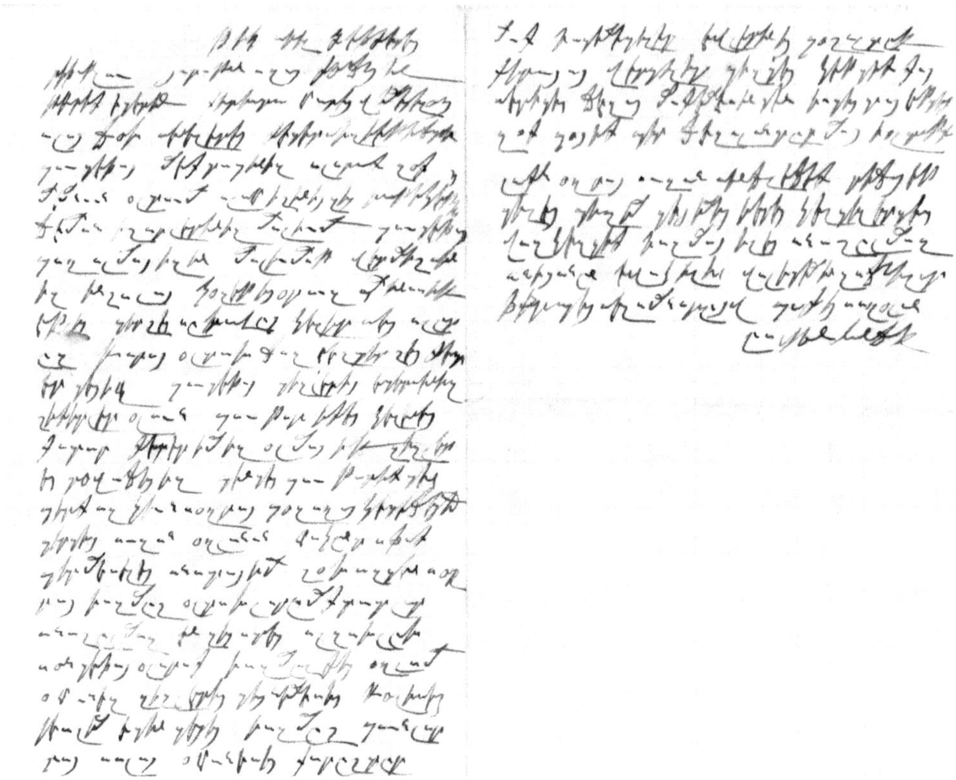

1914 *Abril* 5
Efkere'den

Rifatlu Harutyun Ağa Kocayan,

Tebrik ederim, *Kirisdos haryav i merolots.* Alah çoh senelere kedersiz yetiştirsin. Bu defa mekdubiniz alarak çok memnun olduk. Alah işinizi rast getirsin. Ceman[1] işarleriniz malum.

Bu defa, bağ almayiçün malumat vermişsiniz. İnşalah gözetiyoruz, münasibetli bir şey sıhalık[?] gelirse alırız. Para olduhcaz[2] heç bir şey keder deyil.

Bu defa bizleri [sual] edersiniz. Şükürler olsun, bu tarike gelene kadar kederimiz olmayıp, sizlere dovacıyız. Ben de bu tarikden bir kaç gün soğra Bozoğ'a[3] gidiceyim.

Bir de Uzunoğlu'nun hagınd[a][4] ufak bir mesele anadayım. [Maritsa ve Hacı Mari Uzunyan'ın ölümünden] Çoh az gün soğra yazmış olduhları mekdublar anaşılmaz, en ziyade alçahlıh. Son defa

[1] ceman: bütün, hepsi (< cem'an)
[2] olduhcaz: oldukça
[3] Bozok: Yozgat'ın eski adı.
[4] hagında: hakkında

olarak yazmış ki, "Oğlum Ohanez sizleri diynemese polise teslim edin" diye yazmış. Bunlar da asla Ohanes'i karışdırmak isdemediler. Evlerini boşaldıp kiraya verdiler. Biz de getdik Kayseri'de ceza makemesinden isdida[5] etdik, çok boyük bir cezalandırma yoladtık. Lakin [s]oğra Uzun ailecek[?] rica etdiler bizim [...] geldiler de, vaz geçdik. Yazma ile anaşılmaz.

Anitsa'nın, Evagül'ün, validemin, çocuhlar[ın] firade selamnarı var. Baki sağ olun.

Istepan Kocayan

[5] isdida: dilekçe (< istida)

April 5, 1914
Efkere

Eminent Harutiun Agha Kojaian,

Congratulations, *Krisdos haryav i merelots*! May God let us live many years without grief. I was very glad to receive your letter. God speed to you. We are acquainted with what you have written.

This time, you gave instructions for buying an orchard. God willing, we are taking care of that. If we find something appropriate, we will buy it. As long as there is money, nothing is a problem.

Also, you asked about us. Praise the Lord, until now we have had no worries and we pray for you. In a couple of days I am leaving for Bozok[1].

Also, let me tell you a small problem regarding the Uzunians. The letters they wrote a couple of days after [the death of Maritsa and Haji Mari Uzunian] are unacceptable; utmost vileness! In his last letter he wrote, "If my son Ohannes does not obey you, call the police." They did not want Ohannes to be involved with this at all. They evacuated the house and rented it out. Then we went to the criminal court in Kayseri and filed a petition. We got them a big penalty. However, afterwards the Uzunians asked me to [...], and we dropped the case. I cannot explain it adequately in a letter.

You have greetings from Annitsa, Evagül, my mother and the children. Stay well.

Sdepan Kojaian

[1] Bozok: Former name for the city of Yozgat.

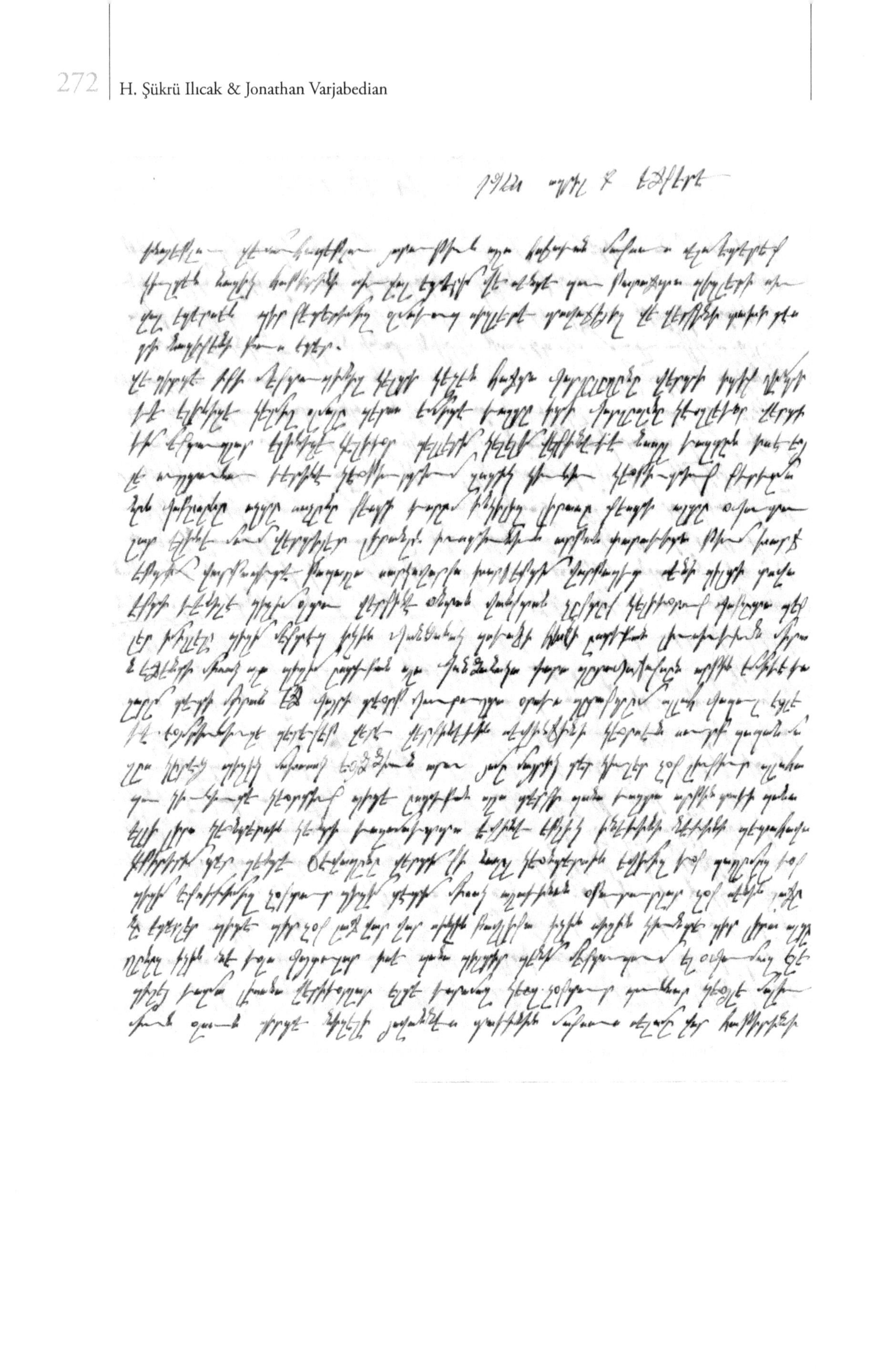

[illegible]

1914 *Abril* 7
Efkere

İnayetlu ve Muhabetlu Harutyun Ağa Kocayan,

Maksus selam ederek, gülden nazig hatırını süval ederim. Ve sen de bu tarafda bizleri süval edersen, bir kederimiz olmayub, sizlere dovacıyız. Ve Verkine dahi desd-i nazikeni pus eder.

Ve bir de iki mekdubiniz geldi geçen hafda. Karşılığını verdi idik, şimdiye elinize gelmiş olmalı. Beros emmi de yazdı idi, karşısını gözleyor. Verdiyim mekdublar elinize geliyor bellerim.

Gelelim Verkine'ye: Nasıl yazdın ise öyle *uğd*unu yerine götürdüm. *Zadig* günü götürdük. *Kerezman*ın[1] kapısını açdı, saçını kesdi. Yarım İngiliz lirası kesdi, aldı. Okudular, eline mum verdiler. Liranın üsdünün artan parayi da tüm harc etdim; *vartabede*[2], tabağa[3], *sargovark*a[4] harc etdim. *Vartabed* seni bildi, dova etdi. Yenile biçim oldu Verkine. Ondan *vank*dan çıkdık geliyoruk; kapıda bekler imişler bizim mekdeb için. *Kantsanag*[5] Boyacı Haci İsdepan, Lüsüy'ün Miran Efendi, Misag Ağa, bizim İsdepan Ağa. "*Kantsanag*a para bırakacaksın, Artin emmiye yazarım" dedi Miran Ef[endi]. Kayri dört kuruş da oraya bırakdım. Allah kabul eyleye, ömrünüze bereket vere.

Verkine'yin sevincini görsen, "*Surp baban mazıs gırets bıçig mahasav. Ötstsün arav, ha mı mayrig*"[6] der, güler. Çok şükür Allah'a, bugünü de gördük. Bi de İsdepan Ağa der ki bana, "Yaz da Artin dayi bana elli lira göndersin." Gendi yazamayor da. "Evine etlig ineyini, neyini bedahava[7] getiririm" der. Ben de cevabını verdim ki, "Nasıl göndersin? Evimiz yok, bağımız yok. Bizim eksikimiz çokdur bizim" dedim. Misag Ağa'yinan otururlar, çok senin lafını ederler.

Bi de birçok laflar var sizin pavlika[8] için, sizin günde bir lira aldığınız için. Ne yola koydular ise bana bildir. Benim mekdubum[u] el okumaz. Ele bi şey yazma, lisana veriyorlar. Elde yaramaz göz çokdur. Bunnar böyle malümün olsun.

Bir de Nizeli Hovannes dayinin maksus selamı var. Hatirini süval etdi, haber aldı. "Yaz benim ağzımdan, girdiyi pavlikadan heç çıkmasın. Para da vermeseler bedihave işlesin, çıkmasın" dedi. "Ben onu çok severim" dedi. Seferyan Gadar dudunun maksus selamı var. "*Uğd*u kabul olsun, Verkine'yin saçını kesdirdik" deyi.

Donig Ağa'dan heç mekdub alamayoruz, ne olduğunu bilemeyiz. Beros emminin maksus selamı var. Validemin ve hemşiremin maksus selamnarı var. Ve Mari Hanım'ın ve *Digin* Mari'nin maksus selamnarı var. Ve çocuklar dahi elini öperler. Ve Kina Gabid Ağa'nın maksus selamı var. Kalma kusuruma. Afiyetde kadim olasın.

Hayganuş H. Kocayan

[1] kerezman: türbe, mezar (Ermenice)
[2] vartabed: rahip (Ermenice)
[3] tabak: kilisede bağışların konulduğu tabak
[4] sargovark: diyakoz, papaz yardımcısı (< sargavak, Ermenice)
[5] kantsanag: kumbara (Ermenice). Sözcük burada okul yaptırma derneği saymanı (kumbaracı) anlamında kullanılıyor.
[6] "Papaz saçımı kesdi küçük mahasla. Takdis etti, değil mi ana?"
[7] bedahava: bedava
[8] pavlika: fabrika

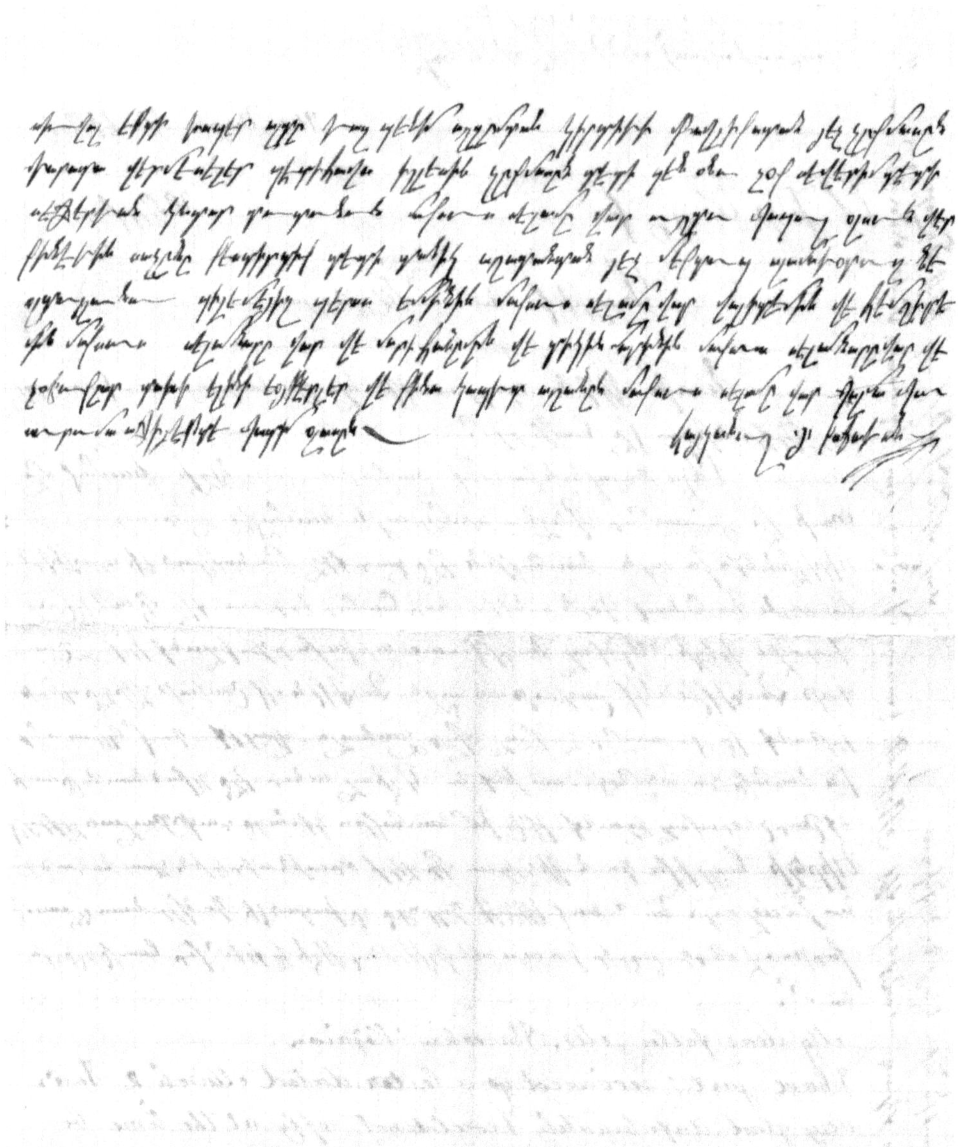

April 7, 1914
Efkere

Gracious and affectionate Harutiun Agha Kojaian,

I extend my special greetings and inquire after your well-being. If you were to ask about us here, we do not have any worries and we pray for you. Also, Verkine kisses your gentle hand.

Last week, I received two letters from you. I responded to them, you must have received my letters by now. Uncle Beros also wrote to you, and he is looking forward to your response. I understand that you receive my letters now.

In compliance with your directions, I fulfilled your vow for Verkine. On the day of Easter, I took her to the monastery. [The priest] opened the door of the sepulcher, cut her hair and took half a British lira. They blessed her and gave her a candle. I donated the rest of the money to the priest, to the plate and the deacon. The priest remembered you and prayed for you. Now Verkine became a new person [?]. When we came out of the monastery, they were waiting for us at the gate. They asked for a donation for the school — Haji Sdepan Boyajian the treasurer, Lusig's Miran Effendi, Misag Agha and our Sdepan Agha. Miran Effendi said, "You are going to contribute to the charity box; otherwise I will complain to Uncle Artin." I gave them 4 kurush; may God accept it. May God give you long lives.

You should have seen Verkine's joy. She said, "The holy father cut my hair with small scissors. He anointed me, didn't he mother?" and laughed. Thanks be to God, we saw this day. Also, Sdepan Agha said, "Write to Uncle Artin to send me 50 liras." Because he is too shy to write himself! He said he will supply us with meat and other provisions for free. Then I responded, "How is he supposed to send you money? We have no house, no orchard. Our needs are too many." He hangs out with Misag Agha, and they often talk about you.

Also, there are lots of rumors here that you make 1 lira per day at the factory. Inform me about the situation. Nobody reads my letters. Do not write to others, they gossip. You should know that the others have the evil eye.

Also, Uncle Hovannes of Nize sends his greetings. He asked about you, and I gave him your news. He said, "Write to him, he should never quit that factory. Even if they do not pay him, he should work for free and stay." He said that he is very fond of you. Gadar Seferian *Dudu* extends her greetings. She said, "May God accept his vow, for he had Verkine's hair cut."

We do not receive any letters from Donig Agha, we do not know what is going on. Uncle Beros sends his greetings. My mother and sister also send their greetings. Also, Mrs. Mari and Mari the daughter-in-law send their greetings. The children kiss your hands. Also, Gabid Kinaian Agha extends his greetings. I am sorry for giving you a headache; please excuse my rambling. Be in good health.

Hyganush H. Kojaian

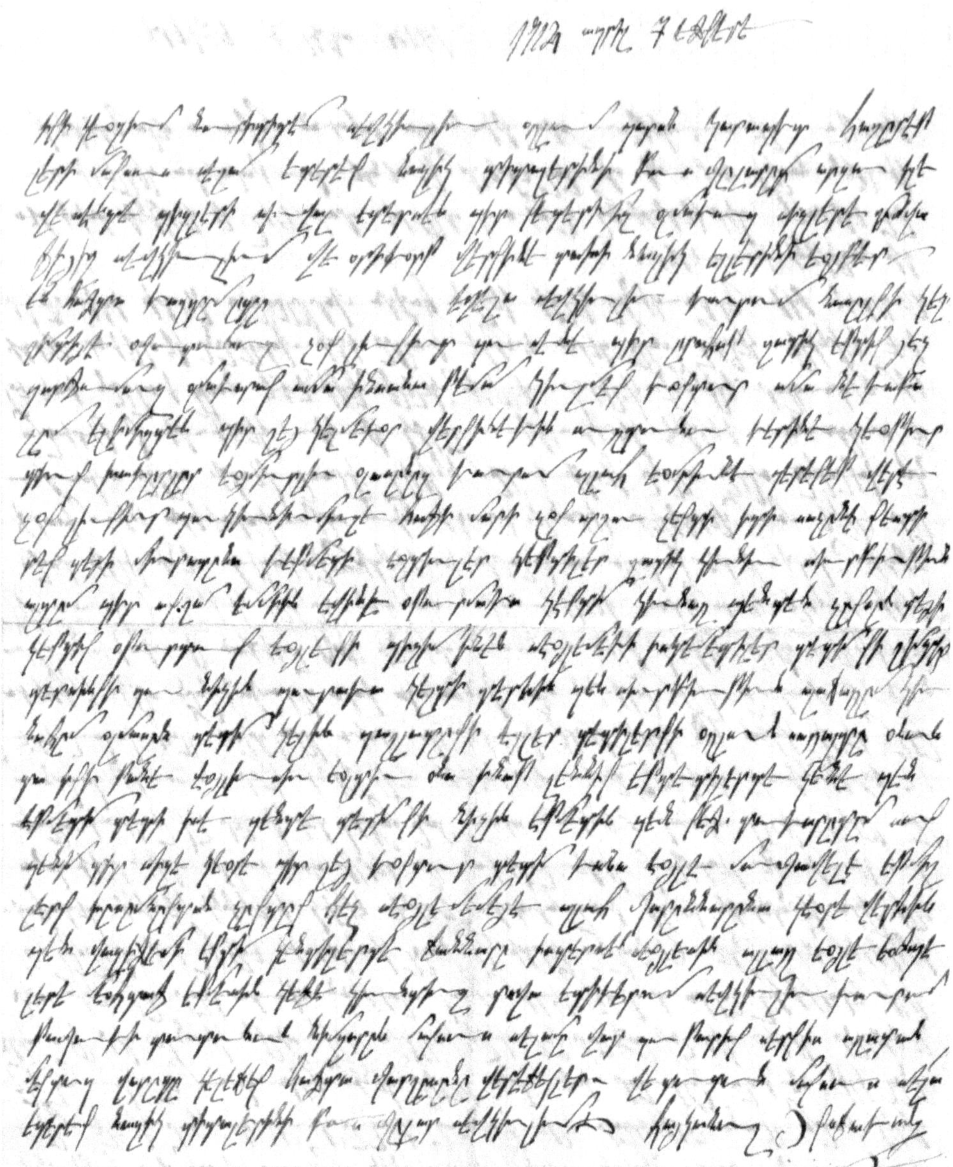

1914 *Abril* 7
Efkere

İki Gözüm, Nur-i Didem, Sevgülü Oğlum Baron Garabed Hazıretleri,

Maksus selam ederek, nazig didalerini pus kılarım, arzu ile. Ve sen de bizleri sival edersen, bir kederimiz olmayub, sizlere dovacıyız sevgülüm. Ve *Oriort* Verkine dahi nazig ellerini öper.

Evela, sevgülü yavrum, nasıl ki geçen hafda yazdımıdı, şimdiye okudunuz, çok şükür bu sene bir ırahat *Zadig* etdik, heç borcumuz olmayarak. Amma insana temam gülmek yokdur. Amma ne yapalım, elimizden bir şey gelmeyor. Verkine'yin *uğd*unu yerine götürdük. Hayırlı, ömürlü olasınız yavrum. Allah ömrüne bereket vere. Çok şükür bu günümüze. Hacı Mari çok arzu çekdi idi saçını kesdirek deyi. Müradına yetmedi, öldüler getdiler.

*Zadig* günü *sürpütyun*[1] aldım. Bir akşam emmiin evine oturmaya getdim, günağ benden çıksın deyi. Getdik, oturduk. Öyle ki biziminen söylemeyi istemediler. Dedim ki, "Şimdik dersin ki, bu niçin buraya geldi dersin. Ben *sürpütyun* alacağım, günahım olmasın" dedim. Gelin başladı ki, "Eller dediler ki, 'Oğlun sağaldı. Onun da iki tane ölüsü öldü. Ona inat şennik et' dediler de gene ben etmedim" dedi ise, ben de dedim ki, "Niçin etmedin? Ben kef duyarıdım. *Suk*[2] benimdir, size göre bir şey yokdur" dedim. Yana, öyle mukavele etmişler k[i], hısımnıkdan çıkdık; heç söylememeye. Allah karınnarına göre versin. Ben vazifemi etdim. Gendiler de cannarı isderse söylesin. Allağ öyle öcbelere[3] muhdac etmesin. Gece gündüz dova ediyorum sevgülü yavrum.

Takuhi dudunun, Nimzar'ın maksus selamı var. Bu tarik Serkis Ağa'dan mekdub varıdı. Gelecek hafda karşısını verecekler. Ve dudun maksus selam ederek nazig didalerini pus kılar sevgülüm.

Hayganuş H. Kocayan

[1] sürpütyun: komünyon (< sırputyun, Ermenice). İsa Peygamber'in çarmıha gerilmeden önce Havariler ile yediği Son Akşam Yemeği'nin anıldığı, İsa Peygamber'in bedenini ve kanını temsilen, papazın cemaate ekmek ve şarap verdiği dini ayin.
[2] suk: yas (Ermenice)
[3] öcbe: kimsenin iyiliğini istemeyen, kinci

April 7, 1914
Efkere

My two eyes, the light of my eye, my dear son, Mr. Garabed Kojaian,

I extend my special greetings and longingly kiss you upon your gentle eyes. If you were to ask how we are here, we have no worries and we pray for you, my dear. Also, Miss Verkine kisses your gentle hands.

Foremost, my dear child, as I wrote last week and you should have read it by now, we celebrated Easter at ease, free of debts. However, one is never relieved of worries completely. But what can we do? Our hands are tied. We fulfilled Verkine's vow. May God give you a long life, my child. Thanks be to God for these circumstances. Haji Mari wished very much to have Verkine's hair cut, but she died before attaining her desire.

I received communion on the day of Easter. One evening, I paid a visit to your uncle's house so that I would not be blamed later for the bad spirit between our families. However, they did not want to talk to us. I said, "You may wonder why I came here. I am going to receive communion. I do not want to be the wrongdoer here." Then the daughter-in-law said, "People said that my son has recovered, and there were two deaths in your family. They said that I should hold a banquet just to spite you, but I did not." Then I said, "Why didn't you? I would have enjoyed it. The mourning is mine alone, there is nothing for you to mourn." It seems that they decided not to be relatives with us, not to talk to us anymore. May God give them what they deserve! I have discharged my duty. If they wish, they can talk to us. May God not leave us beholden to such grudge bearers. I pray day and night, my child.

You have special greetings from Takuhi *Dudu* and Nimzar. Today there was a letter from Sarkis Agha; they will reply next week. And your *dudu* sends her greetings and kisses you upon your eyes, my dear.

Hyganush H. Kojaian

Sourp Garabed Monastery - Surp Garabed Manastırı
Efkere

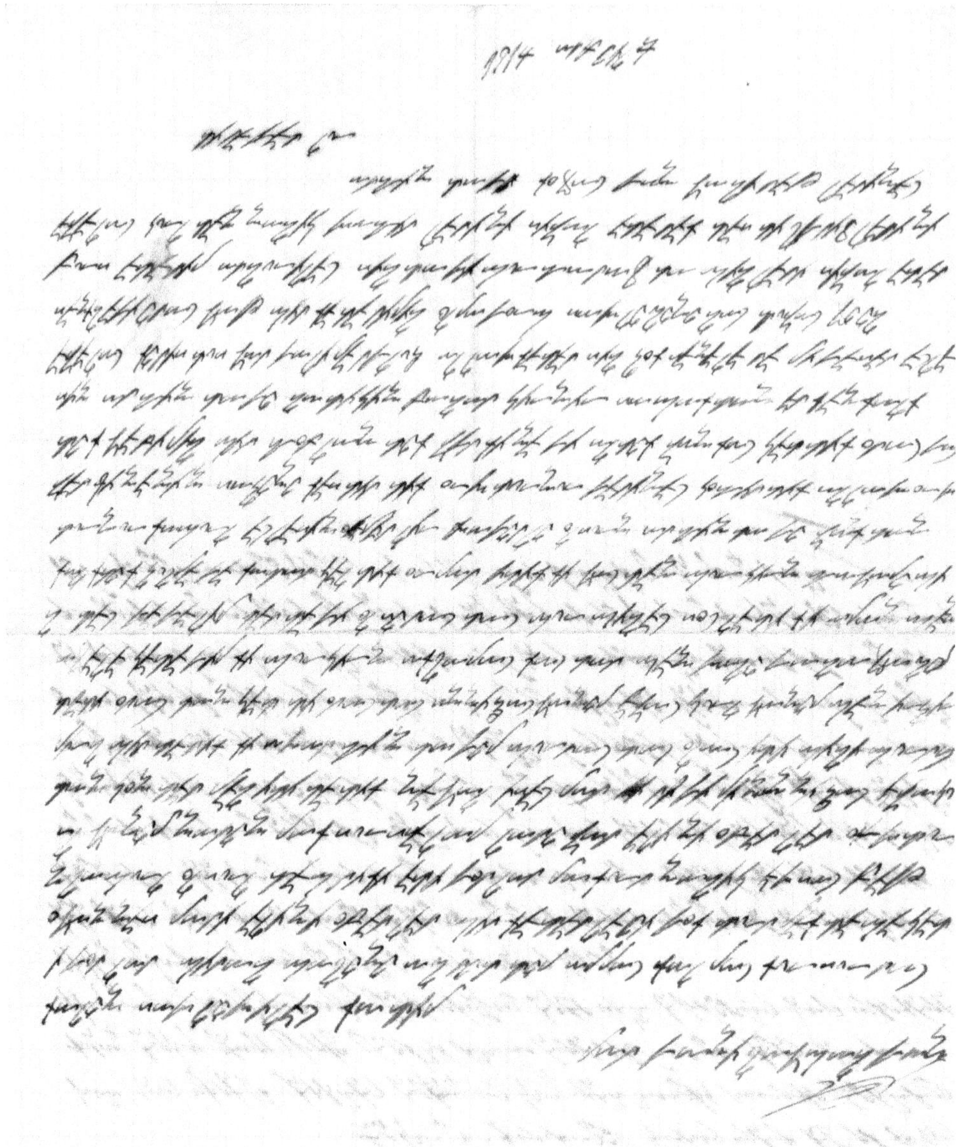

1914 *April* 7

Direyetlu Ardin Dayı Kocayan Haziretleri'ne,

Evela, gülden nazig hadirlerini sival ederek, desd-i şeriflerini[1] pus ederim, arzu ile. Siz dahi bu tarafda bizleri sival ederseniz, eyi, ırahat bir kederimiz olmayub sahlığınıza dovacıyız.

Evela, *Kırisdos haryal i merelots*. Allah kedersiz, çok senelere miyeser[2] eylesin. Ardin Dayı, *Zadig*'in Pazar günü sabahdan erken kalkdık. Hepimiz bir doplandık, Verkine'yi aldık, *vank*a geddik. Orada Verkine'nin saçını kesdirdik, *uhd*unu[3] yerine godirdik. Allah *uhd*unu kabul eylesin. Ömürlü, hayırlı olsun.

Ardin Dayı, *vank*dan kalkdık, çoşmeye kadar geldik. Umar idik ki, *hay*[r]den[4] "Bugün dahamı[5] bizde yeyelim" der deyi. Ol sırada bu bize söyledi ki, "Aman ben acele gedeyim ki, bugün akşama kadar ben yazı yazacağım" dedi, oradan geddi. Orada Annitsa Hanım, Evagül Hanım, ben, üçümüz bir dedik ki, "Ah, Ardin dayım burada olsa idi, bizi o buradan gondermez idi" dedik. Ne hal ise.

*Mayriy*imin, Annitsa, Evagül hanımnarın maksus selamları var; elini operler. *Uhd*un gabul olsun debriki ediyorlar. *Makur,* nazig Yehsapet, Ohannes, Mari elini operler. Bir kederleri yokdur; mekdebe gediyorlar. Biraz başını ağrıddım amma kalma kusura. Kalın sahlıh ile kadim.

Maryani Şahbazyan

[1] şerif: soylu, temiz
[2] miyeser: kolaylıkla olan (< müyesser)
[3] uhd: adak (Ermenice)
[4] hayr: papaz (Ermenice)
[5] daham: yemek (< taam)

April 7, 1914

My intelligent uncle, Artin Kojaian,

Firstly, I inquire after your well-being and kiss your noble hands. Also, if you were to ask about us, we are fine, we do not have worries and we pray for your good health.

Firstly, *Krisdos haryav i merelots!* May God bestow upon you many years of life without worries. Uncle Artin, on Easter Sunday, we woke up early, we all came together, and we took Verkine to the monastery. We had her hair cut and fulfilled your vow. May God accept your vow. May she live a long life.

Uncle Artin, we left the monastery and walked to the fountain. We were hoping that the priest would say, "Let us eat at ours tonight." At that point he said, "Oh, I must leave now. I have much to write until evening," and left. Mrs. Annitsa, Evagül and I, the three of us, said, "Oh, if Uncle Artin were here, he would not abandon us in this place." Anyway.

You have greetings from my mother and Mrs. Annitsa and Evagül. They kiss your hands and congratulate your vow. *Makur* and courteous Yeghisapet, Ohannes and Mari kiss your hands. They have no worries; they go to school. I gave you a headache; pardon my rambling. Keep well.

Mariani Shahbazian

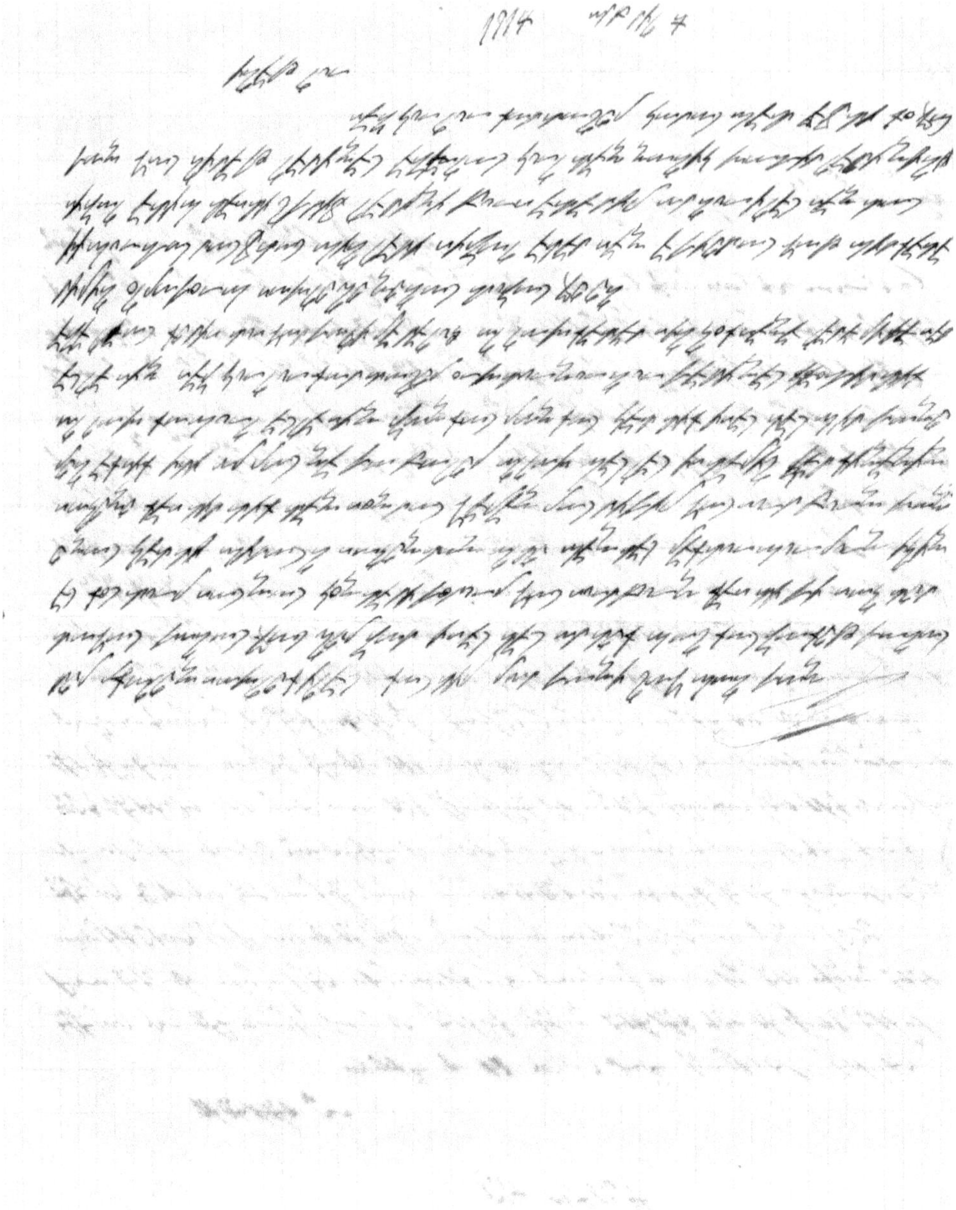

1914 *April* 7

İzetlu, Sevgülü Kardaşım Garabed Ef[en]di Kocayan Haziretleri'ne,

Evela, gülden nazig hadirlerinizi sival edib, desd-i şeriflerini pus ederim, arzu ile. Sen dahi bu darafda bizleri sival edersen, eyi, ırahat bir kederimiz olmayub sahlığınıza dovacıız.

Evela, *Kırisdos haryal i merelots.* Allah kedersiz çok senelere miyeser eylesin. Sevgili kardaşım, *uhd*unuzu yerine gödürdük, Allah kabul eylesin. *Vank*a manka geddik ise de bir yanımız eksik idi. Amma ne yapalım, Allah beyle isdemiş. Verkine'nin saçını kesdirdikden sonra hemen *mayri*yim *Hay*[*r*] *Surp*'un[1] yanına geddi. Biraz saçından aldı. Ben de mekdubumun içine koydum, sana gönderiyorum. *Hay*[*r*] *Surp*'un kesdiyi saçdır. Daha yazacağım var ise de ardık başka vakıt yazarım. Kalın sahlık ile kadim.

Maryani Şahbazyan

[1] Hayr Surp: rahipler için kullanılan unvan.

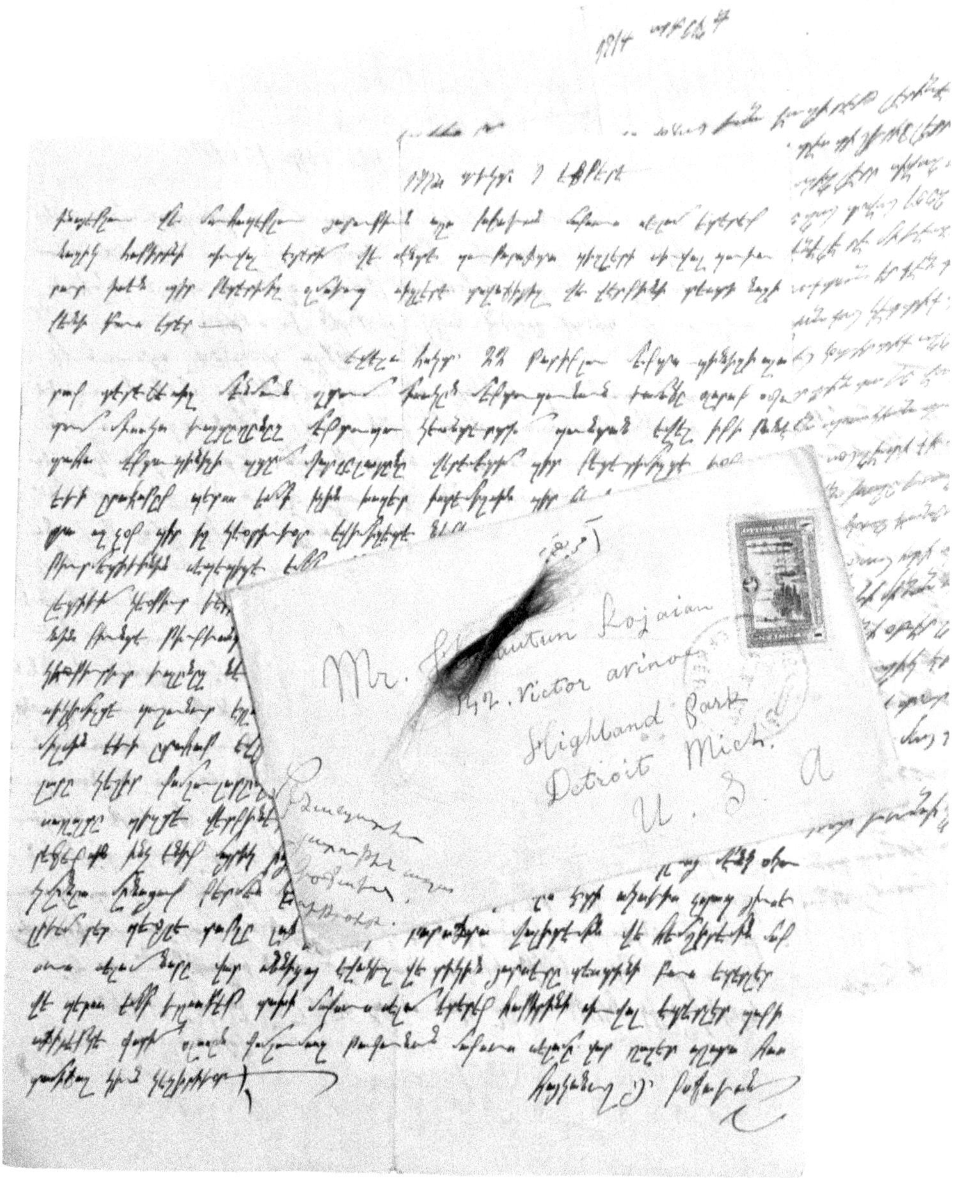


Verkine's hair lock - Verkine'nin saçı

April 7, 1914

My honorable and dear brother, Garabed Effendi Kojaian,

Foremost, I inquire after your wellbeing and kiss your noble hands. If you also were to ask about us here, we are fine, have no worries and pray for your good health.

Firstly, *Krisdos haryav i merelots!* May God bestow upon you many years of life without worries. My dear brother, we fulfilled your vow. May God accept it. Although we went to the monastery and all, a part of us was missing. What can we do; it was God's wish. After we had Verkine's hair cut, my mother immediately went next to the Holy Father and took a lock of Verkine's hair. I enclosed it in the envelope and I am sending it to you. It is the hair lock cut by the Holy Father. I have more to write but some other time. Keep well.

Mariani Shahbazian

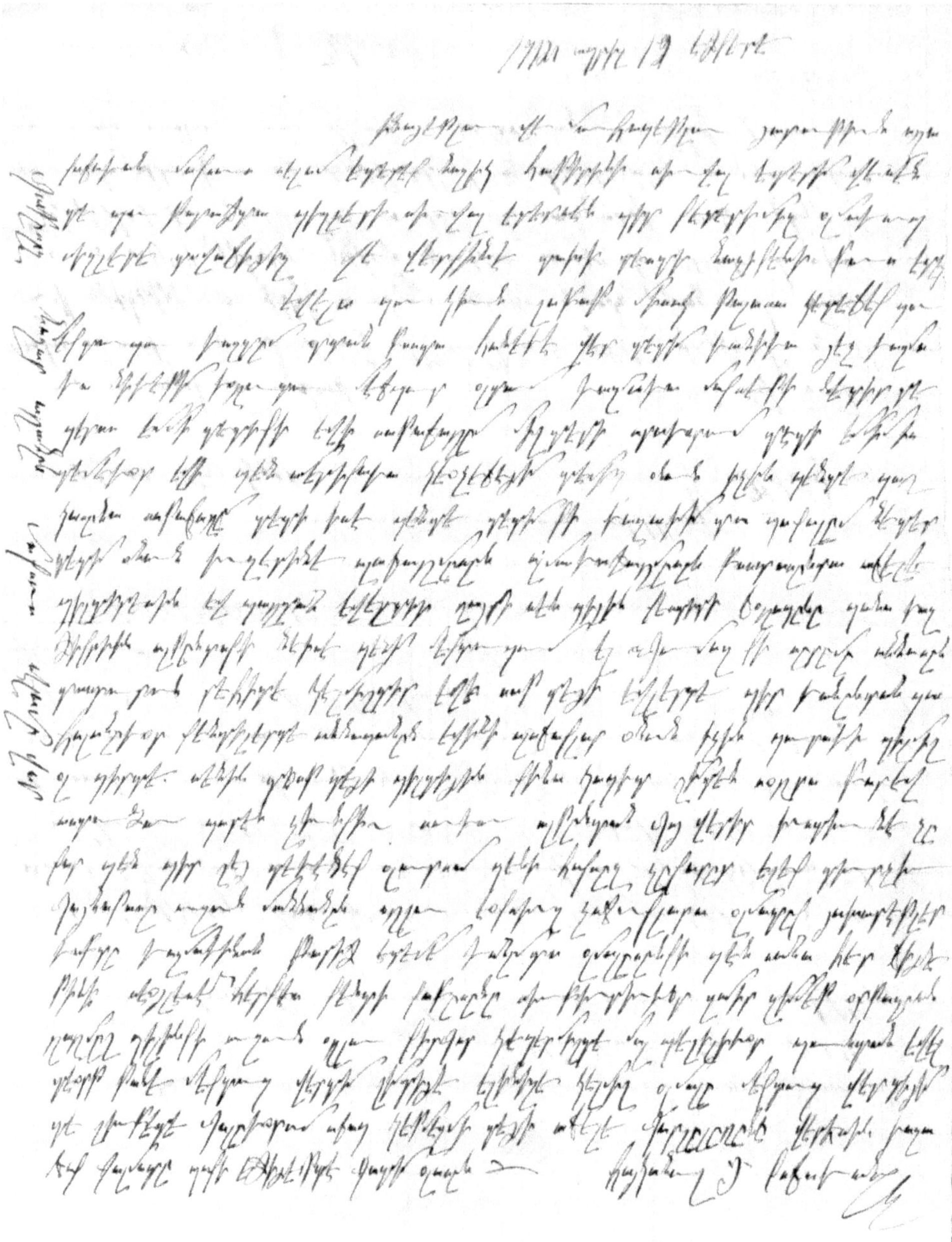

1914 *Abril* 12
Efkere

İnayetlu ve Muhabetlu Harutyun Ağa Kocayan,

Maksus selam ederek, nazig hatırını süval ederim. Ve sen de bu tarafda bizleri süval edersen, bir kederimiz olmayub sizlere dovacıyız. Ve Verkine dahi desd-i nazikeni pus eder.

Evela, bugün *Şapat,* Misag Talas'a gedecek. Bu mekdubu yazdım, "ordan posdahaneye ver" dedim. Yaniya heç yazmaya niyetim yoğudu, mecbur oldum yazmaya. Makseti nedir de, Beros emmi dedi ki, "Evi satacağım, mişderi arayorum" dedi. "Emmim isdemiyor evi, 'Ben Amerika'ya göçeceyim' demiş. Onun için ben de başgasına satacağım" dedi ise, ben de dedim ki "yazayım da bakalım ne der" dedim onun üzerine. Alacağ mısın almayacağ mısın posdasında acele bildiresin. Ev bağdan eveldir, ğayri sen bilin. Kesdiri coğabını[1] bana yaz, fikriyin altındaki ne ise. Benim mektubum el okumaz ki sırımı annasın. Dadur'un Rehi de gelmişdir "evi sat" deyi. Evler de bir yanından bahalanıyor. Kendiler de Annaba'nın evini alacaklar. Onun için burayı bilmiş ol.

Bir de, senin dost deyi bildiyin Kina Gabid şimden soğra *parev asdudzo baren.*[2] Çünkü suyu altından koyverir, üstüne çıkar. Ben bir şey deyecek olursam beni haksız çıkarır eşek dürzü. Kaynatası Uzun Mannan'ın oğlu, öksüz çocuklara olmadık haharetler[3] yapdı. Yazmayınan tarif edemem. Yanımda olmalısın ki ben sana her ciyetini söylesem. Herkes kendi kapısını süpürüyor. Zamir[4] zimmet ortadan ğağmış[5]. Bilin ki Uzunoğlu Kirkor gebermiş de mal belişiyor.

Bundan evel dört tane mekdub verdim, şimdiye elinize gelmiş olmalı. Mekdub verdiyimde şüpede kalıyorum acap vermez mi deyi. Acele karşılığını veresin. Yazacak kalmadı. Baki afiyette kadim olasın.

Hayganuş H. Kocayan

Kapısız Nazar Ağa'nın maksus selamı var.

[1] kesdiri coğab: kısa cevap
[2] parev asdudzo baren: aleyküm selam (< parev asdudzo parin, Ermenice). Selamı sabahı kestim.
[3] haharet: hakaret
[4] zamir: yürek, vicdan
[5] ğağmış: kalkmış

April 12, 1914
Efkere

Gracious and affectionate Harutiun Agha Kojaian,

I extend my special greetings and inquire after your well-being. If you were to ask about us here, we have no worries and pray for you. Also, Verkine kisses your gentle hand.

Firstly, today is Saturday, and Misag is leaving for Talas. I wrote this letter and told him to send it from the post office there. Actually, I had no intention to write, but I was compelled to do so. If you were to ask why, Uncle Beros said, "I am selling the house, I am looking for a customer." When he said, "My uncle [Harutiun Kojaian] does not want the house. He says he is going to immigrate to America. So, I am going to sell it to someone else," I said, "Let me write to him and ask, let us see what he says." Inform me promptly whether you will buy it or not. The house has precedence over the orchard. It is up to you. Write me a short answer, so that I may understand what you think. Nobody else reads my letters, so nobody will learn my secrets. Dadur's [son] Rehi also wanted to buy the house. On the other hand, house prices are increasing. They are going to buy Annaba's house. So, keep these in mind.

Also, from now on, I am breaking with that Gabid Kinaian, whom you considered a friend. Because he plays tricks to save himself. Whenever I have something to say, he proves me wrong, that scoundrel ass. His father-in-law, Mannan Uzunian's son, insulted terribly the orphaned children. I cannot describe it in a letter. You should be next to me so that I may tell you everything in detail. Everyone sweeps his own doorway. Apparently, there is no more conscience and generosity in society. As if Kirkor Uzunian died and they are sharing his estate.

I had sent four letters before; you must have received them by now. I feel doubtful whether you will respond to my letters or not. Write back to me promptly. There is nothing more to write. Keep well.

Hyganush H. Kojaian

P.S. You have greetings from Nazar Agha Kapusuzian.

Mr. Harautun
142 victor avinoe
Highland park
Detroit Mich
U.S.A

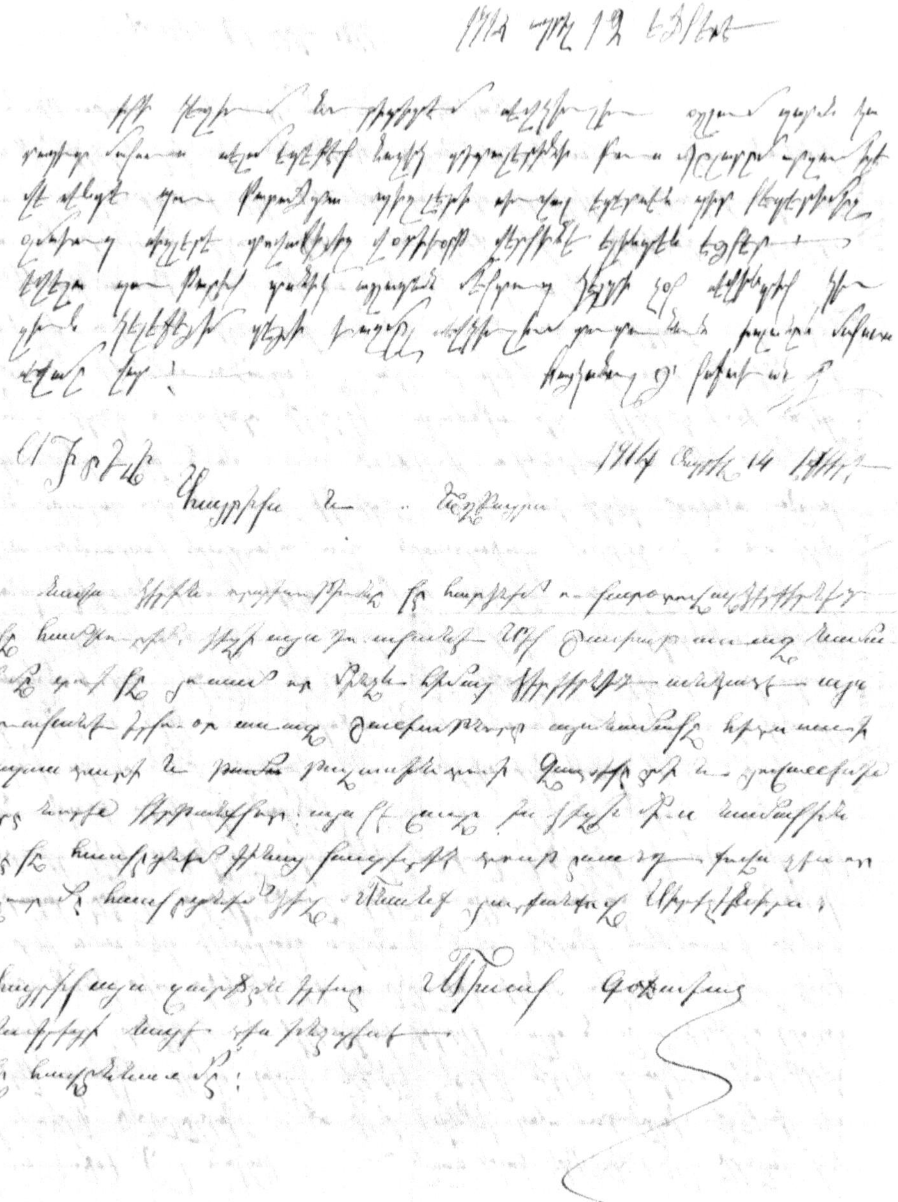

1914 *Abril* 12
Efkere

İki Gözüm, Nur-i Didem, Sevgülü Oğlum *Baron* Garabed,

Maksus selam ederek, nazig didalerini pus kılarım, arzu ile. Ve sen de bu tarafda bizleri süval edersen, bir kederimiz olmayup, sizlere dovacıyız. Ve *Oriort* Verkine elinden öper.

Evela, bu tarik Donig Ağa'dan mekdub geldi, çok sevindik. Güzün geleceyim deyi yazmış.

Sevgülüm; dudunun, halanın maksus selamı var.

Hayganuş H. Kocayan

April 12, 1914
Efkere

My two eyes, the light of my eye, my dear son, Mr. Garabed,

I extend my special greetings and longingly kiss you upon your gentle eyes. If you were to ask how we are here, we have no worries and we pray for you. Miss Verkine kisses your hands.

Firstly, today there was a letter from Donig Agha and we rejoiced. He said he will return in autumn.

My dear, you have greetings from your *dudu* and your aunt.

Hyganush H. Kojaian

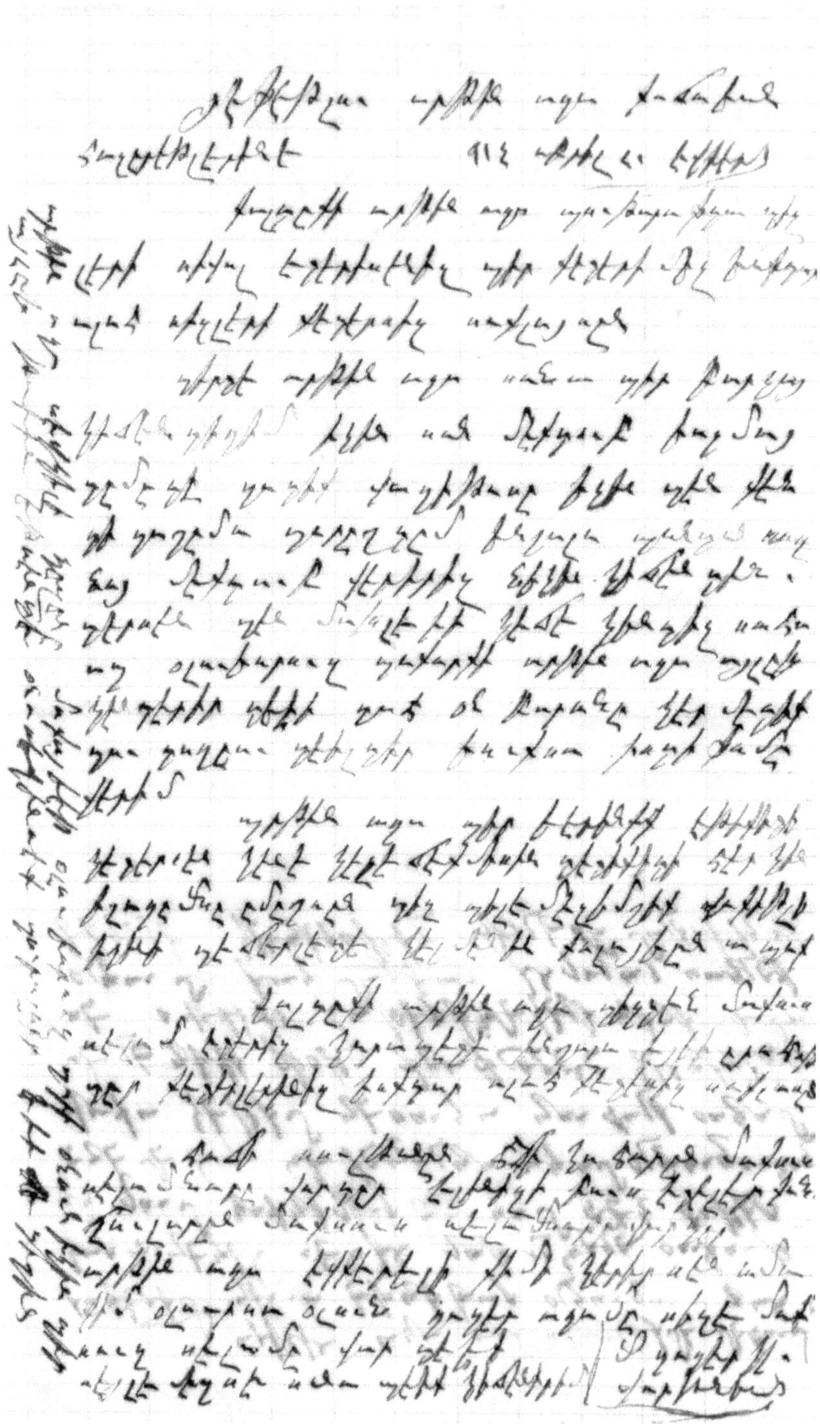

Refetlu Artin Ağa Kocayan Hazıretleri'ne,

[1]914 *Abril* 20
Evkere

Kaldı ki Artin Ağa, bu tarafda bizleri sival ederiseniz bir kederimiz yokdur. Alah sizleri kedersiz saklasın.

Bir de Artin Ağa, sana bir parça gücendiğim için san[a] mekdup yazmadımıdı. *Zadik* vazitası için ben kendi başıma barışdım. İnşalla bundan soğna mekdup veririz. Niçin gücendin dersen, ben mahleyi[1] gece gündüz sahab oluyoruz, bakar ki Artin Ağa aylıh gönderir deyi. Dah[a] on paranı görmedik. Bu doğru deildir. Yoksa isdifamı verim.

Artin Ağa, bir yerinik[2] ettik idi. "Gedersen gene gelecek misin?" dedik idi. Her gün ilazımnı ımışsın, biz bilemez imişik. Vakitli işini becerle de, gelmenin kolayına bak.

Kaldı ki Artin Ağa, bizden maksus selam ederiz Garabed'e. İnşalla eyi, ırahatdır; kederleriniz yokdur. Allah kedersiz saklasın.

Hacı Sultan'ın, Hacı Zohar'ın maksus selamnarı vardır, elinizi pus ederler. Konşuların maksus selamnarı vardır.

Artin Ağa, Evkereli kimi görürsen, ama kim olursa olsun, "Gazer Ağa'mı[n] size maksuz selamı var" deyi söylemezsen sana böyük gücenirim.

Ğazer T. Vartanyan

Artin Ağa, ben sözlerime möhüm isderim. Bir de ehdiyar olduğumdan Garabed'in, senin şahsınızı unutmuşum. Çok düşünüyorum, heç hatır edemeyor[um] ne kıbalda[3] adam olduğunuz[u]. Vaka, get[d]im *desuça*[4], bu hali, o adam söyledi ki, "Fotıfiaflarını gönderirlerse o vakit hatırıne geli[r]" deyi, mecbur oldum yazmaya. İnşala sağlık üzere gönderseniz. Beylece malumunuz olsun.

Artin Ağa, sevgili gızını mukayet oluyoruz. Bari onun için bir aylıh tayin etsen de, ona sevinsek. Buraları eyi düşün.

[1] mahle: mahalle
[2] yerinik: şakalaşma (< yerennik)
[3] kıbal: yüz, görünüş
[4] desuç: okul müdürü (Ermenice)

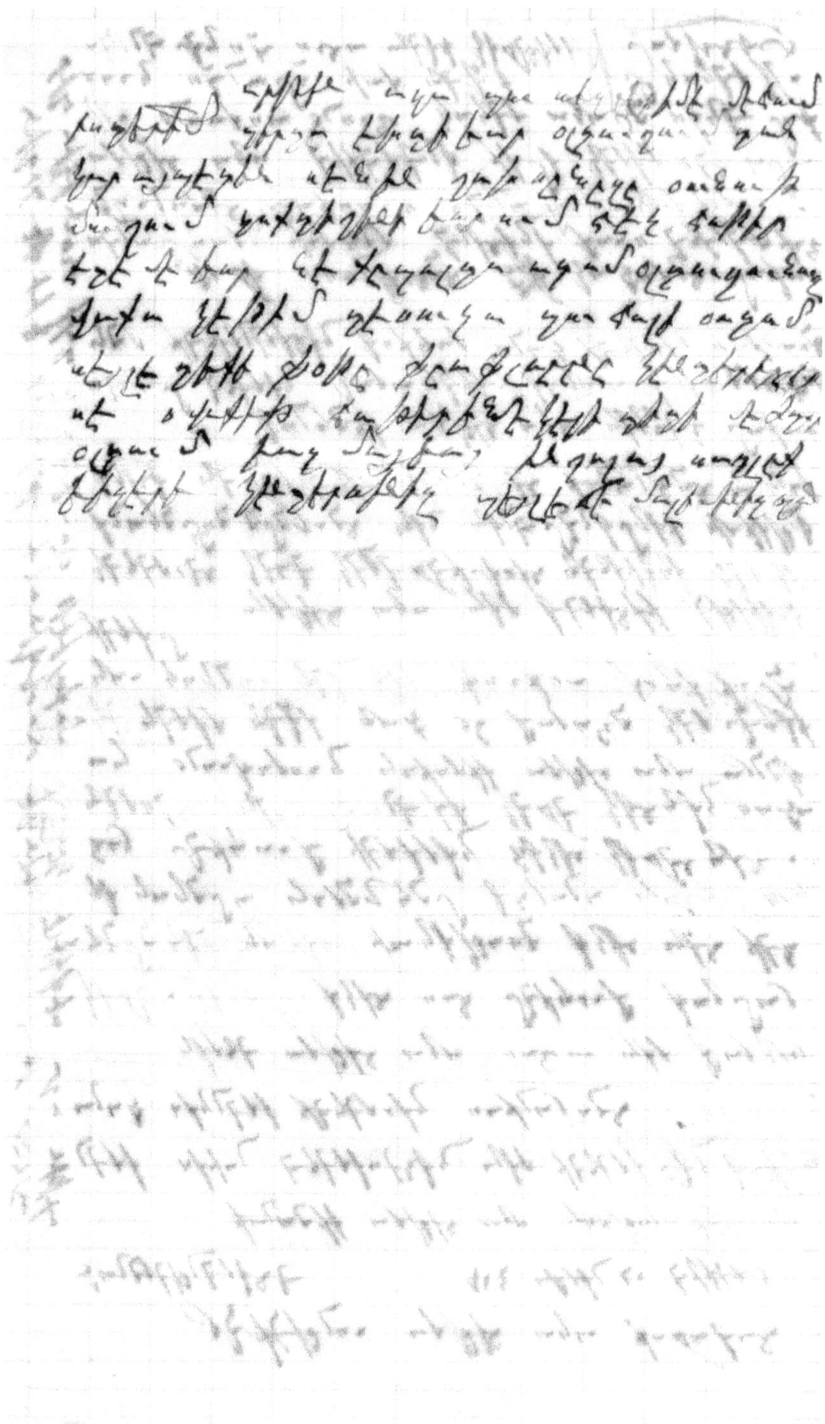

April 20, 1914
Efkere

Eminent Artin Agha Kojaian,

If you were to ask about us, Artin Agha, we have no worries. May God keep you away from worries too.

Also, Artin Agha, I have not written to you because I was offended a little. I am making my peace by myself, because it is Easter. God willing, I will write regularly from now on. If you ask why I was offended, I watch over the neighborhood day and night, hoping that you would send me a stipend. However, you have not sent even a penny. This is not right. Otherwise, I will quit.

Artin Agha, I had asked you jokingly if you would come back. We did not know that you were needed here every day. Finish your business there, and aim to return soon.

Also, Artin Agha, convey my special greetings to Garabed. God willing, he is well and free from worries. May God keep you away from worries.

You have greetings from Haji Sultan and Haji Zohar. They kiss your hands. You have greetings from the neighbors too.

Artin Agha, if you do not convey my greetings to the Efkeretsis there, regardless of who, I will be really offended.

Ghazar Vartanian

P.S. Artin Agha, I want you to take my words seriously. Since I am old, I forgot Garabed's and your faces. I think a lot, but I cannot remember how you look like. I told this situation to the headmaster, who said, "If they send you photographs, you will remember." So, I was obliged to write to you. God willing, you will send me your photographs. For your information.

P.S. Artin Agha, we take care of your dear daughter. But you should assign a stipend for that, so that we may be happy. Think about this well.

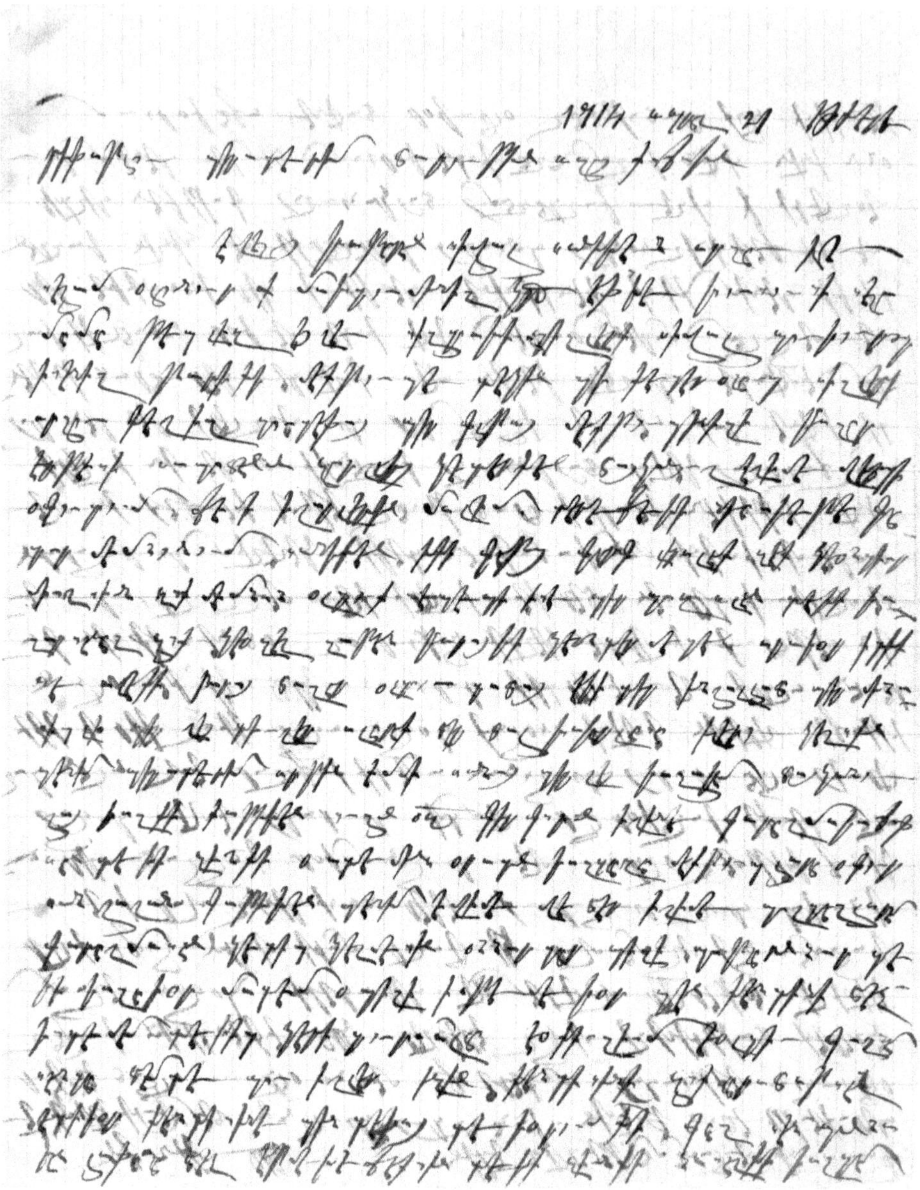

1914 *Abril* 21
Efkere

Rifatlu Biraderim Harutyun Ağa Kocayan,

Evela, hatırın sival; saniyen, arzu ile selam olunur. Mahdumunuz Garabed Efendi'ye selamımı tebliğ ile. Siz dahi bizleri sival buyurur iseniz, tarik-i mektube degin bî-keder olub, sizleri arzukeşiz.

Bu defa bir kıta mektubinizi Pazarertesi sabahınan çarşıya gederken Hayganuş elime verdi. Okudum, cemi' işarlerin malum. Derece-yi nihayete kıdar memnunum. Saniyen, iki kıta kırk liralık çek göndermişsin, çok memnun olduk. Sebebi ise "bir bağ alın" deyi yazarsınız. Çok gözel. Zaten parayi göndermeden arayor idik. Ne âlâ[?] ki para hazır oldu, daha eyidir. İnşallah bir minasibli bir şey düşer, alırık her hal. Hayırlısı ilen gel sen.

Benim biraderim Artin emmi, sana bir şey yazayım: Hayganuş'a yaz ki, "Katiyen Uzunoğlu Kirkor'un işine karışmayacaksın" deyi. Çünki o âdemin oradan yazdığı mektubları okursan şaşan. "Katiyen benim evime ve her işime baldızlarım karışmasın, gedib gelmesin. Onnardır bizi batırannar" deyi yazıyor. "Madem o bizi istemeyor, ben kendini heç istemem" deyib geri durmalı. Öküzüm öldü, kağnım sındı.[1] Hem de bu işler için kendisini çok ırahatsız ediyor. Kendisine ben defa deyorum ki, "Kız, sen bunnarın lafını heç etmeyeceksin" deyi. Çünki nasıl ki yazdım, kendisi çok ırahatsız oluyor, haline acıyorum. Onun için sizin yazmanızı isdeyorum. Hem de benim bu sözleri size yazdığımı Hayganuş'a katiyen bildirmeyeceksiniz. Sonra bana da darılır ki, "sen niçin yazdın" deyi. Benimkisi kendisine böyük bir insaniye[t]dir. Neme lazım, madem o âdem sizi isdemeyor, nasıl ki yazdım, evin de bağını kesin ve işinde bir ırahat kendi işine bak. Neme ilazımdır. Bu sözleri benden duymazcalığa gelib Hayganuş'a yazın ki, "O âdemin işleri için katiyen kendini ırahatsız etmeyeceksin. Ve o âdemin ismini anmayacaksın" deyi.

Gelelim buralardan hevadis isdersen, herkes işleri ile meşğuldur. Amemin[2] Setırak İzmir'den geldi. Çopuroğlu Ohanes Ef[endi]nin karısını aldık ve everdik. Darusu[3] Garabed Ef[endi]ye olsun. İkinci, Şirin'in evini Solak Boğos Ağa yüz yirmi iki liraya aldı. Orada bulunan Amerikacılar "ev alın, bağ alın" deyi yazıyorlar. Şimdi burada evle bağa güc yetmez oldu ve bulunmayor. İnşalah bir minasib bağ buluruk eger nasibiniz var ise.

Halamın çok selamı var. Gülüzar, Mari, Mehin, çocuklar elinizi öperler. Validem ve biraderim Boğos selam ederek hatirinizi sival ederler. Garabed Efendi'nin yazmış olduğu mektuba son derece memnun oldu. Allah ömür beraketi ihsan eleye. Yanınızda bulınan hemşerilerimize hususi selamımı tebliğ edin.

Garabed Kinayan

[1] Bir kişi ya da yer ile tüm ilişkinin koparıldığını anlatan deyim.
[2] ame: Bu sözcük kız kardeş, hala, teyze anlamlarında kullanılabilmektedir.
[3] darusu: darısı

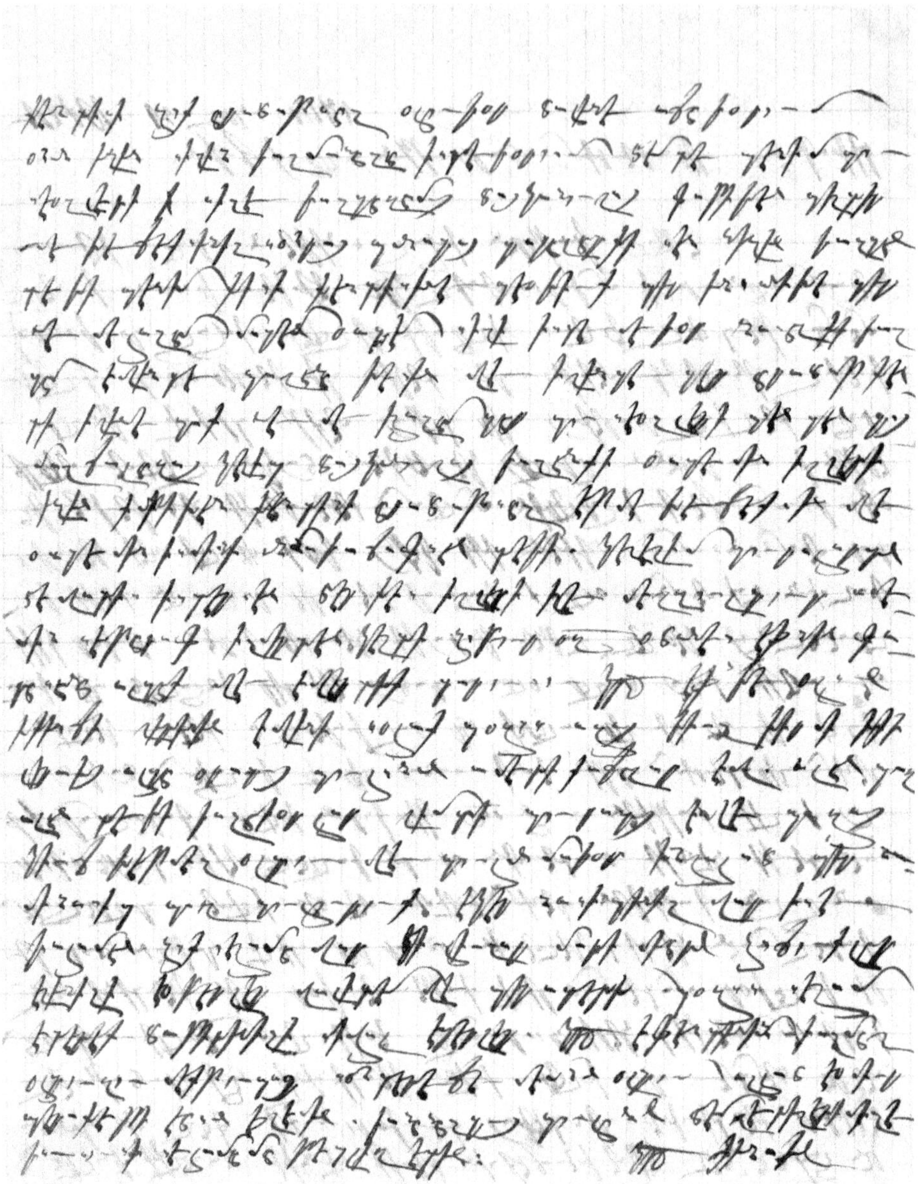

April 21, 1914
Efkere

My eminent brother, Harutiun Agha Kojaian,

Firstly, I inquire after your well-being; secondly, I longingly extend my greetings. Please convey my greetings to your son, Garabed Effendi. If you were to ask about us, we have had no worries up until the date of this letter, and we are longing for you.

When I was on my way to the market on Monday morning, Hyganush gave me your letter. I read it and became acquainted with what you wrote. I am extremely pleased. Secondly, you sent two checks for 40 liras, we are very pleased. You wrote that we are to buy an orchard with that money. Very well! We have already been looking for one. Now that money is ready, it will be better. God willing, we will find a decent one. Let us just hope for the best that you will return.

My brother Artin, let me tell you something: Write to Hyganush, "You will in no way meddle with Kirkor Uzunian's business." Because if you read the letters that man sends from there, you will be baffled. He wrote, "My sisters-in-law should never go to my house and interfere with my business. Those are the ones who bankrupted us." Hyganush should say, "If they do not want us, I do not want them at all," and stay away. There is no more reason to keep up the relationship. Also, she worries too much about these issues. I told her numerous times not to mention them. Because, as I have written before, she is uneasy and I feel sorry for her. This is why I want you to write to her. Also, you should never tell her that I wrote to you these things. Then she will get angry with me for writing to you. I am doing her a great favor. If he does not want you, break off the relationship and keep busy with your work. Write to Hyganush as if you have not heard these words from me, and tell her, "You are not going to distress yourself over that man's business, and you are not going to mention that man's name."

If you want to hear the news from here, everyone is busy with his business. My aunt's [son] Setrag came from Izmir. We married him off to the wife of [the late] Ohannes Çopuroğlu. Hopefully Garabed Effendi's turn is next. Secondly, Boghos Agha Solakian bought Shirin's house for 122 liras. Those who work in America write back here saying, "Buy houses, buy orchards." Presently, houses and orchards have become unaffordable, and it is difficult to find one. God willing, we will find a decent one, all being well.

You have many greetings from my aunt. Gülüzar, Mari, Mehin and the children kiss your hands. My mother and brother Boghos extend their greetings and inquire after your well-being. He was very pleased with Garabed Effendi's letter. May God give you long lives. Please convey my greetings to all our fellow countrymen there.

Garabed Kinaian

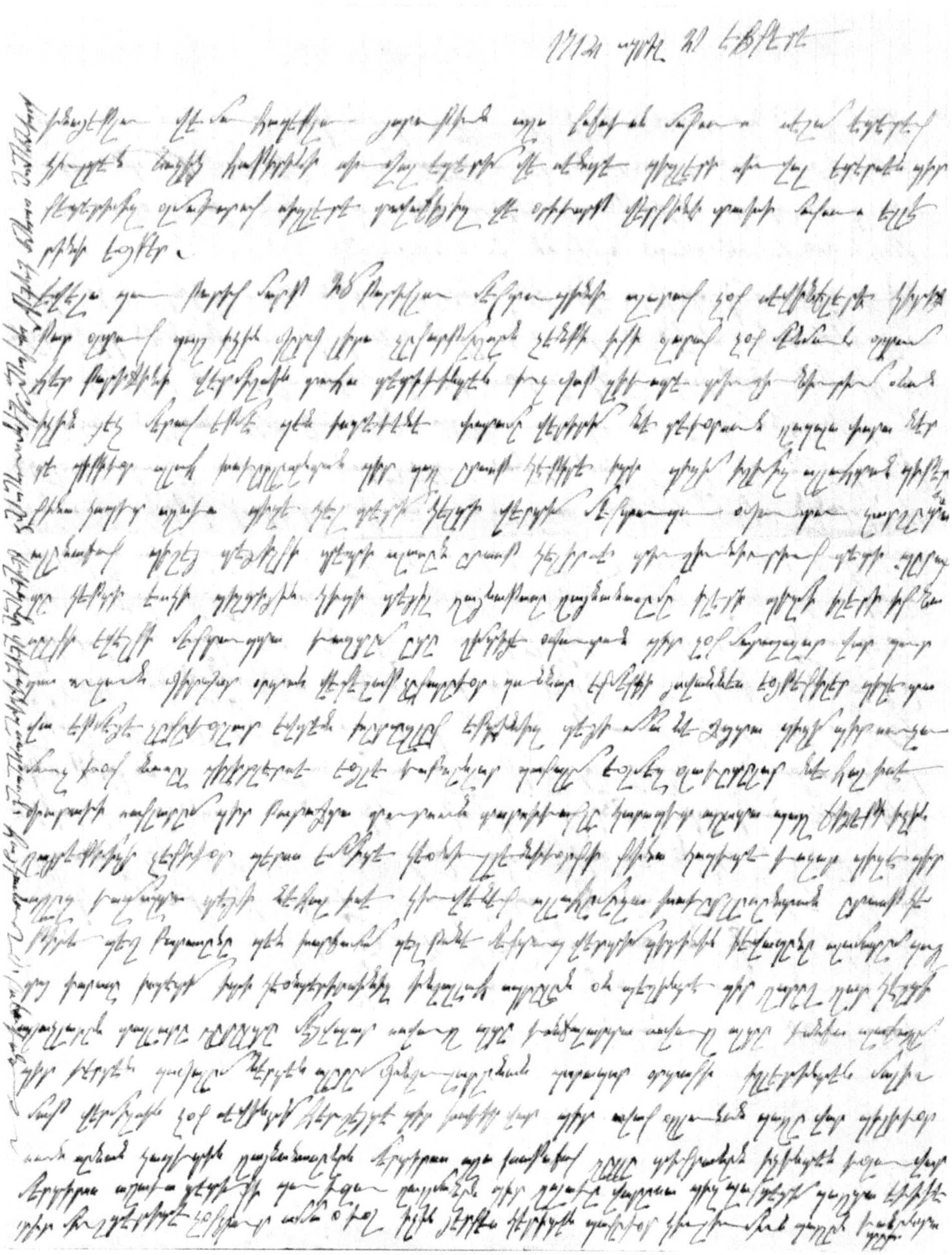

1914 *Abril* 21
Efkere

İnayetlu ve Muhabetlu Harutyun Ağa Kocayan,

Maksus selam ederek, gülden nazik hatirini süval ederim. Ve sen de bizleri süval edersen, bir kederimiz olmayarak sizlere dovacıyız. Ve *Oriort* Verkine dahi maksus ellerini öper.

Evvela, bu tarik Mart 28 tariklu mekdubini alarak çok sevinclere giriftar olduk. Bağ için kırk lira çıkartmışsın, çenti iki olarak. Çok menmun oldum. Her tarifini vermişsin. Daha dediyinden üç kat ziyade düşünürüm, onun için heç merak etme. Ben isteyene paramı veririm. Ne deyorsun ğabala[1] para nerde bitiyor. Allah hayırlısından bir bağ ırast getire idi. Bizim işimiz Allah'dan biter.

Kina Gabid Ağa'ya "bize gel" dedim. Geldi, verdim mektubu okudu. "Çarşıdan alınacak bi şey deyil ki," dedi, "alasın. Irast gelirse düşünürük" dedi, bırakdı getdi. Eski bildiyin gibi deyil; ğaynatası ğaynanası mı ileri, biz mi ileriyik.

Nasıl ki evelki mekdupda yazdımıdı, şimdiye okudun; birçok marazalar[2] var burda. Uzun Kirkor ordan vekelat[3] çıkarıyor. Bunnar, Ekmekci Hovannes, ötekiler bize dava etmeye çıkıyorlar, evden hırsızlık ettiniz deyi. Amma ne fayda, bizim bir suçumuz yok. Nasıl bilirlerse öyle yapsınlar bakalım. Ölmez olayıdılar. Ne hal ise, parayi saklarım, bir tarafda dursun.

Darsiyaklı Garabed Ağa da bağ ciyeti için gayretimizi çekiyor. Beros emmi de gönülleniyor ki, "Kina Gabid'e yazar, bize bir ağız yazmaz da" deyi. Ne hal ise, güvenek Allahımız'a, hayırlısından ırast getire. Beş parasını ben harcamam.

Beş tane mekdub verdim, birinin cevabını alamadım. Buğday parası istedim idi, gönderirsiniz inşallah. *Abrılı*n on beşinde bir ğarış ğar geldi. Ağaçların dalları ğırıldı. Meyvalar sovuğ aldı; yoncalar da sovuğ aldı. Yonca alacağım bir yerden. Bakalım nerden alırım, konşularınan barabar.

Ordaki işlerinden malümat vermişsin, çok sevindim. Her şeyde bir hayır var. Bir uvak[4] oğlunan bağı var biliyorsun Sınan Gabid'in ğaynanasının. Merdiros Ağa satacak. Ğıllı Dikran'ın içinden yolu var. Merdiros Ağa'ya dedim ki, "Bu yolu ğazmanın bir kolayı varısa biz alak" dedim. Bağ da eyicedir, müşteri de çokdur. Amma o yol için herkes geriden bakıyor. Gülüm'ün bağın yanındadır. Hayırlısı, sabır edelim bakalım. Mekdubların cevebını veresiniz. Sağ olasın.

Hayganuş H. Kocayan

[1] ne diyorsun ğabala: ? ne demek istiyorsan söyle.
[2] maraza: anlaşmazlık, kavga
[3] vekelat: vekâlet
[4] uvak: ufak

April 21, 1914
Efkere

Gracious and affectionate Harutiun Agha Kojaian,

I extend my special greetings and inquire after your well-being. If you were to ask how we are here, we do not have any worries and we pray for you. Also, Miss Verkine kisses your gentle hand.

Firstly, today we were extremely glad to receive your letter, dated March 28. You sent two checks for 40 liras for the orchard. I am very pleased. You gave detailed instructions. Don't you worry at all, because I think about something three-fold more than what you tell me. I give my money to whomever I want [?]. Just tell me without delay where the money ends [?]. If only God would allow us to find a decent orchard. The matter is in God's hands.

I told Gabid Agha Kinaian to come to our house. He came; I gave him the letter. He read it and said, "It is nothing you may buy from the market. If we find a decent one, we will buy it," and left. He is no longer the man you knew. Are his in-laws more advanced or us [that is his burning question]?

As I wrote in my previous letter, which you must have read by now, there are a great many issues here. Kirkor Uzunian sent a power of attorney. They — Hovannes Ekmekjian and others — will press charges against us, claiming that we stole from his house. Albeit in vain, because we are not guilty. Let them do as they wish. I wish they had not died. Anyway, I keep the money and will not touch it.

Also, Garabed Agha of Darsiyak is taking pains to find us an orchard. Uncle Beros is offended because you wrote to Gabid Kinaian but not to him [about the orchard]. Anyway, let us trust in our Lord. May He allow us to find a decent orchard. I will not spend a penny of the money.

I sent five letters to you, but I have yet to receive a response. I asked for money to buy wheat; hopefully you will send some. It snowed a great deal on April 15. Branches broke, fruit and clovers froze. I will buy some clover, but we shall see from where. I will shop together with the neighbors.

You gave information about your work there. I was very pleased. Every cloud has a silver lining. As you know, Gabid Sinanian's mother-in-law has a little son and an orchard, which Mardiros Agha is going to sell. There is a road to the orchard passing through the land of Dikran Killian. I told Mardiros Agha that if there is a way to dig and construct the road, we would buy it. The orchard is fairly good, and there are many customers. But due to the road everybody is hesitant. It is next to Gülüm's orchard. Let us be patient and hope for the best. Respond to my letters. Thank you.

Hyganush H. Kojaian

Mr.
Harautun Kojaia
142 victor aw
Highland park
ditroit mich
U. S. A

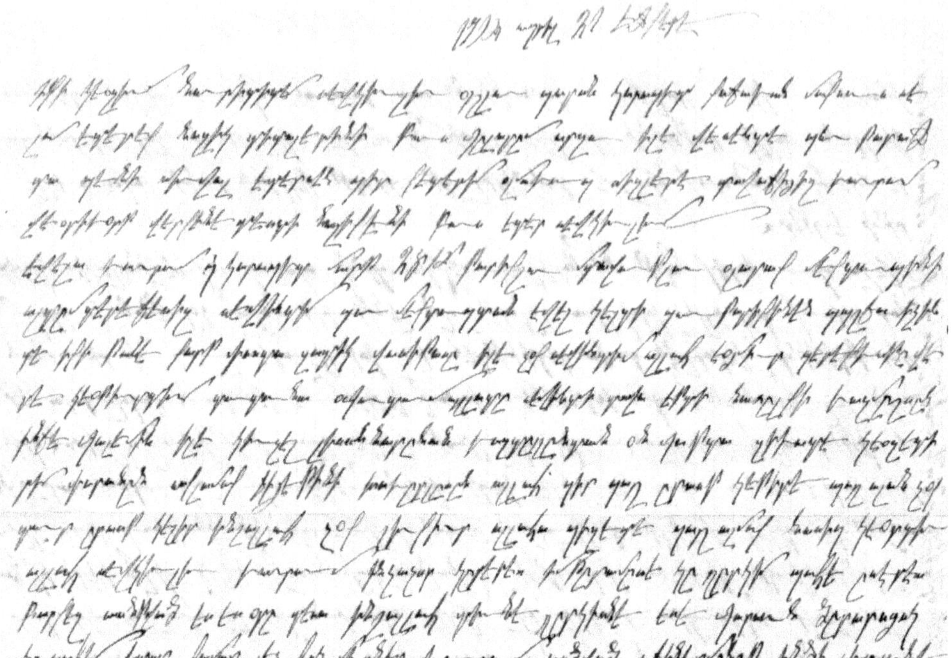

1914 *Abril* 21
Efkere

İki Gözüm, Nur-i Didem, Sevgülü Oğlum *Baron* Garabet Kocayan,

Maksus selam ederek, nazik didalerini pus kılarım, arzu ile. Ve sen de bu tarafda beni süval edersen, bir kederim olmayup, sizlere dovacıyız yavrum. Ve *Oriort* Verkine desd-i nazikeni pus eder sevgülüm.

Evela, yavrum *B[aron]* Garabed, Mart 28 tariklu davutlu olarak mekdubini aldım, derecesiz sevindim. Bu mekdubdan evel geldi bu tarikinen; boğca[1] içinde iki tane kartposda, *Zadig* vasitası ile. Çok sevindim. Allah ömür berekâtı vere. Götürdüm duduna okudum; ağladı, sevindi, dova etdi.

Nasıl ki yazmışsın ince kalemin ile, güzel lisannarınan, yazdığından on kat da ziyade gözedirim paranın saklamak ciyetini. Hayırlısın[dan] Allah bir bağ ırast getire. Bağ alan çokdur, ırast gelir inşallah. Çok şükür Allah'a, bize de bağ almak nasib gördü Allah.

Sevgülü yavrum, *inçats vor gıreres, "İm tıramıs e, gı ğırgim, bahe" ıser es. Parkez Astvats es es orı desa.* İnşallah *düne ğırgisne ese karsun tsırarotsag gı bahem. Edor hamar heç hog mi ıner* yavrum. *Asdvadz* aci*nermınıt indzi çitsıtsıne,* ömür berekâtı da. *Ammen namagit kalop indzi meymeg* lira bağışlamiş *ga gıneg. Asdudzo* nazarı *vıramınıt ılla. Asvadz çamitsdzune.*

*Es şapat Haci Ğazer Ağane namag kırets. Annitsa as şapat ağçig unetsav. Ağcigı yerek ut yeğav. Isdepan Ağane es* tarik*in orı kınats* eylence. *Meg değ meg* para *bark çunık.* Hem de çıblak *mınamne bark ka çim enim. Esbes* düşünmüş *ga genim. Kırtsneris* kusuris *mi mınar* sevgülüm.[2]

Hayganuş H. Kocayan

Dudunun ve halaın maksus selamnarı var. Beros emmi*t* maksus *parev unes.*[3]

[1] boğca: bohça

[2] "Sevgülü yavrum, nasıl ki yazmışsın, 'Benim paramdır, gönderiyorum, sakla' demişsin. Allah'a şükür ben bugünü gördüm. İnşallah sen de yollarsan, ben de kırk boğcada saklarım. Onun için heç derd etme yavrum. Allah acılarınızı bana göstermesin, ömür berekâtı da [versin]. Her mekdubun gelince bana birer lira bağışlamış oluyorsunuz. Allah'ın nazarı üsdünüzde olsun. Allah utandırmasın.
Bu hafda Hacı Ğazer Ağa da mekdub yazdı. Annitsa'nın bu hafda ğızı olmuş. Ğız dün sekiz [günlük] oldu. Isdepan Ağa da bu tarik eğlenceye getdi. Hiçbir yere bir para borcumuz yok. Hem de çıplak kalsam bile borc yapmam. Böyle düşünürüm. Yazdıklarımın kusuruna kalma sevgülüm."

[3] "Beros emminin maksus selamı var."

April 21, 1914
Efkere

My two eyes, the light of my eye, my dear son, Mr. Garabed Kojaian,

I extend my special greetings and longingly kiss you upon your gentle eyes. If you were to ask how I am here, I have no worries and I pray for you. Miss Verkine kisses your gentle hand, my dear.

Foremost, my dear Mr. Garabed, I was immeasurably pleased to receive your registered letter, dated March 28. Today, I also received two postcards in a bag for the Easter celebration. I was very pleased. May God bestow upon you a long life. I took the letter to your *dudu*'s and read it with her. She cried, she rejoiced, she prayed.

As you wrote with your gentle pen and suave language, I think about preserving the money ten times more than you do. May God allow us to find a decent orchard. A great many people are buying orchards; God willing, we will find one. Praise the Lord for seeing us fit for this opportunity.

My dear child, you wrote, "It is my money, and I am sending it. Save it." Thanks unto God that I have seen this day. God willing, if you send the money, I will keep it in 40 bundles. Do not worry about that. May God never show me you suffering and give you a long life. With the arrival of each letter, it is as if you are bestowing upon me a lira. May God's protection be upon you. May God not disgrace us.

This week Haji Ghazar Agha wrote a letter. Annitsa had a daughter this week. She is 8 days old. Sdepan Agha went [to Kayseri] for entertainment. We do not owe a dime to anyone. Even if I am left naked, I will not borrow money. This is how I think. Please forgive the errors in what I have written, my dear.

Hyganush H. Kojaian

P.S. You have special greetings from your *dudu* and aunt. Uncle Beros also extends his greetings.

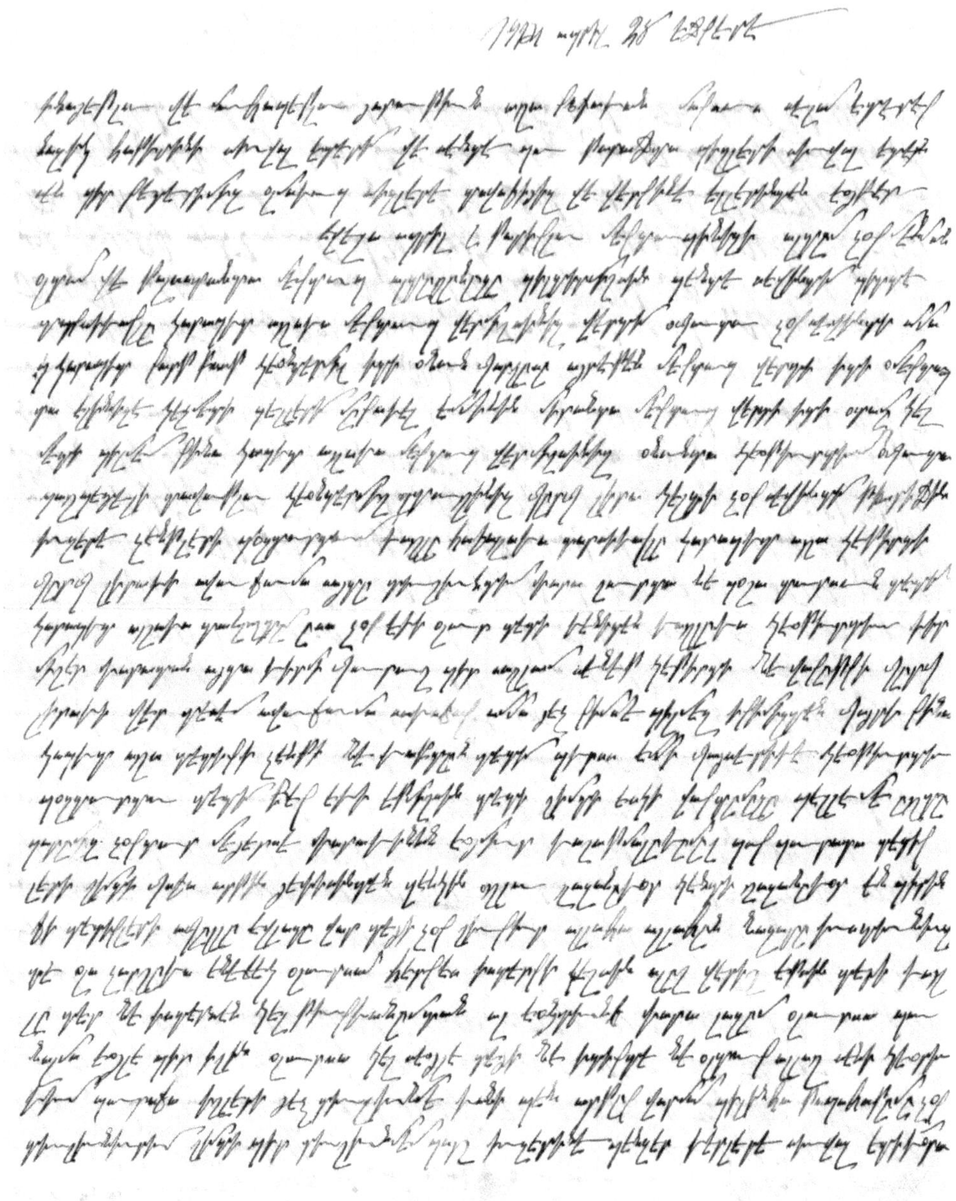

1914 *Abril* 28
Efkere

İnayetlu ve Muhabetlu Harutyun Ağa Kocayan,

Maksus selam ederek, nazig hatirini süval ederim. Ve sen de bu tarafda bizleri süval edersen, bir kederimiz olmayub, sizlere dovacıyız. Ve Verkine ellerinden öper.

Evela, *Abril* 4 tariklu mekdubinizi aldım, çok menmun oldum. Ve Talas'dan da mekdub aldığınızı bildirmişsin. Ben de sevindim. Bir de Darksiyaklı Garabed Ağa'ya mekdub vermişsiniz. Verdim, okudu, çok sevindi. Amma *B*[*aron*] Garabed kartpost göndermiş idi. Onun karşısını ayreten mekdub verdi idi. O mekdub da elinize geçmedi bellerim. Mikayel emminin Miran da mekdub verdi idi. O da mı gelmedi bilmem. Kina Gabid Ağa'ya mekdub vermişsiniz. Onun da götürdüm, okudu.

Bağ bedeli davutlu göndermiş olduğiniz kırk lira geldi, çok sevindim. Tarifin üzere çentleri bozdurdum Yağlı Hac'Ağa'ya. Darsiyaklı Garabed Ağa getirdi, kırk lirayi avucuma saydı. Düşündüm, "para şurda ne boşa dursun" dedim. Garabed Ağa'ya danışdımısa, "çok eyi olur" dedi. Yeniden Yağlı'ya götürdü. Yirmişer paradan ayda yirmi kuruş, bir sağlam senet getirdi. Ne vakıt ki, "kırk lirayi ver" desem, avucuma sayacak. Amma heç kimse bilmez ikimizden kayri. Kina Gabid Ağa dedi ki, "çenti ne yaptın?" dedi. "Beros emmi Kayseri'ye götürdü, bozdurdu" dedim. "Pek eyi etmişsin" dedi.

Şimdi eski vakdımızı belleme, ıgdıbarımız çokdur. Meyerse parayinan ömür yaşatmalıyımış. Bak burada dedikleri şimdi Koca Artin hepisinden zengin. Oğlu ğazanıyor, gendi ğazanıyor. En birinci dedikleri akıllı evladı var deyi. Çok şükür Allah'a. Allah'ın nazarı üsdünüzde ola. Çarşıya enecek olursam herkes isder ki gelsin, alışveriş etsin deyi. Yağlı der, "Ne isdersen gel, tükânımdan al. Öndünc para lazım olursa bunalma. Öyle bir işin olursa gel, söyle" deyi. Ne idik de ne olduk. Allağ, seni görüyüm!

Buraca işleri heç düşünme. Yani ben artık varmam. Bilin ha tabahatımı[1], çok düşünürüm. Şimdi bir düşünmem bağ üzerine. Benzer yerlere süval ediyorum. Öyle bir bağ ırast gelse, kolayını bulururuk ya. Alan çokdur, bağ yokdur. Benzer ğıngırt[2] bağlar var amma ne yapacağım. Sabır edek, gün doğmadan neler doğar. Allah hayırlısını ırast getire.

Bir de mekdubunu okuduğumda biraz ağırlaştım. "İşden çıkdım" demiş idin. İnşallah şimdiye iş buldunuz. Bana bildiresin. Verkine'yin dovası yetişir bellerim. *Jam* eder[3] ki, sıtğına[4] ellerini açar da sallandığını görsen… "*Hayrigin, agayin* dova *ere*"[5] desem, bir daha ellerini Allah'a doğru uzadır.

[1] tabahat: tabiat
[2] ğıngırt: uyduruk, işe yaramaz
[3] jam etmek: kilisede dua etmek
[4] sıtğına: adam akıllı, iyice
[5] "Babana, agana dua et."

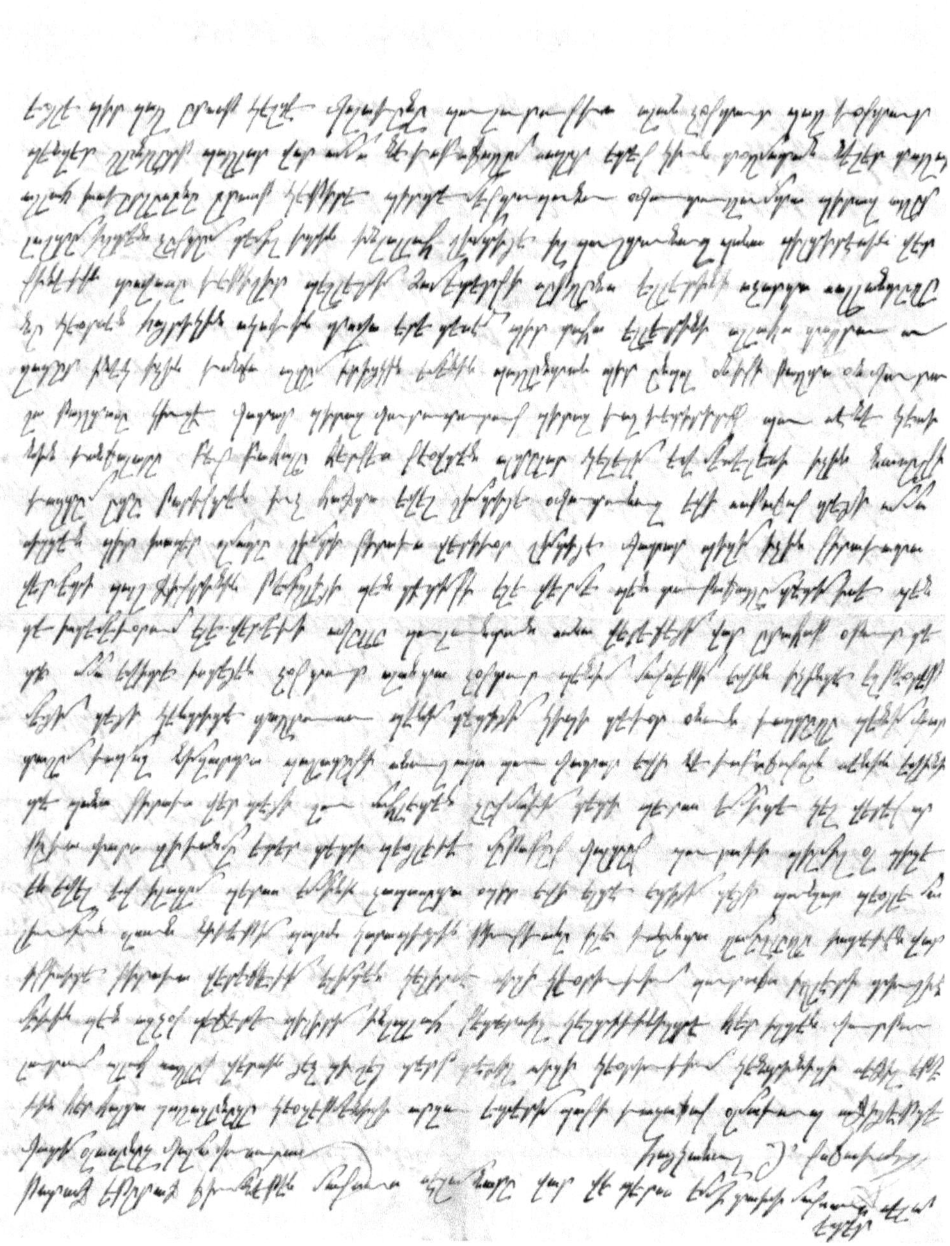

İneg için yonca aldım *İritsgin*[6] emenin[7] bağından. Bir ınbal[8] on iki tağda[9]. On kuruşa tağdası. Güze kadar biraz kurudurük. Biraz yaş yedirirık bu sene. Gesi'nin yoncaları pek pahalı. Herkes kövden aldılar.

Gelelim ev meselesi için nasıl ki yazdımıdı, tarikten üç hafta evvel, şimdiye okudunuz, evi satacak deyi. Amma sizden bir haber olmadı. Şimdi kiraya veriyor. Şimdiye kadar bizim için kiraya da vermedi. Bağ fikrinin temizliyi. Ben dedim ki, "Ele verme, ben dutacağım" dedim ise "Ben de istemeyorum ele vermeyi. Akıllı bulundun, sana vereceğim. Var ırahat otur" dedi. Amma evi de isteyen çokdur, alan da çokdur. Benim maksetim evin içinde el köretmeyim[10] deyi. Gendi de doğrusu benim dediyim gibi deyor. Onun yapdığı[nı] benim kardaşım yapmaz. Nimzar da başladı ki "Anuş aba[11], bu kadar evi ne yapacaksın? Senin evini de bana kiraya ver" deyi. "Şu mahleden çıkmayim" dedi. Beroz emmi de, "Gel verek. Artıya para ziyan mı eder?" dedi. Böyleye mıtabık kaldık, burayi bilmiş ol. Bize en evel ev ilazım. Beroz emminin çabası da obir evi elde edeyim deyi. Bunlar böyle malümün olsun.

Niyetim *Baron* Garabed'in tükânı ile yanında ğamışlığı[12] isdeyen var, ikisi[ni] de kiraya vereceyim elimden gelirse. Sizi görüyüm. Buraca işleri düşünmeyin. Ben az çok becerebilirim. İnşallah kedersiz geldiyinizde her işden kurtulurum. Allah sağlık versin, heç bişey dert değil. Sizi görüyüm. Gendinizi sefil etmeyin. Her halda boğazınızı gözetmenizi arzu ederim. Baki yazacak olmayub, afiyetde kadim olasınız. Kalma kusura.

Hayganuş H. Kocayan

Taraf etıraf cümneten maksus selamnarı var. Ve Beros emmi dahi maksus selam eder.

[6] iritsgin: papazın karısı (< yeretsgin, Ermenice)
[7] eme: teyze, hala
[8] ınbal: bağın dar ve uzun olarak bölünmüş parçalarından her biri (< imbal)
[9] tağda: ? < tahta
[10] köretmek: yavaş yavaş bozulmak, azalmak (< köreltmek)
[11] aba: abla
[12] ğamışlık: kamışlık, kamış yetişen yer

April 28, 1914
Efkere

Gracious and affectionate Harutiun Agha Kojaian,

I extend my special greetings and inquire after your well-being. If you were to ask about us here, we have no worries and we pray for you. Also, Verkine kisses your hands.

Firstly, I was very glad to receive your letter, dated April 4. You wrote that you received a letter from Talas. I am happy to hear that too. Also, you sent a letter to Garabed Agha of Darsiyak. I conveyed it to him. He read it and was very pleased. He replied to the postcard Mr. Garabed had sent, but I guess you have not received it. Uncle Mikael's [son] Miran had also sent a letter; I do not know whether it made it there or not. You had sent a letter to Gabid Agha Kinaian. I delivered it to him, and he read it.

I was very happy to receive the 40 liras you sent for the orchard. I had the checks cashed at Yağlı Haji Agha's, according to your instructions. Garabed Agha of Darsiyak brought over the money and counted it out in my hand. Then I thought, "Why should the money just sit here, bringing in nothing?" When I sought advice from Garabed Agha, he said it would be very appropriate. He took the money back to Yağlı and brought a safe bond for 20 paras each that yields 20 kurush a month. Whenever I want, he will give me back the 40 liras. Nobody besides the two of us knows about this. When Gabid Agha Kinaian asked about the check, I said, "Uncle Beros took it to Kayseri and cashed it." He said, "Well done."

Do not think that it is like it was before; now we are esteemed highly. Apparently, money is the most important thing in life [?]. See, now Artin Kojaian is richer than everyone here. His son makes money, he himself makes money. He has the smartest son who is considered the best. Glory be onto God. May God protect you. Whenever I go to the market, everybody wants me to shop from their stores. Yağlı says, "Come and take whatever you want from my store. If you need to borrow money, do not be distressed. If you need something, name it." Oh my, what we have been, what we have become!

Do not worry about us here. I mean, I will not come at this point [to America]. You know my nature — I worry a lot. Now I only think about the orchard. I ask everyone. If we come upon one, we will find a solution. Many are buying orchards, but there are no decent ones. There are only lousy orchards, but what am I supposed to do with them? Let us be patient. Before the day dawns, many things may be born. May God help us find a good one.

Also, when I read your letter, I felt a little anxious. You wrote that you quit your job. God willing, you have found a job by now. Do let me know. I am sure Verkine's prayers will suffice. You should see how she raises her hands and swings when she prays in the church. When I say, "Pray for your father and brother," she raises her hands towards God.

I bought a plot of clover for the cow from the orchard of Aunt Yeretsgin[1]. One *tağda*[2] of clover is 10 kurush. I will dry it as much as I can by autumn. We will feed the cow with a little wet clover this year. The clover of Gesi is quite expensive. Everybody bought it from the village.

Let us get to the house issue. As I wrote three weeks ago –you must have read it by now– Beros is going to sell his house, but you have not said anything. Now he is renting it out. He has kept it for us until now. [incomprehensible phrase]. When I said, "Do not sell it to strangers, I will take it," he said, "I do not want to give it to others either. You made a good decision. I will give it to you, don't you worry at all." There are many customers for the house. My idea was not to [...] at home. He also agrees with me. Even my own brother would not do this favor. Also, Nimzar said, "Sister Anush, what are you going to do with this many houses? Why don't you rent your house to me? I do not want to leave this neighborhood." Uncle Beros said, "Let us rent it out. Extra money would not hurt." Therefore, we have agreed; you should know that. First and foremost, we need a house. Uncle Beros's endeavors are toward buying the other house. So, for your information.

There are people asking for Mr. Garabed's store and the reed bed next to it. I will rent them out if I can. I want to see you at your best. Do not worry about matters here. I can manage to some degree. God willing, when you return sound and safe, I will be freed from all this work. May God give you good health, all else is not important. Let me see you at your best. Do not put yourselves in misery. I want you to eat well. There is no more to write. May you be always in good health. Forgive my rambling.

Hyganush H. Kojaian

P.S. You have special greetings from all our kith and kin. Also, Uncle Beros extends his special greetings.

[1] yeretsgin: wife of the priest (Armenian)
[2] tağda: unknown unit of measure.

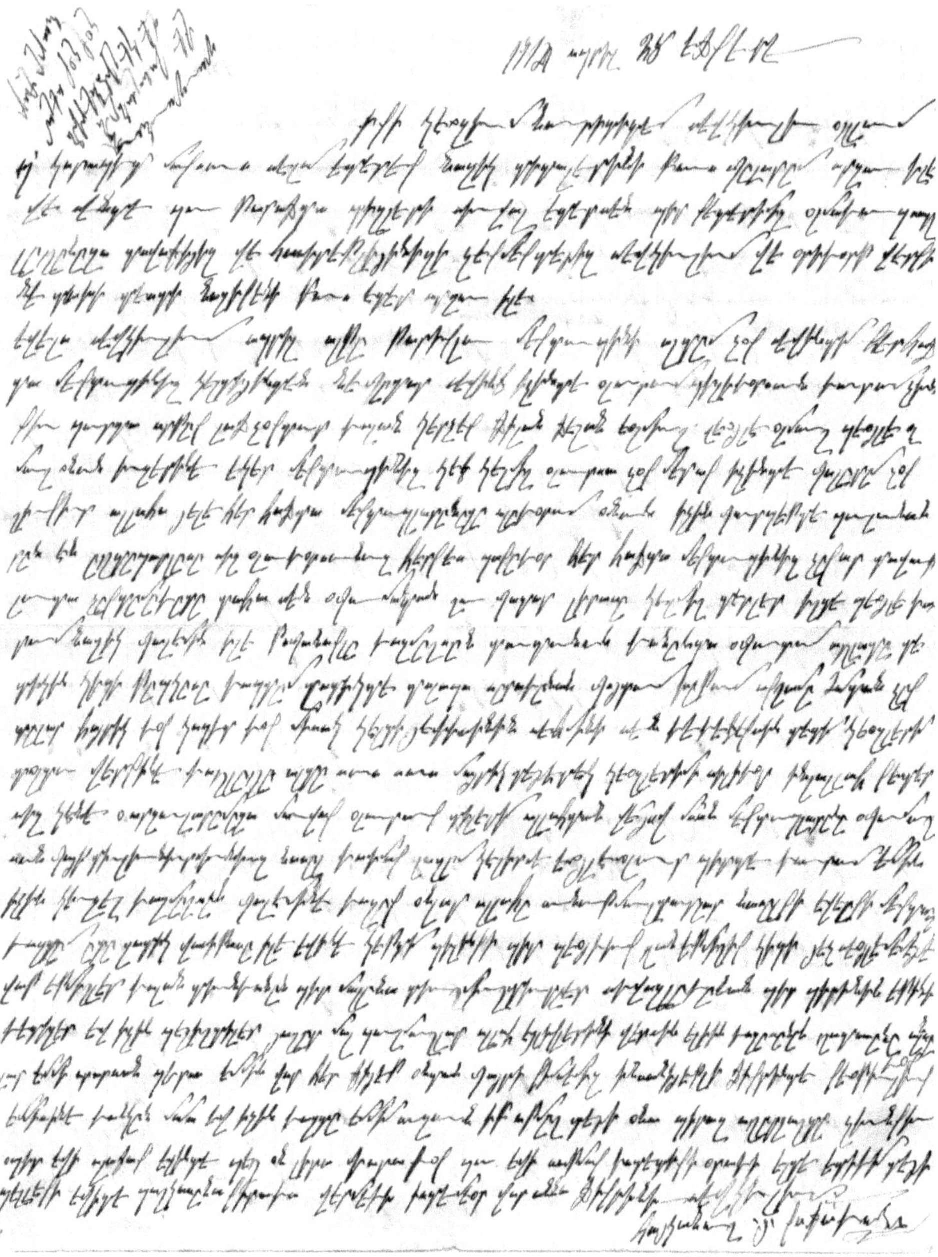

1914 *Abril* 28
Efkere

İki Gözüm, Nur-i Didem, Sevgülü Oğlum, *B*[*aron*] Garabed,

Maksus selam ederek, nazig didalerini pus kılarım, arzu ile. Ve sen de bu tarafda bizleri süval edersen, bir kederimiz olmayub, sağlığınıza dovacıyız. Ve hasiretliyinizi çekmekdeyiz sevgülüm. Ve *Oriort* Verkine dahi desd-i nazikeni pus eder, arzu ile.

Evela sevgülüm, *Abril* altı tariklu mekdubini aldım, çok sevindim. Her hafda mekdubiniz geldiyinden ne kıdar sevinc içinde olurum biliyorsun yavrum. Çünkü burada artık laf çokdur. Yalan, gerçek... filan felan ölmüş... öyle olmuş, böyle olmuş. Onun üzerine eger mekdubunuz gec gelmiş olursa çok merak içinde kalırım. Çok şükür Allah'a, hele her hafda mekdublarınızı alıyorum. Onun için kurbetde bulunan[la]rın en ığdıbarlısı siz oluyorsunuz. Herkes bakıyor, her hafda mekdubunuz çıkar. Davutlu da çıkdı mıyıdı, daha sen okumadan şu kadar lirası gelmiş derler. İşde böyle yavrum. Nazig kalemin ile tokanaklı[1] yazmışsın. Dudunun yanında okudum, ağladı.

Dedigin gibi tıbgısı yabdım. *Zadig*'de dolaba sırayınan koydum. *Hıtum*[2] akşamı *jam*dan çıkdılar. *Hayrig* yok, Gabid yok. Misag geldi. "Hepisinin sehmini[3] sen yeyeceksin" dedim, gözlerim doldu. Verkine yağlığı aldı, "sus, sus *mayrig*" deyerek gözlerimi siliyor. İnşallah kedersiz gene o arzularımıza muavak[4] oluruk dilerim Allah'dan.

Veysv. msan.[5] mekdublarını okumuşsun. Kayri düşünürsünüz; nasıl yapmak lazım gelirse öyle olur.

Bir de yavrum, emmin için güzel yazmışsın. Kalemine yazık. Onlar Allah'ı unutmuşdurlar. Nasıl ki, evelki mekdub yazdımıdı, *Zadig* vasitası ile evine getdim. Bilin ki bir böyük zan[6] etmişik gibi hiç söylememeye[7] vāt[8] etmişler. Yalan dünyanın bir malına düşmüşdürler. Sivazlı'yınan birbirinin etini yediler ev için; belişdiler. Hazır mal bulmuşlar. Allah eyliklerini versin. Eliyin yazısının ğadasını alsınlar. Emmi ararsan Beros emmin var. Her ciyet, ondan kayri kimsemiz. İnsaniyetli, fikrinde kötülük yok. Emmisine yangın. Mama ev için yazdı, "emmim uzun ip atmış" deyi; ona biraz ağırlaşdı. Çünkü obir evi alacak, elinde beş on lira para yok. Bu evi satmak isdedi ki, orayı elde ediyim deyi. Belle ki, evi de başgasına kiraya vermeyi isdemeor. Var anna fikrini sevgülüm.

Hayganuş H. Kocayan

[1] tokanaklı: dokunaklı
[2] hıtum: arife (Ermenice)
[3] sehm: hisse
[4] muavak: amacına ulaşmış (< muvaffak)
[5] şifreli sözcük
[6] zan: ayıp
[7] söylememeye: konuşmamaya
[8] vāt: bir işi yerine getirmek için verilen söz (< vaat)

April 28, 1914
Efkere

My two eyes, the light of my eye, my dear son, Mr. Garabed,

I extend my special greetings and longingly kiss you upon your gentle eyes. If you were to ask about us here, we have no worries and we pray for your good health. And we are longing for you, my dear. Also, Miss Verkine longingly kisses your gentle hand.

Firstly, my dear, I was very glad to receive your letter, dated April 6. You know it makes me extremely happy to receive your letters every week, my child. Because there is a great deal of hearsay here. True or false, they say, this died, that happened... For this reason, I worry a lot when your letters are late to arrive. Thank God, I receive your letters every week. Therefore, you are the most esteemed among those who are abroad. Everyone sees there is a letter from you every week. Especially when you send a registered letter, even before I read the letter, they say, "She received this much money." This is how it is, my child. You wrote a moving letter with your gentle pen. I read it with your *dudu*; she cried.

I followed your instructions down to the letter. At Easter, I put food in the closet. On the night of Easter Eve, they came out of the church. Father was absent, Gabid was absent. Misag was here. I said, "You are going to eat their share," and my eyes filled with tears. Verkine grabbed a handkerchief and wiped my eyes saying, "Don't cry Mother, don't cry." God willing, we will achieve our goals and be reunited.

You wrote that you read veysv. msan.[1] letters. Well, you will think of a solution. Do whatever you think is necessary.

Also, my dear, you wrote nice words about your uncle. It is not worth moving your pen for him. They have forgotten God. As I had written in a previous letter, I went to his house on the occasion of Easter. As if we had committed a shameful act, they vowed not to talk to us. They have a passion for the possessions of this false world. He and the Sivaslı[2] tore one another to pieces because of the house. They fought over a property they landed on. May God give them what they deserve! May your predestined accidents happen to them. If you need an uncle, you have Uncle Beros. For anything [you may need]. He is decent and a man of good intentions. He is angry at his uncle. Mama[?] wrote about the house, saying, "My uncle threw a long rope [?]" He was offended by that. Because he is going to buy the other house but he does not have any money. He wanted to sell this house so that he could buy the other one. You should know that he does not want to rent out the house to other people. That is the way he thinks, my dear.

Hyganush H. Kojaian

[1] ciphered words.
[2] Sivaslı: person from Sivas, Sepasdatsi.

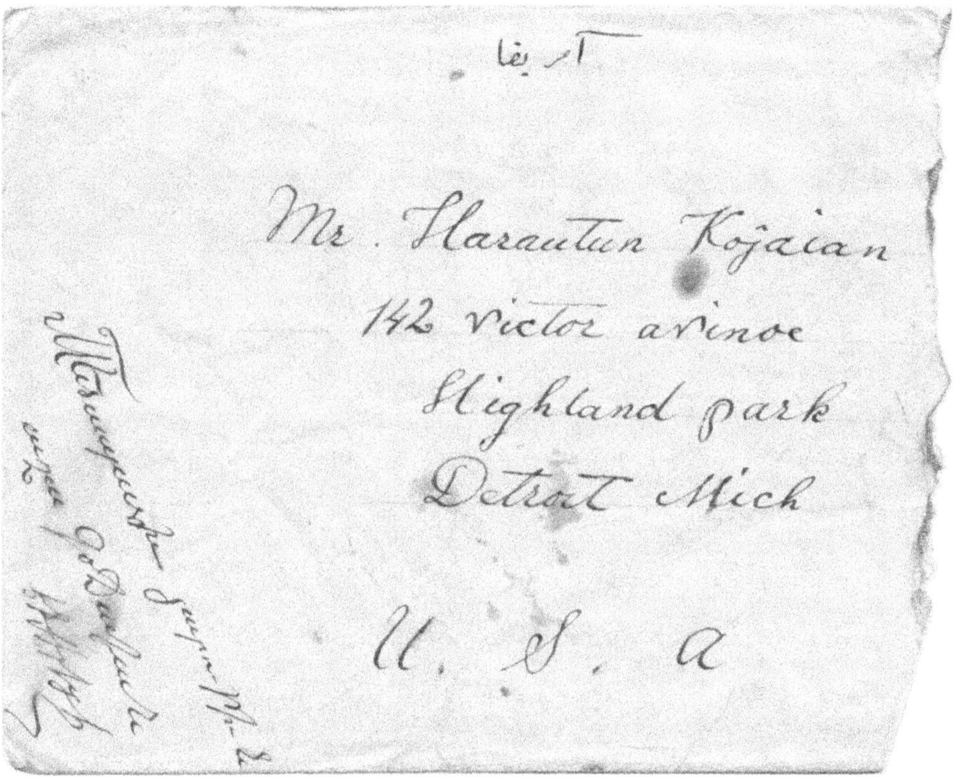
Mr. Harautun Kojaian
142 victor avinoe
Highland park
Detroit Mich
U. S. A

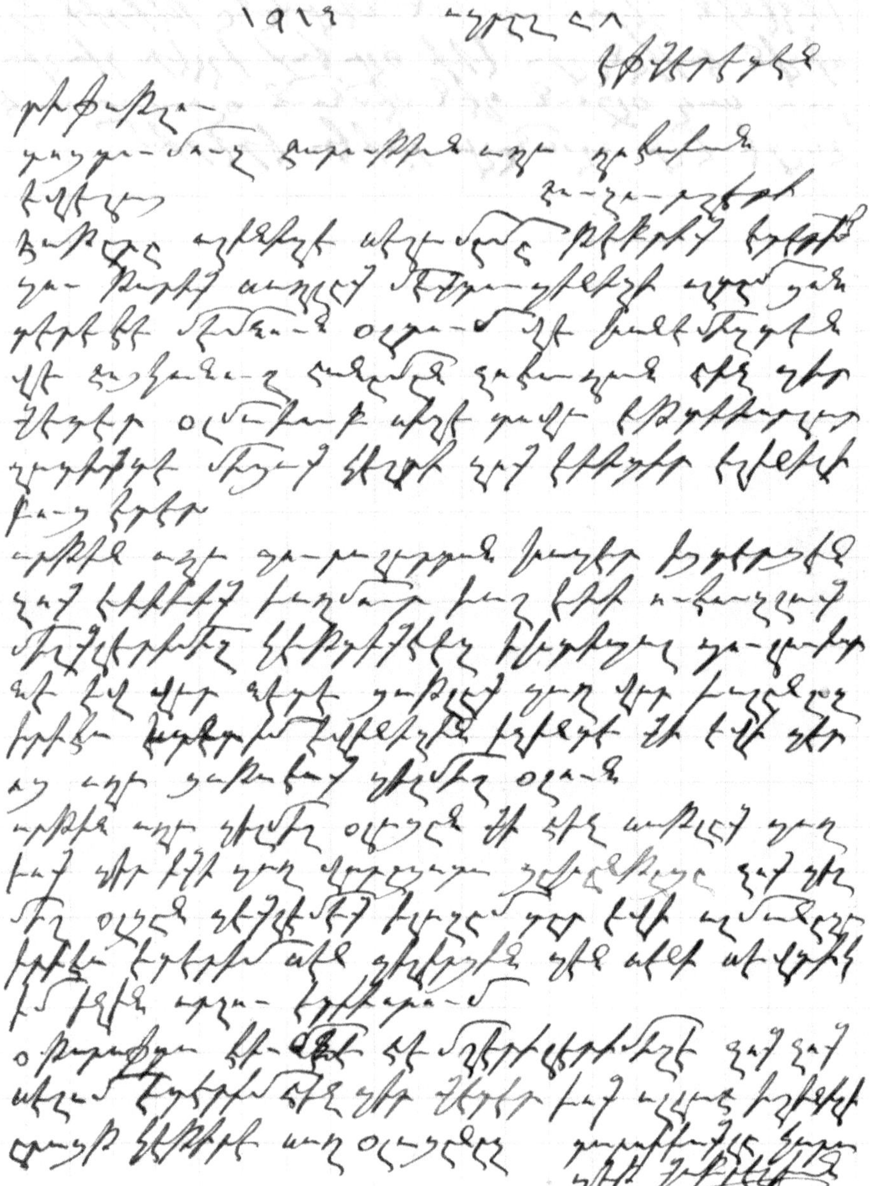

1914 *Abrıl* 28
Efkere'den

Rifatlu Dosdumuz Harutyun Ağa Ğocayan Huzurleri,

Evela, hatır-ı âlinize selamımı teprik[1] ederim. Bu tarik sağlık mekdubunuzu aldım, son derece memnun oldum. Ve hanemizden ve Hayganuş Hanım'ın, çocuğun heç bir keder[i] olmayup, size dova etdiyorlar. *Zadig*'de Misag geldi. Çok eyidir. Elinizi pus eder.

Artin Ağa, buralardan haber istersen, çok eyiyik. Yağmur yağ[ıyor]; eyi, ucuzluk. Mülklerimiz getdikcez ihdibar[2] buluyor. Ne ev var, ne de satlık bağ var. Yalınız irica ederim, evinizin içindeki evi Beros Ağa satacak, bilmiş olun.

Artin Ağa, bilmiş olasın ki, hiç satlık bağ yok. Bir iki bağ varısa da sıhıntısı çok, bilmiş olasın. Beklemek ilazımdır. Evi almanızı irica ederim. Sen bilirsin. Ben seni sevdigim için arzu ediyorum.

O tarafda cümle hemşerilerimize çok çok selam ederim. Heç bir keder yok. Allah işinizi ırast getire. Sağ olasınız.

Darsiyaklı Garabet Kaprelyan

Yegenin Beros Ağa'nın selamını teprik ederim. Sizin hakgınızda eyi olacak işler düşünüyor, sağ olsun; ben memnun oluyorum. Her halde evi almanızı irica ederim.

[1] teprik: tebliğ, bildirme
[2] ihdibar: itibar

April 28, 1914
Efkere

Our eminent friend, Harutiun Agha Kojaian,

Foremost, I convey my greetings. Today, I received your letter bearing the news of your good health. I was extremely pleased. No one in our household has worries, nor do Mrs. Hyganush and the child, and they pray for you. Misag came for Easter. He is very well and kisses your hand.

Artin Agha, if you are to ask the news from here, we are very well. It rains. Prices are low. Our properties are gaining in value more and more. There are no houses or orchards for sale. But please, you should know that Uncle Beros is going to sell the house within your house [?].

Artin Agha, you should know that there are no orchards for sale. Even though there are one or two, they are rife with problems. You need to wait. But I request that you buy the house. It is up to you. I want you to buy it, because I am fond of you.

Give my greetings to our fellow countrymen there. There are no worries. May God allow you to succeed. Thank you.

Garabed Kaprelian of Darsiyak

P.S. I convey the greetings of your nephew, Beros Agha. May he be well; he is looking out for your best interests and pleases me. In any case, I request that you buy the house.

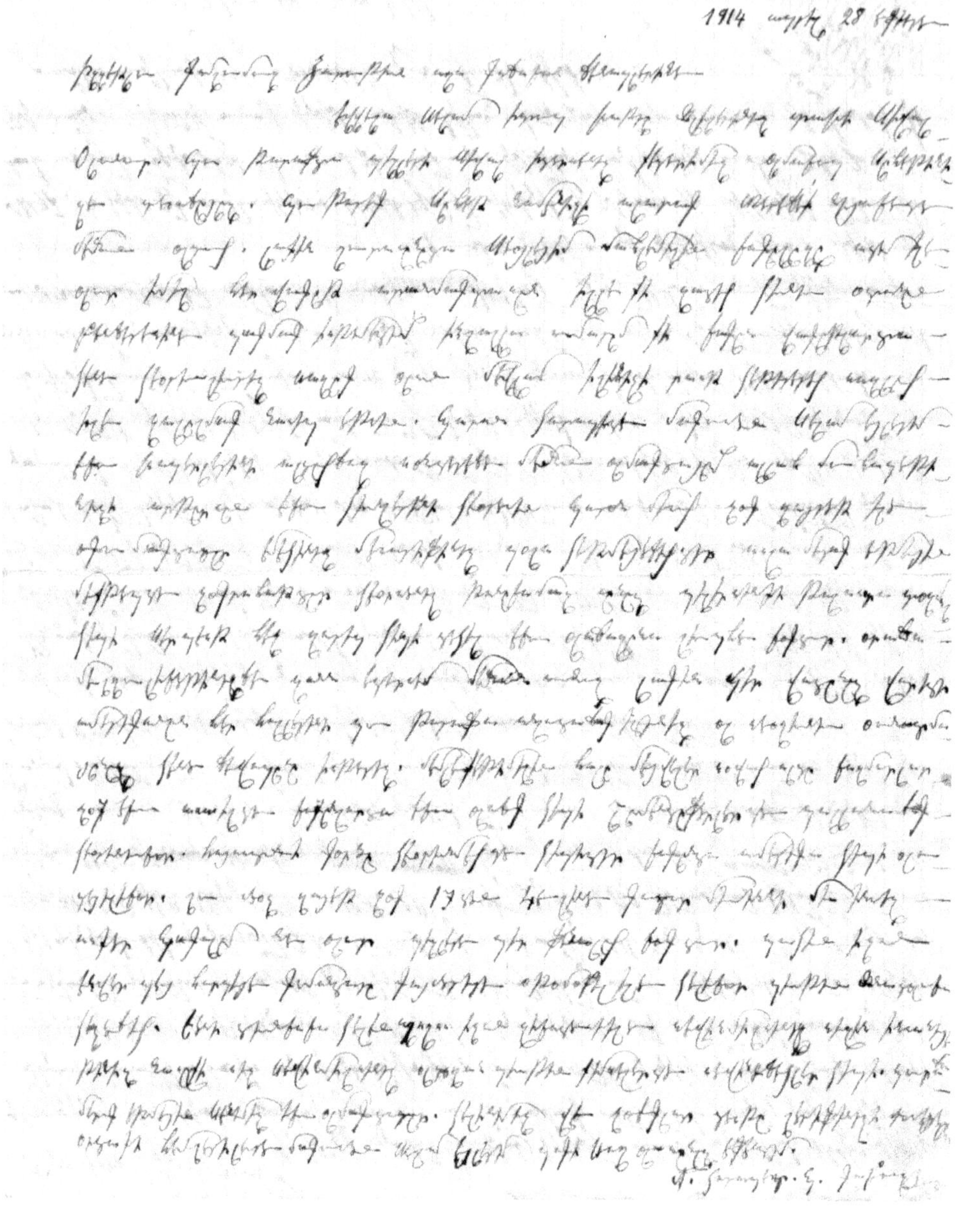

1914 *Abril* 28
Efkere

İzzetlu Komşumuz Harutyun Ağa Kocayan Cenableri'ne,

Evvela, selam idub, hatr-ı âlileriniz dahi sival olunur. Bu tarafda bizleri sival ederseniz, kederimiz olmayub, sıhetinize döacıyız.

Bu tarik sıhetnamenizi[1] alarak, derece-i nihayede memnun olduk. Lakin şurasını da söyleyim, mahlemizin yakışığı âdem ile olur imiş; her vakıt aranmakdasın. İlle ki *Zadig* günü odanın penceresine bakmak istemedim. İnşalla, umarım ki yakın vakıtlarda, gene görüşürüz. Sağık[?] olan Mevlam işinizi rast getirerek, sağlık ile çalışmak nasib etsin.

*Baron* Garabed'e maksusen selam eylerim. Eyü haberlerini aldıkcaz son derece memnun olmakdayız. Allah muhabetinizi artırsın, eyü günlerini göresin. *Baron* Misak çok gayret ile okumakdadır. Emeyiniz, mesarifiniz boşa getmeyecektir, asla merak etmeyin. Mektebde çok rahatdır, görseniz tanıyamazsınız. Bilirsin ki Talas'da doğmuş gibi serbest, heç garib gibi degil. Eyü olacağına şübhe yokdur.

Oraca meşğuliyetinizce zannederim memnunsunuz. Lakin bir vādınız var idi, Amerika'nın her hallerini bu tarafa anladacak idiniz. Ol sözünü unudmayınız. Gene cevabını isteriz.

Memleketimizin hâlı; meyveler sovuk aldı, yağmurlar çok eyü. Asayiş de yakınlarda eyü olacak gibi. Şımendıferler de başlanacak görünüyor. *Hayasdani Kordzı*[2] görünmekde gibidir. Yakında Amerika gibi olu[r] deyiliyor.[3] Şu söz gayet çok: 17'den 45'ine kadar, müinni müinsiz[4] asker. Bakalım ne olur. Bizlere bir fenalık yokdur. Bugün içün Enver Bey[5], Harbiye Komandarı, Kayseri'ye otomopil ile geliyor. Bütün Anadolu'yu gezecek.

Yeni dünyaya gelen Boğos içün ziyadesi ile sevinmişsiniz. Sizin insaniyetiniz nasıl ki, siz sevinmişsiniz. Ol doğan bütün kimseler de sevinecekler gibi. Buraca merak etmeyin, senemiz eyü olmakdadır. Gelinimiz ve çocuklar dest-ı şerifinizi pus ederler. Ordaki hemşerilere maksusen selam eylerim. Baki sağ olasınız efendim.

Garabed B. Kapusuzyan

[1] sıhetname: sağlık haberlerini içeren mektup, sıhhatname
[2] Hayasdani kordzı: Ermenistan işi, meselesi (Ermenice).
[3] Yazar, 8 Şubat 1914 tarihinde Rusya ve Osmanlı imparatorlukları arasında imzalanan Ermeni Reform Tasarısı'na göndermede bulunuyor. Bu anlaşmaya göre, reformların uygulanabilmesi için Ermeni nüfusun yoğun olduğu Doğu Vilayetleri iki yönetim bölgesine ayrılacak ve başlarına tarafsız Avrupa devletlerinden müfettiş valiler getirilecekti. Yazar, Doğu Vilayetlerinin, Amerikan eyalet sistemine benzer bir şekilde, bir çeşit federal statü kazanıp, Ermeni nüfusun durumunun iyileşmesi yönündeki umudundan bahsediyor.
[4] müinni müinsiz: (< muinli muinsiz: yardımcılı yardımcısız) Askerliği süresince aile ve mallarına bakacak kimsesi olanlar ve olmayanlar. 12 Mayıs 1914 tarihli Mükellefiyet-i Askeriye Kanun-u Muvakkati, muinsizlik nedeniyle askerlikten muafiyet usulünü kaldırmıştır.
[5] Enver Paşa ya da Enver Bey: Harbiye Nazırı; Cemal ve Talat Paşalarla birlikte, İttihat ve Terakki Fırkası'nın üç önemli yöneticisinden biri.

April 28, 1914
Efkere

Our honorable neighbor, Harutiun Agha Kojaian,

Firstly, I extend my greetings and inquire after your well-being. If you were to ask about us here, we have no worries and we pray for your good health.

We were extremely happy to receive the letter bearing the news of your good health. However, let me affirm the saying: What makes a neighborhood favorable is its residents. You are missed all the time, to the point that I did not want to look at the window of your room on the day of Easter. God willing, I hope we will see each other again soon. May God Almighty help you succeed and allow you to work in good health.

Convey my special greetings to Mr. Garabed. We become extremely happy when we receive his good news. May God increase your fondness for each other. May you see his best days. Mr. Misag is studying very diligently. Your labor and expenses will not be wasted. Also, he is very contented at school. You would not be able to recognize him. It is as if he was born in Talas, he is very comfortable. He is not like a stranger at all. There is no doubt that he will succeed.

I assume that you are pleased with your work there. However, you had made a promise before you left; you were going to tell us about every aspect of America. Do not forget your promise. We are still waiting for your response.

The situation in our hometown is as such: The fruits suffered frost. There is plenty of rain. Also, it seems that security will be ensured soon. Apparently, trains will start working too. The Armenian Issue[1] is also within sight. They say that it will be like America soon.[2] There is a widespread rumor that all men — both those who have someone to support their families in their absence on military service and those who do not — between 17 and 45 will be drafted.[3] Let us see what happens. There is no harm to us. Today, the Minister of War, Enver Bey[4], is coming to Kayseri in an automobile. He will travel across Anatolia.

You expressed your contentment about the newborn Boghos. It is because of your human values that you became so happy. Do not worry about here, we are having a good year. Our daughter-in-law and the children kiss your noble hand. Convey my special greetings to our fellow countrymen who reside there. Be always well, sir.

Garabed. B. Kapusuzian

[1] The writer uses the Armenian phrase, *Hayasdani Kordzı*.

[2] The writer is referring to the Armenian Reform Act, signed by the Ottoman and Russian Empires on February 8, 1914. According to the agreement, in order to implement the reforms, the Eastern Provinces of the Ottoman Empire would be divided into two sectors, each of which to be administered by a European inspector-general from neutral European states. The writer expresses his hope that the Eastern Provinces would acquire some sort of federal status under the reforms and that the conditions of the Armenian population would improve.

[3] The Provisional Law of Conscription of May 12, 1914, made military service compulsory even to those who did not have anyone to support their families in their absence on military service.

[4] Enver Pasha or Enver Bey: Ottoman Minister of War and one of the triumvirate ruling the Committee of Union of Progress, along with Cemal and Talat Pashas.

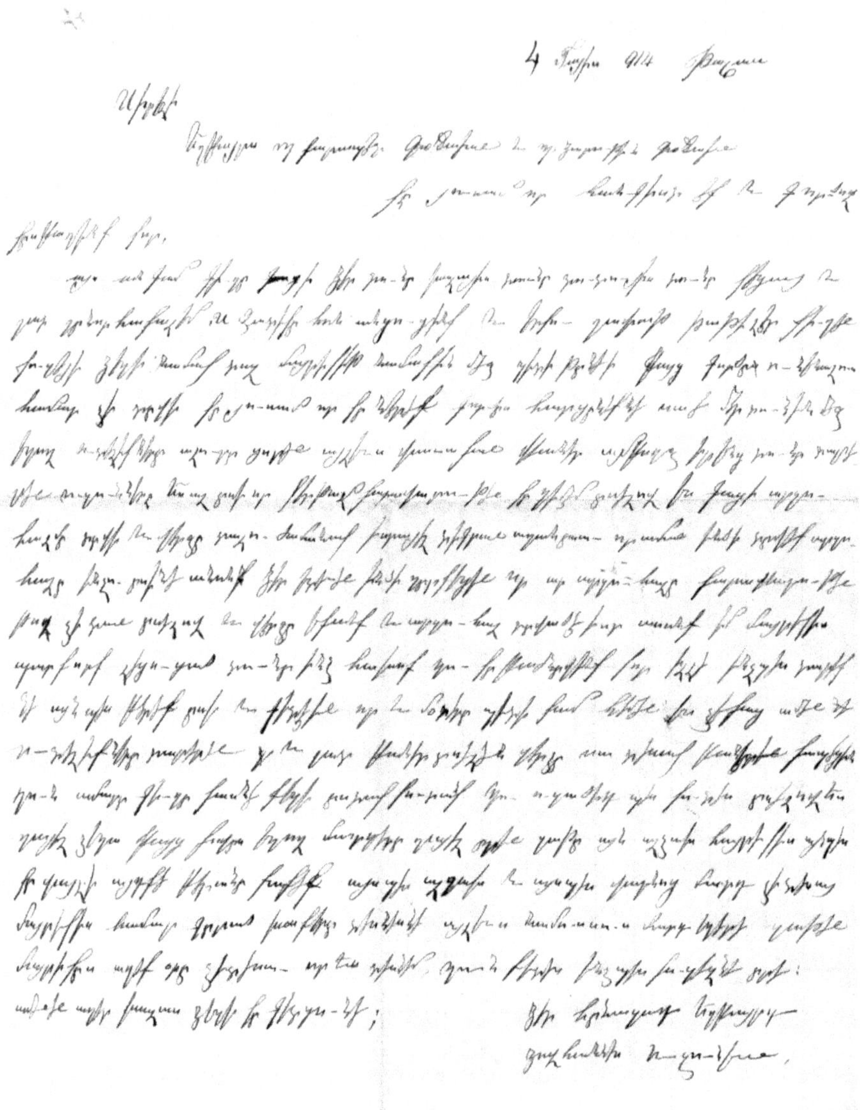

4 Mayıs 1914
Talas

Sevgili Ağabeyim Garabed Kocayan ve *Baron* Harutyun Kocayan,

İyi olduğunuzu ve işlerinizle meşgul olduğunuzu umuyorum.

Bu defa, köye gittiğimde sizin evde, teyzemin evinde ve dudumun evinde kaldım. Çok teşekkür ediyorum. *Zadig*'i orada geçirdik. İki hafta tatil vardı. Köyden size mektup yazmak istiyordum. Annenin mektubunun içine koyacaktım ama işim olduğu için yollayamadım. Umarım beni affedersiniz.

İşimi sorarsanız, şudur: Uzunyanlar, evimizdeki yiyecekleri –un, buğday, sair epeyce peyniri– hepsini kendi evlerine götürmüşler. Ben de "gideyim hükümete başvurayım" diyerek gittim, bir arzuhal verdim. Ve sonra, arzuhali vereceğim vakit İsrail Dikran Ağa dedi ki, "Aman arzuhali bana verin" dedi. "Niçin" diye sorduğumda, "Siz arzuhali hükümete vermeyesiniz diye onlar arkanızdan beni gönderdiler" dedi. Sonra geldik ve "Benim annemin borçla doldurduğu evi ne hakla bölüşüyorsunuz? İlle nasıl aldıysanız öyle geri getirin" diye arzuhal verdim. Benim yakında geleceğimi biliyorlardı. Hemen ben gelmeden bütün yiyecekleri götürmüşler. Bir sürü şeyler söyledikten sonra şöyle bağladılar: "Yazın köye gelirsen sana para veririz, istediğin gibi yersin" dedilerse de ben kabul etmedim. Ama benim yanımdaki adamlar kabul ettiler. Zaten o alçak babama böylesi yakışır. Orada onun ağzına sıçın [?]. Böyle alçak, böyle aşağılık adam görmedim. Annem için yazdığı lafları görsen; artık namusumuz kalmamış zaten! Annem gün yüzü görmedi ki ben göreyim. Sen bilirsin; nasıl istiyorsan öyle yap. Bütün gerekeni teyzem sana bildirir.

Sadık kardeşiniz,
Hovhannes Uzunyan

* Ermeniceden çeviri

May 4, 1914
Talas

My dear brother, Mr. Garabed Kojaian, and Mr. Harutiun Kojaian,

I hope you are well and busy with your work.

This time, when I went to the village, I stayed at your house, at my aunt's house and at my *dudu*'s house, and I am very grateful. We spent Holy Easter there. We had a two-week vacation. I wanted to write to you from the village. I was going to send it with your mother's letter, but I was busy and was unable to post it. I hope you forgive me.

If you were to ask me about my work, it was thus: The Uzunians have taken all the food from our house — the flour, the wheat and a lot of cheese — to their house. I said that I would appeal to the government and went and lodged an appeal. When I was about to make the appeal, Dikran Agha Israelian said, "Leave your appeal with me." When I asked why, he said, "They sent me after you, so that you do not lodge an appeal [with the government]." Then we came, saying, "How dare you divide the things that my mother bought with borrowed money among yourselves? Bring them back just the way you took them," I appealed. They knew that I was going to come soon. Just before my arrival, they took all the food. After saying a lot of things, they wanted to make a deal saying, "We will give you money when you come to the village in the summer. You can spend it however you like." I did not accept, but the men around me accepted. Very befitting of my scoundrel father! [You should] shit in his mouth there! I have not seen such a low and ignoble man. If you saw what he wrote about my mother… [according to him] we have no honor remaining anyway. My mother has not seen a single good day because of him, why would I? It is up to you; do as you wish. My aunt will tell you about it better.

Your loyal brother,
Hovannes Uzunian

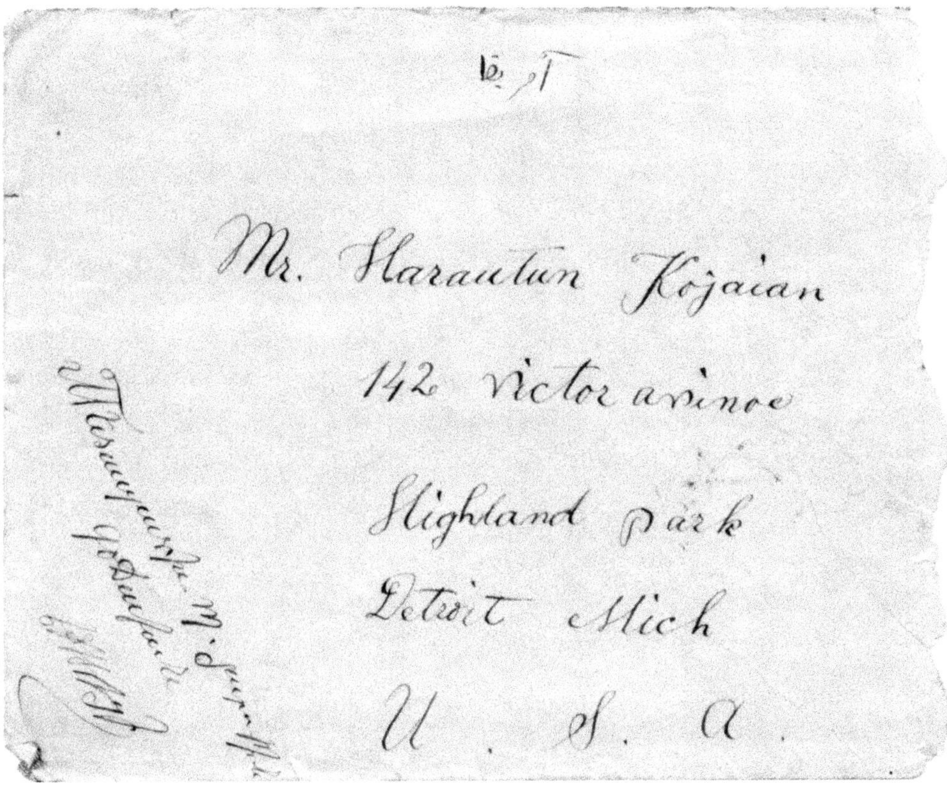
Mr. Harautun Kojaian
142 victor avinoe
Highland park
Detroit Mich
U. S. A.

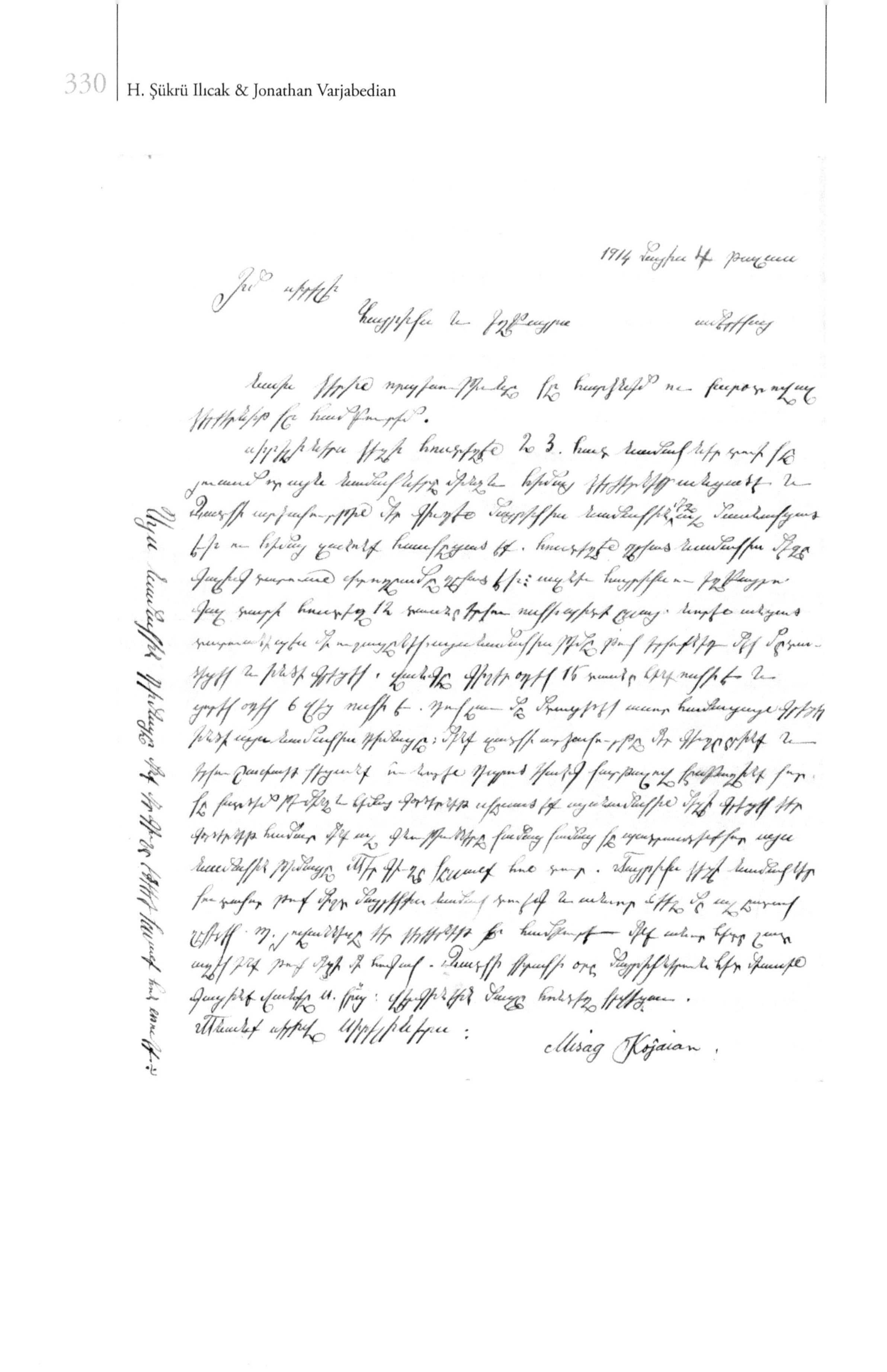

1914 [illegible]

[illegible]

Misag Kojaian.

4 Mayıs 1914
Talas

Amerika

Sevgili Pederim ve Ağabeyim,

Evvela, hatırınızı sual ederim ve nazik ellerinizden öperim, arzu ile.

Size buradan iki üç tane mektup göndermiştim. Bu mektupların şimdiye elinize vardığını umuyorum. Ve *Zadig* tatilinde, bizim köyden annemin mektubunun içinde size mektup göndermiştim; bunu da şimdiye öğrenmişsinizdir sanırım. Buradan gönderdiğim mektubun içinde gelecek senenin [okul] programını göndermiştim.

Asil Pederim ve Ağabeyim, burası [okul ücreti] gelecek sene on iki lira olacak. Geçen sene olduğu gibi geciktirmeyin yine. Bu mektubumun cevabını ikiniz bir düşünün ve bana yazın. [Efkere'deki] Manastırdaki [okulda] gece yatılı on beş liradır ve sabahçı olmak altı liradır. Siz bunu iyice düşünün ve bu mektubun cevabında bana yazın.

Biz *Zadig* tatilini köyde geçirdik ve orada iki hafta kaldık. Şimdi tekrar okula geldik. Okumakla meşgulüz.

Sanırım şimdiye işe başlamışsınızdır. Mektubunuzda bize işinizden bahsedin. Biz de yavaş yavaş imtihanlara hazırlanıyoruz. Bu mektubun cevabını köye gönderin, orada olacağız. Annem size mektuplar gönderiyor; siz de ona hep mektup gönderin. Ve ona biraz da para gönderin.

Baron Hovannes ellerinizden öper. Biz onunla çok iyiyiz. Bizi hiç dert etmeyin. *Zadig* günü annemlerle Surp Garabed Manastırı'na gittik. Orada Verkine'nin saçını kestirdik.

Sevgiyle kalın,
Misag Kocayan

* Ermeniceden çeviri

May 4, 1914
Talas

America

My dear father and brother,

Foremost, I ask after your well-being and longingly kiss your gentle hands.

I have sent you two or three letters from here. I hope you have received them by now. I had sent you a letter with my mother's letter during the Easter holidays from our village, as I am sure you know by now. I had sent the [school] program for next year with the letter that I had written from here.

My noble father and brother, next year [tuition] will be 12 liras here. Do not delay it again, like you did last year. Consider your response to my letter, both of you, and write to me. Boarding tuition [of the school] at the monastery [in Efkere] costs 15 liras, while day tuition costs 6 liras. Think about this well, and reply in your letter.

We spent the Easter holidays in our village and stayed there for two weeks. Now we are back at school and busy studying.

I think you must have started to work by now. Write to us about your work in your reply. We have started to prepare for the examinations. We will be in our village when you reply, so write to us there. My mother keeps writing to you. You should always write to her, and send her some money too.

Mr. Hovannes kisses your hands. We are very well, do not worry about us. On Easter Sunday, we went with my mother to St. Garabed Monastery. We had Verkine's hair cut there.

Affectionately,
Misag Kojaian

Sourp Garabed Monastery - Surp Garabed Manastırı
Efkere

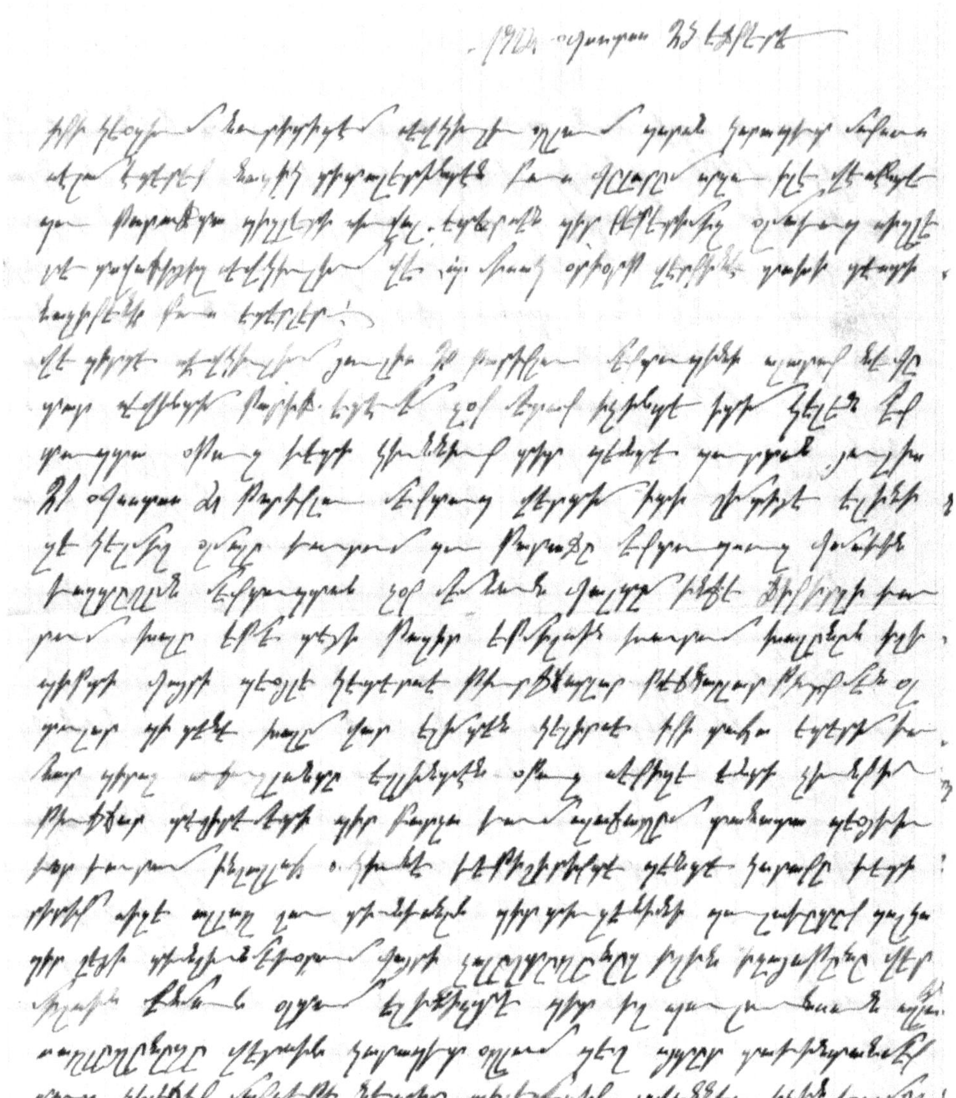

1914 *Okosdos* 25
Efkere

İki Gözüm, Nur-i Didem, Sevgülü Oğlum *Baron* Garabed,

Maksus selam ederek, nazik didalerinden pus kılarım, arzu ile. Ve sen de bu tarafda bizleri süval edersen, bir kederimiz olmayub, sizlere dovacıyız sevgülüm. Ve *B*[*aron*] Misag, *Oriort* Verkine dahi desd-i nazikeni pus ederler.

Ve bir de sevgülüm, *Hulis* 20 tariklu mekdubini alarak ne kıdar sevindim tarif edemem. Çok merak içinde idim. Gelen mekdub da otuz yedi günnükdür. Ben de burdan *Hulis* 21, *Okosdos* 4 tariklu mekdub verdim idi, şimdiye elinize gelmiş olmalı yavrum. Bu tarafı mekdubsuz komayın.

Yazdığın mekdubdan çok memnun kaldım, ince fikirli yavrum. Halı etme deyi tazir[1] etmişsin yavrum. Halının işi bitdi kayri. Böyle gederse türccarlar teccarlar Türkmen oldular.[2] Bi dene halım var, elimden gelirse iki daha ederim. Yumnar[3] biraz ucuzlandı, ellinden otuz sekize endi. Çünkü tüccar deşiremedi[4]. Bir parça yum alacağım. Dana da böyüyor. Yavrum, inşallah o güne yetişirik de ben de *garakı*[5] yedириrim size. Allağ, şu dünyanın bir düzenini bulayıdık, başga bir şeyi düşünmeyorum kayri.

Çalışdığınız işin izahatını vermişsin, menmun oldum. Elinizde bir iş bulunsun. Allah sağlığınızı versin.

Garabed oğlum, beş aydır dayindan mekdub gelecek. Makseti nedir bilemezik.

Hovannes için yazmışşın. Geziyor, yüzüne bakan yokdur. Babası mekdubu da kesdi. Halaın borcunan doldurduğu ev, Uzun Mannan'ın eşek ve obir ac itler çekdiler evlerine, eşek gibi yeyorlar. Evi kiraya verdiler, bağın ıradını[6] yeyorlar. Çocukları heç tanıyan yokdur. Bir gün dudunun evinde yerler, bir gün halaın evine geder. Bize çok gelmez. Onun babası dizim dizim sürünsün, bu çocukları böyle ortaya koydu. Yeyecekleri, içecekleri itlere yaradı. Bir sepet soğanı da Kina Gabid'in evine geldi. Her şeyi bunun gibi. Evin içine girdiler, istedikleri gibi yapdılar. Bari köpeyin[7] ğazandığı parayinan alsayıdı zoruma getmez idi. Halan ırast gelenin götünü öpdü, ev doldurdu da, bidene yemeden öldü de, itler yeyor. Çocuklar da peruşan halda kaldılar. Uzun Mannan'ın da, ac it köpeyin de beli dosdoğru oldu. Çocuklar da elin gızlarının yanında eydiyatınan bir sohum[8] ekmek yeyorlar. Allah hayr ede yavrum. Bundan kayri bir şey deyemeyoruk.

Sinam Hagop da Amerika'dan Isdambıl'a çıkdı, bu tarafa gelemedi. Esgâr aldılar. Burdan Kina Boğos kırk üç lira bedel[9] yatırdı Isdambıl'a, kurtuldu. Daha gelemeyor bu halde; gelecek sıra buldu.

İşde böyle yavrum. Mekdubun karşılığını veresiniz sevgülüm. Kalma kusura. Dudunun, halaın, taraf etraf cümneten maksus selamnarı var.

Hayganuş H. Kocayan

[1] tazir: serzeniş, yakınma
[2] Yazar bu cümlede bir deyime göndermede mi bulunuyor, alaycı mı konuşuyor, yoksa bölgede halı ticaretinin Türkmenlerin eline geçmeye başladığını mı anlatıyor, anlaşılmamaktadır.
[3] yumnar: yünler
[4] deşirmek: devşirmek, toplamak
[5] garak: tereyağı (Ermenice)
[6] ırad: gelir (< irad)
[7] Yazar, Kirkor Uzunyan'dan bahsediyor.
[8] sohum: lokma
[9] bedel: gayrimüslim erkeklerin askerlik yapmamak için ödedikleri vergi.

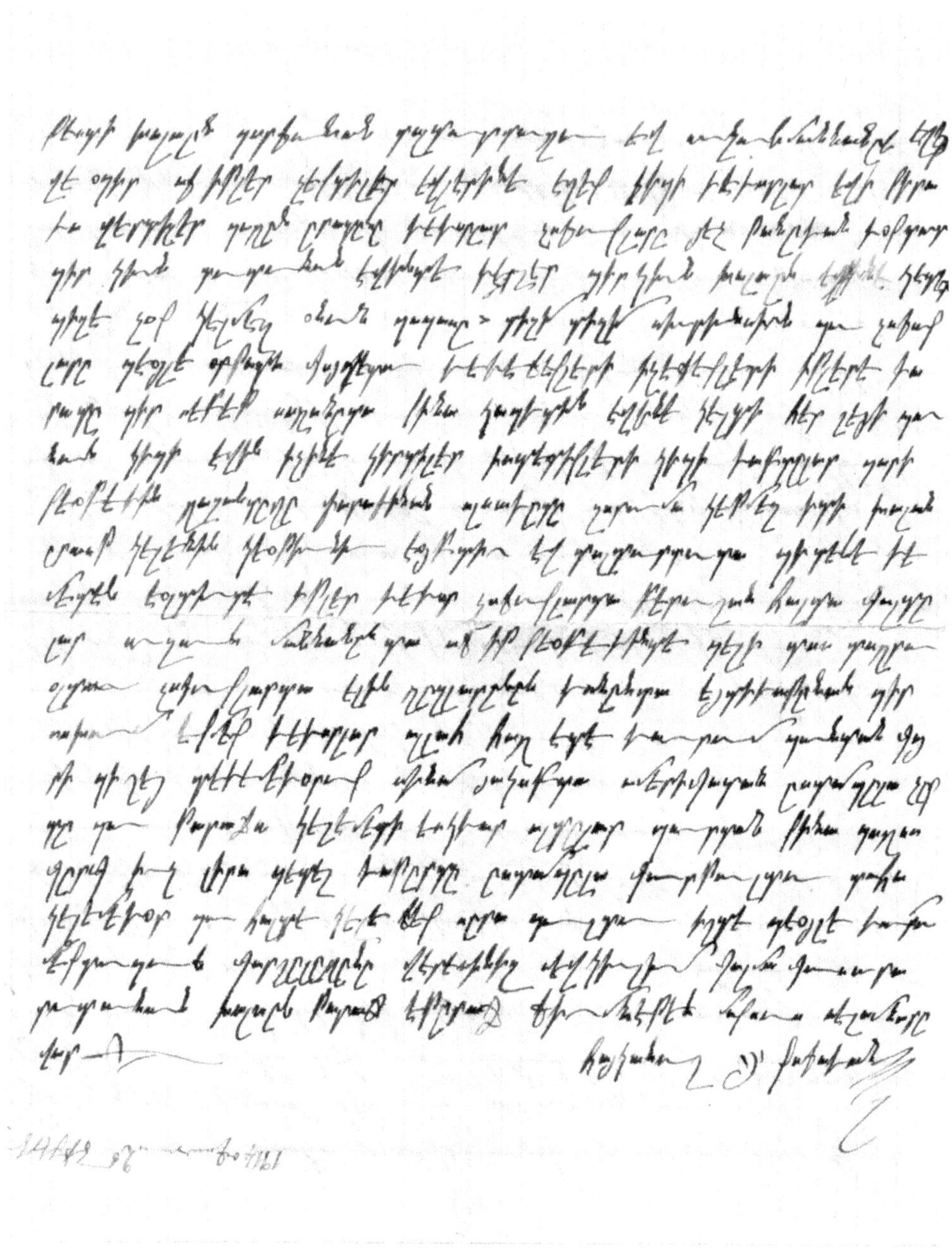

August 25, 1914
Efkere

My two eyes, the light of my eye, my dear son Mr. Garabed,

I extend my special greetings and longingly kiss you upon your gentle eyes. If you were to ask about us here, we have no worries and we pray for you. Also, Mr. Misag and Miss Verkine kiss your gentle hand.

Also, my dear, I cannot describe how pleased I was with your letter, dated July 20. I was very anxious. Your letter arrived in 37 days. I sent you two letters, dated July 21 and August 4, you must have received them by now, my child. Do not deprive us of your letters. I was very pleased with your letter, my tactful son. You bemoaned that I should not weave carpets anymore. I almost finished the carpet. If it goes like this, the merchants will be all Turcomans.[1] I already have one carpet ready. I will weave two more if I have the strength. Wool prices dropped a little from 50 to 38 [kurush?], because the merchants could not collect the wool. I will buy some wool. Also, the calf is growing. My child, God willing, we will see the days when I will feed you its butter. If only God gave order to this world. I do not think about anything else anymore. You wrote in detail about your work, I was pleased. You should always have work at hand. May God give you good health. Garabed, my son, we have yet to receive a letter from your uncle in five months. We do not know the reason why.

You asked about Hovannes. He is wandering around, beneath consideration in people's eyes. His father stopped writing to him. Mannan Uzunian's donkey[2] and the other hungry dogs moved everything — that your aunt got with borrowed money — to their own houses, and are living off of them like dogs. They rented out the house and also enjoy the income from the orchard. Nobody takes care of the children. One day, they eat at your *dudu*'s and the next at your aunt's. He does not come to us often. May his father live a life of great misery for abandoning these children. The other dogs benefited from the children's provisions. A basket of onions went to Gabid Kinaian's house. The rest is like that too. They raided the house and did as they wished. I would not feel as offended if the stuff at home had been bought with the money that dog[3] made. Your aunt kissed everyone's ass and filled the house [with stuff], but she died without enjoying it. Now those dogs enjoy it and the children are destitute. Both Mannan Uzunian and the hungry dog are now well off, but the kids merely eat a piece of bread at other people's houses. May God turn it to goodness, my child, there is nothing else to say.

Hagop Sinamian reached Istanbul from America but he could not make it here. He is drafted. Boghos Kinaian paid 43 liras *bedel*[4] to Istanbul and saved himself. But he cannot come. This is not a good time to come anyway.

This is the news, my child. Respond to my letter, my dear. Pardon my rambling. You have special greetings from your *dudu*, aunt and our kith and kin.

Hyganush H. Kojaian

[1] It is unclear whether the writer is using an expression, or being sarcastic, or she really means that the Turcomans were increasingly becoming dominant in the carpet trade.
[2] The writer is referring to Mannan Uzunian's son.
[3] The writer is referring to Kirkor Uzunian.
[4] bedel: exemption tax paid by non-Muslims to avoid military service.

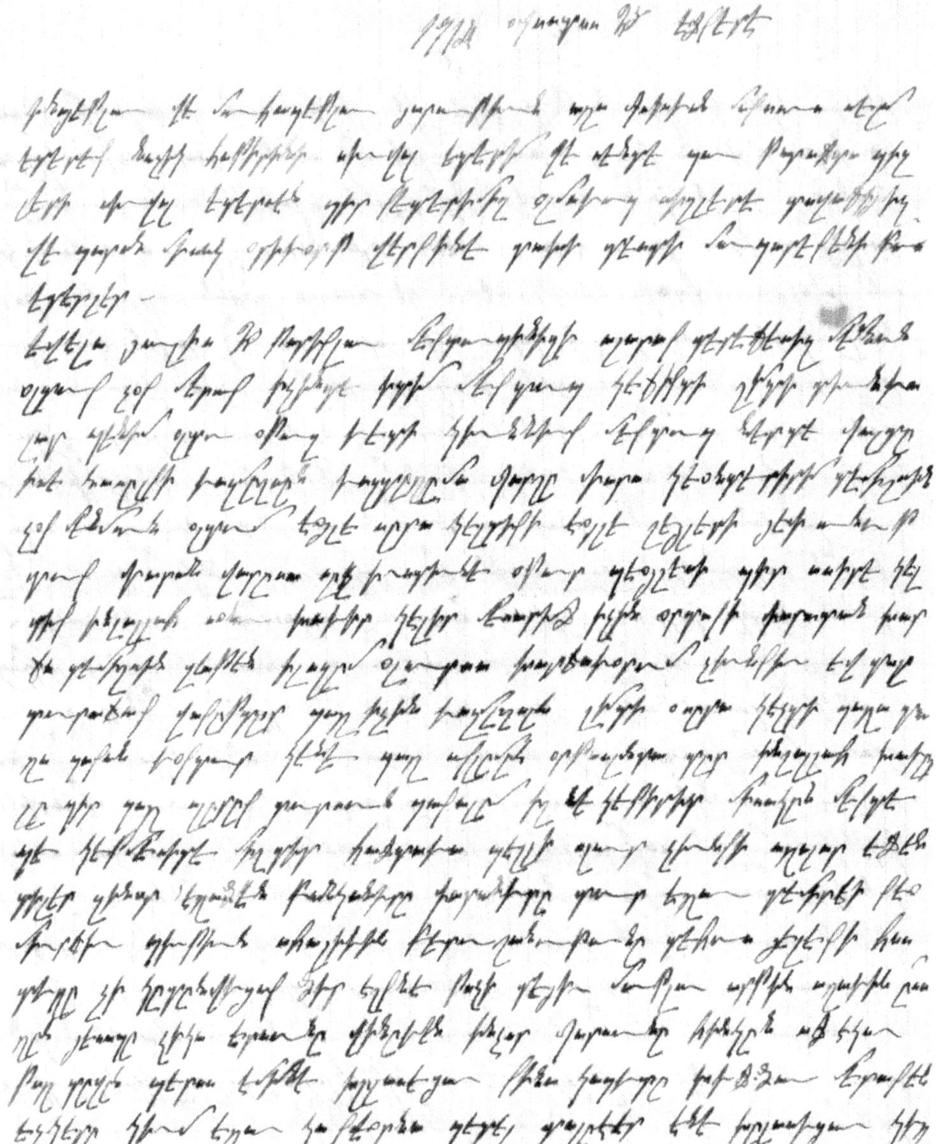

1914 *Okosdos* 25
Efkere

İnayetlu ve Muhabetlu Harutyun Ağa Kocayan,

Maksus selam ederek, nazig hatırını süval ederim. Ve sen de bu tarafda bizleri süval edersen, bir kederimiz olmayub, sizlere dovacıyız. Ve *Baron* Misag ve *Oriort* Verkine dahi desd-i mubarekeni pus ederler.

Evela, *Hulis* 20 tariklu mekdubunizi alarak derecesiz memnun olduk. Çok merak içinde idim; mekdub gecikdi. Şimdi dünyalar benim oldu. Otuz yedi günnük mekdub nerde kaldı ise!

Nasıl ki yazmışsın yazdığıma karşı, "para gönderirim" demişsin, çok menmun oldum. Öyle sıra geldi ki, öyle şeyleri hep unutduk. Paran varısa sıç üsdüne otur. Böylesi bir asire[1] geldik. İnşallah sonu hayir gelir. Mesarif için ordaki paradan harca demişsin. Zaten ilazım olursa harcayorum. Çünkü ev dar[?] duracak vakıtdır. Bağ için yazmışsın. Şimdi o sıra geçdi. Bağa, dağa bakan yokdur. Gene bağ aklımın ortasındadır. İnşallah hayırlı bir bağ alırık. Dursun bakalım, iş ne getirir.

Misag'ın mekdebe getmesi de mişdir[?][2]. Hafdaya belli olur. Çünki ağalar, efendiler, *zinor eğadzen.*[3] *Panganerı* para*nerı dur yeğav.* Demirci, kömürcü, bütün ahali*yin* peruşan*utyunı dehus.* Hele ki *hosdeğı çigıdınvetsak dzer eşkne toçi* deyi mutlu *Artin Ağayin ısoğın* hesabı *çiga. Yersunı vinıyen inçor karsunı hingın* af *egav, toğ dıvın. Beros* Emim*ne hılasetsav. Kina Gabidı hevtsav.* Meraken *eçgerı güm yeğav, ga körna.* Bedel *dalıe er, ene hılasetsav. Geğmınıyis meçin* irezil*utunnerı dehusne, gı hındas* mı *ga hokas* mı? İnsanı para deyi tutuşmiş *gayene. Heden meg aden yeğsor ösgün gıramitsan oğı* minkin *kaçi* harcıvır. *Hot değen yegats çentı* kaçin bozmın. Halınerı tüm dur *yeğav. Arnoğ çiga, dzahoğ çiga.* Yağlı Hacin *gar. Bangafayes Setıragı,* Tütüncü *Bedırosın dığan, Yağlıyents Isdepanı* bedel *bargetsutsın. Karsunı çors* lira *meg hokin ene.* Bedel *dıvoğnerı hılasoğnerı hedeni gabetsor. Himma uzena* gene *daniliye.*[4]

*Haci Garabedı* maksus *parev erav. "İm teveris kaçelliror gırım.* Keşge *ese Amerika ıleyinok* dilenmiş *eneyi"* *ısav.* Benzer için *garnun gukan. Markarne gınats; dunirmının şat* peruşanen. *Asdvadz* baban *aşharkin hağağutyunı da. Kağgin meçı hazarnerok zinor lısvatse.* Talim *kitnoğnerı ga kişe. Isdepan* Ağane *çihılasetsav. Tserkin antsavnerı durserı* dağmiş *erav. Dursını dursı mınats, nerkını nerkı mınats.*[5]

[1] asir: asır, zaman

[2] mişdir: ? belli değil, belirsiz

[3] 3 Ağustos 1914 tarihinde Osmanlı hükümeti seferberlik ilan etmiştir. Ermeni askerler çoğunlukla amele taburlarında istihdam edilmiştir.

[4] "Çünkü ağalar, efendiler asker oldular. Bankalarda paralar kalmadı[?]. Demirci, kömürcü, bütün ahalinin peruşannığını görsen. Hele ki burada bulunmadığınız için 'mutlu Artin Ağa'nın gözüne' diyenin hesabı yok. Otuz dokuzdan kırk beşe kadar af oldu, bıraktılar. Beros emmi de kurtuldu. Kina Gabid biçare oldu. Endişeden gözleri bozuldu, kör oluyor. Bedel verecekti, o da kurtuldu. Köyümüzdeki irezilikleri görsen; güler misin, ağlar mısın? İnsanlar para deyi tutuşdu. Sonra bir defa gramiça altınından küpe minkin [...]. Oradan gelen çenti bozmuyorlar [?]. Halılar tümden durdu. Alan yok, satan yok. Yağlı Hacı vardı. Tefeci Setırag, Tütüncü Bedıros'un oğlu, Yağlıların Isdepan bedel yatırdılar. Bir kişi kırk dört lira oluyor. Bedel verip kurtulanlar [...]. Şimdi isterlerse gene götürülebilirler."

[5] "Hacı Garabed maksus selam eder. 'Kollarım kalkmıyor ki yazayım [?]. Keşge ben de Amerika'da olsaydım da, dilencilik yapsaydım' dedi. Benzer için baharda gelirler [?]. Markar da getdi; evleri çok perişan. Allah Baba dünyaya barış versin. Şeherin içi binlerce esgarla doldu. Talim bilenleri sürüyorlar. Isdepan Ağa da kurtulmadı. Eline geçirdiklerini dışarı dağıtdı. Dışarıdaki dışarıda kaldı, içerideki içeride kaldı."

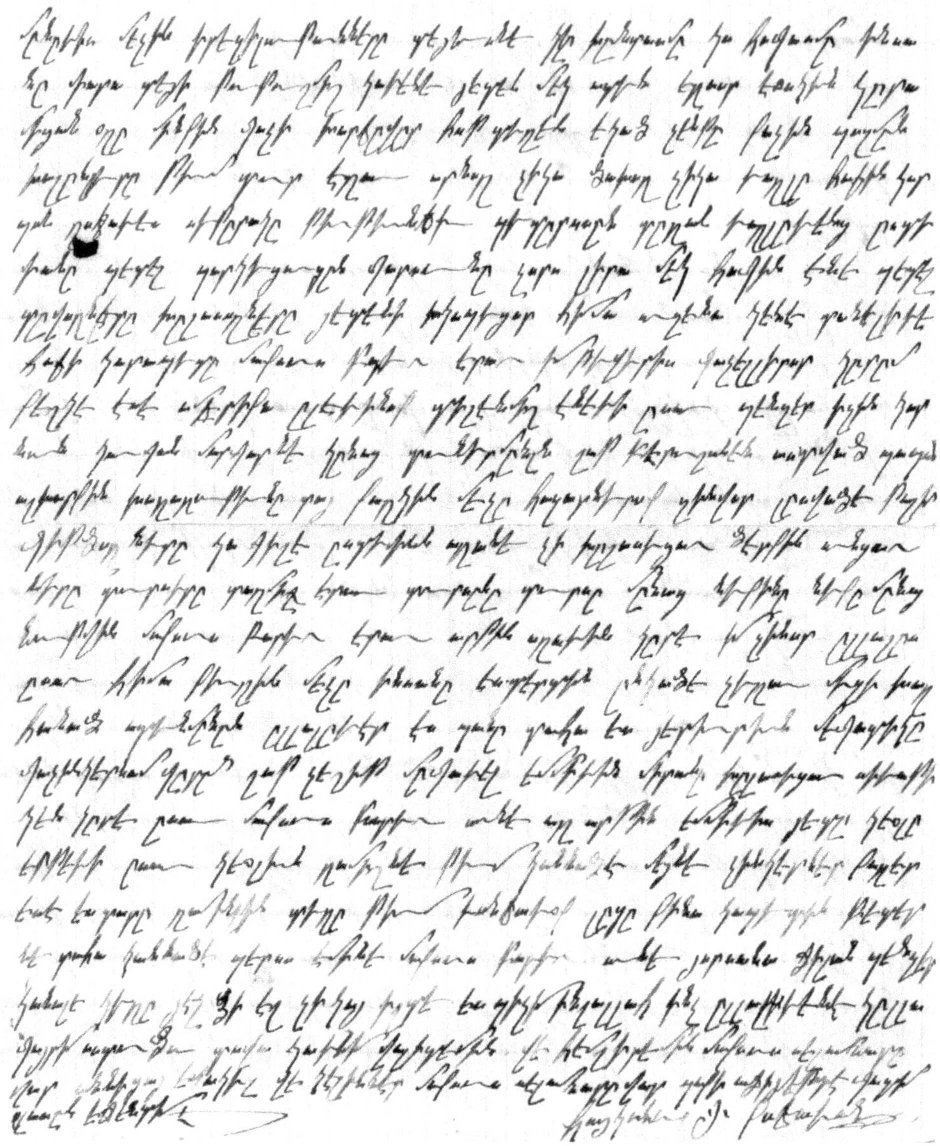

Nutvin maksus *parev erav.* "Artin Ağayin *gıre im zinor ıllalıs*" *ısav. Hima küğin meçı* insanı *es* derd*in ıngadze. Çiğav mezi hağ hanats adenmının ıllaliyer es banı.* Daha *es herürün mekadigı kaçin gernam kırın. Şat* çeşit.[6]

*Mıkayel* emmiyin *Miranı hılasvetsav siyatigen. "Gıre" ısav,* maksus *parev une.* "Ağ, Artin emmiyis *hedı* gölı *yerteyi*" ısav. Gölün ğamiş*ne* tüm *gannatse. Metsne* çingerner *kağer* ese. *Es darı* ğamişin *değı* tüm yoncayok *lıtsı.*[7]

*Kina Gabidin* peder*ne* daha *gannadze.* Beros Emine maksus *parev une.* Horsana filan benzer ganale. *Geğı* heç *tsi, eş çiga.* İşde *es* biçim. İnşallah *inç ıllaliyene gılla* kayrim. *Asdudzu* dova *ga enim.*[8]

Validemin ve hemşiremin maksus selamnarı var. Annitsa, Evagül ve gelinner maksus selamnarı var. Baki afiyetde kadim olasın efendim.

Hayganuş H. Kocayan

6 "Nutvi maksus selam eder. 'Artin Ağa'ya asker olduğumu yaz' dedi. Şimdi köyde insanlar bu derde düştü. Bize oynadıkları oyunların [?] [...] o zaman olmalıydı bu iş. Daha yüzde birini yazabiliyorum. Çok çeşit."

7 "Mikayel emminin Miran siyatik nedeniyle kurtuldu. 'Yaz' dedi, maksus selamı var. 'Ah, Artin emmi ile göle gideydim' dedi. Gölün kamışları da tümden yeşillendi. İçinden çingenler[?] topluyorlar. Bu sene kamışın yeri tüm yoncayla doldu."

8 "Kina Gabid'in pederi de daha duruyor. Beros emmi maksus selam eder. [...]. Köyde hiç at, eşek yok. İşde bu biçim. İnşallah ne olacaksa olur kayrim. Allah'a dova ediyoruz."

August 25, 1914
Efkere

Gracious and affectionate Harutiun Agha Kojaian,

I extend my special greetings and inquire after your well-being. If you were to ask about us here, we have no worries and we pray for you. Mr. Misag and Miss Verkine kiss your blessed hands.

Firstly, we were immeasurably pleased to receive your letter, dated July 20. I was very anxious because your letter was late. Now I feel on top of the world. Wherever has that 37-day-old letter gone!

In response to my letter, you wrote that you will send money. I am very pleased. We are going through such times that we have forgotten those things. Now, if you have money, just shit and sit on it.[1] We are going through such times. Hopefully, the situation will turn out well in the end. You wrote that I should spend the money on living expenses. This is what I have been doing already, because it is time to be tightfisted. You wrote about the orchard. It is too little, too late for that. Nobody cares about orchards anymore. It is still in my mind, though. God willing, we will buy a decent one. Let us put it aside for now and see how things will turn out.

It is uncertain whether Misag will go to school. We should know by next week. Because the aghas and effendis have become soldiers.[2] Money is dwindling in the banks [?]. You should see the misery of the blacksmiths, coal dealers and people in general. There is no limit to the number of people who have said, "Blessed is Artin Agha that he is not here." Those between 39 and 45 years of age were pardoned from military service; they let them go. Gabid Kinaian is in a deplorable state. His eyesight has deteriorated because of anxiety; he is turning blind. He was going to pay the *bedel*, but now he is saved. You should see the ignominy in our village, I do not know whether to laugh or cry. People are in a panic about money. [...]. They do not cash the checks coming from there. Carpet sales have stopped completely. Nobody buys, nobody sells. There was Yağlı Haji [who used to buy carpets (?)]. Setrag the usurer, the son of Bedros Tutunjian, Sdepan Yaghlian paid the *bedel*. Each person pays 44 liras. [...]. Now, if they want, they can take away even those who had paid the *bedel*.

You have special greetings from Haji Garabed. He said, "I have no strength to raise my hand to write to him [?]. I wish I were in America too, even if I were to be a beggar there." [...]. Markar also left. Their household is destitute. May Our Father, the Lord, bring peace to the world. The city is full of thousands of soldiers. They banish those who know military drills. Sdepan Agha could not save himself. He distributed whatever he could get hold of [to pay the bedel (?)]. Those who were out, stayed out; those who were in, stayed in.

[1] Colloquial expression meaning "save it, don't waste it".
[2] On August 3, 1914, the Ottoman government announced a general mobilization. Armenian conscripts were deployed mostly in the Labor Battalions.

Nutvi extends his greetings. He said, "Write to Artin Agha that I have become a soldier." The people of the village are distressed with this trouble now. [...]. This had to take place back then. I can only write 1 percent of [...]. It is too many.

Uncle Mikael's [son] Miran avoided military service due to sciatica. "Write," he said and sent his special greetings, "Oh, I wish I could go to the lake with Artin Agha." The reeds in the lake have all blossomed. Gypsies are harvesting them [?]. This year, clover replaced reed [?].

Gabid Kinaian's father is still alive. Uncle Beros extends his special greetings. [...]. There are no horses nor donkeys left in the village. This is how it is. God willing, what will happen shall happen. We pray to God.

My mother and sister send their special greetings. Annitsa, Evagül and the daughters-in-law extend their special greetings. May you be always in good health, sir.

Hyganush H. Kojaian

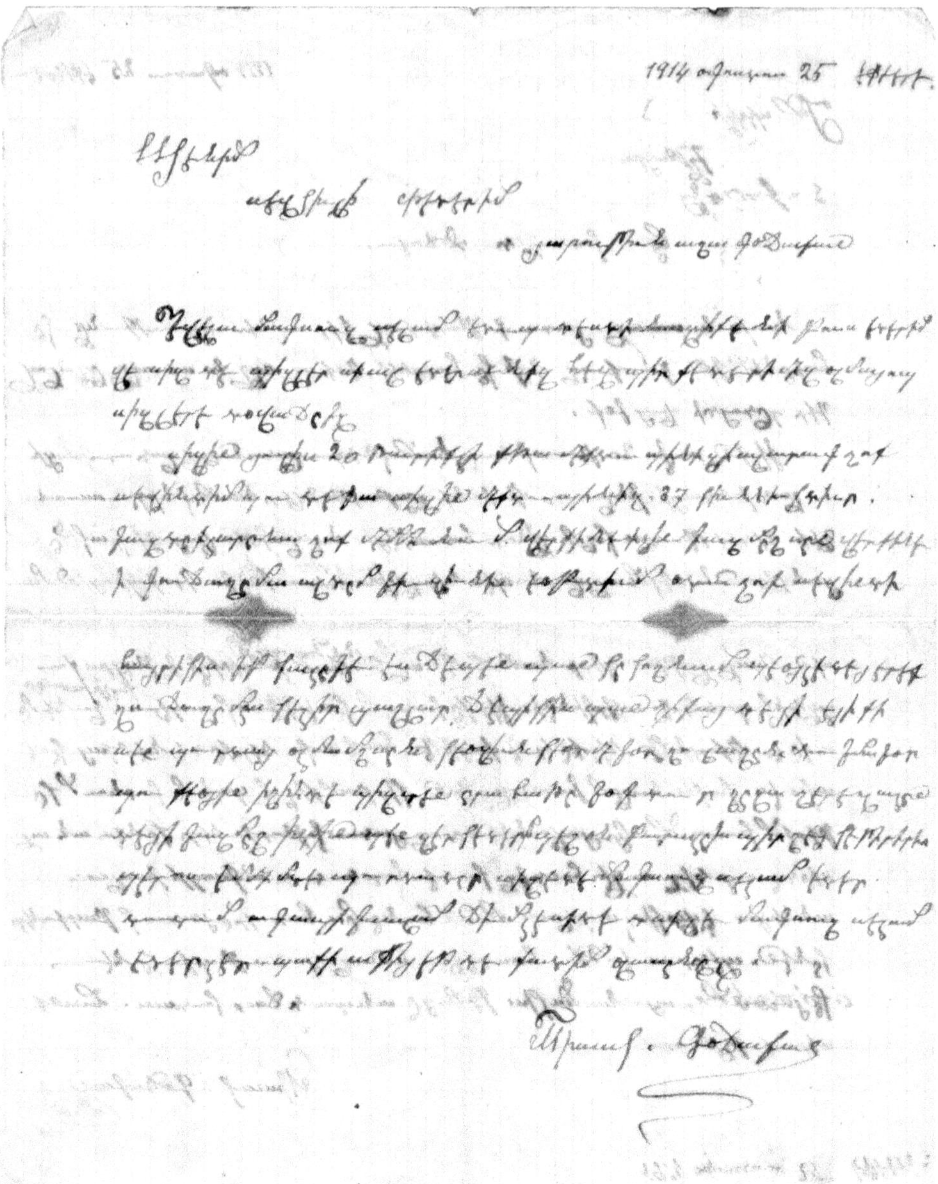

1914 *Okosdos* 25
Efkere

Sevgülü Pederim Harutyun Ağa Kocayan,

Evela, maksus selam edüb desd-i nazikeni pus ederim. Ve siz de bizleri sial ederseniz, heç bir kederimiz olmayub sizlere dovacıyız.

Sizin *Hulis* 20 tarikli [bir] kıta mekdubinizi alarak çok sevindim. Bu defa sizin mekdubiniz 37 günnükdür. Yazdıklarına çok memmunum. Verkine için yazmışsın. Verkine'yi kucağıma aldım, yüzünü öpdüm. O da çok sevindi. "*Hayrigis ep kalıye es ceben ban gı goğnum.*"[1] Böyle deyerek gucağıma gelir, başlar "*cebikis ban çika*"[2] deyi.

Eyi ki sen burda olmamışsın; gözün görmeyor, gulağın duymayor. Bu köyün içinde bizden ırahatı yokdur.

Gıza gerez[3] alın diye yazmış idin. Benzer, geder beş on paralıh bir şey getiririm.

Beros emmim de burdadır. Size de maksuz selam eder. Dudum, Akabi halam, cümlesi de size maksuz selam ederler. Baki afiyetde kadim olasınız.

Misag Kocayan

August 25, 1914
Efkere

My dear father, Harutiun Agha Kojaian,

Firstly, I extend my special greetings and kiss your gentle hand. If you were to ask about us, we have no worries and pray for you.

I was very pleased to receive your letter, dated July 20. This time your letter arrived in 37 days. I am very happy about what you wrote. You wrote about Verkine. I put her on my lap and kissed her face [as you requested]. She was overjoyed. She says, "When my father comes, I will steal something from his pocket" and comes and sits on my lap, then says, "I have nothing in my pocket."

Good thing you are not here. Your eyes do not see; your ears do not hear [the things taking place here]. There is nobody in the village more at ease than us.

You asked me to buy trinkets for the girl [Verkine]. I will go and bring something inexpensive.

Uncle Beros is here and sends his greetings. My *dudu* and Aunt Akabi also send their special greetings. May you be well.

Misag Kojaian

[1] "Babam gelince cebinden bir şey çalacağım."
[2] "cebimde bir şey yok"
[3] gerez: süs

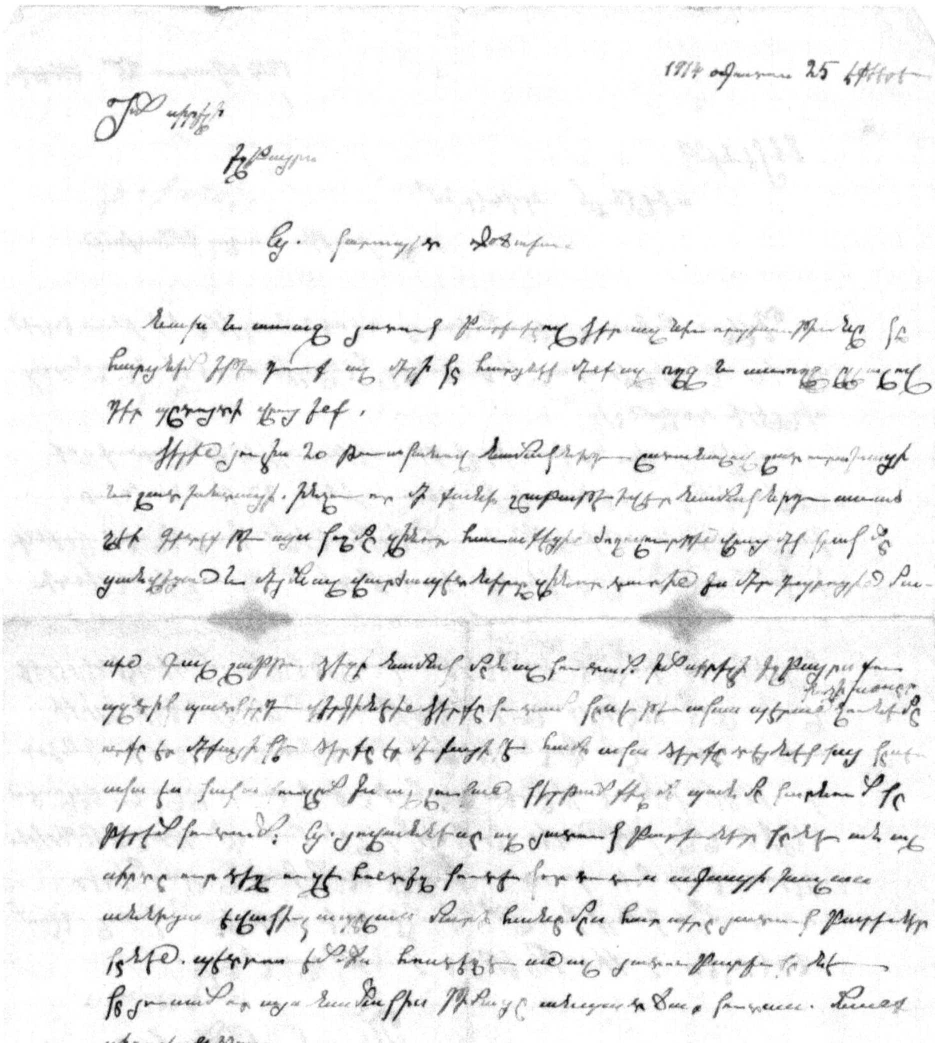

25 Ağustos 1914
Efkere

Sevgili Ağabeyim Baron Garabed Kocayan,

Evvela, mahsus selam ederek nazik hatırınızı sual ederim. Ve siz de bizi sual ederseniz, sağ ve salim olarak hâlâ geziyoruz.

20 Temmuz tarihli mektubunuzu alarak çok memnun olduk ve çok güldük. Çünkü birkaç haftadır mektubunuzu almıyorduk.

Biliyor musunuz, bu tarafta asker topladılar. Halkın içine bir ateş düştü. Ve tekrar öğretmenleri de askere götürdüler. Bizim okul hakkında size gelecek hafta bir mektup daha yazacağım.

Benim Sevgili Ağabeyim, sizin küçük resminizi Verkine'nin eline veriyorum. "Ağabeyimin ağzı yok mu? Bir tane ayağı var, bir tane eli var, öyle mi ağabey? Elinde değnek var" diyor. "Ben şeker istiyorum" [diyor]. Ben de çarşıya gidiyorum, biraz bir şey alıp, getirip veriyorum.

Baron Hovannes de mahsus selam eder. Canı nerede isterse orada karnını doyuruyor.

Dudumun, Akabi halamın, Annitsa ve Evagül ablalarımın ve Mari Hanım ve gelinlerin mahsus selamı var. Bedros emmim burada. O da mahsus selam eder. Umarım bu mektubumun cevabını yazarsınız. Sevgiyle kalın ağabeyim.

Misag Kocayan

August 25, 1914
Efkere

My dear brother, Mr. Garabed Kojaian,

Foremost, I extend my special greetings and inquire after your well-being. If you were to ask about us, we are alive and well and still wandering about.

We were very pleased to receive your letter, dated July 20, because we had not received a letter from you for a few weeks.

Did you know that, over here, they drafted soldiers? It struck like a fire among the people. And, again, they forced the teachers into the army. Next week, I will write a letter regarding our school.

My dear brother, when I give your small picture to Verkine she says, "Doesn't he have a mouth? He has one leg and one hand, doesn't he? He has a cane in his hand." She also says, "I want a candy." So, I go to the market and bring some trifles and give them to her.

Mr. Hovannes sends his special greetings. He eats wherever he wishes.

My *dudu*, Aunt Akabi, Annitsa and Evagül *abla*s, Mrs. Mari and the daughters-in-law send their special greetings. Uncle Bedros is here and sends his special greetings. I hope you answer my letter. With love, my brother.

Misag Kojaian

* Ermeniceden çeviri.

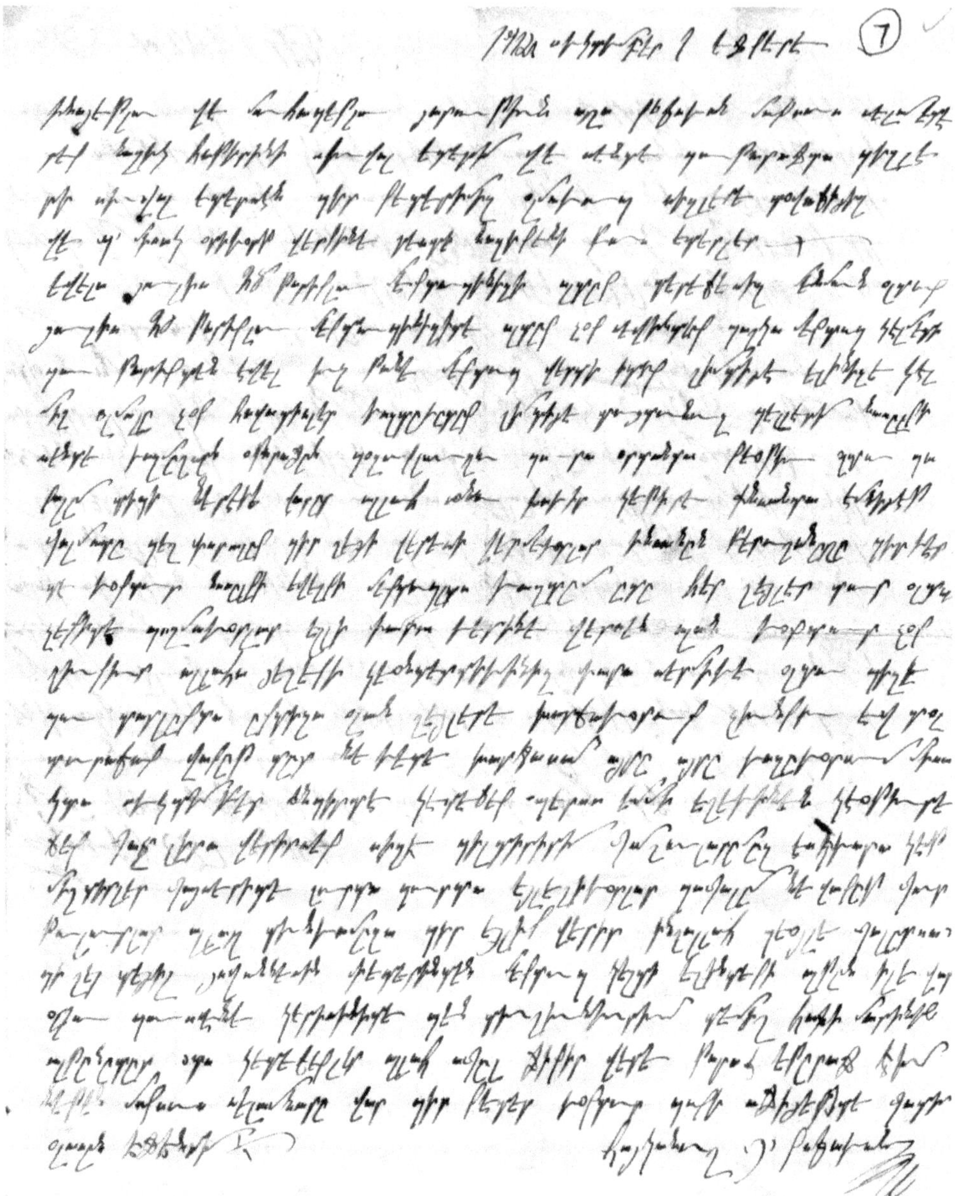

1914 *Segdemper* 1
Efkere

İnayetlu ve Muhabetlu Harutyun Ağa Kocayan,

Maksus selam ederek, nazig hatırını süval ederim. Ve sen de bu tarafda bizleri süval edersen, bir kederimiz olmayub, sizlere dovacıyız. Ve *B[aron]* Misag, *Oriort* Verkine desd-i nazikeni pus ederler.

Evela, *Hulis* 28 tariklu mekdubinizi aldık, derecesiz menmun olduk. *Hulis* 20 tariklu mekdubinizi de aldık, çok sevindik. Başka mekdub gelmedi. Bu tarikden evel üç tane mekdub verdi idik, şimdiye elinize gelmiş olmalı. Çok havadisler yazdıyıdık, şimdiye duydunuz bellerim. Nasıl ki sen de yazmışsın o tarafın bozukluğu; bura ordan da kötü oldu. Bakalım dibi nereye varır. Allah sonu[nu] hayir getire. İnsanda emniyet kalmadı. Beş paralık bir şeyi veresi vermeyorlar. İnsanın peruşanığı bir yerde[?] yokdur.

Nasıl ki evelki mekdubda yazdımıdı, her şeyler dur oldu. Çeki de bozmayorlar. Elli para yerine versen alan yokdur. Çok şükür Allah'a, hele ki gönderdiyiniz para sermiye[1] oldu bize bu darlıgda. Ikdiza olan şeylere harcayoruk. Çünkü ev dolduracak vakıtdır. Neye de harcasam ayrı ayrı yazıyorum.

Misag da *Segdemper* on birde gedecek. Beros emmi eşeyinen götürecek. Kaç lira verirsek size bildiririm.

Komşularımız esgâra getmişdirler. Kayseri'de, şurda burda eyleşiyorlar. Bakalım ne vakıt kurtulurlar. Allağ dünyamıza bir eylik verir inşallah. Böyle kalırsa bi şey deyil.

Hovannes'in pederinden mekdub geldi; "Elindeki altın ile var oku bu sene, gerisini de ben düşünürüm" demiş. Hacı Mari'nin altınıdır o da. Gedecekler. Allah akıl fikir vere.

Taraf etıraf cümneten maksus selamları var. Bir keder yoktur. Baki afiyetde kadim olasın efendim.

Hayganuş H. Kocayan

[1] sermiye: sermaye

September 1, 1914
Efkere

Gracious and affectionate Harutiun Agha Kojaian,

I extend my special greetings and inquire after your well-being. If you were to ask about us here, we have no worries and we pray for you. Mr. Misag and Miss Verkine kiss your gentle hand.

Firstly, we were immeasurably pleased to receive your letter, dated July 28. We also received your letter, dated July 20, and we were very glad. We did not receive any other letter. We had sent three letters before, you must have received them by now. I had written much news in those letters, you must have read them by now. You wrote about the difficult situation there. Here, it has become worse than it is there. Let's see how it is going to end. May God turn it into something good. There is no more trust among people. They do not give even the least important things on credit. The wretchedness of the people is unprecedented [?].

As I wrote in my previous letter, everything has stopped. They do not cash the checks. Even if you give them a check for just 50 paras, they will not take it. Thanks be to God, I saved the money you have sent and spend it under these circumstances of scarcity. We spend the money for the most essential things. Because it is time to stock up. I keep a record of every expense.

Misag will leave on September 11. Uncle Beros will take him there on his donkey. I will let you know how much we will pay.

Our neighbors joined the army. They stay in Kayseri and here and there. Let us see when they will get away. May God give goodness to our world. It is fine if it stays like this.

Hovannes's father sent a letter. He said, "This year, pursue your studies with the gold you have; I will see what I can do in the future." And that is the gold of Haji Mari. They will leave [?]. May God give him common sense.

You have special greetings from our kith and kin. We do not have any grief. May you always be well, my sir.

Hyganush H. Kojaian

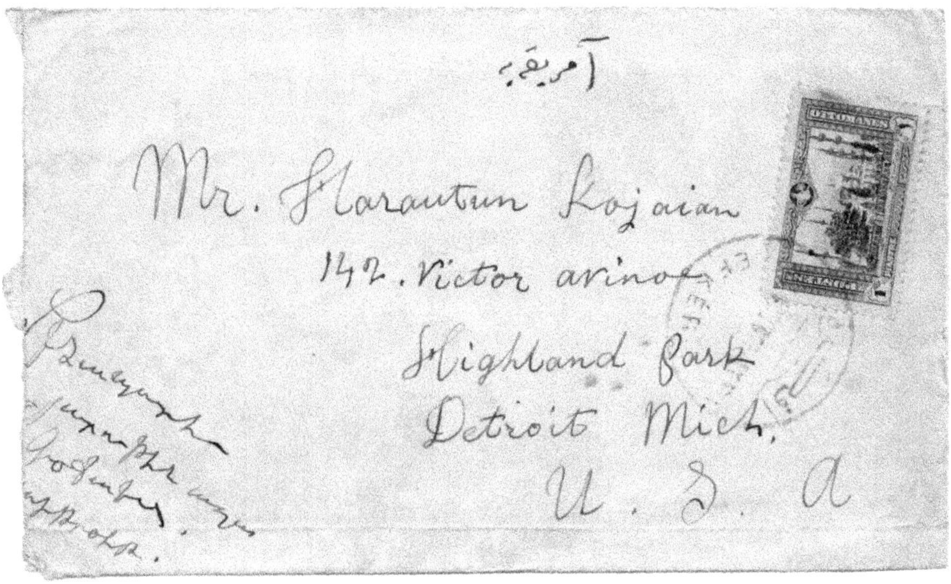
Mr. Harautun Kojaian
Highland Park
Detroit Mich.
U. S. A

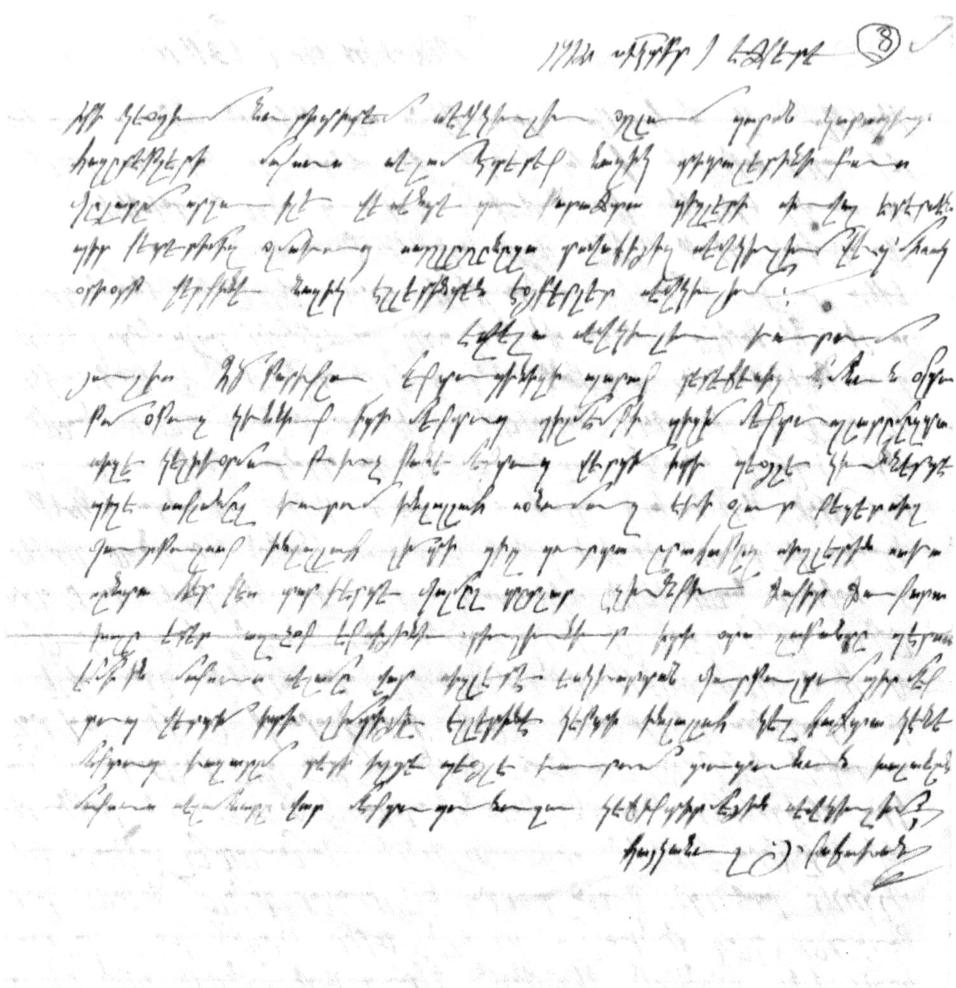

1914 *Segd*[em]*p*[e]*r* 1
Efkere

İki Gözüm, Nur-i Didem, Sevgülü Oğlum *Baron* Garabed Hazıretleri,

Maksus selam ederek, nazig didalerini pus kılarım, arzu ile. Ve sen de bu tarafda bizleri süval edersen, bir kederimiz olmayup, sağlığınıza dovacıyız sevgülüm. Ve *B*[*aron*] Misag, *Oriort* Verkine nazig ellerinden öperler sevgülüm.

Evela, sevgülü yavrum, *Hulis* yirmi sekiz tariklu mekdubinizi alarak derecesiz memnun olduk. Tam otuz günnük idi mekdub. Bilmem ki bizim mekdublarımız da size geliyor mu? Üç tane mekdub verdim idi.

Böyle günner de bize saklanmış yavrum. İnşallah sonumuz eyi olur. Kedersiz kurtulsak inşallah. Şimdi biz burda ırahatız sizlerin sayasında. Herkes dar yerde kalmışdırlar. Çünkü fakir fukara halı eder, az çok eksiyini düşünür idi; o da ğapandı.

Beros emmiyin maksus selamı var sizlere. "Esgârdan kurtuldum. Bir mekdub verdim idi, şimdiye ellerine getdi inşallah. Gel hafda gene mekdub yazarım" dedi. İşde böyle yavrum. Dudunun, halanın maksus selamnarı var. Mekdubunuzu gecikdirmeyin sevgülüm.

Hayganuş H. Kocayan

September 1, 1914
Efkere

My two eyes, the light of my eye, my dear son, Mr. Garabed,

I extend my special greetings and longingly kiss you upon your gentle eyes. If you were to ask how we are here, we have no worries and we pray for your good health, my dear. Mr. Misag and Miss Verkine kiss your gentle hands, my dear.

Firstly, my dear son, I was immeasurably pleased to receive your letter, dated July 28. The letter arrived after 30 days. I do not know if you receive our letters; I had sent three letters before.

These days were predestined for us, my child. May God bring us to a happy end. If only we can pull through without any grief. For now, we are at ease here, thanks to you. Everyone is going through hardship. Because the poor used to weave carpets and supported themselves a little; now that is over too.

Uncle Beros sends his special greetings to you. He said, "I got away from the army. I sent them a letter, it must have made it there by now. I will send another one next week." That is how it is, my child. You have special greetings from your *dudu* and aunt. Do not delay your letter, my dear.

Hyganush H. Kojaian

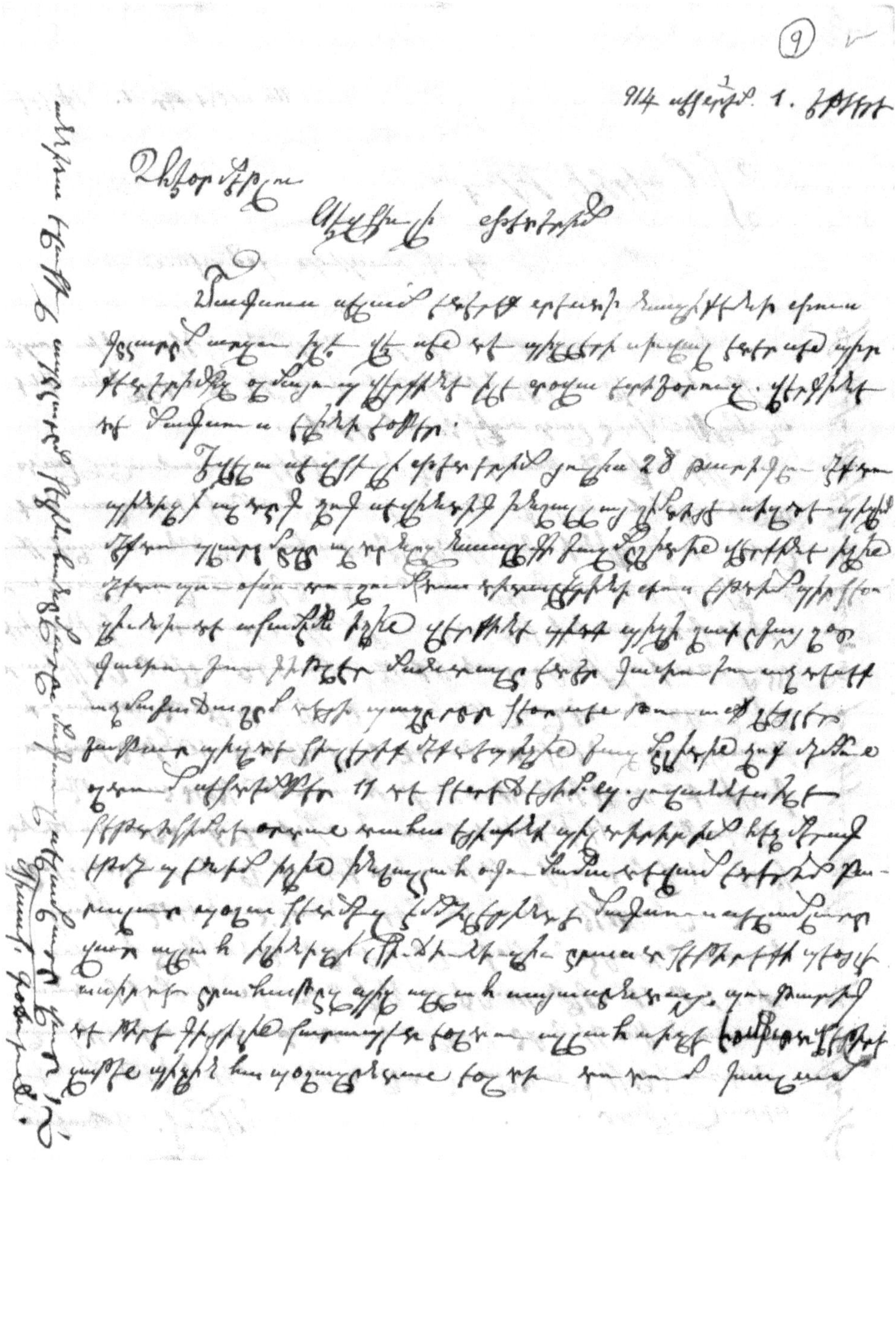

[1]914 *Sekdem[per]* 1
Efkere

Hörmetlu, Sevgüli Pederim,

Maksus selam ederek desd-i nazikeni pus kılarım arzu ile. Ve sen de bizleri süval edersen, bir kederimiz olmayub, Verkine ile dova ediyoruz. Verkine de maksus elini öper.

Evela, sevgülü pederim, *Hulis* 28 tariklu mekdubinizi aldık, çok sevindik. İnşallah şimdiye siz de bizim mekdublarımızı aldınız. Nasıl ki yazmış idin Verkine için, mekdubu okuduğumda didalerini pus etdim. Bir gözünü de agamın için. Verkine bizi ğapıya ğor, kapuyu kitler. Mandalı eder. Kapuyu aç desek, "açmayacağım" deyi bağırır. Görsen, tuaf şeyler yapar; biz de gülerik.

Mekdeb için yazmış idin, çok memnun oldum. *Sekdemper* 11'de göreceyim. *B[aron]* Hovannes ile getdigimde ordan daha eyisini bildiririm. Heç merak etme benim için. İnşallah okumama devam ederim, paralar boşa gedmez.

Emmilerin de maksus selamları var. Allah işinizi gücünüzü ırasd getire ki, böyle asirde ırahatız biz, Allah sayasında.

Bu tarikde Tirekicil'in Garabed öldü. Allah size ömürünü getire. Zaten bilin ha, boğazından öldü.

Dudum, halam, Annitsa, Evagül abılalarım, gelin hanımların maksuz selamları var.

Misag Kocayan

September 1, 1914
Efkere

My respectable and dear father,

I extend my special greetings and longingly kiss your gentle hand. If you were to ask about us, we have no worries and Verkine and I pray for you. Verkine kisses your hand too.

Firstly, my dear father, we were very happy to receive your letter, dated July 28. God willing, you also received our letters. I kissed Verkine upon her eyes, according to your instructions in your letter. And I kissed her upon her other eye on behalf of my brother. Verkine puts us outside the room and locks the door. When we tell her to open the door, she shouts, "I won't open the door." You should see her, she does odd things, and we laugh.

You wrote about the school; I am very pleased. I will return on September 11. When I make it there with Mr. Hovannes, I will give you detailed information. Do not worry about me at all. God willing, I will continue my studies, and all that money will not be wasted.

You have special greetings from my uncles. May God protect your work that, in such day and age, we are at ease, thanks to God.

Today Garabed Tirekejilian died. May God bestow upon you his remaining lifespan. As you might have guessed, he died because of his throat.[1]

You have special greetings from my *dudu*, aunt, Annitsa and Evagül *abla*s, and the daughters-in-law.

Misag Kojaian

[1] The writer probably means that Garabed Tirekejilian died of eating too much.

آمريقا
Mr. Harautun Kojaian
142 victor avinoe
Highland park
Detroit Mich
U.S.A

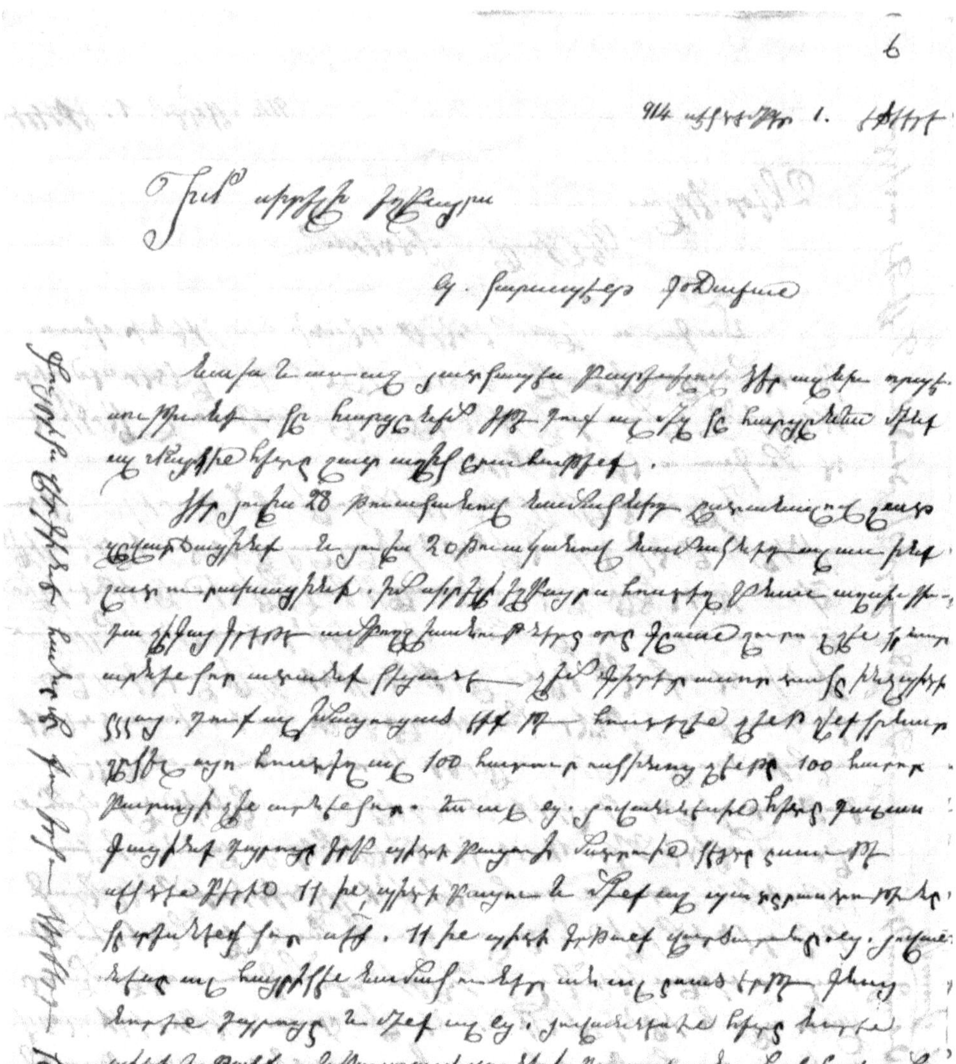

1 Eylül 1914
Efkere

Sevgili Ağabeyim *Baron* Garabed Kocayan,

Evvela, mahsus selam ederek nazik hatırınızı sual ederim. Eğer siz de bizi sual ederseniz, biz de annemle birlikte çok iyi ve rahatız.

28 Temmuz tarihli mektubunuzu alarak çok memnun olduk. Ve 20 Temmuz tarihli mektubunuzu da aldık ve çok sevindik.

Benim sevgili ağabeyim, burada hiç aksuata yok. Neredeyse hiçbir dükkân günde yirmi kuruş kazanamıyor. Her şey durdu. Bakalım dibinde ne olur. Siz de oradan çek gönderemediğinizi bildirmiştiniz. Evet, burada da yüz liralık bir çeki yüz paraya almıyorlar.

Baron Hovannes ile birlikte okulun ne zaman açılacağını öğrenmek için Talas'a gittik. Mister Wingate[1] okulun 11 Eylül'de açılacağını söyledi. Biz de ona göre hazırlığımızı yapıyoruz. Ayın 11'inde okula gideceğiz.

Baron Hovannes'e de babasından mektup gelmişti. O da "yeniden [okula] git" demiş. Ve biz de Baron Hovannes ile birlikte tekrar okula gideceğiz.

Ağabey, artık size Talas'tan mektup yazarım. Bu mektubun cevabını Talas'a gönder.

Dudum, Akabi halam, Evagül ve Annitsa ablam çok çok selam ederler. Sevgiyle kalın ağabey.

Misag Kocayan

Kız kardeşim Verkine Hanım ellerinizden öper.

* Ermeniceden çeviri. Metinde geçen Türkçe sözcükleri aynen muhafaza ettik.

[1] Henry K. Wingate: Talas'taki ABCFM Amerikan Protestan misyoner teşkilatı misyonu yöneticisi.

September 1, 1914
Efkere

My dear brother, Mr. Garabed Kojaian,

Firstly, I extend my special greetings and inquire after your well-being. If you wonder how we are, my mother and I are very well and at ease.

We were very happy to receive your letter, dated July 28. And we were also very happy to receive your letter, dated July 20.

My dear brother, here there is no commerce at all. Almost none of the shops can make 20 kurush a day. Everything is at a standstill. Let us see how this will end. You had also told us that you cannot send checks from there. Here, also, they do not even give 100 paras for a check worth 100 liras.

Mr. Hovannes and I went to Talas to learn when the school will be opened. Mr. Wingate[1] said that the school will be opened on September 11. We are making preparations accordingly. We will go to school on the 11th.

Mr. Hovannes also received a letter from his father, who told him to go back to school. So, we will go back to school with Mr. Hovannes.

Brother, I will send you a letter from Talas. Send your response to Talas.

My *dudu*, Aunt Akabi and Evagül and Annitsa *abla*s send many regards to you.

I remain, with love, my brother,
Misag Kojaian

P.S. My sister Miss Verkine kisses your hands.

[1] Henry K. Wingate: Head of the American Board of Commissionaires for Foreign Missions (ABCFM) station at Talas.

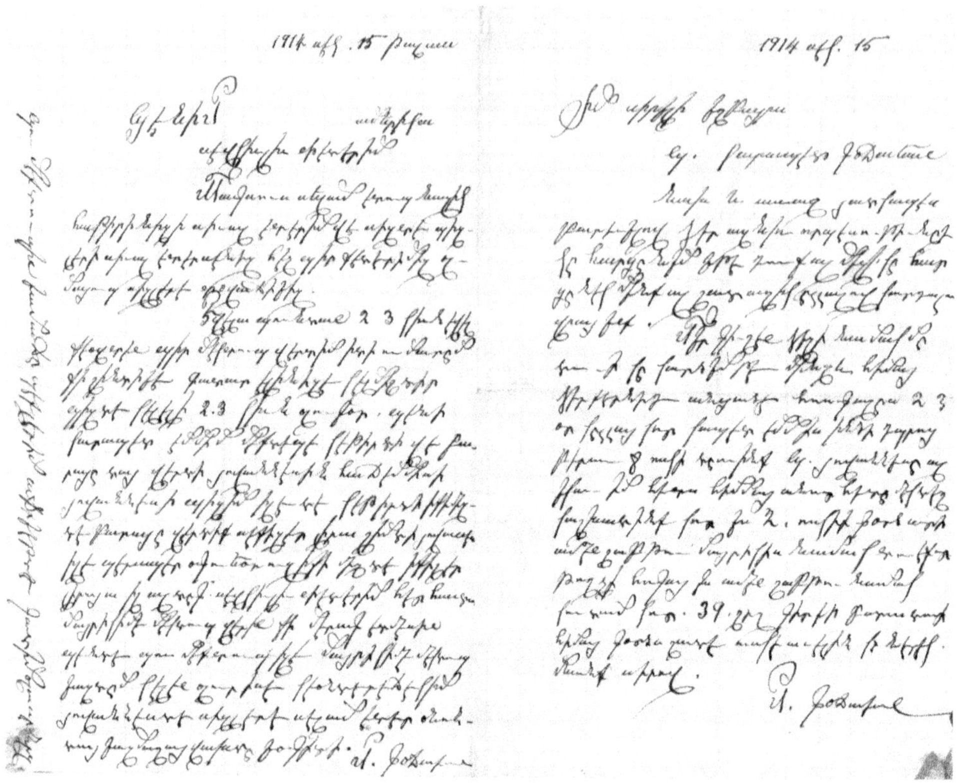

1914 *Seg*[*demper*] 15
Talas

Amerika

Benim Sevgülü Pederim,

Maksus selam edüb, nazig hatırınızı sival ederim. Ve siz de bizleri sival ederseniz, heç bir kederimiz olmayub, sizlere dovacıyız.

Evela, bundan 2-3 gün evel kövden bir mekdub verdim idi, umarım ki şindiye kadar elinize gelmişdir. Biz de geleli 2-3 gün oluyor. Beni Garabed emmim mekdebe getirdi ve parayı da verdi. Hovannes'in Hac'emmisi, Hovannes'i bizim ile de getirdi. İkimiz de parayı verdik; sekizer lira. Şimdi Hovannes ile beraber okuyoruz. İkimiz de ikişer liraya iş aldık.

Sevgülü pederim, her havda[1] *mayrig*ime mekdub verin ki merak edmesin. Ben de bu mekdub ile *mayrig*ime mekdub yazdım, gelen olur ise gönderecegim. Hovannes de sizlere selam eder. Onun da yazmaya vakdı yokdur.

M[isag] Kocayan

[1] havda: hafta

September 15, 1914
Talas

America

My dear father,

I extend my special greetings and inquire after your well-being. If you were to ask about us here, we have no worries and we pray for you.

Firstly, I sent a letter from the village two or three days ago. I hope you have received it by now. We also arrived here two or three days ago. Uncle Garabed brought me to the school and gave the money [for tuition]. Hovannes's Haji Uncle brought him to Talas with us. We both paid the tuition, 8 liras each. Now Hovannes and I are studying together. We both got jobs for 2 liras.

My dear father, write to my mother every week so that she does not worry. I wrote her a letter along with this one, and I will send it if I find someone going there. You have greetings from Hovannes. He does not have time to write.

Misag Kojaian

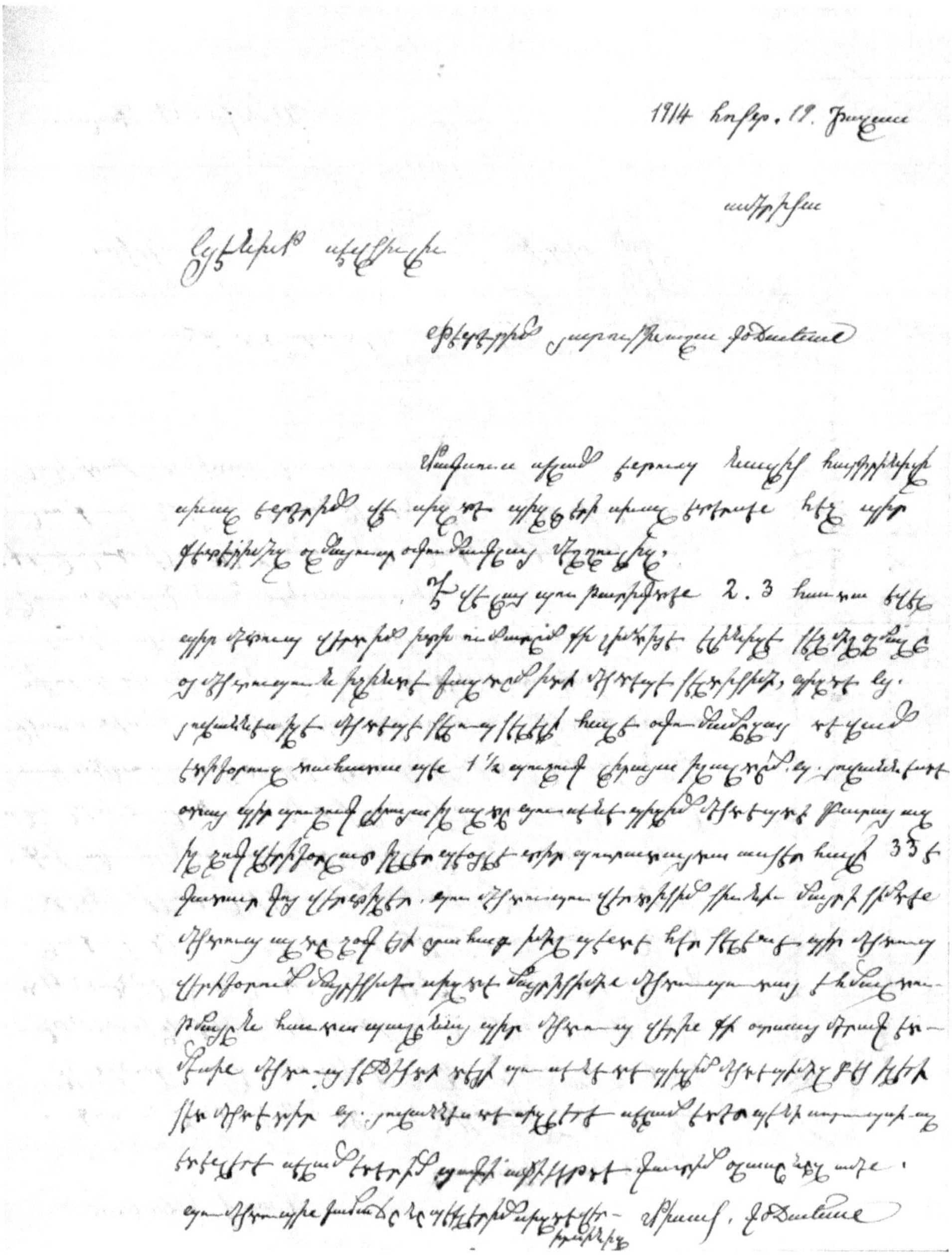

1914 *Hokd*[*emper*] 19
Talas

Amerika

Benim Sevgülü Pederim Harutyun Kocayan,

Maksus selam edüb, nazik hatırınızı süal ederim. Ve siz de bizleri süal ederseniz, heç bir derdimiz olmayub okumakla meşgulüz.

Evela, bu tarikden 2-3 havda evel bir mekdub verdim idi; umarım ki şimdiye elinize gelmiş olmalı. O mekdubun içinde yazdık idi mekdebe geldigimi. Biz de *B*[*aron*] Hovannes ile mekdebe gelüb geleli hâle okumamıza devam ediyoruz. Daha da ben 1½ buçuk liraya iş aldım. *B*[*aron*] Hovannes de, o da, bir buçuk liraya iş aldı. Bu sene bizim mekdebde para az. İş çok veriyorlar. İşler böyledir. Burada da asger hali[?] 33'e kadar koyverdiler.

Bu mekdubu verdikim günde *mayrig*imden mekdub aldı[m]. Çok ey, ırahat imiş. Ben de her gelene bir mekdub veriyorum *mayrig*ime. Siz de *mayrig*imin mekdubu[nu] da ehmal dutmayın. Hafda başına bir mekdub verin ki, o da merak edmesin mekdub gecikdi deyi.

Bu sene de bizim mekdebimiz pek ileri gedmektedir. *B*[*aron*] Hovannes de sizlere selam eder. Beni sorub süal edenlere selam ederim. Baki afiyetde kadim olasınız, âmin. Bu mekdubun yamacını beklerim, siz de verirsiniz.

Misag Kocayan

October 19, 1914
Talas

America

My dear father, Harutiun Kojaian,

I extend my special greetings and inquire after your well-being. If you were to ask about us, we do not have any problems and are busy with our studies.

Firstly, I had sent a letter two or three weeks ago. I hope you have received it by now. I had written in that letter that I came back to school. Since our arrival with Mr. Hovannes, we have been continuing our studies. I also got a job for 1.5 liras. Mr. Hovannes got a job for 1.5 liras too. This year our school does not have much money, and they give us a lot of work. Such is the situation. Here, they drafted soldiers up to 33-years of age [?].

I received a letter from my mother today. She says she is fine and at ease. I send my mother letters with every person going there. Do not neglect to send her letters. Send her a letter every week so that she will not worry when your letters are delayed.

This year our school showed great progress. Mr. Hovannes sends his greetings. I extend my greetings to those who ask about me. May you always be in good health, amen. I am waiting for your reply.

Misag Kojaian

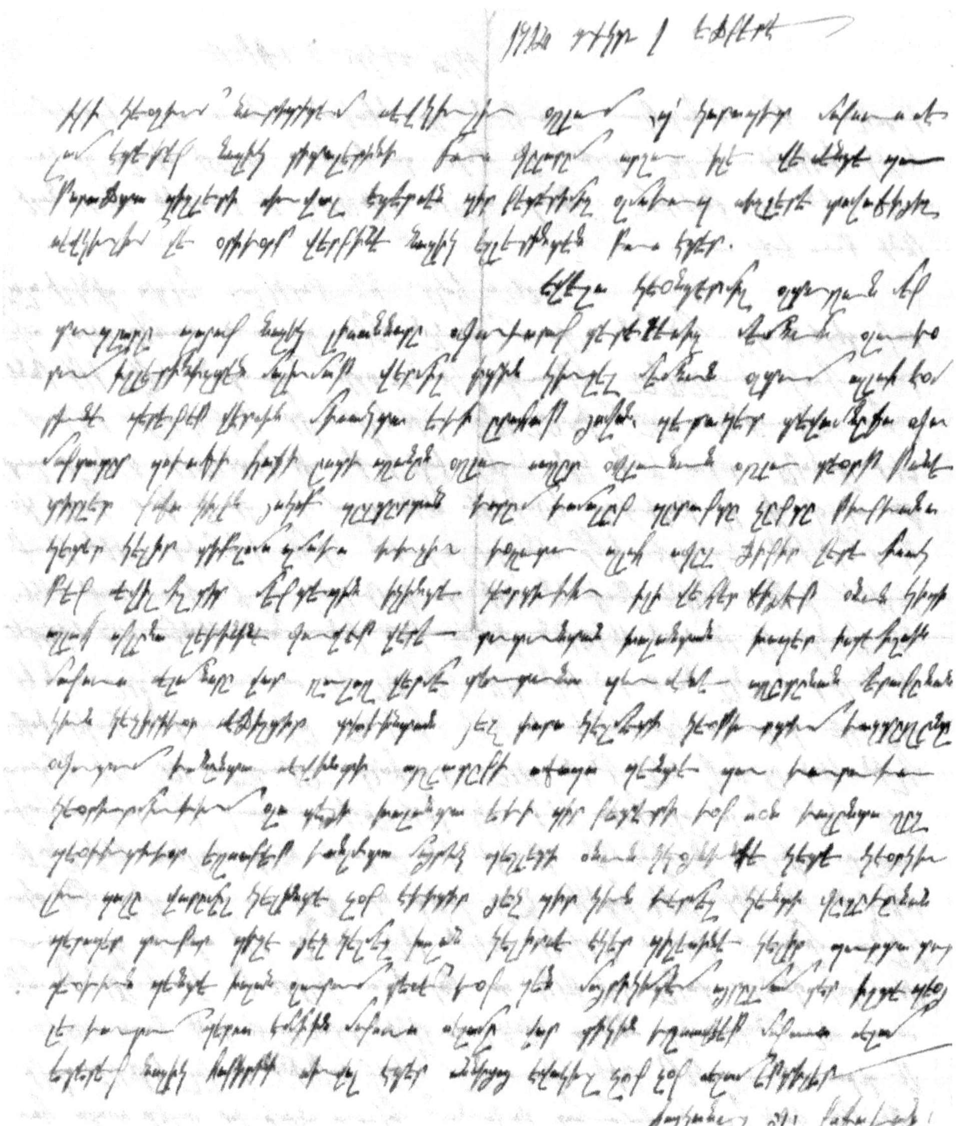

1914 *Degd*[*emper*][1] 1
Efkere

İki Gözüm, Nur-i Didem, Sevgülü Oğlum *B*[*aron*] Garabed,

Maksus selam ederek, nazig didalerini pus kılarım, arzu ile. Ve sen de bu tarafda bizleri süval edersen, bir kederimiz olmayub, sizlere dovacıyız sevgülüm. Ve *Oriort* Verkine nazig ellerinden pus eder.

Evela, göndermiş olduğun mekdubları alarak, nazig lisannarı[nı] okuyarak derecesiz memnun oluyorum. İşlerinizden malumat vermiş idin. Güzel, memnun oldum. Allah ömrüne bereket versin. Misag da eyi, ırahat. Hovan[nesle] beraber devamnıca okumakdadır. Boyaci Haci Isdi Ağa'nın oğlu, Sağıroğlu'nun oğlu, dört tanedirler. Kocagilin Hagop, bıldırdan[2] yarım yamalık bırakdı, çıkdı. Tükâna geder gelir. Diploma almaya yüzü yoğudu. Allah akıl fikir vere. Misag pek sevilmişdir mekdebin içinde. Gördüyü işi ve her ciyet onun gibi. Allah aklına zeyinine[3] kuvet vere.

Dudundan, halandan haber isdemişsin. Maksus selamnarı var. Ğulağ verme duduna. Bu sene ağıdınan, merakınan gün geçiriyor, sefildir. Dayindan heç para gelmedi. Götürdüm, yazdığını okudum yanında. Sevindi, ağladı ki, "Acaba ben de bu yavruyu görür müyüm ola" deyi. Halan da eyi, bir kederi yok. Son yaşında ğız böyüdüyor.[4] Yeğsapet yanında, *mayrig* belledi. Onun göynünce gede[?] görgülü başı varımış. Gelin de çok eyidir. Heç bir gün yermez. Gendi kızıyınan beraber dutar. Bize heç gelmez. Halan gelirse eger, bilesine[5] gelir. "Burda dur böyün[6], ben de halan olurum" desem, "yok ben *mayrig*imden ayrılmam" der. İşde böyle yavrum.

Beros emminin maksus selamı var. *Digin* Yeğsapet maksus selam ederek nazig hatirini süval eder. Annitsa, Evagül çok çok selam ederler.

Hayganuş H. Kocayan

[1] Degdemper: Aralık (< Tegdemper: Ermenice)
[2] bıldır: geçen sene
[3] zeyin: zihin
[4] Yazar, kız kardeşi Maritsa Uzunyan'ın yetimi Yeğisapet Uzunyan'dan bahsediyor.
[5] bilesine: yanında
[6] böyün: bugün

December 1, 1914
Efkere

My two eyes, the light of my eye, my dear son, Mr. Garabed,

I extend my special greetings and longingly kiss you upon your gentle eyes. If you were to ask how we are here, we have no worries and we pray for you, my dear. Miss Verkine kisses your gentle hands.

Firstly, I am immeasurably pleased when I receive your letters and read your courteous language. You gave information about your job. Well done, I am glad. May God give you a long life. Misag is fine. He is pursuing his studies together with Hovannes. [At Talas] there are four of them [from Efkere], including the son of Haji Sdepan Agha Boyajian, and the son of Sağıroğlu. Kojaian's [son] Hagop dropped out last year. He works at the store now. He did not have the nerve to get the diploma [?]. May God give him common sense. They are fond of Misag at school for his work and other things. May God strengthen his intelligence.

You asked about your *dudu* and aunt. They send their special greetings. Do not listen to your *dudu*. She has spent this year mourning and worrying. She is miserable. Your uncle has not sent [her] any money. I took your letter to her and read it with her. She was overjoyed and cried. She said, "Am I going to see this boy again?" Your aunt is fine too; she has no worries. She is raising a child in her old age.[1] Yeghisapet lives with her and takes her for her mother. She humors your aunt and has good manners [?]. The daughter-in-law is also very good. She never disparages her and treats her like her own daughter. [Yeghisapet] never comes to our house. If your aunt comes to our house, she comes with her. When I say, "Stay here today, I am also your aunt," she says, "No, I do not part from my mother." This is how it is, my child.

You have special greetings from Uncle Beros. Ms. Yeghisapet sends her special greetings and inquires after your well-being. Annitsa and Evagül also send many greetings.

Hyganush H. Kojaian

[1] The writer is referring to Yeghisapet Uzunian, the orphan of Maritsa Uzunian.

Mr. Garabed Kojaian
142 victor ave
Highland park
Mich
U. S. America

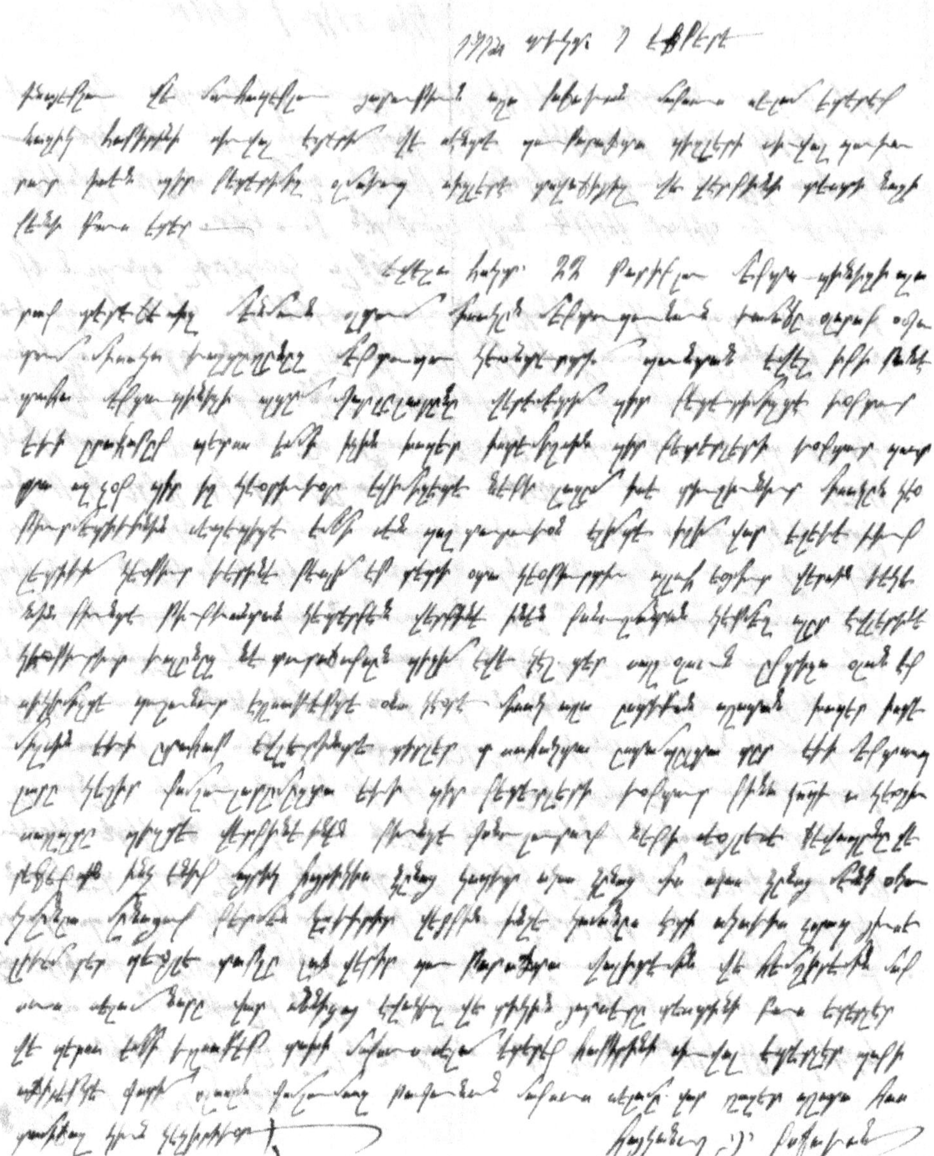

1914 *Degd*[*emper*] 1
Efkere

İnayetlu ve Muhabetlu Harutyun Ağa Kocayan,

Maksus selam ederek, nazig hatirini süval ederim. Ve sen de bu tarafda bizleri süval buyurur isen, bir kederimiz olmayub, sizlere dovacıyız. Ve Verkine desd-i nazikeni pus eder.

Evela, *Hogd*[*emper*] 22 tariklu mekdubinizi alarak derecesiz menmun oldum. Misag'ın mekdubunun yamacı olarak okudum. Misag'a yazdığınız mekdubu gönderdim. Bundan evel iki tane daha mekdubinizi aldım, karşılarını veremedim. Bir kederimiz de yokdur; eyi, ırahatık.

Beros emmi için haber isdemişsin. Bir kederleri yokdur. Burda az çok bir iş görüyor. Evimize de ne ki lazım ise düşünür. Misag'ın götürmediyinin sebebi de, "Emmi, sen boş duruyon. Elimde işim var. Eşeye yüklediyim götür, yerine teslim et" dedi, o da götürdü. Allah ömür versin.

Yegenin künde tükândan gederken Verkine inen konuşmadan getmez. Alır, evlerine götürür, "yalınız ne duracaksın, bizim eve gel" der. Sağ olsun, ıkdiza[1] olan eksigimizde bulunur. Yeğsapet de ona göre.

Misag Ağa, Isdepan Ağa'dan haber isdemişsin. Eyi, ırahat, evlerindedirler. *B*[*aron*] Sahag da Isdambıl'dadır. Eyi mekdubları gelir. Komşularımız da eyi, bir kederleri yokdur. Kina Gabid A[ğa'nın] gözü sağaldı.

Biz de Verkine inen künde konuşuruk. Ne ki söylese cevabını vereceksin. "*İnç enik mayrig? Hayrigis gınats, Gabid Aga gınats, Mis[ag] Agas gınats. Meng ortagmınıs*[?] *mınatsak. Kermen* [...] *"Verkin inç e gamanıs" eri, "Agayis* çorab *hüseliyem"*[2] der. Böyle datlı laf verir.

Bu tarafda validemin ve hemşiremin maksus selamnarı var. Annitsa, Evagül ve *digin harser*[3] desdini pus ederler. Ve Beros emmi, Yeğsapet dahi maksus selam ederek hatirini süval ederler. Baki afiyetde kadim olasın. Komşumuz Taku'nun[4] maksus selamı var. Ğazer Ağa da hasdamicaz gün geçiriyor.

Hayganuş H. Kocayan

[1] ıkdiza: gerekli (< iktiza)
[2] "'Ne yapıyorsunuz ana? Babam getdi, Gabid Agam getdi, Misag Agam getdi. Biz ortada kaldık.' [...] Verkin ne yapıyorsun?' dersem, 'Agama çorap öreceğim' der."
[3] harser: gelinler (Ermenice)
[4] Taku: < Takuhi. Kadın adı.

December 1, 1914
Efkere

Gracious and affectionate Harutiun Agha Kojaian,

I extend my special greetings and inquire after your well-being. If you were to ask about us, we have no problems and we pray for you. Verkine kisses your gentle hand.

Firstly, we were immeasurably pleased to receive your letter, dated November 22. I read your response to Misag and sent him the letter. I had received two letters from you previously, but I could not reply. We have no worries. We are at ease and well.

You inquired after Uncle Beros. He has no worries. He is managing, he does not work much. He takes care of our needs. He did not take Misag to Talas because, he said, "Uncle, you are free, I am busy. Let me mount him on the donkey" [and] you take him there. So, he took him [to school at Talas]. May God give him a long life.

Your nephew does not leave without chatting with Verkine every day after he closes the store. He takes her to their house. "Why should you stay alone? Come to our house," he says. May he be well; he takes care of our needs. So does Yeghisapet.

You inquired after Misag and Sdepan Aghas. They are fine and are at ease. They stay at home. Mr. Sahag is in Istanbul. We receive his good news. Our neighbors are also well; they have no worries. Gabid Agha Kinaian's eye has recovered.

I talk to Verkine every day. You have to respond to whatever she asks. She says, "What should we do, Mother, my father is gone, my brother Gabid is gone, my brother Misag is gone. We are left here by ourselves. [...]" When I ask her what she is doing, she says, "I am knitting socks for my brother." She gives such sweet answers.

You have special greetings from my mother and sister. Annitsa, Evagül and the daughters-in-law kiss your hands. Also, Uncle Beros and Yeghisapet send their special greetings and inquire after your well-being. May you be always in good health. Our neighbor Taku[hi] sends her special greetings. Also, Ghazar Agha passes the days in sickness.

Hyganush H. Kojaian

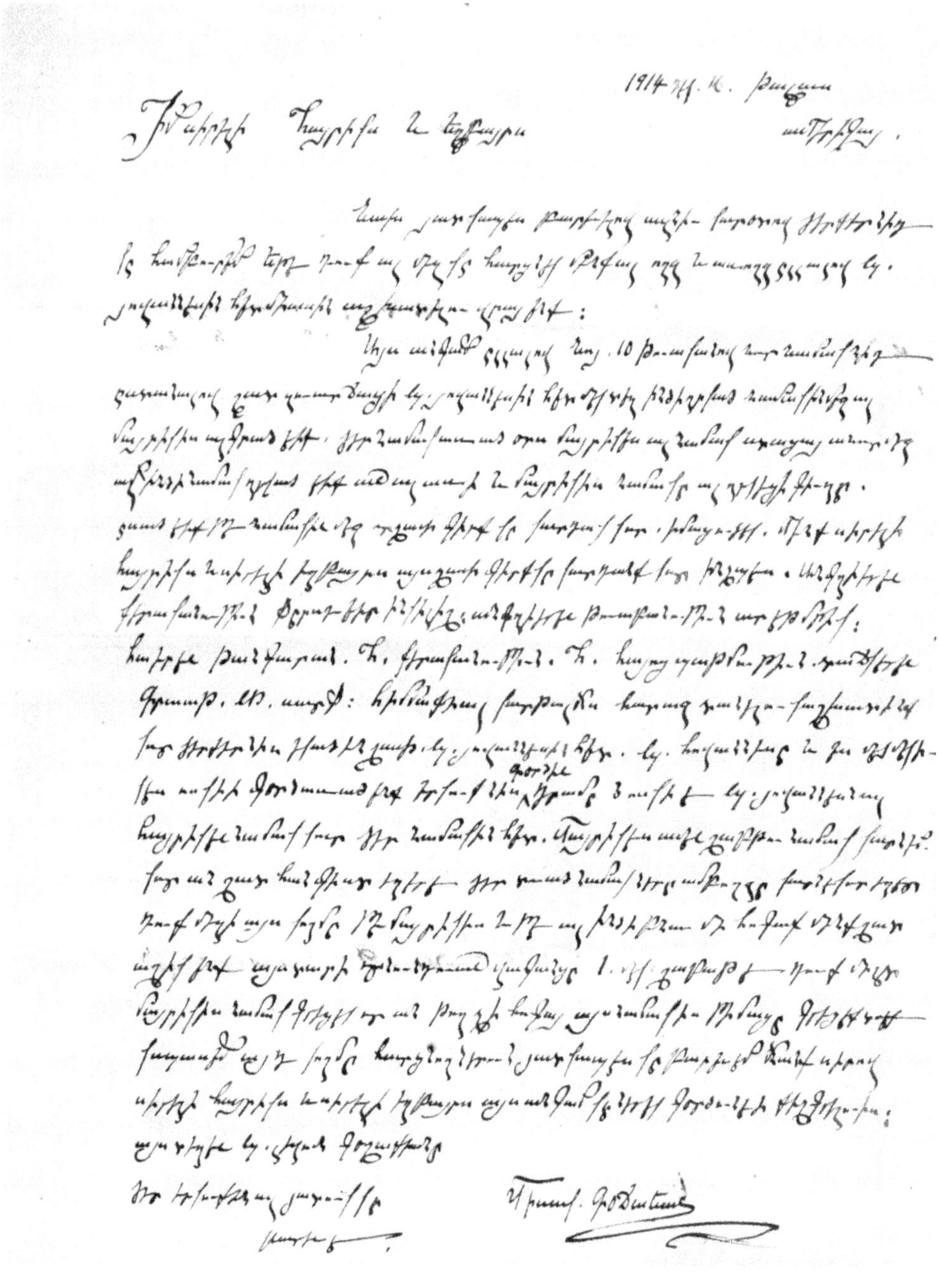

16 Aralık 1914
Talas

Amerika

Sevgili Pederim ve Ağabeyim,

Evvela, hassaten selam ederek, nazik ellerinizden öperim. Eğer siz de bizi sual ederseniz, sağ ve salim olarak, *Baron* Hovannes ile işimizle meşgulüz.

Bu defa, 10 Kasım tarihli yeni mektubunuzu alarak çok memnun oldum. *Baron* Hovannes ve bana mektebe gönderdiğiniz mektubun içinde annem için de yazmıştınız. Mektubunuzun geldiği gün annemden de mektup aldım. Onun içinde de bana mektup yazmıştınız. Onu da aldım ve annemin mektubunu da köye gönderdim.

Mektupta "ne kadar kitap okuduğunuzu bildirin" demiştiniz. Sevgili pederim ve sevgili ağabeyim, biz bu kitapları okuyoruz: İngilizce dilbilgisi, "First Year English", İngilizce aritmetik, *"Hayeren Tankaran"*, Ermenice dilbilgisi, Ermeni Tarihi, "Türkçe Kıraat", "Sarf[1] 4". Şimdilik *Baron* Hovannes ile elimizden geldiği kadar okumamızı ilerletmeye çalışıyoruz.

*Baron* Hovannes ve ben birer buçuk liralık iş almıştık. İkimizin işinin parası üç liradır. Sizin mektubunuzla beraber, *Baron* Hovannes de babasından mektup aldı. Annemden her hafta mektup alıyorum. Annem çok rahattır. Sizin gönderdiğiniz bütün mektupları alıyormuş.

Siz orada beni ve annemi hiç dert etmeyin. Biz çok iyiyiz. Bu sene *Tsnunt* tatili bir hafta. Anneme hep mektup gönderin ki merak etmesin. Bu mektubumun cevabını yazın, bekliyorum. O tarafta beni soranlara mahsus selam ediyorum. Sevgiyle kalın.

Sevgili pederim ve sevgili ağabeyim, bu defa az yazdığım için beni affedin; işim vardı. Buradan *Baron* Levon Kocayan ikinize de hassaten selam ediyor.

Sevgiyle kalın,
Misag Kocayan

* Ermeniceden çeviri. Metinde geçen Türkçe sözcükleri aynen muhafaza ettik.

[1] sarf: dilbilgisi

December 16, 1914
Talas

America

My dear father and brother,

Firstly, I extend my special greetings and kiss your gentle hands. If you also wonder about us, Mr. Hovannes and I are well and busy with our work.

This time, I was very happy to receive your letter, dated November 10. You had written to my mother, along with the letter you sent to me and Mr. Hovannes. On the day that I received your letter, I received a letter from my mother too. You had written to me in that letter too. I received that too and sent the letter you sent for my mother to the village.

In the letter, you said, "Inform me about how many books you read." My dear father and brother, we are reading these books: English grammar, *First Year English*, arithmetic in English, *Hayeren Tankaran*, Armenian grammar, Armenian history, Turkish readings, and fourth grade Turkish grammar. Mr. Hovannes and I are doing our best to improve our learning.

Mr. Hovannes and I got jobs for 1.5 liras each. Our pay together makes up 3 liras. There was a letter for Mr. Hovannes from his father, along with your letter. I receive a letter from my mother each week. She is very well. She says she receives all of your letters.

Do not worry at all about me and my mother. We are very well. This year, our Christmas vacation is one week. Keep sending letters to my mother so that she does not worry. Reply to my letter, I am waiting. I send my special greetings over there to those who ask about me.

I remain, yours affectionately,
Misag Kojaian

P.S. My dear father and brother, forgive me for writing so little this time. I had work to do. Here, Mr. Levon Kojaian sends his special greetings to both of you.

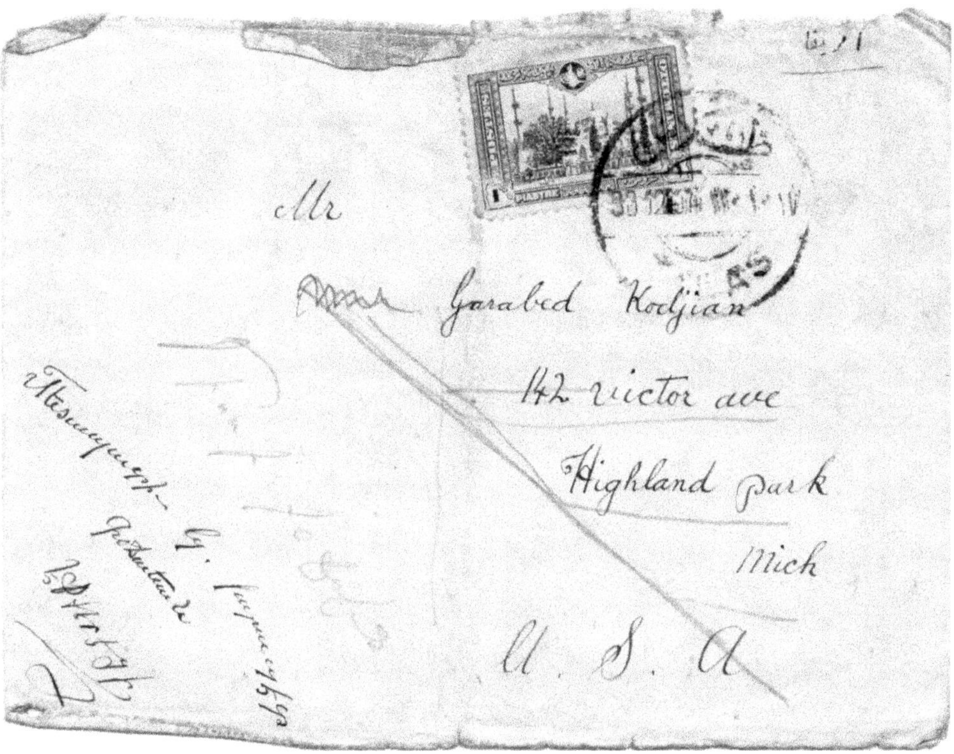
Mr
Garabed Kodjian
142 victor ave
Highland park
Mich
U. S. A

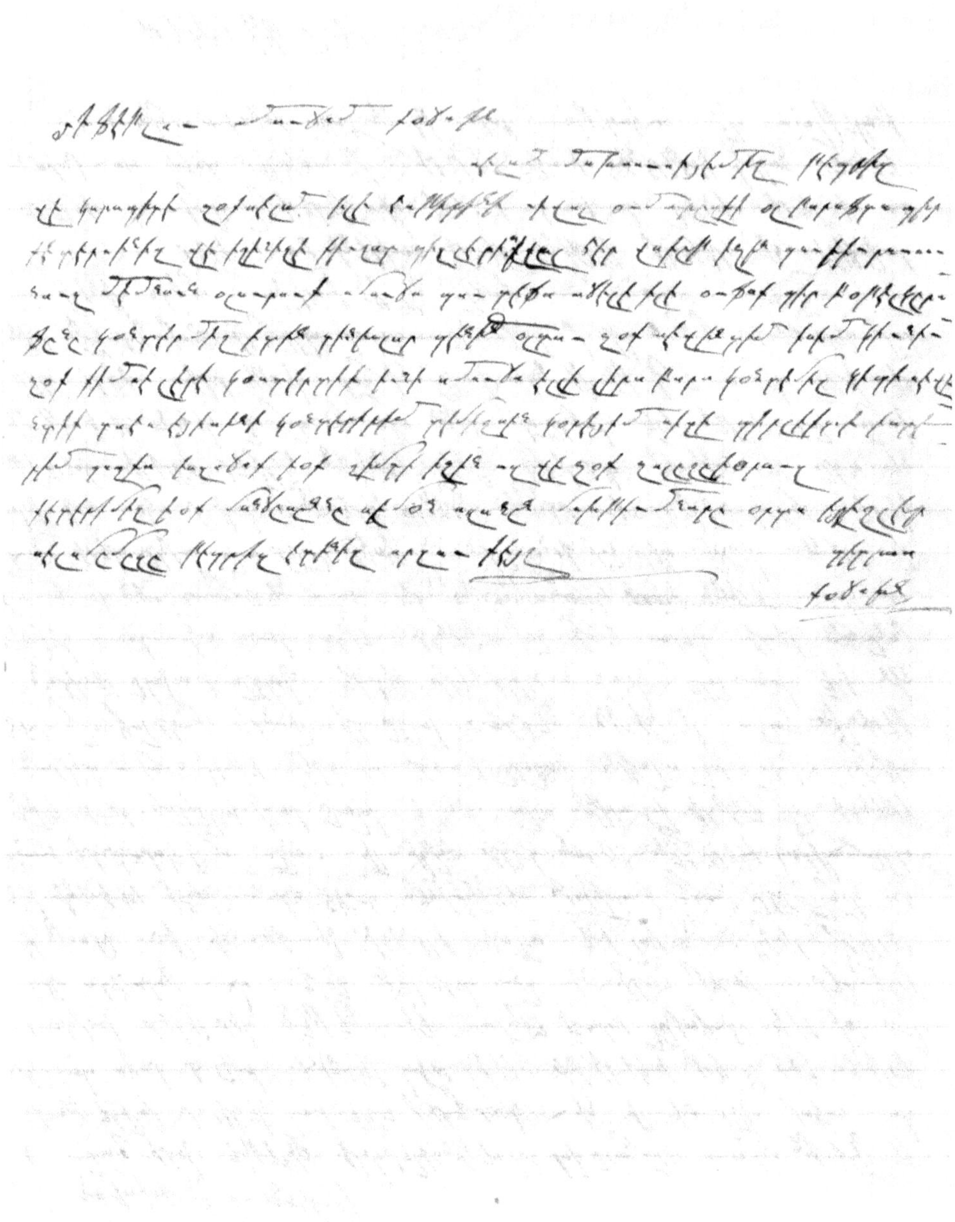

[1914 Degdemper 29]

Refetlu Amucam Kocayan,

Selam[-ı] mahsusiyemiz tebliğ ve Garabed'e çok selam ile hatırını sival. Umarız ki ol tarafda bî-kedersiniz ve işinize küvad[1]. Bizleri sival her vakıt için buyurursunuz, memnun oluruk.

Amuca, bu defa acele ile ufak bir potelgrafını[2] göndermiş idin. Dünyalar benim oldu, çok sevindim. İsim günü[3] çok kimselere gösderdik. Yani, amuca elli lira para göndermiş gibi sevindik. Daha eyisini gönderirim demişsin; göreyim sizi. Birlikde isderim.

Başka yazıcak yok şimdi için. Az ve çok çalışıyoruz. Kederimiz yok. Mancısınlı Simon Ağa'nın mahdumnarı orda imişler. Selamımızı tebliğ edebilirsiniz, arzu ilen.

[Bedros] Kocayan

[1] küvad: kuvvet
[2] potelgraf: fotoğraf
[3] isim günü: İsimlerini bir aziz/azize ya da din büyüğünden almış olan Hıristiyanlar, bu kişilere atfedilen günü tıpkı doğum günü gibi kutlarlar. Yılın hemen her gününe bir isim düşmektedir.

[December 29, 1914]

My eminent uncle, Kojaian,

I extend my special greetings to you and to Garabed and inquire after your well-being. Hopefully, you have no worries there. I wish you luck with your job. You always ask about me in your letters; I am very pleased.

Uncle, you sent a small photograph of yours. I was overjoyed and felt on top of the world. I showed it to many people on my name day. Uncle, I was so pleased [with your picture], as if you sent 50 liras. You say that you will send a better one; I am looking forward to it. I want one, together [with Garabed].

There is nothing more to write for now. We are managing. We have no worries. I heard that the son of Simon Agha of Mancısın is there; extend my greetings to him.

[Bedros] Kojaian

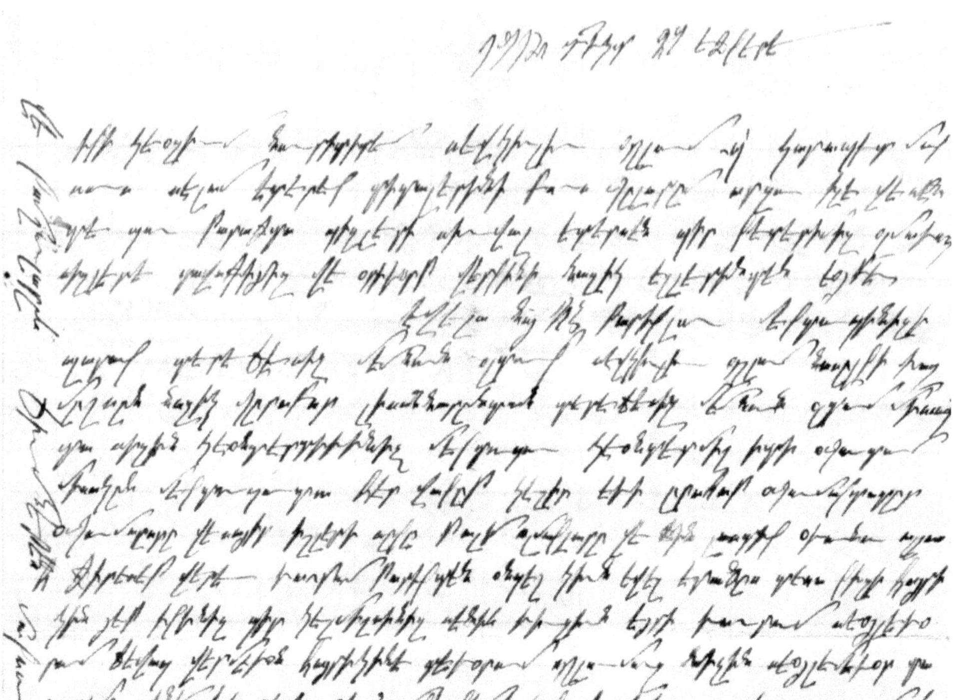

1914 Degd[emper] 29
Efkere

İki Gözüm, Nur-i Didem, Sevgülü Oğlum *B*[aron] Garabed,

Maksus selam ederek, didalerini pus kılarım, arzu ile. Ve sen de bu tarafda bizleri süval edersen, bir kederimiz olmayub, sizlere dovacıyız. Ve *Oriort* Verkine nazig ellerinden öper.

Evela, *Noy*[emper] 14 tariklu mekdubinizi alarak derecesiz memnun olduk sevgülü oğlum. Nasıl ki yazmışsın, nazig *Kırapar* lisannarından, derecesiz memnun oldum. Misag da sizin gönderdiyiniz mekdubu göndermiş idi; okudum. Misag'ın mekdubu da her vakıt gelir. Eyi, ırahat okumakdadır. Okumaları ve sayir işleri sıkı; talim olmakları ve cinlasdik[1] oyunu... Allah fireset vere yavrum.

Tarikden on beş gün evel *yerazıs desa kezi.*[2] *Hayrig*in, hep ikiniz bir gelmişsiniz. Senin yüzün eyri yavrum. Söyleyorum, cevab vermeyon. *Hayrig*ine deyorum, "Oğlumuz niçin söylemeyor, darıldı mı benim ile?" deyib. Oyandım ki, kimse yok. "Hayır ola, acaba oğlumun yüzü niçin eyri ola?" dedim. Soğra *hayrig*in fotokırafı geldi, senin yazın geldi. Ne hal ise, Allah sağlığınızı versin, heç bişey dert deyil.

Yol parası geldi, *hayrig*iin ve senin, yirmi beş kuruşdan elli kuruş. On sekiz yaşında olannara yol parası koyuldu, vergiler zan olundu. Belle ki, bizim yokarıki cevlik[3] on üç kuruş oldu. Hepisi bunun gibi. Ne hal ise, verdim kapıdan kendim. Belle ki, şekerin okğası altı kuruş oldu; her şey ona göre. Ucuz ne var desen, buğday ile et. Sağlık olsun, heç bir şey dert deyil.

Dudun, halan maksus selam etdiler. Annitsa, Evagül, Mari, Maryani, gene Mari çok çok selamnarı var. Ve çocuklar desd-i nazikeni pus ederler sevgülüm.

Hayganuş H. Kocayan

[1] cinlasdik: jimnastik
[2] "Rüyamda gördüm seni"
[3] cevlik: etrafı duvarla çevrilmiş bahçe ya da tarla (< çev-lik)

December 29, 1914
Efkere

My two eyes, the light of my eye, my dear son, Mr. Garabed,

I extend my special greetings and longingly kiss you upon your gentle eyes. If you were to ask how we are here, we have no worries, and we pray for you. Miss Verkine kisses your gentle hands.

Firstly, we were immeasurably pleased to receive your letter, dated November 14, my dear son. I was also immeasurably pleased that you wrote it in the courteous *Krapar* language. Also, Misag sent me the letter you sent to him, and I read it. Misag's letters come regularly. He is fine and comfortably continuing his studies. His education and other things, such as physical training and the gymnastics game, are strict. May God give him good sense, my child.

I saw you in my dream 15 days ago: You and your father both came here. You had a sullen face. I asked what your problem was, but you did not answer. I asked your father, "Why does our son not talk to me, have I offended him?" Then I woke up; nobody was there. "What's the matter? Why is my son's face sullen?" I said. Then your father's photograph and your letter arrived. Anyway, may God give you good health, the rest is not important.

We have received the road tax for you and your father; 25 kurush each, totaling 50 kurush. A road tax has been imposed for those 18-years-old and up. Other taxes are imposed. Even our walled garden on the upper side is taxed 13 kurush now. Everything is like that. Anyway, I paid the taxes at the door. Even an *okka*[1] of sugar costs 6 kurush now. Everything is like that. If you wonder what has remained cheap, there is wheat and meat. Never mind, these are not important issues.

Your *dudu* and aunt sent their special greetings. Annitsa, Evagül, Mari, Mariani and the other Mari send many greetings. The children kiss your gentle hand, my dear.

Hyganush H. Kojaian

1 okka: weight unit, approximately 1 pound.

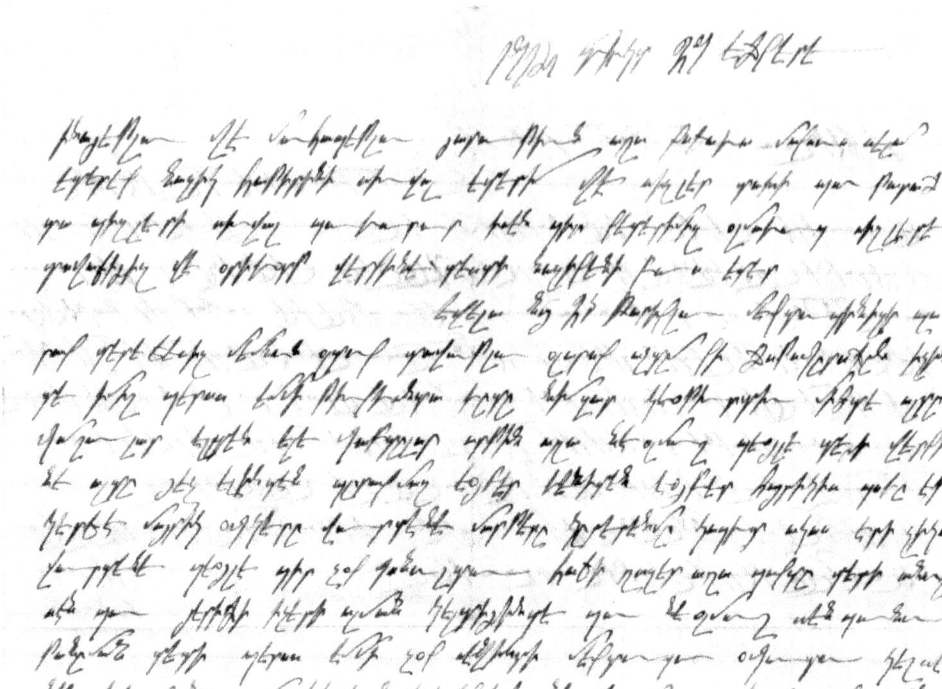

1914 *Degd[emper]* 29
Efkere

İnayetlu ve Muhabetlu Harutyun Ağa Kocayan,

Maksus selam ederek, nazig hatirini süval ederim. Ve sizler dahi bu tarafda bizleri süval buyurur isen, bir kederimiz olmayub, sizlere dovacıyız. Ve *Oriort* Verkine desd-i nazikeni pus eder.

Evela, *Noy[emper]* 25 tariklu mekdubinizi alarak derecesiz memnun olduk. Davutlu olarak aldım ki, fotokırafın içinde imiş. Beros emmi tükândayıdı. Nimzar götürdü, mücde aldı. Komşular elden ele kapdılar, "Artin Ağa ne olmuş böyle!" deyi. Verkine aldı, heç elinden bırakmaz. Öper, yeniden öper. "*Hayrigis boyı erger ye mayrig. Okgerı vurdene? Marterı gıreren mı. Gabid Agas eri çiga, vurdene?*"[1] Böyle birçok konuşdu. Hacı Ğazer Ağa bakdı, dedi "Anuş, sen bu herifi içeri alman geldiyinde. Bu ne olmuş? Sen bunu tanıman" dedi.

Beros emmi çok sevindi. Mekdubu okudu. "Gel senin ile konuşalım. Gölün içirikleri[2] nerde kaldı? Yokarı kövden perişen halda geldiyin nerde kaldı?" Düşünde padişah olmuşsun. Artmış, eksilmemiş. Allah'ın nazarı üsdünüzden eksik olmaya.

Dikran Efendi çok sevindi, "Vay Artin Ağa, böyle kola[3] mı dakacağındın!" deyi. Elime aldım, biraz içerimden fiğan geldi. Sevgülü oğlum *B[aron]* Garabed de yanında olmalıyıdı. Amma yazmışsın, "aceleyinen böyle oldu" deyi. "Eyisini gönderirik" demişsin. Ne hal ise, Allah işinizi gücünüzü ırast getire; *ser*[4], muhabet, ömrünüze bereket vere.

Bu tarafda bizler çok eyi, ırahatız. Taraf etıraf, cümneten bir keder yokdur. Verkine eyi, ırahat. İsdedigini yeyib içib, keyfine bakıyor. Daha bugün, bu sahat, gış yüzünü görmedik, öyle yaz gediyor.

Validemin ve hemşiremin maksus selamnarı var, çok sevindiler. Baki afiyetde kadim olasın.

Hayganuş H. Kocayan

[1] "Babamın boyu uzun ana. Ayakları nerede? [...]. Gabid agam artık yok. Nerede?"
[2] içirik: çok eski kıyafet, üst baş
[3] kola: kolalanmış, dik ve parlak gömlek
[4] ser: sevgi (Ermenice)

December 29, 1914
Efkere

Gracious and affectionate Harutiun Agha Kojaian,

I extend my special greetings and inquire after your well-being. If you were to ask about us here, we have no worries and we pray for you. Also, Miss Verkine kisses your gentle hand.

Firstly, we were immeasurably glad to receive your letter, dated November 25. It was registered mail and included your photograph. Uncle Beros was at his store. Nimzar took the letter there and took his tip. All of our neighbors passed your picture from hand to hand and said, "What has happened to Artin Agha?" Verkine took the picture and did not let it go. She kissed it again and again. She said, "My father is tall, mother. Where are his feet? [...] My brother Gabid is not here anymore. Where is he?" She said many things like that. Haji Ghazar Agha looked at the picture and said, "Anush, you would not even let this fellow in when he comes back. What has happened to him? Even you will not recognize him."

Uncle Beros was very happy. He read the letter. He spoke to your picture and said, "Come here, let us talk a little bit. What happened to the rags you used to wear? What happened to the days you came here in misery from the upper village?" You became a sultan in his dream; your wealth has increased but not decreased. May God's protection be always upon you.

Dikran Effendi was also very happy. He said, "Oh, Artin Agha, were you to wear such collars?" I looked at the picture, and I felt a little nostalgic. My dear son, Mr. Garabed, should have been next to you. But you wrote that you had the picture taken in a hurry and that you will send a better one. In any case, may God protect your work, increase the fondness for each other, and give you long lives.

Here we all are very well and at ease. Our kith and kin have no worries. Verkine is doing fine. She eats and drinks whatever she pleases and enjoys herself. As of yet, winter has not arrived; it is still like summer time.

My mother and sister send you their special greetings. They were very glad [to receive your news]. May you always be in good health.

Hyganush H. Kojaian

Garabed & Harutyun Kocayan - Garabed & Harutiun Kojaian

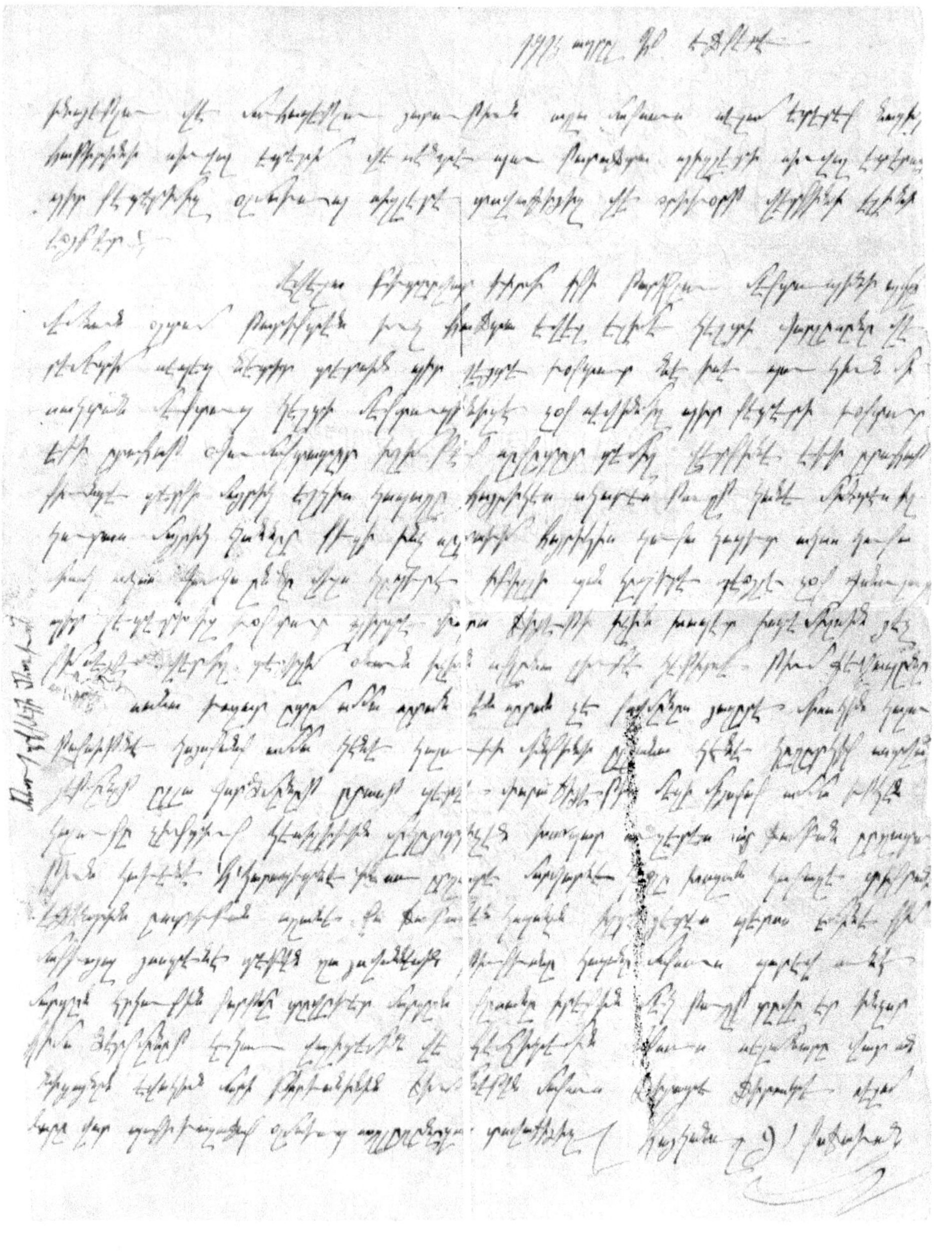

1915 *Abril* 20
Efkere

İnayetlu ve Muhabetlu Harutyun Ağa,

Maksus selam ederek, nazig hatirini süval ederim. Ve sen de bu tarafda bizleri süval edersen, bir kederimiz olmayub, sizlere dovacıyız. Ve *Oriort* Verkine elini öper.

Evela, *Pidırvar* yirmi iki tariklu mekdubini aldım, memnun oldum. Tarikden üç hafda evel elime geldi; karşısını veremedim. Sebeb nedir dersen, bir şey de yokdur. Ne ise, bugün Misag'dan mekdub geldi. Mekdubinize çok sevinmiş. Bir kederi yokdur. Eyi, ırahat okumakdadır. "İşim pek sıkıdır" demiş. Verkine eyi, ırahat. Künde der ki "*Mayrig, eşgis gabağı hayriges, agayes tuğt gane. Mijdes iş gudas mayrig. Gannır kezi inç sırayim. Hayrigis gu ka, Gabid Agas gu ka, Misag Agas gu ka. Intzı vizo gı bere, ipilli ban gı bere.*"[1] Böyle çok konuşur. Bir kederimiz yokdur.

Bir de para ciyeti için haber isdemişsin. Heç kimseye vermiş deyilim. Onun için aklına şüpe getirme. Tüm cevabını sana yazar ıdım amma sıra*n en* sıra*n çe. Kovmınıs* hazır *e. Misagin galu* taksit*ne ga hokank.* Amma gene *galuyi* minkini *ıllana* gene *gığırgik. Asdvadz hetmınıt ılla; kordzmınıt* ırast *bere.* Para ciyetin *mezi mi hokak.* Amma *etgen galukı çükdük.*"[2]

Gesili*yin Mıgırdiçen* habar *uzeres. Campan* ırğad*ıtyun gayene.* H[acı] *Garabedne İnos* ırğad *e. Markarne* gölı *hozan gakağe. Dikran* Efendi*n*, Isdepan Ağa*ne ku campanen gısbanın.* İşde *hedes. Beros* emmine *himmagayal*[?] *hosdene depen ğa. Hovannesin* tükanı *gısbanı.* Maksus *barev une. Mardın erguken kart mı dıvıyer. Mardın kısanı irekin meg tuğt dıvı er, inçor hima tserkmınıt yegav.*[3]

Validemin ve hemşiremin maksus selamnarı var. Annitsa'nın, Evagül'ün, Mari, Karyani'nin cümneten maksus firade firade selamnarı var. Baki yazacak olmayub, sağlığınıza dovaciyiz.

Hayganuş H. Kocayan

[1] "[...], Babamdan agamdan mekdub gelirse müjdemi veresin ana. Sana sayayım. Babam geliyor, Gabid Agam geliyor, Misag Agam geliyor. Bana [...] getir. Bana [...] şey getir."

[2] "Tüm cevabını sana yazar ıdım amma sıra o sıra değil. Yanımda hazır. Misag'ın gelen taksidinin de çaresine bakarız. Amma gene gelmesi minkin olursa gene gönderirsiniz. Allah yanında olsun, işini ırast getirsin. Para ciyetinde bizi derd etmeyin. Amma sonradan ne olur bilmiyoruz."

[3] "Gesili Mıgırdiç'den haber isdemişsin. Yolda ırgatlık ediyor [Yazar, muhtemelen Amele Taburlarından bahsediyor. Savaş sırasında gayri-müslim askerler, yol inşaatı ve nakliye hizmetlerinde çalıştırılıyordu]. H[acı] Garabed ve İnos[?] ırgat. Markar da gölde anız topluyor. Dikran Efendi, Isdepan Ağa senin yolunu bekliyorlar. İşde böyle. Beros emmi şimdilik [...]. Hovannes'in tükânı bekliyor. Maksus selamı var. Mard'ın ikisinde kart vermiş. Mard'ın yirmi üçünde bir mekdub vermiş, şimdiye elinize gelmiş olmalı."

April 20, 1915
Efkere

Gracious and affectionate Harutiun Agha Kojaian,

I extend my special greetings and inquire after your well-being. If you were to ask about us here, we have no worries, and we pray for you. Also, Miss Verkine kisses your hand.

Firstly, I was pleased to receive your letter, dated February 22. I received it three weeks ago; I could not respond. If you were to ask why, there is no good reason. Anyway, today there was a letter from Misag. He was overjoyed with your letter. He has no worries. He is well, continuing his studies. He wrote that his work is hard. Verkine is also well. Every day, she says, "[…] Mother, I want my gift for good news if you receive a letter from my father and brother. Let me count: My father is coming, my brother Gabid is coming, my brother Misag is coming. Bring me […] and bring me […]". She says many things like that. We have no worries.

You also asked about the money. I did not give it to anyone. Don't you worry. I would give you a complete answer but it is not the time for that. I have the money, it is ready. We will take care of Misag's upcoming tuition installment. But if it becomes possible again, send some. May God be with you and allow you to succeed. Regarding the money issue, do not worry about us. But we do not know what may happen later on.

You asked for the news of Mgrdich of Gesi. He is a roadworks laborer.[1] Haji Garabed is also a laborer. Markar collects stubble from around the lake. Dikran Effendi and Sdepan Agha are looking forward to your arrival. This is the news. Uncle Beros […]. He tends Hovannes's store. He sends his special greetings. He sent you a card on March 2 and a letter on March 23. You must have received them by now.

You have special greetings from my mother and sister. Annitsa, Evagül, Mari and Kariani also send their greetings. There is nothing else to write. We pray for your good health.

Hyganush H. Kojaian

[1] The writer is likely referring to the Labor Battalions (*Amele Taburu*), in which non-Muslim conscripts were forced to work mostly in road construction and the transportation of equipment and supplies.

Mr. Harautun Kojaian
142 victor avinoe
Highland Park
Detroit Mich
U. S. A

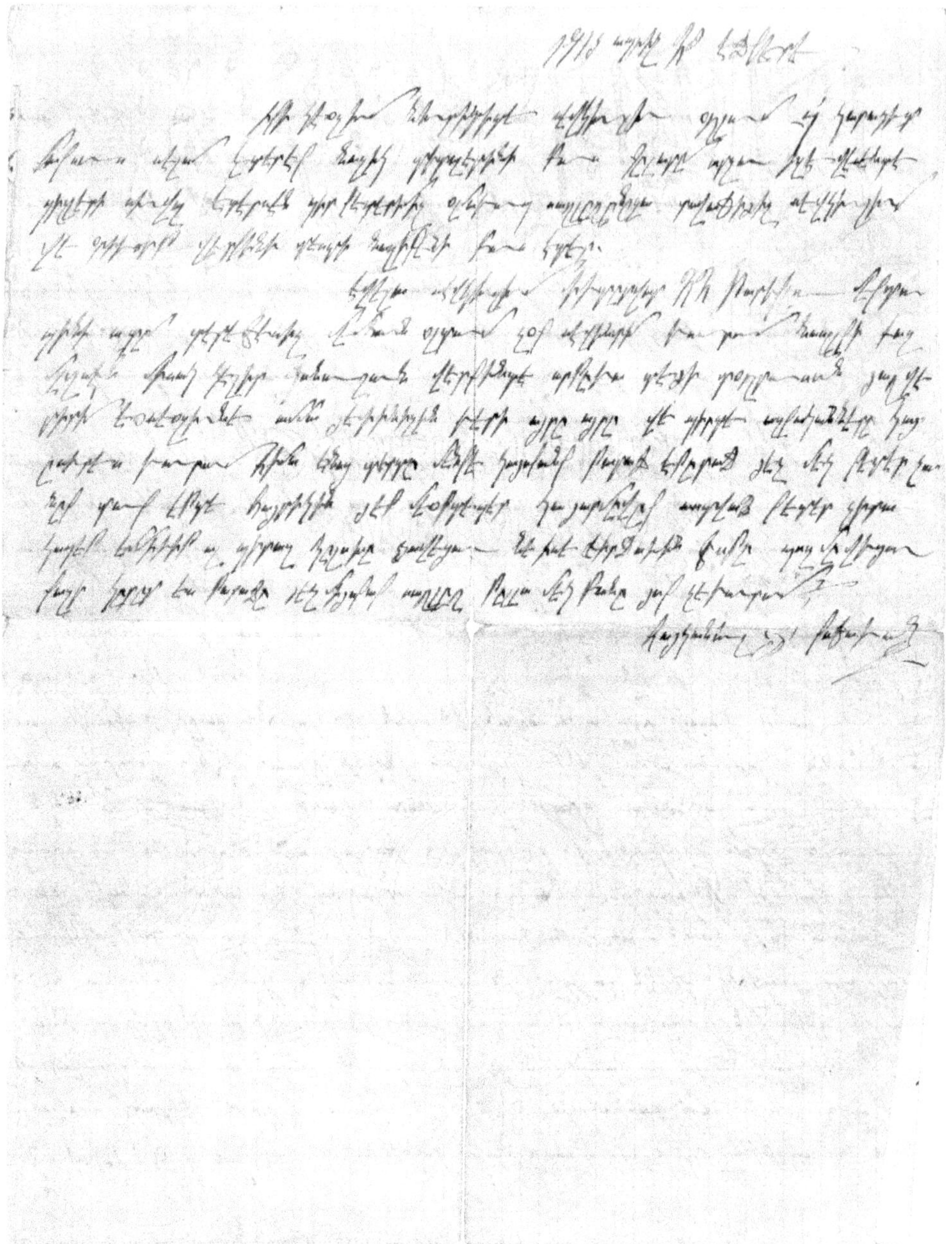

1915 Abril 20
Efkere

İki Gözüm, Nur-i Dide[m], Sevgülü Oğlum *B[aron]* Garabed,

Maksus selam ederek, nazig didalerini pus kılarım, arzu ile. Ve sen de bizleri süval edersen, bir kederimiz olmayub, sağlığınıza dovacıyız sevgülüm. Ve *Oriort* Verkine desd-i nazikeni pus eder.

Evela, sevgülüm, *Pidırvar* 22 tariklu mekdubini aldım, derecesiz memnun oldum. Çok sevindim yavrum. Nasıl ki yazmışsın, Misag gelir, konuşun; Verkin de artıya deyi. Doğrusun, hağ veririm o süzüne. Amma hepinizin yeri ayrı ayrı.

Ve bir de *"azkagannerı ga" ısir es* yavrum. *Hima enots* derd*ı menke gahokank*. Taraf etıraf heç *meg* keder *çunık. Duk etde hayrigin het* mökdeber *gaharmıvık? Asdvadz* keder *çida. Gabet* emmiy*it al* biraz *gılshı çavetsav*. Ne ise, *yircayin* [...]*tı bozmıvitsav. Kaçi gırır es* tarafı *heç mihokak*. Sağlığ *tılla, meg panı hok çe* yavrum.[1]

Hayganuş H. Kocayan

[1] "'Ve bir de akrabalar var' demişsin yavrum. Şimdi onların derdini de biz düşünüyoruz. Taraf etraf heç bir kederimiz yok. Siz orada hayrigin ile mökdeber anlaşıyor musunuz? Allah keder vermesin. Gabit emminin de biraz başı ağrıdı. Ne ise, [...] bozuldu. Nasıl ki yazmışsın, bu tarafı heç derd etme diye [?]. Sağlığ olsun, heç bir şey keder değil yavrum."

April 20, 1915
Efkere

My two eyes, the light of my eye, my dear son, Mr. Garabed,

I extend my special greetings and longingly kiss you upon your gentle eyes. If you were to ask how we are here, we have no worries, and we pray for your good health, my dear. Also, Miss Verkine kisses your gentle hand.

Firstly, my dear, I was immeasurably pleased to receive your letter, dated February 22. I was very happy, my child. You wrote that Misag and also Verkine [incomprehensible sentence]. You are right, I will give you that. But each of you has your own place [in my heart].

You also said, "There are also the relatives," my child. Now we are also taking care of their problems. Our kith and kin have no worries at all. Are you getting along well with your father there? May God spare you from grief. Uncle Gabid had run into some problems. Anyway, [...]. You wrote that I should not worry about you. May God give good health, the rest is unimportant, my child.

Hyganush H. Kojaian

1915 Mayis 11
Efkere

İnayetlu ve Muhabetlu Harutyun Ağa Kocayan,

Maksus selam ederek, nazik hatirini süval ederim. Ve sen de bu tarafda bizleri süval buyurur isen, bir kederimiz olmayub, sizlere dovacıyız. Ve *Oriort* Verkine desd-i nazikeni pus eder arzu ile.

Evela, *Abril* 5 tariklu mekdubinizi alarak derecesiz memnun oldum. Allah ömür vere ki, bu tarafda bizleri mekdubsuz koymayorsun. Çokların mekdubları haylı vakıt gelmeyor. Dünyanın obir ucuna gedersen gene evini, toprağını unutman. Ehmal tabahatın heç yokdu.

Kart yazdığıma biraz gücenmişsin. Haggın var amma dünyadan ne haber! Ben isderi[m] ki mekdub yazaram, tüm tabağayi dolduruyim deyi. Çünkü bilin tabahatımı; elin mekdubunu yazarım amma yazamayorum. Dilim, tamahım[1] kurumuşdur. Ne hal ise...

Bir de B[aron] Garabed'in yazısı gelmediyi için yazmışsın ki, "ne yapalım, senin oğlun" deyi. Okuduğumda pek hoşuma geldi. Güldüm, kef duydum. Verkin de yanımda, "*Mayrik inçe gahındas, tseliyes*!"[2] deyi mekdubu elimden çekti aldı, "deyeceksin" deyi. Gelelim, Misag da senin oğlundur. Geçen hafda sizlerin mekdubu Talas'a gelmiş, bize göndermiş. Okudum, yamacını yazdım, geçen posta verdim. Şimdiye elinize gelmiş olmalı. Şurayı deyeceğim, onun arkasından iki daha mektub verdi: "*Mayrig; hayrigis,* agay*is, Donig* dayi*yis, namagı kezi ğırgetsi. Arır mı, indzi kidatsur. Timatsı gıre,* acele *Amerika dur*"[3] deyi. Böyle işine mukayet senin oğlundur. Ordaki de benim oğlumdur. Allah acılarını gösdermeye bize.

Burayı bitirdik, gelelim buraca: Dört tane halı sermiyesi aldım, halı edeceyim. Çünkü ipler ucuz. Sekiz kuruşluk ip beş kuruşa endi. Herşey bunun gibi. Pahırlar[4] ucuz, kilimler ucuz; para bahalı. Kim neynesin! Niyetim iki liralık pahır ile kilim alacağım. Gene minkini olursa Misag'ın vakantsaya birkaç lira para gönderebilirsiniz. Sen de de ki, "işin yok mu ki?" İşim de çokdur amma ğayri niyetime aldım halıyi. Bilin zatı, evimizin içini bir yüzden pakledim. Amma iş gayri paraya kaldı. Bir lira yahut iki lira. Şöyle bir yüzden olur amma sıra o sıra deyil. Arşın malları hep üsde koydu [?]. Biraz daha müsahade edek bakalım.

Misag'a da yazmışsın; geden olursa göndereceğim. Gelmeleri de yaklaşdı kayri. Hovannes için de yazmışsın. Onun babası nerde kalmışdır ola? Ne mekdubu geliyor ne haberi. Neyniyim, başını yesin. Bize göre bir iş yok.

Beros emminin de maksus selamı var. Mikayel emmi süval etdi ki, "Kâğırtda ne yazıyor, iş başında mı?" "Boğazlarını çıharıyorlarmış" dedim ise "Hınhı[?] kiselerini doldursunlar eyice" dedi. Ğoya[5] bana çohsundu ki, sen öyle deyon deyi. Ben de güldüm. Yana, öyle bir Amerika'nın adı var ki, "bugün boşdurlar" dersen inanmazlar ille ki bu sırada. Ne ise, Allah sağlıkdan geri komaya.

[1] tamah: damak
[2] "Ana, neye gülüyorsun, söyle!"
[3] "Ana; pederimin, agamın, Donig dayımın mekdubunu sana yolladım. Aldın mı bana bildir. Yamacını yaz, acele Amerika'ya gönder."
[4] pahır: bakır (kap kacak)
[5] ğoya: güya

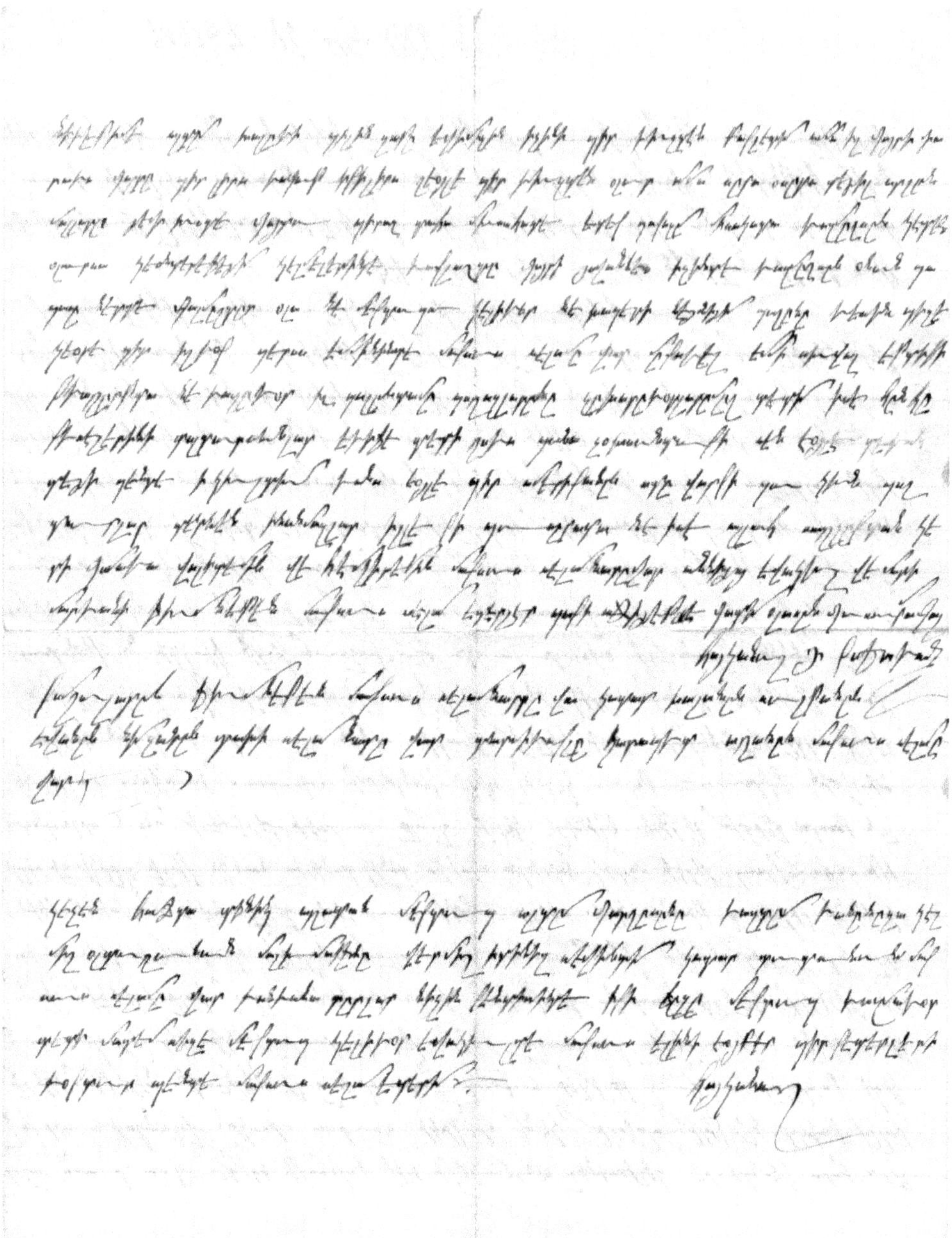

Validemin ve hemşiremin maksus selamnarı var. Annitsa, Evagül ve Mari, Mariani, cümneten maksus selam ederler. Baki afiyetde kadim olasın. Kusura kalma.

Hayganuş H. Kocayan

Komşuların cümneten maksus selamları va[r]. Gadar halanın, Sultan'ın, Eva'nın, Nimzar'ın dahi selamnarı var. Darsiyaklı Garabed Ağa'nın maksus selamı var. Geçen hafta Donig Ağa'dan mekdub aldım, karşısını yazdım. Yanınıza gelmiş olduğunun malümatını vermiş idiniz, sevindim. Gadar dudunun maksus selamı var. "Yanyanadırlar, niçin kendisi de iki cızı[6] mekdub yazmayor?" dedi, "madem size mekdub geliyor." Evagül de maksus elini öper. Bir kederleri yokdur. Ben de maksus selam ederim.

[6] cızı: çizgi

May 11, 1915

Gracious and affectionate Harutiun Agha Kojaian,

I extend my special greetings and inquire after your well-being. If you were to ask about us here, we have no worries, and we pray for you. Also, Miss Verkine longingly kisses your gentle hand.

Firstly, I was immeasurably pleased to receive your letter, dated April 5. May God give you a long life for not leaving us without letters. Many people have not received letters in a while. You would not forget your household and land even if you went to the other end of the world. [I knew that] negligence was not in your nature at all.

You wrote that you were slightly offended because I sent you a postcard. You have a point, but do you know what is happening in the world? I also want to write letters and fill the whole sheet. As you know my nature, I write letters for others, but I cannot write [my own]. My tongue and palate have withered away. Anyway.

Also, when I complained that Mr. Garabed's letter had not arrived, you wrote, "What can be done? He is his mother's son." I really liked that remark. I laughed and rejoiced. Verkine was next to me and said, "Mother, why are you laughing? Tell me," and snatched the letter from my hand. Whereas, Misag is your son. Last week your letter reached Talas and he forwarded it to me. I read and responded to it, and then I posted it. You must have received it by now. What I am trying to say is that he wrote two more letters to check on me, saying, "Mother, I posted to you the letters of my father, brother and Uncle Donig. Tell me if you received them. Respond to them, and send them to America immediately." Conscientious of his duties, he is your son. And the one who is there is my son. May God never show us them suffering.

As for the works here, I bought material to weave four carpets. I am going to weave carpets, because the threads are cheap. The threads that were 8 kurush have dropped to 5 kurush now. Everything is like this. Likewise, copperware has become cheap, the kilims have become cheap. What is expensive is money. What can one do? What I have in mind is to purchase copperware and kilims worth 2 liras. If it will be possible for you, send us a few liras until Misag's school recesses. If you were to ask if I do not have enough work to do, you would have a point. I do have a great deal of work, but I have put my mind to the carpet. As you know, I renewed [?] the interior of our house. The rest depends on money and requires 1 or 2 liras. I would do an all-around work at home but now it is not the time. [incomprehensible sentence]. Let us wait a little more.

You wrote a letter for Misag. If I find someone going there, I will send it to him. Their arrival is approaching. You also asked about Hovannes. Wherever his father is! Neither his letters nor his news arrives here. What can I do? May he destroy himself. There is nothing for me to do.

You have special greetings from Uncle Beros. Uncle Mikayel asked, "What is he writing in the letter? Does he have a job?" When I told him that you merely subsist, he said, "Let them fill their coffers now." What you wrote seemed odd to him; and I laughed it off. America has such a reputation here, that if you were to say, "They are out of work today," they would not believe you. Anyway, may God give you good health.

My mother and sister send their special greetings. Annitsa, Evagül, Mari and Mariani also send their special greetings. May you be well. Forgive my rambling.

Hyganush H. Kojaian

P.S. You have special greetings from all of our neighbors. Aunt Gadar, Sultan, Eva and Nimzar also extend their greetings. You have greetings from Garabed Agha of Darsiyak too. I received a letter from Donig Agha and responded to it. You informed me that he is now with you. I am happy to hear that. Gadar *Dudu* sends him her greetings and said, "Donig is with them, and you receive letters; why doesn't he write two lines?" Evagül kisses your hand. I also send my special greetings.

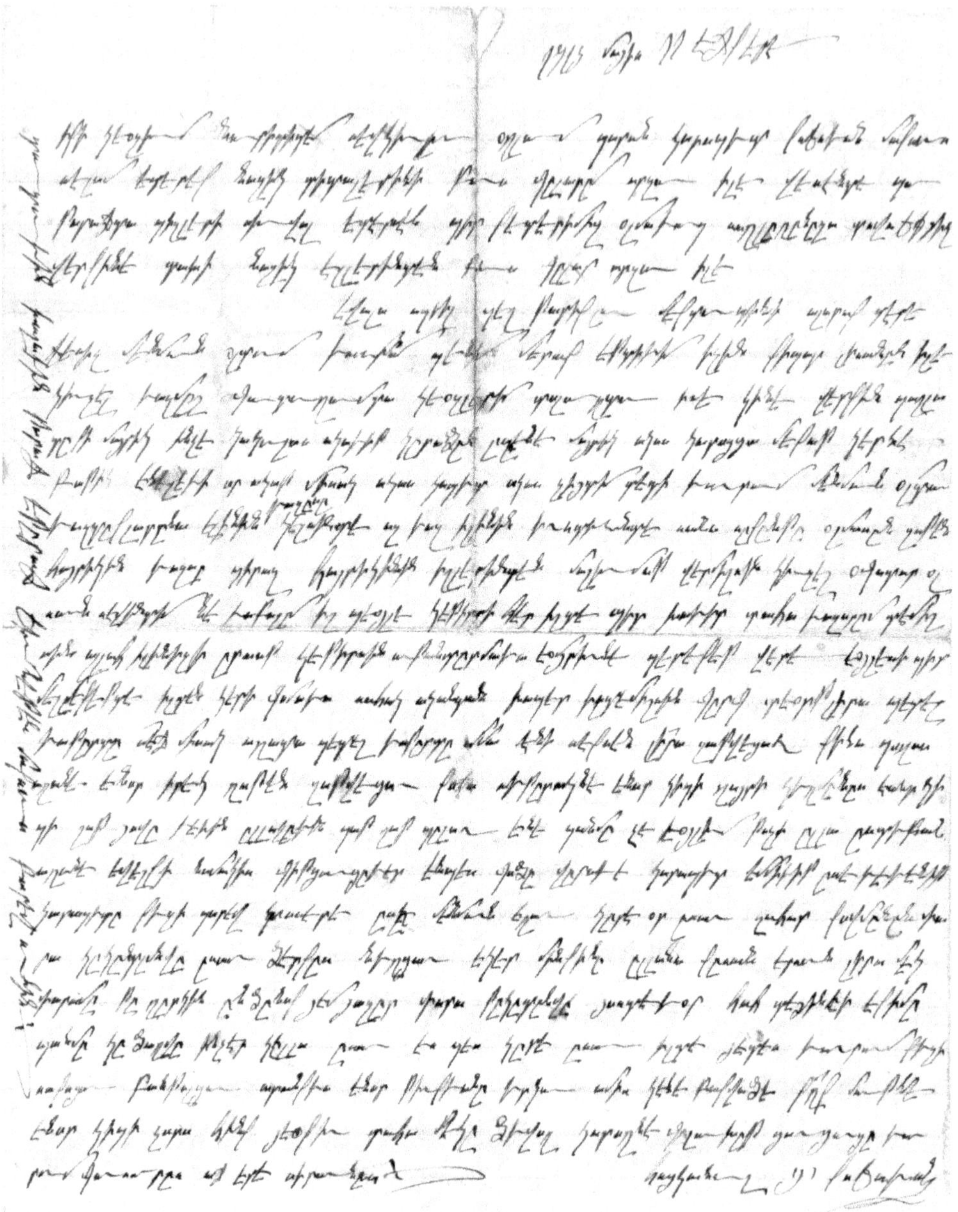

1915 *Mayis* 11
Efkere

İki Gözüm, Nur-i Didem, Sevgülü Oğlum *Baron* Garabed Kocayan,

Maksus selam ederek, nazig didalerini pus kılarım, arzu ile. Ve sen de bu tarafda bizleri süval edersen, bir kederimiz olmayub, sağlığınıza dovacıyız. Verkine dahi nazig ellerinden pus kılar, arzu ile.

Evela, *Abril* beş tariklu mekdubini alarak derecesiz menmun oldum yavrum. Beni merak etdiyin için kibar lisanın ile güzel yazmış[sın]. Okuduğumda gözlerim doluşdu ise gine Verkin başladı ki, "*Mayrig inç e gagulas?* Aga*yit gıratsın ıslene mayrig.* Aga*s garotstsa. Mekat gertse* patig *eneleyi vor* aga*t. Misag* aga*s, Gabid* aga*s çiydim*"[1] dedi yavrum.

Menmun oldum yazdıklarına. Elinin yazısı gelsin de, az yaz. İşinin üsdünde sana sıkıntı olmasın. Zaten *hayrig*in yazar. Biraz *hayrig*inin işlerinden malümat vermişsin. Güzel, o kadar olsun. Sevindim. Ne yapalım, iş böyle getirdi. Her işte bir hayır. Daha yazarım demişsin. Allah işinizi ırast getirsin; utandırmaya, ömrüne bereket vere; öylesi bir melmekette işden geri komaya.

Sahag agandan haber isdemişsin. Kırk dört lira bedel yatırdı. Sef[eryan] Misag Ağa da bedel yatırdı amma *eni* seksen lira *zatvetsav. Kina Boğos* Ağan*e enor ireg ğaten zatvetsav. Koca Setıragne enor* gibi. Ğayri *geğmınıs esor* gibi. *Şat hovı yeyin ıllaliyen bat şat bılav ene. Ban mı çe,* ölüm *to çi ılla. Isdepan* Ağan*e* evelki *namagis kittsutsıyer enbes kordzı vıra e.*[2]

*Garabed* emmiyit *ısi*, "Yeyenit *Garabedı kezi barev hosere" ısi.* Menmum *yeğav. Gıre vor ısav*, "Zahar *kovmının* para *gı gındınvı" ısav. "Tserkis neğtsav.* Eger minkini *ıllana kısan yersun* lira *meg* paramı *tı ğırgin ıntsınok.* Hem hazır para *tı gıdınvı. Hosdeyor* hah deyinci *eki mı, ban mı gı dzağvı, inçer gılla" ısav. "Esbes gıre" ısav.* İşde *hedes* yavrum.[3]

*Kezi sakotsu, pantoltsu arankis enor* tükânı *yergu amis* gene *pakvats e. K[a]ğ[a]k mutne. Enor* gibi *çors hink hökü* daha *megı tsevoğ garoğne. Kıluhıt tsatsutsı* yavrum. Kusurı*s* af *ere sirunıs.*[4]

Hayganuş H. Kocayan

[1] "Neden ağlıyorsun ana? Agamın yazdığını söylesene. Ana, agamı özledim. Bir gelse de ona patik yapsaydım. Misag agam, Gabid agam, bilmiyorum[?]."

[2] "Seferyan Misag Aga da bedel yatırdı amma o da seksen lira yatırdı. Kina Boğos Ağa da onun üç katı yatırdı [?]. Koca Setırag da onun gibi. Ğayri köyümüz bunun gibi. [...] çok hane yıkıldı [?]. Bir şey değil, ölüm vermesin. Isdepan Ağa da evelki mektubda bildirmiştim, böyle iş üstünde."

[3] "Garabed emmine dedim ki, 'Yeğenin Garabed'in selamı var' dedim. Memnun oldu. Yaz dedi, 'Zahar yanında para bulunur' dedi. 'Elim daraldı. Eğer minkini varsa yirmi, otuz lira bir para göndersinler bana. Hem hazır para bulunsun. Hah deyinceye kadar bağ, bir şey satılır, neler olur' dedi. 'Böyle yaz' dedi. İşde böyle yavrum."

[4] "Sana ceketlik, pantolonluk aldığımız dükkân iki aydır kapalı. Şeher karanlık [?]. Onun gibi dört beş kişi daha biçip dikiyor. Başını ağrıtdım yavrum. Kusurumu affet sevgülüm."

May 11, 1915
Efkere

My two eyes, the light of my eye, my dear son, Mr. Garabed Kojaian,

I extend my special greetings and longingly kiss you upon your gentle eyes. If you were to ask how we are here, we have no worries, and we pray for your good health. Also, Verkine longingly kisses your gentle hands.

Firstly, I was immeasurably happy to receive your letter, dated April 5, my child. You wrote in your courteous language that you worry about me. As I read it, my eyes filled with tears, and Verkine, again, started to say, "Mother, why are you crying? Tell me what he wrote to you, Mother. I miss my brother. If he comes here, I will knit booties for him. […]."

I was made happy with what you wrote. It does not matter whether you write at length or briefly, just as long as I receive your letters. I do not want to burden you with letter-writing on top of your work. Your father will be writing anyway. You gave some information about your father's work. That is fine, that much is good. I am glad. What can we do, it turned out this way. Everything happens for a reason. You said you will write in detail. May God allow you to succeed, and not disgrace us, give you a long life and not allow you be out of work in such a country.

You wanted the news of your cousin, Sahag. He paid 44 liras for the *bedel.* Misag Agha Seferian also paid the *bedel,* but he paid 80 liras. Boghos Agha Kinaian paid three times that amount [?]. Setrag Kojaian did the same. The entire village was like that. Many households were devastated [?]. All of this is nothing, [as long as] God spares us death. As I wrote in my previous letter, Sdepan Agha is working on that business [?].

I said to your uncle Garabed, "You have greetings from your nephew, Garabed." He was pleased. "Write to him" he said, "he must have money. I am pressed for money. Tell them to send me 20 or 30 liras, if it is possible. That way you will have here ready cash. You never know when there will be an available orchard," he said. "Write it so," he said. That is how it is, my child.

The store from which we bought cloth for your jacket and trousers has been closed for two months [?]. The city is in darkness [?]. Four or five people like him are busy with tailoring [?]. I have given you a headache, my child. Forgive my rambling, my dear.

Hyganush H. Kojaian

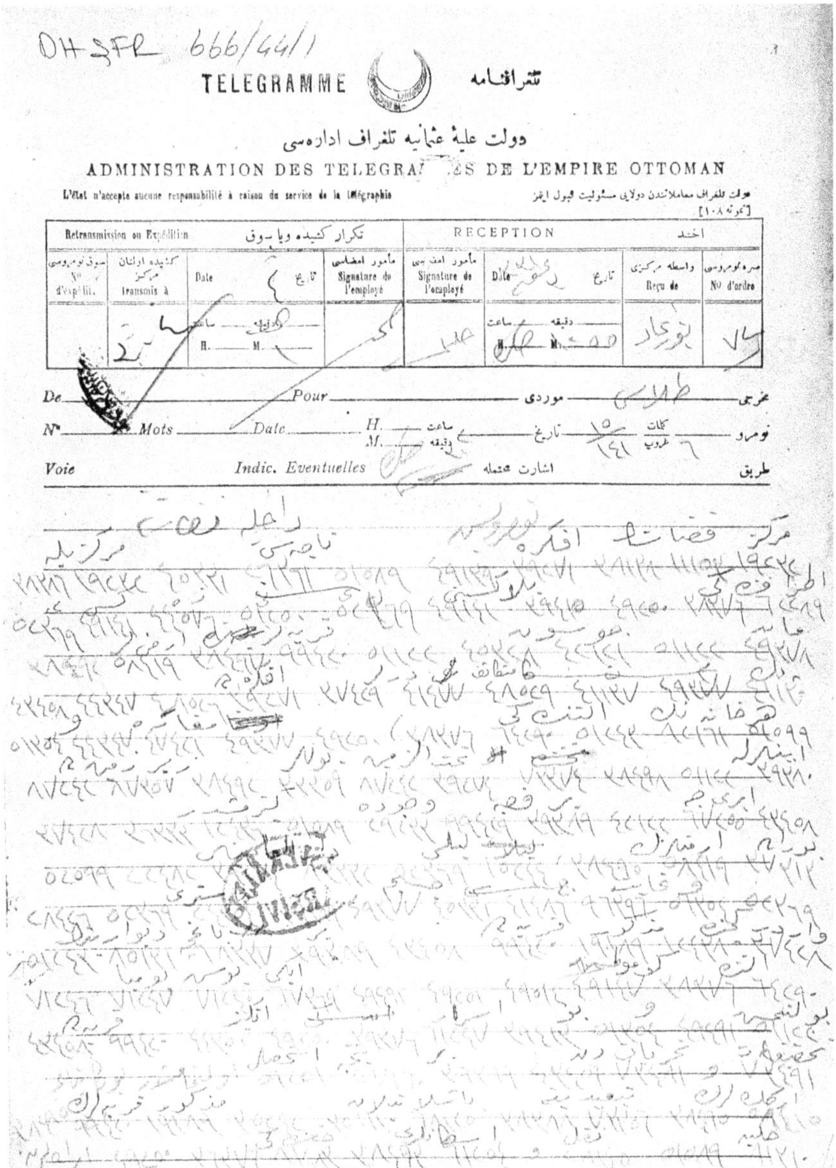
DH.ŞFR 666/44/1

TELEGRAMME

ADMINISTRATION DES TELEGRA[...]ES DE L'EMPIRE OTTOMAN

L'État n'accepte aucune responsabilité à raison du service de la télégraphie

| Retransmission ou Expédition | | | | RECEPTION | | | |
|---|---|---|---|---|---|---|---|
| N° d'expédit. | transmis à | Date | Signature de l'employé | Signature de l'employé | Date | Reçu de | N° d'ordre |

De ... Pour ...

N° ... Mots ... Date ... H. ... M. ...

Voie ... Indic. Eventuelles ...

Permission request of the Governor of Kayseri for the deportation of the male Armenian populations of Efkere, Balagesi, Gesi and Mancusun to Aleppo on July 16, 1915 (Ottoman State Archives, Istanbul)

Kayseri Mutasarrıfı'nın, Efkere, Balagesi, Gesi ve Mancısın'daki erkek Ermeni nüfusun Halep'e tehciri için 16 Temmuz 1915 tarihli izin talebi (Başbakanlık Osmanlı Arşivi, İstanbul)

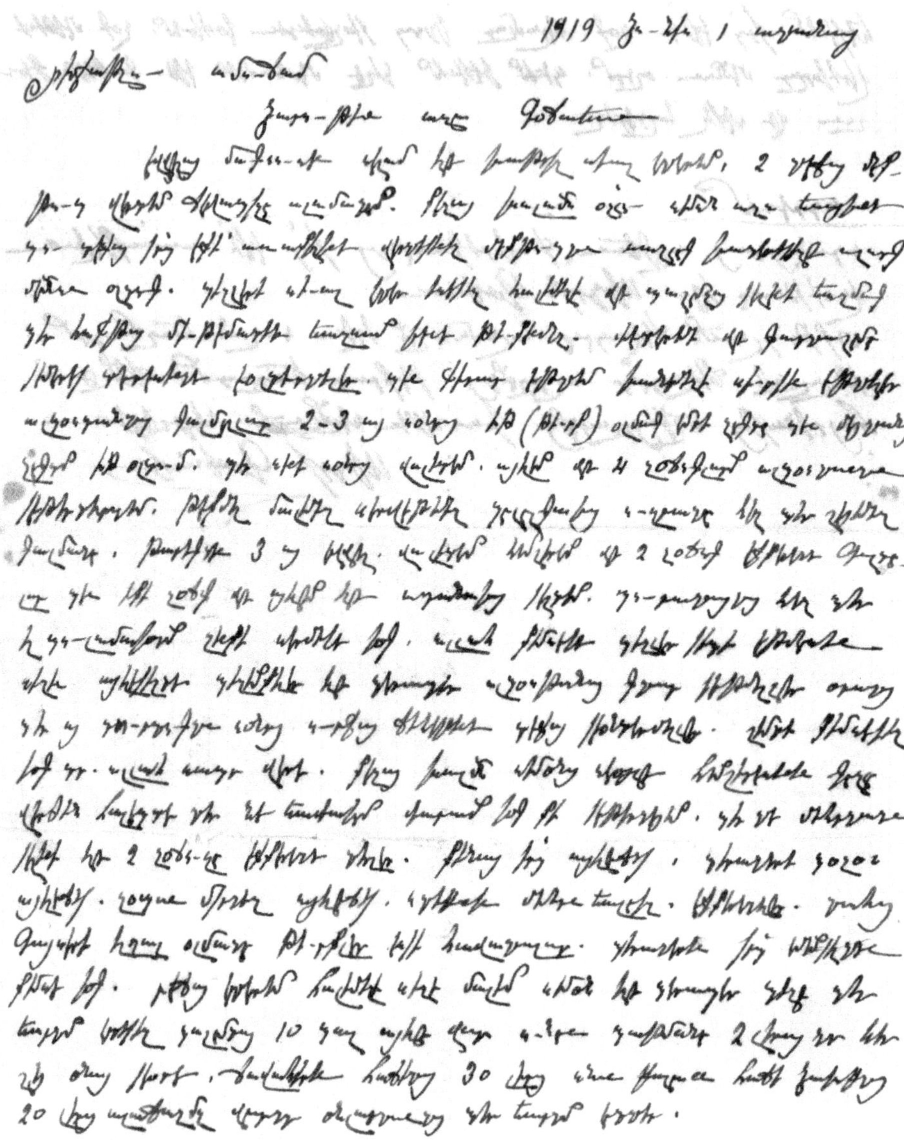

1919 Hunis 1
Adana[1]

Rifatlu Amucam Harutyun Ağa Kocayan,

Evvela, maksusen selam ile hatrın süal ederim. 2 defa mektub verdim, cevabını alamadım; keza, halamın oğlu Simon Ağa Yesayan'a. Bu defa, Garabed Efendi Arakilyan'a verdiyiniz mektubda sağlık haberinizi alarak memnun olduk.

Bizleri süal eder iseniz, halimizi ve başımıza geleni yazmak, bir hafta mütemadiyen yazsam yine tükenmez. Pederimi ve kardaşımı Gemerek[2] deresinde öldürdüler. Ben firar etdim. Hanemizi sürgün etdiler. Albosdan'da[3] kalmışlar. 2-3 ay sonra it (Türk) olmak emri çıkdı. Ben meydana çıkdım, it oldum.[4] Bir sene sonra validem, ayilem ve 4 çocuklarım Albosdan'dan getirdirdim. Tekmil[5] malımız, servetimiz bılıçkaya[6] uğradı. Heç bir şeyimiz kalmadı. Tarikden 3 ay evvel, validem, hemşirem ve 2 çocuk Efkere'de kaldılar. Ben iki çocuk ve ayilem ile Adana'ya geldim. Burada da heç bir iş bulamayorum. Çünki sermiye yok. Allah kimseye bizler gibi etmesin.

Sizin ayileniz de bizimkiler ile beraber Albostan'a kadar gitmişler. Orada bir ay durdukdan sonra Urfa ciyetine defa göndermişler. Şimdi kimseniz yokdur. Allah sabır vere. Keza, halamın Simon'a söyle, hemşiresinin kızı Virjin Haleb'dedir. Ne yapayım, param yok ki getirdeyim. Bir de Mehirdad'ın gelini ve 2 çocuğı Efkere'dedirler. Kina Garabed ayilecek, biraderi Boğos ayilecek, Çoban Mıgırdiç ayilecek, Isdepan'ın Mihran yalınız Efkere'dedir.

Daha Kayseri işğal olmadı. Türkler eski havadalar. Biraderin Garabed emimgilden kimse yok. Rica ederim, halimiz size malüm. Simon ile beraber bize bir yardım ediniz. Başımda 10 baş ayile var. Unun batmanı 2 liradır. Her şey ona göre. Cavahiryan Hacı'da 30 lira onun kalanı[?] Hacı Hagop'da 20 lira alacağımız vardır. Onlardan da bir yardım eddir.

Yegenim Garabed Efendi,

Çok selamlar edib gözlerinden öperim. Çok methini veriyorlar, memnun oldum. Benim yegenim, bize merhamet et. Gayet peruşan ve sefil haldeyiz.

[1] Bu mektup yazıldığı tarihte Adana, Fransız işgali altındadır.
[2] Gemerek: Kayseri'nin 80 kilometre kuzeydoğusunda, Sivas'a bağlı bölge. Yazarın Gemerek'te amele taburunda bulunuyor olması olasıdır. 18 Ağustos 1915'te Gemerek'ten geçen Alman rahip Hans Bauernfeind, çoğunluğu tüccar 900 Kayserili Ermeni işçi-askere rastlamıştır. Bkz. Raymond Kevorkian, The Armenian Genocide, a Complete History. (London & New York: I. B. Tauris, 2011), s. 517.
[3] Albosdan: Elbistan. Kayseri'nin 250 kilometre güneydoğusunda, Maraş'a bağlı kasaba.
[4] Yazar, din değiştirerek sürgünden ve muhtemel bir ölümden kurtulduğunu anlatıyor. 1915 Temmuzuna kadar, bazı vilayetlerde ihtida eden Ermeniler tehcirden muaf tutulmuştur. 13 Temmuz 1915'te, Talat Paşa, Kayseri bölgesinde çok fazla sayıda Ermeni'nin ihtida etmesi üzerine süreci durdurmuş, Ermenilerin şahsi menfaat ve sürgünden kurtulmak için din değiştirdiğini ve samimi olmadıklarını öne sürerek, bundan böyle Müslüman olmuş Ermenilerin de tehcir edilmesini emretmiştir. Bkz. Osmanlı Belgelerinde Ermenilerin Sevk ve İskânı, 1878-1920 (Ankara: Başbakanlık Devlet Arşivleri Genel Müdürlüğü Osmanlı Arşivi Daire Başkanlığı, 2007), s. 198. 'İt' sözcüğünün yanındaki parantez içinde 'Türk' ibaresi, mektubun orijinalinde vardır.
[5] tekmil: bütün
[6] bılıçka: yağma, talan

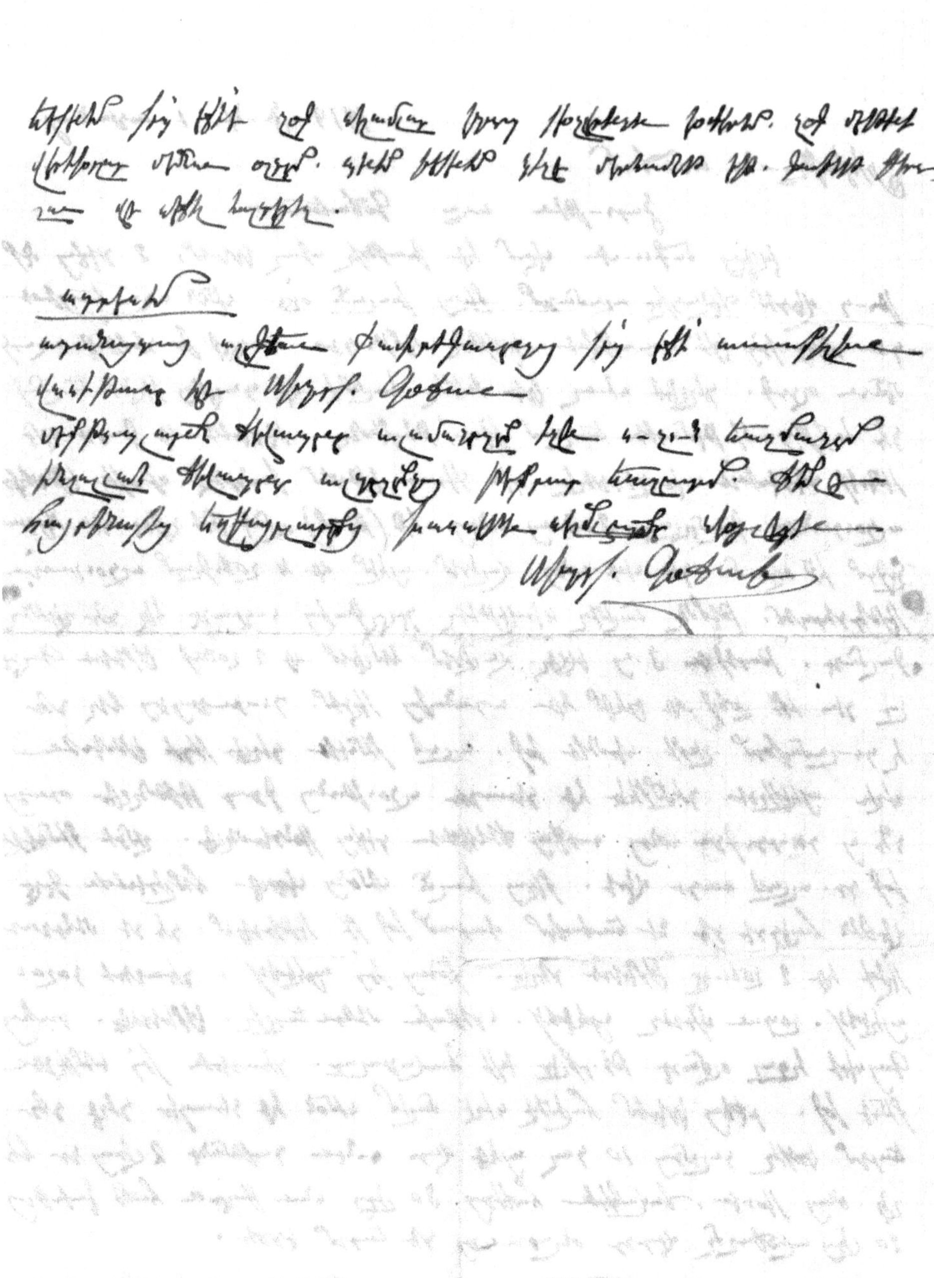

Adresim:
Adana'da Aşıkyan faprikasında, Garabed Efendi Arakilyan vasitası ile Sedrak Kocayan. Mekdublarım[ın] cevabını alamadığım için uzun yazmadım. İnşallah cevabını aldığımda tekrar yazarım. Cümle *hayrenagits yeğpayr*larıma[7] hasseden selamlarımı söyleyin.

Sedrak Kocayan

[7] hayrenagits yeğpayrlarıma: hemşeri biraderlerime (Ermenice)

June 1, 1919
Adana[1]

My distinguished uncle, Harutiun Agha Kojaian,

Firstly, I extend my special greetings and inquire after your well-being. I sent you two letters, but I have not received any reply from you, nor from my aunt's son, Simon Agha Yeseian. This time, I was pleased to learn the news of your good health from the letter you sent to Garabed Effendi Arakilian.

If you were to ask about us, I could write for a week about our state and what has happened to us, and it would not suffice. They killed my father and brother at the brook of Gemerek[2]. I escaped. They banished our household. It is said that they stayed in Elbistan[3]. Two or three months later, there was a decree to become a dog (Turk). I came forth and became a dog.[4] After a year, I brought my mother, family and four children from Elbistan. All of our property and our fortune were pillaged. Now we have nothing anymore. Three months ago, my mother, sister and two of the children stayed in Efkere and my family, two children and I came to Adana. I cannot find a job here either because there is no capital. May God never inflict these things on anyone else.

We understand that your family went to Elbistan together with ours. After staying there for a month, they were sent towards Urfa[5]. Now you do not have anyone left. May God give you patience. Also, tell my aunt's son, Simon, that his sister's daughter, Virjin, is in Aleppo. What can I do? I don't have any money to bring her back. Also Mehrdad's daughter-in-law and her two children are in Efkere. Garabed Kinaian and his family, his brother Boghos and his family, Mgrdich Chobanian and his family, Sdepan's son Mihran by himself, are in Efkere.

Kayseri has not yet been occupied. The Turks maintain their old demeanor. There is no one from your brother Garabed's household.[6] Please, now you know our situation; help us in cooperation with Simon. There are 10 households that I need to take care of. One *batman* of flour is 2 liras; everything is like that. Javahirian [?] Haji owes me 30 liras and Haji Hagop 20 liras. Make them help us too.

[1] Adana was under French occupation at the time that this letter was written.

[2] Gemerek: District of Sivas. 50 miles northeast of Kayseri. It is possible that the writer was in the labor battalion deployed in Gemerek. On August 18, 1915, the German minister Hans Bauernfeind encountered in Gemerek 900 Armenian worker-soldiers from Kayseri, most of whom were merchants. See, Raymond Kevorkian, The Armenian Genocide, a Complete History. (London & New York: I. B. Tauris, 2011), p. 517.

[3] Elbistan: Also known as Albustan, Albostan. District of Maraş. 157 miles southeast of Kayseri.

[4] The writer is narrating that he converted to Islam to avoid deportation and possible death. Until July 1915, in several provinces, Armenian converts were exempted from deportation. On July 13, 1915, Talat Pasha ordered a halt to conversions in the Kayseri region, deciding that too many Armenians converted only to avoid deportation and that their conversion was not sincere. See, Osmanlı Belgelerinde Ermenilerin Sevk ve İskânı, 1878-1920 [Dispatch and Settlement of Armenians in Ottoman Documents, 1878-1920] (Ankara: Ottoman Archives, 2007), p. 198. The word "Turk" appears in parenthesis, next to the word "dog" in the original letter.

[5] Urfa: City and region in southeast Turkey. 308 miles southeast of Kayseri.

[6] This sentence can be read in two ways: "There is no one left alive from your brother Garabed's household" or "There is no one from your brother Garabed's household in Efkere."

My nephew Garabed Effendi,

I extend my greetings and kiss you upon your eyes. They speak in praise of you. I am very happy to hear that. My nephew, have mercy on us. We are in destitution and misery.

My address:
Setrag Kojaian
Ashikian Factory in Adana, c/o Garabed Effendi Arakilian

P.S. Since I have not received any response from you, I did not write long. When I receive your letter, God willing, I will write again. Please extend my greetings to all my compatriot brothers.

Setrag Kojaian

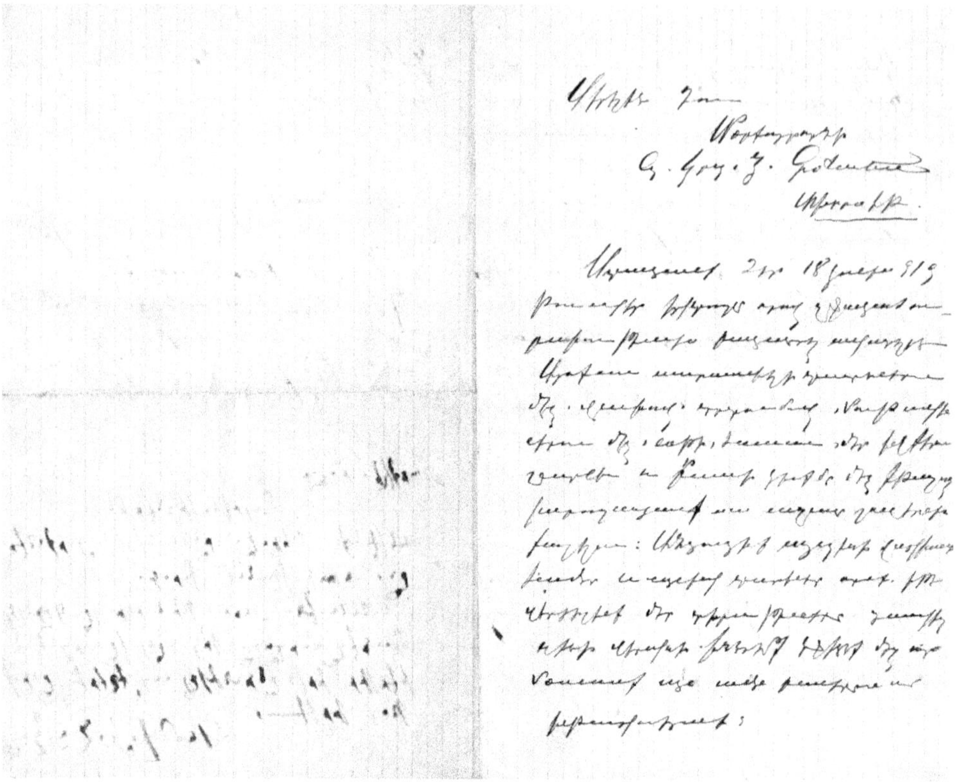

23 Temmuz 1919

Sevgili Kuzenim *Baron* Garabed H. Kocayan,

18 Temmuz 1919 tarihli iki satır mektubunuzu aldık. Bizde yarattığı sevinci anlatmam mümkün değil.

Bu kadar korkunç seneler içinde, korkuyla, kederle, karanlık köşelerde, aç susuz, servetimiz sayesinde ve hayat bize acıdığı için şu özgür nefesi alabildik. Öylesine korkunç anlar ve hatta seneler geçirdik ki, acılarımızı tekrar hatırlarsak [acılar] yeniden başlayacak. Lütfen bizi affedin. Bütün o şeyleri ve maruz kaldıklarımızı unutalım.

Baron, Kayseri'deki yetimhane sorumlusu zaten Efkereli yetimlerin isimlerini ve ayrıntılarını buraya yazmalarını istemişti. Eğer onlardan uygun bir cevap alırsak mutlaka size bildiririz.

Bize gelince, ancak mümkün olduğu kadar bir işle uğraşabildik. Ancak biliyorsunuz, burada ekonomik durum son derece kötü bir hale geldi. Sizden mümkün olduğu kadar bize para yardımında bulunmanızı rica ediyoruz, mektupta yazdığınız üzere. Hürmetlerimizi kabul edin.

Yeğiya Şahbazyan

Not: Saygıdeğer pederinize ve Donig Ağa'ya hassaten hürmetlerimi bildirin.

Adresimiz:

Şahbazyan Biraderler
Kunduracı

Tophane, Boğazkesen No: 5
Türkiye/İstanbul

* Ermeniceden çeviri.

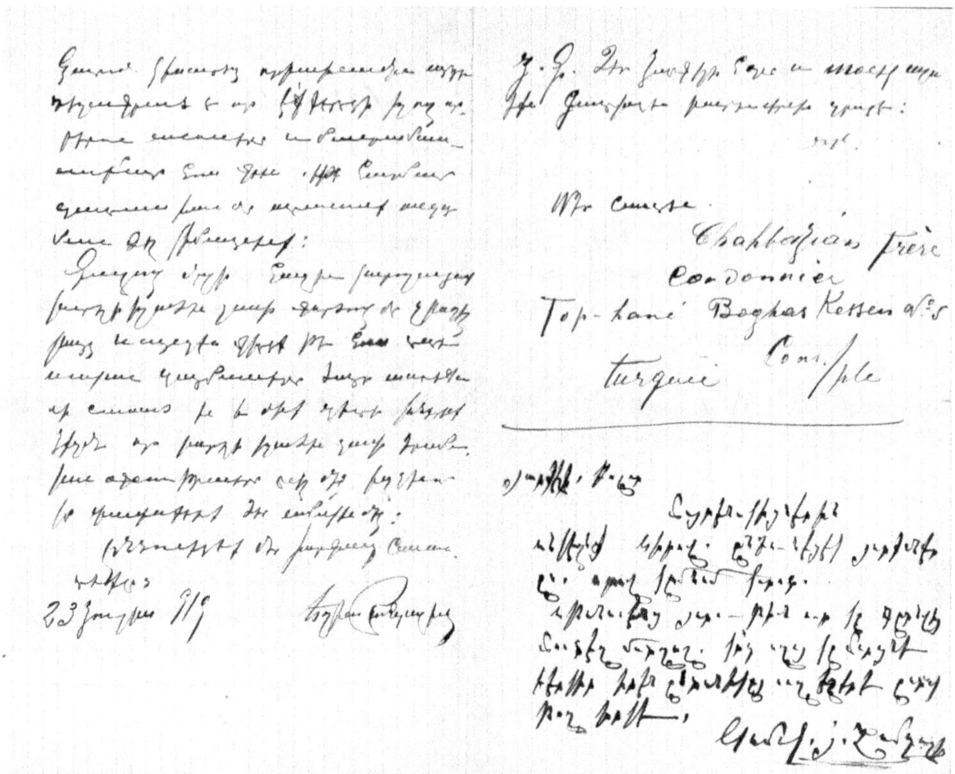
Chabbasian frère
Cordonnier
Top-hane Boghas Kessen No 5
turquie Con/ple

July 23, 1919

My dear cousin, Mr. Garabed H. Kojaian,

Detroit

We received your short letter, dated July 18, 1919, and the joy it roused in us is impossible to express.

Through those horrible years — in fear, in grief, in dark alleys, in hunger and thirst — we could take this free breath, thanks to our possessions and because life took pity on us. We lived through such fearsome moments and even years that if we try to remember them now, the whole thing starts all over again. Please forgive us. Let us forget all those things we were subjected to.

Sir, the director of the orphanage in Kayseri already asked for the names and details of Efkeretzi orphans to be sent here. If we receive an appropriate reply, we will definitely inform you.

When it comes to us, we are barely managing to find work to keep us as busy as possible. However, as you know, the economic situation here is extremely bad. We request you to help us financially as much as possible, as you have suggested in your letter. Accept our respects.

Yeghia Shahbazian

P.S. Please extend our greetings to Donig Agha and your honorable father.

Our address is:
Shahbazian Brothers
Cobbler

Tophane, Boğazkesen No: 5
Turkey, Istanbul

Sourp Garabed Monastery Orphanage in Efkere (date unknown)

Efkere Surp Garabed Manastırı Yetimhanesi (tarih belirsiz)

# LÜGATÇE

## A

**aba:** abla
**Abril:** Nisan (Ermenice)
**âdem:** kişi, insan
**aga:** ağabey
**Albosdan:** Elbistan. Kayseri'nin 250 kilometre güneydoğusunda, Maraş'a bağlı kasaba.
**Aldu:** Garabed ve Misag Kocayan'ın anneleri Hayganuş'a seslenme sözcüğü
**aksuata:** alışveriş (< ahz u i'ta)
**âli:** yüce, yüksek
**ame:** kız kardeş; hala; teyze
**amel:** yapılan iş
**Ammenagaroğ Asdvadz:** Her şeye kadir olan Allah (Ermenice)
**amuce:** amca
**Argıncık:** Efkere'nin 12 kilometre güneybatısında, Kayseri şehir merkezinin 5 kilometre kuzeydoğusunda köy.
**arzukeş:** arzulayan
**asir:** asır, zaman
**atdıres:** adres
**ayar:** tembel, aylak
**ayırtlamak:** ayıklayıp temizlemek
**azahane/azene:** eczane
**azıh:** yolluk yiyecek, azık

## B

**baki:** sürekli
**badarak:** dini ayin (Ermenice)
**bâlâ:** yukarı
**Bargaler:** Bar (dans) sahası. Efkere halkının özel gün ve bayramlarda toplandığı mesire yeri.
**baron:** bey, bay (Ermenice)
**batman:** 7,69 kiloluk ağırlık ölçüsü
**baylık:** zenginlik, refah, huzur
**bedahava:** bedava
**bedel:** [1]yanıt, karşılık [2]gayrimüslim erkeklerin askerlik yapmamak için ödedikleri vergi
**Belegesi:** Efkere'nin 1 kilometre batısında, Kayseri'nin 19 kilometre kuzeydoğusunda, bugün metruk köy < Bâlâgesi.
**bele/beyle:** böyle
**belişmek:** bölüşmek
**besdil:** pestil
**beşir etmek:** üstesinden gelmek
**bıldır:** geçen sene
**bılçka:** yağma, talan
**bızağayacak:** yavrulayacak, buzağılayacak

**bî-keder:** kedersiz
**bilene:** bile
**bilesine:** yanında
**birezleri:** bazıları
**biyol:** bir kere
**boğca:** bohça
**Bozok:** Yozgat
**böyün:** bugün
**burak:** berrak

## C

**candarm:** jandarma
**canfes:** bir cins ipekli kumaş
**cehez:** çeyiz
**celil:** ulu, yüce
**cem olmak:** bir araya gelmek
**ceman:** bütün, hepsi (< cem'an)
**cemi':** bütün, hepsi
**cenab:** hazret
**cendemin:** cehennemin
**cevlik:** etrafı duvarla çevrilmiş bahçe ya da tarla (< çevlik)
**Cırgalan:** Efkere'nin 8 kilometre batısında, Kayseri şehir merkezinin 9 kilometre kuzeydoğusunda köy.
**cızı:** çizgi
**cin arabası:** bisiklet
**cinlasdik:** jimnastik
**civirti:** cıvıltı
**ciyet:** yön, taraf (< cihet)
**cümneten:** hepsi birden (< cümleten)
**cüzi:** azıcık

## Ç

**çalgın:** terbiyesiz
**çar:** kötü (Ermenice)
**çent:** çek
**çerik:** 6 kiloluk tahıl ölçü birimi
**çeyez:** çeyiz
**çinik:** 8 kilo civarında tahıl ölçü birimi
**çoksunmak:** çok görmek

## D

**dağdama:** sıkıntı, karmaşık durum (< dağdağa)
**daham:** yemek (< taam)
**darah:** tarak
**Darsiyak:** Efkere'nin 10 kilometre güneybatısında, Kayseri şehir merkezinin 6 kilometre doğusunda, bugünkü adı Kayabağ olan köy.
**darusu:** darısı

**daşşahlı:** mert, yiğit, cömert (< taşaklı)
**daşırtmak:** taşırtmak
**davutlu mekdub:** taahhütlü mektup (< ? davet)
**defa:** yine, tekrar
**defder yapmak:** deftere bağış kaydetmek, bağış toplamak
**Degdemper:** Aralık (< Tegdemper: Ermenice)
**der hayr:** evli papazlara verilen unvan (Ermenice)
**derder:** rahip (Ermenice)
**derece-i nihaye:** son derece
**Dersağlı:** Darsiyaklı
**desd:** el (< dest)
**desise:** aldatma, entrika
**desuç:** okul müdürü (Ermenice)
**deşirmek:** devşirmek, toplamak
**dida:** göz (< dide)
**digin:** bayan, evli kadınlara hitap sözcüğü (Ermenice)
**dillik:** dirlik, düzen, geçim, huzur
**dirayetlu/direyetlu:** akıllı, becerikli
**doddor/dötdör:** doktor
**dova/döva:** dua
**döleşmek:** düzelmek, yoluna girmek
**dudu:** yaşlı kadın; anneanne

## E

**ēdiyat:** bir askerin muvazzaflık görevinin bilfiil silahaltında olduğu dönem harici süre (< ihtiyat)
**ei:** iyi
**ēle:** öyle
**eltilmek:** örtülmek
**emci:** eczacı, em (ilaç) yapan
**eme:** hala; teyze
**endi:** önceki
**esalet:** asalet
**esefengiz:** üzüntü verici
**esgâr:** asker
**esgi:** eski
**esker:** asker
**etdiyat:** ölçülü, mütevazı bir şekilde (< ihtiyat)
**evele:** ilkin, önce (< evvela)
**eyilenmek:** [1]iyileşmek [2]tombullaşmak
**eyü:** iyi
**ezinti:** üzüntü

## F

**familya:** aile. Bu sözcük, mektuplarda "ailenin kadını, annesi" anlamında kullanıyor.
**fiğan:** bağırarak ağlama, inleme (< figan)
**firade firade:** ayrı ayrı

**fireset:** sezgi, çabuk anlama yeteneği (< feraset)
**firğat:** ayrılık, sevdiklerinden ayrılma (< firkat)
**fistan:** tek parça kadın elbisesi
**fütufetlu:** şefkatli (< utufetli)

# G

**Gabid:** Garabed'in küçültülmüş hali
**gadasını almak:** "sana gelecek kaza bana gelsin" anlamında sevgi ve fedakârlık ifadesi (gada < kaza)
**garak:** tereyağı (Ermenice)
**gel:** gelecek, sonraki (yerel dilde, Ermenice 'kal: gelecek, sonraki' sözcüğünden Türkçeye uyarlanmış olabilir)
**Gemerek:** Kayseri'nin kuzeydoğusunda, Sivas'a bağlı bölge
**genişmek:** büyümek
**gerez:** süs
**Gesi:** Kayseri şehir merkezinin 18 kilometre kuzeydoğusunda, Efkere'nin 1,5 kilometre kuzeyinde köy.
**geyim:** bir çift öküz nalı
**gıdıt:** kabuğundan kolayca ayrılmayan ceviz (< kıdıt)
**giriftar:** tutulmuş, yakalanmış

# Ğ

**ğağmış:** kalkmış
**ğamışlık:** kamışlık, kamış yetişen yer
**ğanıcı:** kağnıcı
**ğarannığ:** karanlık
**ğarer:** gereği kadar, kısa (< karar)
**ğavurğa:** kavurga, kavrulmuş tahıl
**ğaze:** kaza
**ğınğırt:** uyduruk, işe yaramaz
**ğoya:** güya
**Ğumarlı:** Kumarlı. Kayseri şehir merkezinin 8 kilometre doğusunda, Efkere'nin 9 kilometre güneybatısında köy.

# H

**Hacın:** < Haçin. Kayseri'nin 150 kilometre güneydoğusunda, Adana vilayetinde, nüfusunun tamamına yakını Ermenilerden oluşan kasaba. Şimdiki adı Saimbeyli.
**haharet:** hakaret
**hala:** mektuplarda annenin kız kardeşi için 'hala' sözcüğü kullanılmaktadır.
**hâle:** hâlâ
**hamar:** hesaplama (Ermenice)
**hamidiye:** 2. Abdülhamid zamanında basılan altın para
**harser:** gelinler (Ermenice)
**hasa:** pamuktan yapılan bez
**hasseten:** özel olarak, ayrıca (< hassaten)
**haşlık:** harçlık
**havas:** heves
**havda:** hafta

**Hay:** Ermeni (Ermenice)
**Hayasdani kordzı:** Ermenistan işi, meselesi (Ermenice)
**Hayeren Tankaran:** Ermeni Edebiyatı Antolojisi (Ermenice)
**hayr surp:** rahipler için kullanılan unvan
**hayrig:** baba (Ermenice)
**hemşire:** kız kardeş
**hısmet:** hizmet
**hıtum:** arife (Ermenice)
**Hogdemper:** Ekim (Ermenice)
**hummet:** lütuf, iyilik, yardım (< himmet)
**Hulis:** Temmuz (Ermenice)
**Hunis:** Haziran (Ermenice)
**hüsn-ü idare:** iyi yönetim

## I

**ığdavor: hacı** (< ukhdavor: Ermenice).
**ığdıbar:** itibar
**ıhdıbar:** teminat (< itibar)
**ıkdiza:** gerekli (< iktiza)
**ınbal:** bağın dar ve uzun olarak bölünmüş parçalarından her biri
**ırad:** gelir (< irad)
**ırast gelmek:** rast gelmek

## İ

**içirik:** çok eski kıyafet, üst baş
**ihdibar:** itibar
**ikici:** ikinci
**ikonomia:** ekonomi, geçim
**iktiza:** gerekme, ihtiyaç
**ilazım:** lazım
**inayetlu:** yardım ve iyilik eden
**ireçite:** reçete
**iritsgin:** papazın karısı (< yeretsgin: Ermenice)
**isdida:** dilekçe (< istida)
**istifsar:** sorma
**işarleriniz/işerleriniz:** bildirdikleriniz (< iş'ar: yazı ile bildirme)
**işlemek:** çalışmak
**itdaye:** iddia
**izayat:** izahat, açıklamalar
**izetlu:** yüce, ulu (< izzet)

## J

**jam:** kilise (Ermenice)
**jam etmek:** kilisede dua etmek
**jamgöts:** zangoç, kiliseyi bekleyen ve çan çalan görevli (< jamgoç: Ermenice)

## K

**kadim:** sürekli
**kâfası:** hepsi (< kâffe)
**kağırt:** kâğıt
**kantsanag:** kumbara (Ermenice)
**karer:** kısa, az, kararında (< karar)
**karib:** garip, yalnız
**ka[y]ri:** gayrı, artık
**kefsiz:** keyifsiz
**keleş:** güzel, yakışıklı
**ker:** kazanç, kâr
**keragan:** dilbilgisi kitabı (Ermenice)
**kerezman:** türbe, mezar (Ermenice)
**kesdiri coğab:** kısa cevap
**kete:** bir çeşit çörek
**kıbal:** yüz
**Kırapar:** Ermenice yazın dili, Klasik Ermenice (< Krapar)
**Kırısmıs:** Noel (< Christmas: İngilizce)
**Kırisdös haryav i merolots:** "Mesih dirildi!" Zadig bayramı tebriki için söylenen deyim (< Krisdos haryav i merelots: Ermenice)
**kısım:** akraba (< hısım)
**kinnutun:** sınav (< kınnıtyun: Ermenice)
**kirlik:** yorgan çarşafı
**kola:** kolalanmış, dik ve parlak gömlek
**koleş:** kolej
**kov/köv:** köy
**kovlu/kövlü:** köylü
**kötü:** zayıf, yaşlı
**künde:** her gün, sürekli
**küşad:** güzellik, hoşluk
**küvad:** kuvvet

## M

**mâde:** başka, gayri (< maada)
**mahana:** ileri sürülen sözde neden, bahane
**mahdum:** oğul, erkek evlat
**mahil:** erişmiş, ele geçirmiş (< nail)
**mahle:** mahalle
**makenayt:** (dikiş) makinası
**makur:** temiz, saf (Ermenice)
**maksus:** özellikle (< mahsus)
**Mancısın:** Efkere'nin 3 kilometre kuzeybatısında, Kayseri'nin 16 kilometre kuzeydoğusunda, 20. Yüzyılın başında çoğunluğu Ermenilerden oluşan köy. Bugünkü adı Yeşilyurt.
**manesi:** bahanesi, belirtilen nedeni
**mangabardez:** anaokulu (Ermenice)

**mangır:** bakır para (< mangır)
**maraza:** anlaşmazlık, kavga
**masarif:** masraflar
**mayrig:** anne (Ermenice)
**mazmacı:** çuval, keçe, kilim yapan kimse (< mazmancı)
**mecit:** Mecidiye. Sultan Abdülmecid zamanında basılmaya başlanan gümüş para.
**mede:** hariç (< maada)
**mehel görmek:** uygun görmek
**melmekât:** memleket
**menmun:** memnun
**mennun:** memnun
**menşur:** meşhur
**mēnun:** memnun
**meremet:** merhamet
**merkeb:** eşek
**mesel:** ders alınacak söz
**Mez Bak:** Zadig'den önceki kırk günlük Büyük Oruç dönemi (< Medz Bak: Ermenice)
**mınag parov:** hoşça kalın (< mnak parov: Ermenice)
**mınas parov:** hoşça kal (Ermenice)
**mısdır:** misyoner okulu müdürü (< mister)
**micaz:** yaradılış (< micas)
**minkin:** mümkün
**mirad:** murad, arzu, dilek
**mirekeb:** mürekkep
**miyeser:** kolaylıkla olan (< müyesser)
**möhdac:** muhtaç
**muavak:** amacına ulaşmış (< muvaffak)
**muhabetlu:** muhabbetli. Osmanlıca hitap kurallarına göre, bu sözcüğün 'şanlı, yüce, saygı uyandıran' anlamına gelen mehâbetlu olması gerekiyor. Ancak yazarın bu sözcüğü sürekli 'muhabetlu' şeklinde yazması, eğitim durumu ve genel olarak kullandığı Türkçe göz önünde bulundurulduğunda, aslında bu sözcüğü 'muhabbetli' olarak anlayıp kullandığını düşündük. Bu yüzden, İngilizce çeviride bu sözcüğü 'affectionate' sözcüğüyle karşıladık.
**muhafak:** amacına ulaşmış (< muvaffak)
**muhan[y]e:** muayene
**Muncusun:** Efkere'nin 6 kilometre batısında, Kayseri şehir merkezinin 12 kilometre kuzeydoğusunda, 20. Yüzyılın başında çoğunluğu Ermenilerden oluşan köy. Bugünkü adı Güneşli.
**mut:** 54 çiniklik tahıl ölçü birimi, 432 kilo
**muzaya:** sıkıntı, yokluk, zorluk (< müzayaka)
**müinni müinsiz:** (< muinli muinsiz), askerlik süresince aile ve mallarına bakacak kimsesi olanlar ve olmayanlar (< muin: yardımcı)
**mülhaze:** düşünce (< mülahaza)
**müsöyüb:** tembel, ihmalkâr (< müseyyeb)
**müsübet:** ansızın gelen felaket, sıkıntı veren şey (<musibet)
**müsürüffilik:** tutumsuzluk (< müsriflik)
**müsyü:** bay, mösyö (< monsieur; Fransızca)

**müyümnü müyümsüz:** (< muinli muinsiz), askerlik süresince aile ve mallarına bakacak kimsesi olanlar ve olmayanlar (< muin: yardımcı)

## N

**nağadar:** ne kadar
**nayil eylemek/olmak:** [arzusuna] eriştirmek/erişmek (< nail)
**Nize:** Efkere'nin 1 kilometre güneyinde, Kayseri'nin 20 kilometre kuzeydoğusunda köy. Bugünkü adı Güzelköy.
**nor ındza:** yeni vaftiz olmuş
**Noyemper:** Kasım (Ermenice)
**nur-i aynım:** gözümün nuru

## O

**Okosdös:** Ağustos (< Okosdos: Ermenice)
**olduhcaz:** oldukça
**omarazlık:** yaramazlık
**oriort:** evlenmemiş kadınlara hitap sözcüğü, bayan (Ermenice)
**ozur:** özür

## Ö

**öcbe:** kimsenin iyiliğini istemeyen, kinci; inatçı
**ökümet:** hükümet
**öküzüm öldü, kağnım sındı:** bir kişi ya da yer ile tüm ilişkinin koparıldığını anlatan deyim
**öndünc:** ödünç
**öndüç:** ödünç
**örüzgar:** rüzgâr, yel
**öykelenmek:** öfkelenmek
**öyüne:** önüne

## P

**pahır:** bakır (kap kacak)
**paklamak:** borç ya da kötü bir ilişkiyi temizlemek
**panpasang:** dedikodu (< pampasank: Ermenice)
**para:** kuruşun kırkta biri
**Paregentan:** Karnaval. Hıristiyan inancında, İsa Peygamber'in çarmıhtan gökyüzüne yükselmesinin kutlandığı Zadig'den (Paskalya) önceki kırk günlük Büyük Oruç başlamadan yapılan eğlence (Ermenice).
**parev asdudzo baren:** aleyküm selam (< parev asdudzo parin). Selamı sabahı kestim.
**pari haçoğutyun:** başarılar (Ermenice)
**pavlika:** fabrika
**peder:** baba
**Pedrvar:** Şubat (< Ermenice)
**periz:** perhiz
**pırtı:** her türlü kumaş, bez cinsinden dokuma
**pısag:** dini nikâh (< bsag: Ermenice)
**pintar:** iki kilo civarında tahıl kabı
**potelgraf:** fotoğraf

**pus etmek:** öpmek (< bus)

## R

**rifatlu:** yüce, şanlı (< rif'at)

**ruba:** giysi

## S

**sahab:** sahip

**sahat:** saat

**saniyen:** ikinci olarak

**sargovark:** diyakoz (< sargavak: Ermenice)

**satlıcan:** akciğer zarı iltihabı, zatülcenp

**saylan etmek:** soruşturmak

**sehm:** hisse

**Sekdemper:** Eylül (< Sebdemper: Ermenice)

**senaat:** zanaat, beceri ve ustalık gerektiren iş

**ser:** sevgi (Ermenice)

**sermiye:** sermaye

**sıhetname:** sağlık haberlerini içeren mektup, sıhhatname

**sıtgına:** adam akıllı, iyice

**sifdak:** siftah, ilk

**sihet:** sıhhat

**sinsile:** soy, sülale (silsile)

**sinn:** yaş

**sival:** sual

**sivdak:** ilk (< siftah)

**soğra:** sonra

**sohum:** lokma

**sōna:** sonra

**söylemek:** konuşmak

**suk:** yas (Ermenice)

**Surp Avedaran:** İncil (Ermenice)

**sürpütyun:** komünyon (< sırputyun: Ermenice). İsa Peygamber'in çarmıha gerilmeden önce Havariler ile yediği Son Akşam Yemeği'nin anıldığı, İsa Peygamber'in bedenini ve kanını temsilen, papazın cemaate ekmek ve şarap verdiği dini ayin.

**süval:** soru, sual (< sual)

## Ş

**şagird:** öğrenci, çırak

**şağıs:** yüz, çehre (< şahıs)

**Şapat:** Cumartesi (Ermenice)

**şarp:** şıp diye, birdenbire

**şeleg:** sırtta taşınan ot ya da odun yükü

**şerif:** soylu, temiz

**şınoravor:** kutlu (< şınorhavor: Ermenice)

**şinden:** şimdiden

## T

**tabahat:** tabiat
**tacüb:** hayret (< taaccüp)
**tafsir:** fotoğraf, resim (< tasvir)
**tağagan:** yönetim kurulu üyesi (Ermenice)
**tağda:** bir ölçü birimi (? < tahta)
**takaza etmek:** söylenmek, başa kakmak
**talamak:** yağmalamak, talan etmek
**Talas:** Efkere'nin 13 kilometre güneybatısında, Kayseri'nin 8 kilometre güneydoğusunda kasaba.
**taleyim:** talihim
**taltif:** iltifat
**tamah:** damak
**taraf taaluk:** tanıdıklar, yakınlar, akrabalar (< taalluk: ilgi, ilinti)
**tarik:** bugün, bugünün tarihi (< tarih)
**tarik:** yol, tutulan yol
**tariklu:** tarihli
**tas olmak:** sınıf arkadaşı olmak (< tas: sınıf; Ermenice)
**tasaran:** derslik (Ermenice)
**taslag:** iri yarı; yuvarlak, geniş yüzlü
**tavsir:** fotoğraf, resim (< tasvir)
**tazir:** serzeniş, yakınma
**tebdil etmek:** değiştirmek
**teblik:** tebliğ
**tediye etmek:** borcunu ödemek
**tefsir:** yorumlama
**tekmil:** bütün
**temadu:** ? düzenli ödenen bir ücret, aylık (? < temadi)
**tenbeh:** tembih, öğüt
**tergemek:** bırakmak, terk etmek
**Tırısdi:** Trieste, Kuzeydoğu İtalya'da liman kenti.
**tokanaklı:** dokunaklı
**tortu:** soysuz
**tsaynavor:** muganni (Ermenice). Metindeki anlamı din dersi ya da müzik öğretmeni olabilir.
**Tsnunt:** Noel (Ermenice)
**tükân:** dükkân
**tüken:** dükkân

## U

**uğd:** adak (< uhd: Ermenice)
**uhd:** adak (< uhd: Ermenice)
**ukubet:** eziyet, ceza
**uşak:** erkek çocuk, evlat
**uvak:** ufak

## Ü

**üyütmek:** öğütmek

## V

**vād:** bir işi yerine getirmek için verilen söz (< vaat)
**vakantsa:** dönem tatili (< vacancy: İngilizce)
**vaka:** aslında (< vâkıâ)
**valide:** anne
**vank:** manastır (Ermenice)
**varjabed:** erkek öğretmen (Ermenice)
**varju:** kadın öğretmen (< varjuhi: Ermenice)
**vartabed:** rahip (Ermenice)
**vāt:** bir işi yerine getirmek için verilen söz (< vaat)
**vekelat:** vekâlet
**vela havli:** (< lahavle)
**vüsul:** varmak, ulaşmak (< vusul)

## Y

**yağlığ:** geniş, büyük mendil (< yağlık)
**yana:** yani, hani
**yaren:** yakın arkadaş, ahbap
**yatalık:** humma, tifo benzeri ateşli hastalık
**yaylı:** yaylı araba. Altında yayları olan, iki ya da dört tekerlekli, bir ya da iki at tarafından çekilen, fayton tarzında hafif at arabası.
**yazığı gelmek:** acımak, üzülmek
**yeğpayr:** erkek kardeş (Ermenice)
**yenile:** daha yeni, şimdi, yeni yeni
**yenilmek:** ağırlığı azalmak, hafiflemek
**Yerguşapti:** Pazartesi (Ermenice)
**yerinik:** şakalaşma (< yerennik)
**yesir:** esir
**yev aylın:** vesaire (Ermenice)
**yeyni:** hafif
**yigirmi:** yirmi
**yortu:** Hıristiyanların kutladığı dini bayram ve özel gün
**yum:** yün

## Z

**Zadik:** İsa Peygamber'in çarmıhta öldükten sonra dirilmesinin kutlandığı, Hıristiyanlıktaki en önemli bayram, Paskalya (< Zadig: Ermenice)
**zahar:** her halde, evet öyle (< zahir)
**zamir:** yürek, vicdan
**zan:** ayıp
**zeyin:** zihin
**zire:** zira

# GLOSSARY

…oard of Commissionaires for Foreign Missions.
…lso, title of respect used in addressing older women.
…er. Also used as title of respect in addressing nonrelated male elders.
… distinction, formerly applied to influential men in the countryside.
…d of endearment Garabed and Misag used for their mother, Hyganush Kojaian.
…k: village 7.4 miles southwest of Efkere.
…: diminutive form of Harutiun.
**…argaler:** the area around the Efkere Pond, where townspeople gathered for festivities
**batman:** weight unit, approximately 17 pounds.
**bedel:** exemption tax paid by non-Muslims to avoid military service.
**Belegesi:** village 0.6 miles west of Efkere and 12 miles northeast of Kayseri. Now uninhabited.
**cherik:** weight unit, approximately 13 pounds.
**chinik:** weight unit, approximately 17.6 pounds.
**Cırgalan:** village 5 miles west of Efkere.
**Darsiyak:** village 6.2 miles southwest of Efkere and 3.7 miles east of Kayseri. Today, Kayabağ.
**dudu:** older female acquaintance; grandmother.
**effendi:** title of respect, formerly given to government officials and to members of the learned professions.
**Gabid:** diminutive form of Garabed.
**haji:** pilgrim.
**Hajin:** Armenian town in the vilayet of Adana, 93 miles southeast of Kayseri. Today, Saimbeyli.
**hamidiye:** coin minted during the reign of Abdulhamid II (r. 1876-1909).
**Hayeren Tankaran:** Anthology of Armenian Literature.
**Kırşehir:** Town 95 miles west of Efkere.
**Krapar:** literary Armenian.
**Krisdos haryav i merelots:** Christ is risen (in Armenian).
**Kumarlı:** village 5.5 miles southwest of Efkere and 4.9 miles east of Kayseri.
**kurush:** piaster, one-hundredth of a lira.
**makur:** innocent, pure, clean (Armenian).
**Mancısın:** village 1.9 miles northwest of Efkere and 9.9 miles northeast of Kayseri, where Armenians constituted the majority in the beginning of the 20th century. Today, Yeşilyurt.
**Medz Bak:** The Great Lent.
**mejidiye:** silver money minted first during the reign of Sultan Abdulmejid (r. 1839-61).
**Muncusun:** village 3.7 miles west of Efkere and 7.4 miles northeast of Kayseri, where Armenians constituted the majority in the beginning of the 20th century. Today, Güneşli.
**mut:** weight unit equal to 54 chiniks, around 952 pounds.
**Nize:** village 0.6 miles south of Efkere and 12.5 miles northeast of Kayseri. Today, Güzelköy.
**okka:** weight unit, approximately 1 pound.
**para:** one-fortieth of a kurush.
**Paregentan:** Armenian word for Carnival. Day of festivity, which takes place on the last Sunday before the Great Lent.
**spring cart:** two or four-wheeled light vehicle with road springs, pulled by one or two horses.
**Talas:** town 8 miles southwest of Efkere and 4.9 miles southeast of Kayseri.
**tsainavor:** Armenian word for chanter. In the book, either music teacher or religion teacher.
**yeretsgin:** wife of the priest (Armenian).
**Yozgat:** town 110 miles northeast of Efkere.

# AUTHORS

**H. Şükrü Ilıcak** pursued his studies in Turkey, Greece, and the USA, specializing in the so-called Ottoman "Three Nations," namely the Armenians, Jews and Greeks. He received his Ph.D. degree from Harvard University in 2011, with a dissertation entitled "A Radical Rethinking of Empire: Ottoman State and Society during the Greek War of Independence (1821–1826)." He has published broadly on the Greek War of Independence and the "Three Nations." He is currently a fellow of the Institute for Mediterranean Studies in Rethymno, Crete.

**Dr. Jonathan Varjabedian** is a board-certified physician living in Southern California. He has spent the last 25 years researching his ancestral village of Efkere, in central Turkey. In addition to lecturing on the topic, he has documented much of this research in his website, www.Efkere.com.

www.ingramcontent.com/pod-product-compliance
Lightning Source LLC
Chambersburg PA
CBHW081146290426
44108CB00018B/2453
* 9 7 8 1 9 0 9 3 8 2 6 5 7 *